内容简介

这是一本经典的会计信息系统教材，被世界众多知名大学选用，具有深远的影响力。第15版在内容上做了较大的调整，例如诠释了人工智能、区块链、云计算等新技术的运用及其如何影响会计信息系统。

本书具有以下两个特点：

（1）涵盖课程完整知识点，方便教学目标实现。本书可以帮助学生完整地理解交易处理系统，了解会计信息系统最新发展；为更深入地学习数据库相关课程，诸如数据库、数据分析、系统分析和设计、云计算、虚拟化、区块链、人工智能和物联网等打下基础。

（2）丰富的综合案例和教辅材料，打造交互式学习环境。每章开篇均以综合案例导入本章的主要概念和观点，且案例讨论贯穿整个章节；每章末均配有主客观习题以测评学生对知识点的掌握程度，习题提供答案及详细解释；书后术语表便于学生查询各种专业术语的定义。

主要作者简介

马歇尔·罗姆尼（Marshall B. Romney）　杨百翰大学万豪商学院教授，出版10本专著和教材，发表100多篇论文，在50多家机构提供教学和咨询服务。罗姆尼教授曾是美国会计学会（AAA）信息系统研究部主席，美国注册会计师协会（AICPA）会员，注册会计师犹他州协会信息技术委员会主席。

译者简介

张瑞君　中国人民大学商学院教授，国资委总会计师，中国注册会计师，美国会计学会会员。长期在高校从事计算机财务管理、企业管理信息系统的科研和教学工作。出版著作11部，发表论文40余篇，参加财政部、教育部、国家自然科学基金等科研项目8项，并多次获奖。

程玲莎　宁波大学副教授，中国注册会计师。主要从事财务管理方向的教学和科研工作。在《农业经济问题》和*Journal of Contemporary Accounting and Economics*等期刊发表论文十余篇，主持多项省级和市厅级课题。

工商管理经典译丛·会计与财务系列

BUSINESS ADMINISTRATION CLASSICS

会计信息系统

Accounting Information System (Fifteenth Edition)

[美]
马歇尔·罗姆尼（Marshall B. Romney）
保罗·约翰·施泰因巴特（Paul John Steinbart）
斯科特·萨默斯（Scott L. Summers）
戴维·伍德（David A. Wood）

著　　张瑞君　程玲莎｜译

第15版

中国人民大学出版社
·北京·

译者序

在人工智能和实体经济加速融合、产业升级和金融发展依存共生的时代背景下，技术驱动智能财务转型，正在重构财会职能并重新诠释财会的经济角色和社会价值。会计人员的职能不再仅仅是报告过去的活动，还必须更为积极主动地提供和解释组织活动的财务和非财务信息，从而为组织创造价值。这些职能的实现必须依赖基于计算机的会计信息系统。基于计算机的会计信息系统从信息处理的角度出发，在计算机环境中分析、设计、评价和研究会计数据的收集、加工、存储以及会计信息输出等，使会计数据处理技术发生了质的飞跃。

由美国著名的学者马歇尔·罗姆尼、保罗·约翰·施泰因巴特、斯科特·萨默斯和戴维·伍德合著的《会计信息系统》是经典的会计信息系统教材之一。我们曾对该书的第12版进行了编译，出版后得到众多读者的认可与积极的反馈，这也激励我们将2021年面世的该书第15版译成中文奉献给读者。较之第12版，第15版在内容上做了较大调整，例如诠释了人工智能、区块链、云计算等新技术的运用及其如何影响会计信息系统，翻译版呈现了这些特色。

英文原著共分六部分：第一部分是会计信息系统的概述，主要涉及会计信息系统的回顾、业务流程、系统文档技术等；第二部分关注关系数据库、ELF过程和各种数据分析工具；第三部分主要介绍会计信息系统控制与审计，涉及计算机舞弊、会计信息系统控制、会计信息系统可靠性控制等；第四部分主要介绍会计信息系统应用，涉及收入循环、支出循环、生产循环、人力资源管理/工资循环、总账和报告系统等；第五部分主要介绍REA数据模型，涉及REA模型数据库设计、REA模型执行以及REA模型专题等；第六部分主要介绍信息系统开发过程，包括系统开发与分析、会计信息系统开发策略及信息系统设计、实施与应用等。考虑到原著的第二部分"数据分析"和第三部分"会计信息系统的控制与审计"涉及大量复杂的计算机技术，而且中美的制度背景，尤其是内部控制法案及内部控制框架体系存在差异，中译本删除了这两部分（除第4章外），但这并不影响其他章节体系的完整性。单独保留第4章的原因在于，该章"关系数据库"是理解REA数据模型（第10章～第12章）的基础，所以将该章作为第一部分的第4章予以保留。

本书的译文经过多次修改，在忠于原著的基础上，我们力求译文符合规范，使读者能更好地理解原书内容。限于篇幅，本书未收录原著中的部分习题内容。本书既可作为高等院校本科财务、会计专业，以及MPAcc、MBA和EMBA的教材或参考书，也可供各类从事会计信息系统使用或设计的人员参考。读者可根据时间和需要，有选择地学习有关内容。

本书由中国人民大学的张瑞君教授和宁波大学的程玲莎副教授翻译并校对。同时，本书的出版得到了中国人民大学出版社的大力支持，他们高效的编辑工作保证了本书如期按质付梓，我们深表感谢！同时，我们要感谢参与第12版翻译工作的同学们。另外，程玲莎要感谢宁波大学教研项目（项目编号：JYX-MXYB2021003）的支持。

囿于译者的水平，翻译中的疏漏和差错之处在所难免，恳请读者批评指正。

张瑞君　程玲莎

前　言

第 15 版简介

新增加的编者

来自杨百翰大学的斯科特·萨默斯和戴维·伍德是本版新增的编者。他们负责数据分析部分，该部分由四章组成。其中第一章节探讨关系数据库，是交易处理系统、大数据收集和分析的学习基础；其余三章论述抽取、转换和加载（ETL）过程和数据分析工具。这些新增章节涉及会对会计信息系统设计、使用、管理和审计产生重要影响的内容。

第 15 版的新增内容

除了延续上一版的主要内容和特点外，每章都对重要概念所涉案例进行了更新。具体调整包括以下方面：

1. 在第 1 章引入新的内容，包括如何运用人工智能和数据分析改善会计信息系统的决策制定，以及区块链技术、云计算、虚拟化和物联网如何影响会计信息系统。

2. 在第 2 章更新交易处理和加密部分，增加了区块链技术的内容。

3. 新增每章课后的问题讨论，包括根据 *Journal of Accountancy* 所载文章编写的 Excel 练习题，这些习题有助于培养读者的实践技能。许多章节问题又细分为多个子问题，这有助于考察读者对章节知识的理解程度。

解决教学和学习中的问题

主要学习目标

学完本书，你应该理解以下主要概念：
- 主要业务循环实施的基础活动。

- 组织中管理人员计划、评估和控制业务活动需要收集哪些数据。
- 从组织的会计信息系统和其他数据源中提取、转换和传递的数据如何存入公共数据库以用于数据分析。
- 信息技术（IT）发展如何改善业务流程的效率和效果。
- 如何设计会计信息系统来为业务循环的关键决策提供信息。
- 数据库技术和数据建模的基本概念，以及它们对会计信息系统的影响。
- 记录会计信息系统工作的工具，如 REA 图、数据流程图和流程图。
- 系统开发过程中用于设计和改善会计信息系统的基本步骤。

□ 易于学习的特点

为了帮助读者理解以上概念，本书有如下特点：

- 每章的开篇都引入一个综合案例，介绍本章的主要概念和观点，并且提出多个关键问题。在掌握了本章知识后，你应该能够解决这些问题。案例的讨论贯穿整个章节。
- 真实案例有助于理解公司如何利用信息技术的最新发展来改进会计信息系统。
- 许多章节中的 Excel 练习题有助于提高你的计算机技能。其中不少练习题是根据 *Journal of Accountancy* 近期所刊载的实践类文章编写的。
- 每章中的众多问题讨论有助于检验读者对主要概念的掌握程度。一些问题是根据近期刊物文章设计的。其他的则是从各类专业资格考试（如 CPA，CMA，CIA 和 SMAC 等）试题中精选出来的。章节习题由一组子问题构成，能够作为试题用于测试。读者需要根据概念定义进行解答，有助于读者对章节术语的学习。另外，每个章节包含一个或多个案例，要求读者对具体问题做更为广泛的探究。
- 每章的习题帮助读者自我测评对知识点的理解。我们也提供了正确答案及详细的解释。
- 采用大量图表。本书借助大量图形、表格和流程图等阐述章节概念。
- 书后的术语表便于读者查询各种专业术语的定义。

■ 内容和结构[*]

□ 第一部分：会计信息系统理论基础

第一部分由四章组成，介绍理解会计信息系统所需掌握的基础概念。第 1 章介绍基本术语和会计信息系统概览；论述会计信息系统如何为组织创造价值以及如何帮助组织实现企业战略目标；探讨企业业务流程运作所需要的信息；描述会计信息系统在组织价值链中的作用。同时，也引入了一些新的概念：数据分析、区块链、虚拟化、云计算和物联网。

第 2 章介绍自动化系统中的基本业务流程；介绍输入/输出、加工和数据存储的基本概念，以及会计信息系统需要采集的数据。这些信息有助于读者理解会计信息系统都做了哪些工作；在本章接下来的部分，介绍信息技术的最新发展及其如何影响系统功能的实现方式，以及交易处理中区块链的影响。本章也介绍了企业资源计划（ERP）系统及其对现代企业的重要性。

---

[*] 此处为删改后的内容和结构。——译者

第 3 章介绍理解、评价、设计和记录信息系统的三个最为重要的工具和技术：业务流程图、数据流程图和流程图。读者将学习如何运用这些工具来阅读、评价和创建系统文档。

第 4 章介绍关系数据库的设计原理以及如何使用 SQL 进行数据分析。本章还讨论了用作事务处理的组织关系数据库如何为高级数据分析提供重要的数据来源。

第二部分：会计信息系统应用

第二部分关注企业会计信息系统如何为基本业务流程提供关键支持。大多数大中型企业使用企业资源计划系统收集、处理和存储业务流程数据以及提供信息报告，这些报告使得管理者和企业外部的利益相关者能够评价企业的效率和效益。为了更好地理解企业资源计划系统的运行方式，第二部分的五个章节分别重点讨论一个具体的业务流程。

第 5 章介绍收入循环（又称销售收款业务流程），阐述包括接收客户订单、执行客户订单和收取现金在内的所有业务活动。第 6 章介绍支出循环（又称采购付款业务流程），阐述包括订购、验收以及为产品、物料和服务支付款项在内的业务活动。第 7 章是生产（制造）循环，尤为关注近年来的成本会计（例如作业成本法）发展对生产循环信息系统设计的影响。第 8 章介绍人力资源管理/工资循环，主要关注工资处理活动。第 9 章介绍总账和报告系统，讨论了诸如 XBRL、平衡计分卡、从 GAAP 到 IFRS 的转换等话题。这五个章节解释了会计信息系统的三个基本功能：有效的交易处理，充分的内部控制以保证资产（包括数据）安全，以及生成有效决策所需的信息。

第三部分：REA 数据模型

第三部分由三章组成，这三章主要讨论 REA 数据模型，REA 数据模型为设计和理解会计信息系统的数据库提供了概念工具。第 10 章介绍 REA 数据模型及其如何用于设计会计信息系统数据库。这一章着重介绍收入和支出循环的建模，同时说明 REA 模型如何开发出不仅满足传统财务报表编制需要，而且可以更充分地满足管理者信息需求的会计信息系统。第 11 章解释如何在关系数据库系统中实施 REA 数据模型，以及如何查询关系数据库以生成财务报表和管理报告。第 12 章介绍如何开发生产、人力资源/工资和财务循环的 REA 数据模型，同时讨论一系列高级建模问题，如并购、无形产品销售、服务提供及租赁交易等。

第四部分：系统开发进程

第四部分由三章组成，这三章涵盖系统开发过程的不同方面。第 13 章介绍系统开发生命周期，并且讨论系统分析、可行性和规划阶段的步骤，尤其关注变革所引起的行为变化。第 14 章讨论组织获得或开发会计信息系统的诸多备选方案（例如购买软件、自行编写软件、终端用户开发软件和外包），以及加快或改善开发进程的诸多备选方案（业务流程重组、物理设计、实施、运行和维护），并且详述了各阶段之间的相互联系。第 15 章涵盖系统开发生命周期的剩余阶段（概要设计、物理设计、运行、实施和维护），并阐述了各个阶段的相互关系。

为阅读、思考和学习设计的教育方法——REVEL™

对本书的深入学习有助于更有效地学习和掌握课程内容。这归功于本书为阅读、思考和学习而设计的交互式学习环境，即 REVEL 方式。通过将媒体互动和评价与课程内容相结合，将阅读、实践和学习紧密连接，这种浸入式教学方法能够显著提高读者的理解和记忆能力。访问 http://www.pearsohighered.com/revel/，获得更多的 REVEL 内容介绍。

致教师

本书可以用作本科生或硕士研究生层次的会计信息系统课程教学。建议先修习财务会计和管理会计课程。同时，先修习一门信息系统入门课程（涉及计算机语言或软件）对本书的学习也有帮助，虽然并不是必需的。本书也可以作为硕士研究生或者高年级本科生管理信息系统课程的主要学习内容。本书的内容可以帮助读者完整地理解交易处理系统，为他们更深入地学习数据库相关课程，诸如数据库、数据分析、网络、系统分析和设计、云计算、虚拟化、区块链、人工智能、物联网、计算机安全和信息系统控制等打下基础。

致读者

《会计信息系统》（第 15 版）致力于帮助读者在未来实现成功的会计职业生涯，无论读者是进入事务所、企业还是政府部门。读者将来都有可能成为会计信息系统的使用者或管理者。你们中的一些人可能担任内审和外审人员，或者还将成为咨询顾问。这些角色都要求你们能够理解会计信息系统是如何运作的，这样才能衡量系统的成本有效性、评估系统的可靠性以及生成信息的可靠性，或者指导会计信息系统的重新设计和实施。掌握本书的知识点可以让你们了解完成以上任务所需要的最基础的知识。

本书讨论了重要的信息技术的发展，例如虚拟化、云计算、使用 RFID 标签追踪存货，以及将 XBRL 运用于财务报告，原因是这些发展会影响业务流程并且导致组织重新设计会计信息系统以充分发挥新的优势。然而，讨论的重点不是就技术论技术，而是在于技术如何影响业务流程和控制。诚然，新的技术发展不仅带来新的竞争力，还会带来新的风险并且影响整体的风险水平。本书将帮助读者理解这些知识，以便读者能够正确地判断如何修改会计信息系统的控制以有效地解决这些新的风险，并准确地评价这些经过重新设计的系统中控制的充分性。我们还讨论了近期的监管发展（特别是《萨班斯-奥克斯利法案》（Sarbanes-Oxley Act）以及从 GAAP 到 IFRS 的转换）对会计信息系统设计和运行的影响。

除了应对技术和监管驱动的变革，公司还需要应对竞争日益激烈的经营环境，即通过重新检查内部活动力图以最小成本获得最大价值。因此，会计人员就不能只是简单地报告过去的活动，还必须更为积极主动地提供和解释组织活动的财务和非财务信息。在本书中，我们将讨论会计人员是如何改善会计信息系统的设计和运行从而为企业真正创造价值的。

马歇尔·罗姆尼

（犹他州）

保罗·约翰·施泰因巴特

（亚利桑那州）

斯科特·萨默斯

（犹他州）

戴维·伍德

（犹他州）

目　录

第一部分　会计信息系统理论基础

第二部分　会计信息系统应用

第三部分　REA 数据模型

第四部分　系统开发过程

第一部分

会计信息系统理论基础

第1章

会计信息系统概述

学习目标

通过学习本章，你应该能够：

1. 区分数据和信息，讨论信息有用性的特征以及如何确定信息的价值。
2. 解释组织需要制定的决策和制定决策所需要的信息，以及一般企业的主要业务流程。
3. 理解会计信息系统如何为组织创造价值，会计信息系统和企业战略如何互相影响，以及会计信息系统在公司价值链中发挥的作用。

综合案例

S&S公司

在一家零售公司担任区域经理几年后，斯科特·帕里（Scott Parry）和他管区的另一位经理苏珊·冈萨雷斯（Susan Gonzalez）合作开办了自己的公司。他们成立了S&S公司来销售设备和消费类电子产品。斯科特和苏珊通过租赁一栋位于城镇繁华地段的大楼和增开一家网店来实现"点面"结合的战略。

斯科特和苏珊在最开始的6个月投入了足够的资金。他们将在未来的两周内雇用15名员工：3人整理货架，4人作为销售代表，6人作为收银员，还有2人负责网店的开发和维护。

斯科特和苏珊将在5周内为S&S举行隆重的开幕仪式。在开幕仪式之前他们必须解决如下问题：

1. 为了使店面盈利，他们需要做出哪些决策？比如：
a. 该如何定价以使产品既有竞争力又能盈利？
b. 是否应该赊销？如果是，以什么条件提供赊销？如何准确追踪不同类型客户的欠款和支付款？
c. 应该如何雇用、培训和监督员工？应该为员工提供怎样的薪酬和福利？如何支付工资？
d. 如何追踪现金流入和流出以避免现金短缺？
e. 什么是恰当的产品组合？在有限的储存空间里，应该保有多少存货？
2. 为了制定以上决策，斯科特和苏珊需要哪些信息？
a. 与之有业务关联的外部实体需要什么信息？
b. 管理层和其他员工需要什么信息？
c. 他们如何收集、存储和传递信息？
3. 需要哪些业务流程？如何实施这些业务流程？
4. 网站应该提供哪些业务功能？

虽然斯科特和苏珊可以依据经验或者直觉来制定决策，但是他们明白，如果能获得更多信息，他们将制定出更好的决策。好的会计信息系统能够解决这些问题并且为其他决策的制定提供所需要的信息。

1.1 引 言

本章首先解释重要的专业术语，讨论组织需要的信息以及生成这些信息的业务流程。接着探讨什么是会计信息系统，会计信息系统如何为企业创造价值，会计信息系统和企业战略如何互相影响，以及会计信息系统在公司价值链中发挥的作用。

系统（system）是两个及两个以上相互关联的要素的集合，这些要素相互作用以实现系统目标。大多数系统是由更小的子系统组成并由这些子系统来支持更大的系统。比如，商学院是一个由不同系组成的系统，每个系是一个子系统。此外，商学院本身也是大学的一个子系统。

子系统是为实现一个或者更多组织目标而设计的。子系统的变革应该考虑对其他子系统的影响和对系统总体的影响。**目标冲突**（goal conflict）指子系统与另一个子系统或者整个系统的目标不一致。**目标一致**（goal congruence）指子系统在达到自身目标的同时也促进组织总体目标的实现。组织越大，系统越复杂，要实现目标一致就越难。

数据（data）是指信息系统收集、记录、存储并加工的客观事物。企业需要收集不同类型的数据，比如发生的业务活动、业务活动所影响的资源、参与业务活动的人员等。例如，企业需要收集的数据包括销售收入（日期、总额），被售商品（产品或服务、销售数量和单价）和参与销售的人员（客户、销售人员）。

信息（information）是经过加工的数据，能够改善决策制定过程。通常，信息数量的增加和质量的改善有助于用户制定出更好的决策。表1-1介绍了信息有用性的14个特征。

表 1-1　信息有用性的特征

访问受限	只允许授权用户访问
真实	准确无误、如实地反映事件或活动
可获得	用户能够在需要信息时方便和快速地获得
信誉	高度可信的信息来源或内容
完整	不忽略事件或活动的重要方面，具备足够广度和深度
简洁	清晰、简洁、全面地报送信息
一致	能够长期保持相同格式
实时	实时更新事件和活动数据
客观	无偏的、公正的
相关	减少不确定性，改善决策制定，满足需要，有用的
及时	及时提供给决策制定者以便其制定决策
可用	满足不同任务需求，易于人机阅读
可理解	以有用且易懂的格式呈现信息，便于理解和解释
可验证	能够由两个独立且具有相关专业知识的人员生成相同的信息

以**机读格式**（machine-readable）存在的数据能够由计算机来读取和加工，这样的数据是非常有用的。加工包括数据的收集、记录、存储、更新和传递。例如，上市公司被要求使用 XBRL（可视化的商业报告语言，是一种专门用于财务和其他商业信息交换的程序语言）披露财务报表。在非 XBRL 环境下，电子文档只是纸质报告的数字版本。虽然人们能够阅读数据，但除非以某种恰当格式输入的数据，否则计算机不能自动实现对数据的加工。XBRL 对数据项进行编码，以便计算机程序能够理解并处理这些数据。XBRL 的详细论述参见第 9 章。

使用机读格式（例如 XBRL）可以增加信息有用性。例如：

1. 通过减少人工错误和使用标准分类来提高可信度。
2. 通过为数据赋予相关的含义，使其可以与其他组织的类似数据进行比较来提高相关性。
3. 通过数据自动导入决策模型和其他计算机系统来提高可访问性。
4. 通过数据的人机可读来提高可理解性和可用性。
5. 通过减少输入、生成和传递信息的时间来提高及时性。

机器可读的数据也推动了技术更新，如人工智能和数据分析，这些将在本章后面部分讨论。

然而，人脑能够理解和加工的信息是有限的。当超出这种限度时，就会发生**信息超载**（information overload），结果造成决策质量的下降和信息成本的增加。信息系统设计者使用**信息技术**（information technology，IT）帮助决策者更有效地过滤和浓缩信息。比如，沃尔玛在信息技术上投入了大量资金，使信息系统能够有效地收集、存储、分析和管理数据以提供有用的信息。

信息的价值（value of information）是信息所产生的收益减去生成信息所耗费的成本。信息收益指不确定性的降低、决策的改进以及业务活动计划和进度安排能力的提高。信息成本是生成和传递信息所耗费的时间和资源。信息成本和信息收益很难量化，而且信息的价值难以在其生成和使用之前确定。然而，我们应该尽可能准确地估算信息的预期价值以使得信息的成本不会超过收益。

我们以 7-11 便利店的案例来说明信息的价值。一家日本公司从南方公司（Southland Corporation）获得 7-11 便利店的经营许可证。日本 7-11 便利店对信息技术的投入巨大，美国的 7-11 便利店却没有这么做。在日本，每家 7-11 分店都配有一台电脑，以实现以下功能：

● 追踪每家商店在售的 3 000 多种商品，并且明确所售商品的品种、销售时间和销售发生时的天气情况。

● 追踪客户购买的商品品种和购买时间以确保热销的商品不发生缺货。

● 自动向供应商订购三明治和饭团。一天下三次订单以确保商店食品的新鲜。而且，7-11 便利店允许供应商通过电脑联网查看销售数据以便供应商预测需求。

● 与供应商协商交货的时间。此举措将交货次数由 34 次/天减少为 12 次/天，缩短了交货时间。

● 制作彩图显示对销售和利润贡献最大的分店。

通过这些功能的实现，日本 7-11 便利店的日平均销售额增加了 30%，营运利润率几乎是它的竞争者的两倍。而南方公司和它在美国的 7-11 分店的情况如何？利润下降，南方公司不得不破产清算。最终，日本 7-11 购买了南方公司 64% 的股份。

如图 1-1 所示，**信息系统**（information system）是组织中收集、记录、存储和处理数据以提供做出明智决策所需信息的人员和技术的组合。

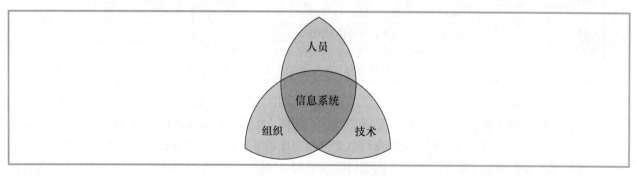

图 1-1 信息系统的组成

1.2 信息需求和业务流程

所有组织都需要获取信息来做出有效的决策。而且，所有组织都会持续参与某些业务流程。业务流程是由人、计算机或者机器完成的具有关联性、协同性和结构化的一组活动和任务，业务流程有助于实现特定的组织目标。

为了实现有效决策，组织必须明确它们需要制定何种决策，制定这些决策需要何种信息，以及如何收集和加工数据以生成这些信息。数据的收集和加工通常和企业的基本业务流程相联系。为了阐明识别信息需求和业务流程的过程，我们回到 S&S 公司的案例。

□ 1.2.1　**信息需求**

斯科特和苏珊认为他们在确定有效管理 S&S 公司所需要的信息之前，必须了解 S&S 公司的职能。只有这样，才能确定生成信息所需要的数据和流程的类型。他们编制了表 1-2 来总结部分分析结论。该表列出了 S&S 公司的基本业务流程、每项流程所需制定的一些关键决策，以及决策所需要的信息。

表 1-2　S&S 公司的业务流程、关键决策和信息需求概览

业务流程	关键决策	信息需求
获得资本	数量的多少 寻找投资者或者融资 若采取借款方式，获得最佳借款条件	现金流项目 预测财务报表 分期还贷计划
获得厂房和设备	厂房规模 设备数量 租赁或购买 位置 如何折旧	资本需求 厂房和设备价格 市场调查 税收表格和折旧规则
雇用和培训员工	经验要求 如何评估申请者的诚信和能力 如何培训员工	职位说明 申请者简历和技能
获得存货	运用什么模型 采购多少存货 如何管理存货（储存、控制等） 有哪些供应商	市场分析 存货状况报告 供应商业绩
广告和营销	何种媒体 内容	成本分析 市场覆盖
销售商品	边际收益率 提供内部信用 接受何种信用卡	预期利润表 信用卡成本 客户信用状况
收取客户货款	如果提供信用，有哪些信用条款 如何处理现金收款	应收账款账龄报告 应收账款记录
支付员工薪酬	支付数量 支付员工薪酬扣款及预扣款 在公司内部处理薪金或将薪金处理外包	销售收入（佣金） 工时（小时工） W-4 表格外包成本
支付税款	工资税要求 销售税要求	政府规章 工资总成本 销售收入总额
支付供应商货款	支付给谁 何时支付 支付多少	供应商发票 应付账款记录 付款方式

斯科特和苏珊明白该表虽不详尽，却能较好地反映 S&S 公司的概况。斯科特和苏珊也明白不是所有列示在右栏的信息都能从 S&S 公司内部获得，例如，商品采购款的信息就是由供应商提供的。因此，S&S 公司必须有效集成公司内外部生成的信息，以便斯科特和苏珊在经营过程中能够使用这些信息。

S&S 公司将和公司外部实体（比如客户、供应商和政府部门）以及公司内部实体（比如管理层和员工）发生关联。为了更好地处理与这些实体的关联关系，他们绘制了图1-2。

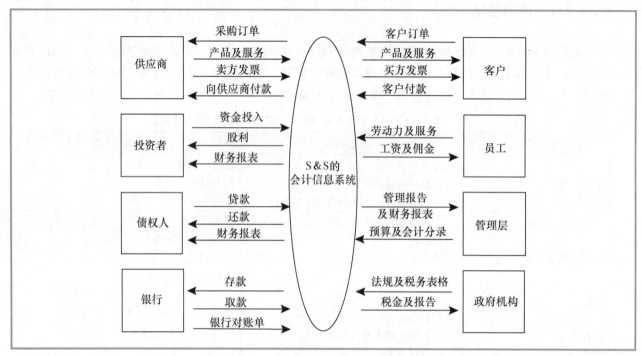

图1-2　S&S公司和公司内外部实体的关联

□ 1.2.2　业务流程

斯科特将表1-2中的业务流程重组为多组相关交易。**交易**（transaction）是两家公司就产品和服务交换或者其他能用经济条款衡量的事项所签订的协议。比如，销售给客户的商品、从供应商购买的商品和对员工的薪金支付等。这些以获取交易数据开始、以输出信息结束的流程就是**交易流程**（transaction processing）。交易流程将在第2章更详细地介绍。

许多业务活动涉及**供求互换交易**（give-get exchange）。虽然大部分企业只发生其中一小部分供求交换，但是这些业务会频繁发生。例如，S&S公司每年将有几千笔对客户的现金销售业务。同样，S&S公司也将不断通过现金交易从供应商那里购买存货。

这些互换交易划分为五个主要的**业务流程或交易循环**（business process or transaction cycles）：

● **收入循环**（revenue cycle）：产品及服务的现销和赊销。该循环将在第5章讨论。

● **支出循环**（expenditure cycle）：购买存货用于再销售或者购买原材料用于加工产品以实现销售。该循环将在第6章讨论。

● **生产或转换循环**（production or conversion cycle）：将原材料生产为产成品。该循环将在第7章讨论。

● **人力资源管理/工资循环**（human resource management/payroll cycle）：在该循环中，公司将对员工进行雇用、培训、支付报酬、评估、晋升和解雇。该循环将在第8章深入讨论。

● **筹资循环**（financing cycle）：在该循环中，公司吸收投资者入股，借款，向投资者分配股利，向债权人支付利息。

这些循环会反复处理一些相关的交易。例如，大多数收入循环交易向客户卖出产品或提供服务，或是销售现金收款。图1-3展示了主要的交易循环和每个循环内部的供求互换交易。

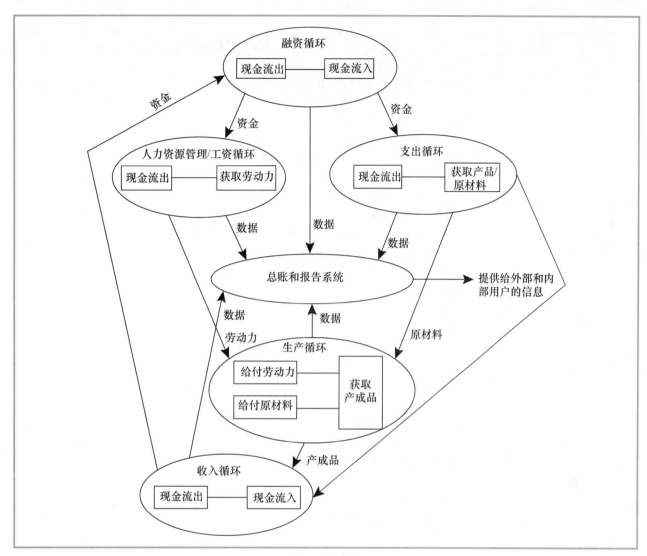

图 1-3　会计信息系统及其子系统

这些基本的互换交易会关联到许多其他的业务活动。例如，S&S 公司在销售出产品之前可能需要满足客户查询和检查库存量的需求。同样，在每笔赊销业务之前，公司必须检查客户的信用额度。每笔赊销业务发生时会增加应收账款，每笔账款收到后会减少应收账款。表 1-3 列示了每个交易循环的基本活动。

表 1-3　常见的循环活动

交易循环	循环中的基本活动
收入	接收和回复客户查询
	接收客户订单并将其输入会计信息系统
	批准赊销
	检查可用库存量
	生成缺货商品的延期交付订单
	挑选和打包客户订购的货物

续表

交易循环	循环中的基本活动
支出	装运产品/执行服务
	向客户开具已装运产品/已执行服务的账单
	更新（增加）销售收入和应收账款
	收到客户支付款并存入银行
	更新（减少）应收账款
	处理销售退回、折扣、折让和坏账
	编制管理报告
	向其他循环传递相关信息
	购买需要的产品和服务
	生成采购订单，批准采购订单，向供应商发出采购订单
	收到产品和服务，生成验收报告
	储存商品
	收到供应商发票
	更新（增加）应付账款
	批准支付供应商发票
	向供应商支付产品和服务款项
	更新（减少）应付账款
	处理退货、折扣和折让
	编制管理报告
	向其他循环传递相关信息
人力资源管理/工资	招聘、雇用和培训新员工
	评估员工绩效和提拔员工
	解雇员工
	更新工资记录
	记录和确认工时、考勤及佣金数据
	计算和支付工资
	计算与分配纳税支出和保费支出
	编制员工和管理报告
	向其他循环传递相关信息
生产	设计产品
	产量预测，生产计划和进度安排
	原材料需求
	制造产品
	储存产成品
	归集产品成本
	编制管理报告
	向其他循环传递相关信息
融资	预测现金需求
	向投资者卖出股票/有价证券
	向债权人借款
	向股东分发股利，向债权人支付利息
	偿还债务
	编制管理报告
	向其他循环传递相关信息

注意：表 1-3 中列示的每个交易循环的最后一项业务活动都是"向其他循环传递相关信息"。图 1-3 展示了这些不同的交易循环与其他交易循环的数据交换，以及交易循环与**总账和报告系统**（general ledger and reporting system）的数据接口。总账和报告系统用于向管理层和组织外部提供信息。第 9 章将对该循环进行更深入的讨论。

在许多会计软件包中，不同交易循环是以独立模块的形式运行的。不是每个组织都需要运行所有模块。例如，像 S&S 这种零售商店没有生产循环，自然也就不需要运行生产模块。更何况，某些组织还有特殊的需求。例如，金融机构需要存款和分期还贷循环，该循环与客户账户和贷款交易相关联。此外，不同类型组织的同个交易循环的特征也是不同的。以服务性公司为例，如会计师事务所或者律师事务所，就不涉及与商品采购、验收和支付货款相关的交易处理。

每项交易循环都包含许多不同的业务流程或业务活动。每项业务流程要么相对简单，要么非常复杂。

在完成表 1-2、表 1-3 和图 1-2、图 1-3 的编制后，斯科特和苏珊确信他们已经充分理解了 S&S 的业务活动，可以进行信息系统采购。苏珊回忆起以前工作过的公司，由于软件的设计不能适应所有管理者的信息需求，信息系统之间彼此孤立。她还回忆起曾经参加过一个会议，会议上她亲眼看到拥有多个且没有实现集成的子系统所带来的负面影响。市场营销部的主管出具的年初至报告日的产品销售数据与产品经理报告中的销售数据不符，而总账系统生成的销售数据又与前两者不一致。一个多小时的时间被浪费在对不同报告的调整上。苏珊发誓她绝不让 S&S 陷入这种糟糕的境地。她要确保所选择的系统能够整合 S&S 各项业务流程的财务和非财务数据，每个人都可以从同一个系统中获取信息。

1.3　会计信息系统

会计常被视为商业语言。如果是这样的话，那么**会计信息系统**（accounting information system，AIS）就是"情报语言"，即提供信息的工具。

会计（accounting）对组织的财务交易进行系统和全面的记录，以及汇总、分析和向管理层、所有者/投资者、监督机构、征税主体报告这些交易。这意味着会计是数据识别、收集和存储的过程，以及信息开发、测量和传递的过程。显然，会计是一个信息系统，因为会计信息系统收集、记录、存储和加工会计数据和其他数据以向决策者提供信息，如图 1-4 所示。

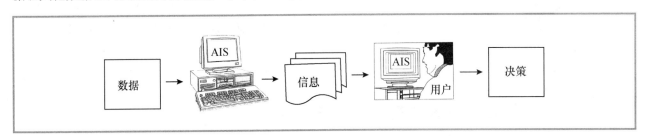

图 1-4　AIS 将数据加工成决策制定所需要的信息

会计信息系统可以是基于纸笔的手工系统，也可以是运用最新信息技术的复杂系统，抑或是介于两者之间。无论采用哪种方法，其处理过程都是一致的。会计信息系统必须收集、输入、加工和报告数据与信息。纸和笔或者电脑硬件和软件只不过是用来生产信息的工具。

本章没有对会计信息系统和其他信息系统进行区分。相反，我们认为会计信息系统可以并且也应该是组织重要的信息系统，即向使用者提供完成工作所需的信息。

会计信息系统由六个部分组成：

1. 信息系统使用者。
2. 收集、加工和存储数据的过程和指令。
3. 与组织及其业务活动相关的数据。
4. 加工数据的软件。
5. 信息技术架构，包括电脑、外围设备和网络联通设备。
6. 保证会计信息系统数据安全的内部控制和安全措施。

以上六个组成部分使得会计信息系统能够完成三项重要的业务功能：

1. 收集和存储与组织活动、资源和人事相关的数据。组织拥有许多业务流程，如销售商品和购买原材料，这些业务流程经常是重复执行的。
2. 将数据转换为信息以使管理层可以计划、执行、控制和评价业务活动、资源和人事。决策制定在本章稍后部分详细讨论。
3. 提供足够的控制保证企业资产和数据安全。

会计数据来自会计信息系统，因此，会计人员掌握会计信息系统知识和技能对其职业生涯的成功至关重要。使用会计信息系统是会计人员工作的重要组成部分。其他与会计信息系统相关的重要工作包括信息系统设计和业务流程改进，将在第 13～15 章讨论。

□ 1.3.1　会计信息系统增加组织价值的方式

好的会计信息系统能够通过以下方式为公司增加价值：

1. **提高产品和服务的质量并且降低成本**。例如，会计信息系统可以监控机器设备，当设备性能超出可接受的质量标准时，可以立即告知操作员。这有助于保证产品质量，减少浪费和降低成本。
2. **提高效率**。例如，实时的信息使得准时制生产方式成为可能，因为该生产方式要求获取连续、准确和实时的关于原材料库存及其存放地点的信息。
3. **共享知识**。共享知识和专业技能可以改善运营和提供竞争力优势。例如，会计师事务所利用信息系统来共享最优业务方法和促进办公室之间的沟通。员工可以搜索公司数据库向专家寻求专业帮助，这样，会计师事务所的国际专业知识就可以被任何一家当地的分支机构分享。
4. **改善供应链的效率和效能**。例如，允许客户直接访问存货和销售订单录入系统，可以降低营销费用，提高客户回头率。
5. **改善内部控制结构**。拥有恰当内部控制架构的会计信息系统可以保护系统免受错误、欺诈、系统瘫痪和意外事件的干扰。
6. **提高决策能力**。决策能力的提高十分重要，相关细节将在接下来的内容中讨论。

□ 1.3.2　利用人工智能和数据分析改进决策

决策制定是一项复杂、多步骤的活动，包括：识别问题，收集和解释信息，评估解决问题的方法，选择解决方案，确定和实施方案。会计信息系统可以通过提供信息来减少不确定性，提供关于先前决策有效性的反馈，及时提供信息，以及识别需要管理层采取行动的情况等方式来改善决策制定。

可以在这些决策活动中运用人工智能和数据分析工具，以帮助改善决策制定。

人工智能（artificial intelligence，AI）利用计算机系统模拟人类的智能过程，如学习（获取信息和使用规则），推理（解释数据并使用其规则以得出结论），自我完善（从信息和过去的经验中学习以改善规则）。

人工智能领域涵盖了多个学科，包括计算机科学、信息工程、语言学、数学、哲学和心理学。一些常见的人工智能应用包括专家系统、配送车辆智能布线、机器视觉（用于自动驾驶汽车）和语音识别。常见的人工智能云产品包括亚马逊人工智能、谷歌人工智能、IBM 沃森和微软认知服务。以下是一些人工智能使用的例子：

1. **业务**。人工智能驱动的机器人正在执行许多高度重复的任务，尤其是在制造业。人工智能算法决定了如何更好地服务客户。网站聊天机器人提供即时客户服务。

2. **教育**。人工智能软件自动为学生的作业评分，评估学生的表现和进步，并在需要时追加服务。

3. **融资**。基于机器人的选股算法会给出买卖股票的建议。软件执行大多数股票交易。个人理财应用程序使用人工智能向用户提供建议，并跟踪他们的财务状况。

4. **医疗保健**。人工智能可以比人类做出更好、更快的诊断，从而改善疗效和降低成本。例如，医生可以使用 IBM 沃森（Waston）挖掘患者数据，评估他们的症状，访问外部数据库，交流诊断结果以及沃森诊断的可信度、响应问题。

数据分析（data analytics）使用软件和算法来发现、描述、解释、交流和应用数据，以提高业务绩效。数据分析工具涵盖许多学科，包括计算机编程、数学、运筹学和统计学。企业长期以来关注历史绩效分析。数据分析是最近才发展起来的，它着眼于未来，回答诸如为什么会发生，接下来会发生什么，以及如何提高绩效等问题。当拥有丰富的计算资源和来自多个内部或外部数据库的大量数据时，分析工具能够发挥最大的效用。

对于大多数分析工具来说，**数据仪表盘**（data dashboard）是必不可少的组成部分。它采用线形图或条形图、表格或量规的形式显示重要的数据点、度量标准和关键性能指标。仪表盘为企业提供了监督绩效的中心关注点。仪表盘连接内部和外部数据源，分析数据，并以易于理解的格式可视化地显示数据。仪表盘通常是定制的，以满足业务流程、部门或整个公司的特定需求。

有许多不同类型的分析，包括预测、规定、描述和认知。有些分析是以其用途命名的，如零售、供应链、商店优化、销售团队优化、营销优化、呼叫中心优化、网络、社交媒体、演讲、信用风险和欺诈分析。分析也可以根据用途和特征进行分类，如可行性、可视化、嵌入式、自动化和可操作分析。

分析可以在很多方面帮助改进决策制定。在基本层面上，分析可以识别问题或后果，以供管理人员解决。在中级层面上，分析可以收集解决问题所需的数据，分析数据并就如何解决问题向管理层提出建议。在高级层面上，决策制定的系统可以集成洞察功能。也就是说，分析可以嵌入 AIS 组件中，如数据库、应用程序和设备，自动解决发生的问题，并向管理层传达解决方案。

据估计，数据分析市场的规模将超过 500 亿美元，还在快速增长。企业利用分析来增加销售额，开发产品和服务以满足新的客户需求，降低成本和改善决策。以下是一些数据分析方法：

● 嘉吉公司（Cargill）开发了一个分析平台，允许奶农使用平板电脑或计算机分析大量关于奶牛生活条件、饮食和产奶量的数据，提高奶牛的快乐感和舒适感，从而增加产奶量。

● 安德玛公司（Under Armour）利用 MapMyFitness 的数据识别受欢迎的跑步路线和时间，因此它知道该在什么时间为运动鞋、能量饮料和其他产品做广告。研究表明，当广告商出售复购产品时，在正确的时间向消费者推送广告将比其他广告时间多创造出 16 倍的销售额。

● 大多数基于网络的零售商，如亚马逊，使用它们的销售数据库向顾客推荐追加产品和服务。

● 支持中心的技术人员使用来电者作为关键字以及历史问题和解决方案的数据库，快速解决技术问题。当数据和分析足够强大时，这一过程将实现自动化；客户访问该公司网站并自己诊断大多数问题，而把最复杂的问题交由技术人员处理。

● 航空公司在所有重要的飞机部件上嵌入传感器，持续监控，自动安排预防性维护，并提供需要采取措施的详细清单。

□ 1.3.3 会计信息系统和区块链

2008 年，中本聪（Satoshi Nakamoto）发明了区块链，以数字方式记录数字货币等加密货币交易。从那时起，区块链技术得到了调整，几乎所有有价值的东西都可以记录，私有链也被开发出来用于商业用途。

正如人们不必确切地知道互联网或汽车如何工作一样，他们也不需要了解区块链工作的技术细节。但是，理解区块链技术的基本知识可以帮助用户更好地使用该技术。

区块链（blockchain）因它的结构得名，区块是单个数字记录，使用密码学技术将区块连接在一个列表里，得到区块链。区块链不是存储在一个单一的位置——它是一个分布式账本，其功能相当于一个去中心化的数据库。分布式对等网络中的每台计算机都保存着一个账本副本，以防止单点故障。由于区块链由遵循节点间通信和验证新区块的协议的网络管理，因此不需要一个控制一切的中央权威机构。记录在区块链上的信息是公开的，所以区块链对等网络上的每个人都有一份区块链的副本，每个人都可以访问到所有的交易。

下面是区块链如何工作的简单抽象概述，即交易如何添加到区块中，以及区块如何添加到链中。

1. **发起交易**。交易双方（如买方和卖方）决定交换一些有价值的东西并要求发起交易。使用唯一的数字签名或标识符而不是买方或卖方实际的名称。这类似于使用零部件编号代表产品或使用用户名代表用户。

2. **验证交易**。交易被发送到对等网络节点，这些节点运用算法同时验证交易细节，包括时间、金额和参与者。为了达成共识，达到 51%，即过半数的节点必须验证该区块。在对等网络中，计算机的数量可以任意大；一种数字货币区块链有数百万之多，每个区块链都保留一个副本。在这样的公开的、无须许可的区块链平台上，每个网络节点都可以记录交易并参与共识过程。在私有许可链中，共识过程的参与仅限于被批准的节点。

3. **创建区块**。由于区块链中的每个区块最多可以存储 1MB 的数据，经过验证的交易将与数百或数千个类似的交易组合在一起，为分类账创建一个新的区块。交易的金额和双方的数字签名都存储在区块中。

4. **计算并插入哈希值**。每个区块都被赋予两个唯一的代码，或者说是一段被称为哈希（Hash）的识别信息片段，以区别于其他区块。哈希值使用数学算法将数字信息转换为数字和字母串。其中一个是当前区块的哈希值，另一个是上一个区块的哈希值。当一个新的区块被添加到区块链中时，由上一个区块的内容生成的加密哈希值被存储下来并通过它链接到上一个区块。第二个哈希值确保了区块链永远不会被破坏，并且每个区块以永久和不可更改的方式被记录。因此区块具有防篡改和安全性；也就是说，它增加了一种高级别的保证，即上一个区块内容没有被更改。如果某个区块上的数据以任何方式被编辑，该区块的哈希值就会改变，所有后续区块的代码也会改变。这种差异使得区块链上的信息很难在不告知的情况下被更改。

5. **完成交易**。该区块被添加到区块链，存储区块链的其他所有计算机会自动更新。交易记录过程得以完成，有价值物品的所有权从卖方转移到买方。

区块链的显著优势包括以下几点：

● **准确**。交易的验证是由成千上万台联网的计算机而不是容易出错的人工来实现的。即使一台计算机犯了一个计算错误，这个错误也不会传播到区块链的其他部分，除非该网络中至少有 51% 的计算机认可了这个错误。

● **透明**。区块链数据是透明的。也就是说，所有的交易细节，包括参与者的用户名、交易金额、交易日期和时间，以及谁进行了交易，都是对区块链上的所有人开放的，包括授权的监管机构、审计师等。

- **数据一致性**。在旧的遗留系统中，数据通常放置于多个数据库中，查找数据可能很复杂。数据库之间的数据也可能不一致，即相同的数据在不同的数据库并不同步更新。使用区块链，数据只存储在一个位置。
- **信任**。为了确保区块链网络是可信的，想要加入区块链的计算机都要经过测试。也就是说，要成为区块链网络的一员，新用户需要证明自己。例如，在一种数字货币的工作证明测试中，系统必须花费大量的计算能力和功耗来解决一个复杂的数学问题，然后才能向区块链添加一个区块。虽然这种工作证明并不能让黑客无从下手，但组织一次攻击的成本几乎总是会超过可以从攻击中获得的好处。
- **无须第三方**。在不存在可信任的第三方的情况下，网络中所有节点就区块链的内容达成一致的共识机制允许互不信任的各方安全地进行交易。
- **一套单独的账本**。由于交易的双方都存储在同一个来源中，这在一定程度上消除了买方和卖方对一套账本的一些需求。一套账本提供了当前遗留系统中不存在的信任级别。
- **成本**。区块链避免了人工第三方验证的成本和许多交易处理成本。
- **权力下放**。通过把区块链存储在所有网络电脑上，可以避免集中保存数据的风险。例如，如果黑客攻击或泄露区块链的一个副本，只有该副本受到影响。这减少或消除了对文件和数据库备份的传统需求。
- **效率**。区块链全天工作，每天不休——交易可以在几分钟内完成，并且在几小时内被认为是安全的。与此形成对比的是，有限的营业时间以及交易清算和资金到位的等待天数。
- **隐私**。虽然许多区块链是公共数据库，用户可以查看交易信息，但用户无法访问可以识别参与交易者的机密数据。
- **安全**。区块链是很难破坏的。没有单点故障；如果一个节点发生故障，那么所有其他节点上都有一个分类账的副本。信息由成千上万的计算机共享并不断地协调。新区块总是按时间顺序添加到区块链的末尾。返回并更改一个区块的内容是非常困难的，因为每个区块包含自己和上一个区块的哈希值。如果信息改变了，前后区块的哈希值也会改变，这将破坏分类账的共享状态。当网络中的其他计算机意识到这种变化引起问题后，共识就不再可能维持了。在问题解决之前，没有新的区块被添加到区块链。在大多数情况下，导致错误的区块会被丢弃，节点再次尝试达成共识。这个过程确保没有任何系统或用户可以篡改交易记录或向区块链添加无效区块。
- **来源**。来源是拥有某物品价值的历史轨迹。区块链收集的数据显示了谁做了什么，什么时候做的，以及该物品进入区块链后的历史轨迹。该历史轨迹是透明的，由所有网络参与者验证，并经常协调一致。

虽然区块链有很多重要的优势，但它的应用也面临重大的挑战，包括政治和监管问题。这些挑战包括：

- **成本**。成本是区块链的一个优势，因为交易费用较低，但它也是劣势之一，因为运营区块链所需的技术昂贵。为了将区块链技术引入当前的业务系统中，生产定制软件和后端流程需要花费数千小时。此外还有运行处理和存储数据的计算机所需的公用事业成本。
- **丧失隐私和机密性**。由于区块链用户无法识别参与交易的人，不诚实的用户可以使用区块链网络进行非法购买。为了防止这种情况发生，美国等一些国家禁止完全匿名，要求在线交易所收集客户信息，核实他们的身份，并确认他们不出现在任何已知或可疑的恐怖分子名单上。
- **敏感性**。考虑到获得区块链网络的多数控制权所需的计算能力，51%的攻击很难执行。但随着技术成本的降低，当黑客们租用而不是购买计算能力时，这种情况可能会改变。此外，随着区块链网络节点数量的增加，攻击的难度也越来越大。

总之，区块链是一个公共的、全局的、加密安全的分布式账本，可以自动记录和验证大量的数字交易。无法更改的区块、以链连接在一起的区块以及保护所有内容的加密技术的组合创建了一个交易记录系统，可以对不可信伙伴之间的交易进行信任。

□ 1.3.4 云计算、虚拟化和物联网

近来，许多组织开始使用虚拟化、云计算和物联网来提高效率和效果。**虚拟化**（virtualization）利用现代计算机的能力和速度，在一台物理计算机上同时运行多个系统。因为需要购买的计算机更少，减少了硬件成本。更少的机器意味着更低的维护成本。数据中心的成本也降低了，因为需要租用的空间减小了，从而降低了公用事业的成本。

云计算（cloud computing）利用现代全球电信网络的高带宽，员工能够使用浏览器远程访问软件（软件即服务，Saas）、硬件（基础设施即服务，Iaas）和整个应用程序环境（平台即服务，Paas）。是"私有云""公有云"还是"混合云"，取决于远程访问的资源是由组织完全拥有、第三方拥有还是两者的混合。表1-4比较了云计算提供的不同级别的服务，就像吃比萨一样。你可以在家制作和烘焙比萨，购买冷冻比萨在家烘烤，点比萨外卖，或出去吃比萨。如表1-4所示，你可以对计算机服务执行同样的操作（白色区域由内部完成，灰色区域由云提供商完成）。

表1-4 云计算——以吃比萨为例

传统 （自己动手做比萨）	Iaas：基础设施即服务 （购买并烘烤）	Paas：平台即服务 （点比萨外卖）	Saas：软件即服务 （外出就餐）
餐桌			
苏打			
水和电			
烤箱			
面团			
配料			

云计算在节约成本上可能是很显著的。例如，不再需要为每个终端用户购买、安装和维护软件，而是将软件安装在中央服务器上，通过付费获得员工同时使用浏览器远程访问和使用软件的权利。公有云避免了IT重大资本投资的需要，组织可以按使用付费或订阅的方式购买（费用化）计算资源的使用。除了降低成本之外，将计算资源集中到云计算（无论是公有云、私有云还是混合云）使得软件和硬件调整更容易，从而提高了灵活性。**物联网**（Internet of Things，IoT）将传感器嵌入多种设备（灯、暖气、空调、家电等），使这些设备可以连接到互联网。物联网对信息安全具有重要意义。

□ 1.3.5 会计信息系统和企业战略

由于大多数公司的资源是有限的，因此改进会计信息系统以获取最大回报是非常重要的。要做出一项明智的决策需要充分了解公司的整体战略。为了说明这一点，我们来看 CIO 杂志对 500 名首席信息官的调查结果。当被问到最重要的三个技能时，75% 以上的被调查者认为战略性思维和计划能力尤为重要。

图1-5展示了影响会计信息系统设计的三个因素：信息技术、经营策略和组织文化。值得一提的是，会计信息系统设计能够通过控制组织内部的信息流影响组织文化。例如，会计信息系统使得信息的获取更加方便和广泛，这可能推动更大程度的分散经营和自主权。

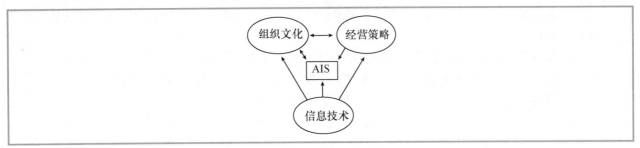

图 1-5　影响会计信息系统设计的因素

信息技术的开发影响经营策略。例如，互联网深刻地影响到许多业务的执行方式、企业战略及战略定位。互联网大幅降低成本，从而帮助公司实现低成本战略。如果每家公司都运用互联网实施低成本战略，那么效果可能是不确定的。因为公司之间激烈的价格竞争可能会导致互联网所带来的成本节约效应大部分转移到客户，而不是留存在公司内部形成更高的利润。另外，因为每家公司都可以使用互联网来简化业务活动，所以公司不可能获得可持续的长期竞争优势。

组织的会计信息系统在帮助组织制定和维持战略定位方面发挥着重要的作用。为了实现业务活动之间的密切配合，信息系统收集每项业务数据。而且，收集和整合组织业务流程的财务和非财务数据也是非常重要的。

□　1.3.6　会计信息系统在价值链中的作用

为了向客户提供价值，大多数组织要执行许多不同的活动。图 1-6 展示了**价值链**（value chain）活动，价值链由五项**主要活动**（primary activities）组成并直接为客户提供价值。

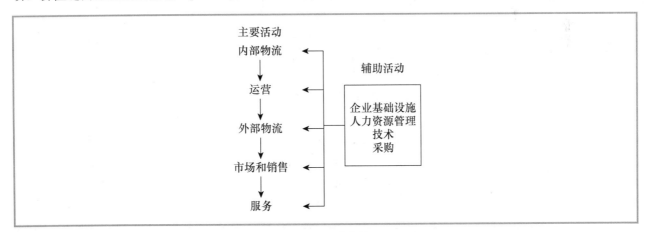

图 1-6　价值链

1. **内部物流**：接收、储存和分配用于生产产品和服务的原材料。例如，汽车制造商获取、运送和储存钢铁、玻璃和橡胶。

2. **运营**：将投入变为最终产品或服务的活动。例如，组装车间的业务活动是将各零部件组装成成品汽车。

3. **外部物流**：将产成品或服务运送给客户的活动。例如，运送汽车给汽车经销商。

4. **市场和销售**：帮助客户购买公司产品或服务的活动。例如，广告就是市场和销售活动很好的例子。

5. **服务**：为客户提供的售后服务。例如，维修和维护服务。

辅助活动（support activities）有助于高效地执行这五项主要活动。它分为四类：

1. **企业基础设施**：包括支持公司运营的会计、财务、法律和行政管理活动。会计信息系统也是企业基础设施的一部分。

2. **人力资源管理**：包括招聘、雇用、培训员工和支付薪酬的活动。

3. **技术**：改进产品或服务的活动。例如，研发、信息技术投资和产品设计等。

4. **采购**：购买用于完成主要活动的原材料、物资、机器设备和厂房等。

使用信息技术重新设计供应链系统能够为企业节约成本并带来巨大利益。例如，田纳西河流域管理局（Tennessee Valley Authority）进行供应链流程再造，并且建立起一个提供实时而不是"每天一次"信息的企业层级系统。该新系统取代了20个较小且不兼容的系统，减少了89个岗位，在第一个5年内就节约成本2.7亿美元。

组织价值链是更大的系统——**供应链**（supply chain）的一部分。如图1-7所示，一家制造商与其供应商和分销商之间存在业务关联。通过关注供应链，企业帮助供应链中其他合作伙伴改善业绩，进而提高了自己的业绩。以S&S公司为例，它通过实施准时制存货管理系统降低成本和减少存货占用资金，从而改进采购和内部物流活动。如果S&S将其新系统与供应商集成起来，就能够更有效地实施主要价值链活动，从而获得更多的利润。例如，通过提供更加详细和及时的存货需求信息，S&S的供应商能够更加有效地计划生产进度。由此，S&S能分享到成本降低带来的好处。

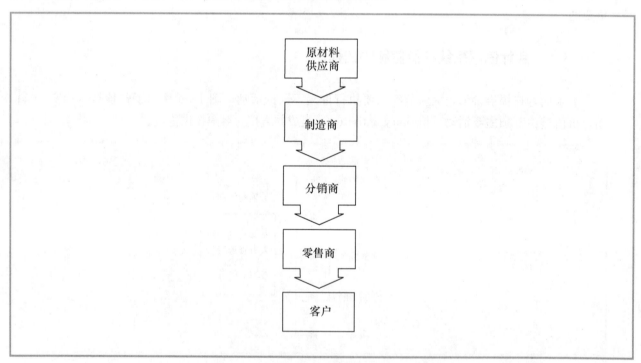

图1-7 供应链

有限品牌公司（Limited Brand）的案例说明了无效率的供应链带来的问题。有限品牌公司历经了爆炸性的增长，包括收购其他零售企业，如维多利亚的秘密（Victoria's Secret）和A&F。这些收购给有限品牌公司带来了60多个不相容的信息系统。当400辆拖车聚集在只能容下150辆汽车的配送中心停车场时，问题不可避免地产生了。拖车堵塞了配送中心附近的所有高速公路并带来不计其数的交通和社区问题。公司里没有人知道这些拖车来自哪里，运载的商品是什么以及它们将被送往哪里。直至商品被直接运送到商店和其他配送中心时，混乱才平息。最后，有限品牌公司通过运行一个新集成系统改进供应链流程才解决了很多问题。有限品牌公司有近千个供应商，并且通过诸如零售商店、网络和第三方零售商等不同平台销售产品，因此，开发新系统并非易事。

本章习题

1. 数据和信息在以下哪些方面存在差异？ ＿＿＿＿＿＿
   a. 数据是输出，信息是输入
   b. 信息是输出，数据是输入
   c. 数据是有意义的信息
   d. 两者没有差别

2. 以下哪项不属于信息有用性的特征？ ＿＿＿＿＿＿
   a. 可靠
   b. 及时
   c. 便宜
   d. 相关

3. 以下哪项属于价值链的主要活动？ ＿＿＿＿＿＿
   a. 采购
   b. 会计
   c. 售后服务
   d. 人力资源管理

4. 以下哪项交易循环涉及企业和供应商之间的关联？ ＿＿＿＿＿＿
   a. 收入循环
   b. 支出循环
   c. 人力资源管理/工资循环
   d. 总账和报告系统

5. 以下哪项不是信息改善决策制定的方式？ ＿＿＿＿＿＿
   a. 增加信息超载
   b. 降低不确定性
   c. 提供以前决策有效性的反馈
   d. 识别什么情况下需要管理层介入

6. 在价值链的概念中，提升信息技术被认为是以下哪项活动？ ＿＿＿＿＿＿
   a. 主要活动
   b. 辅助活动
   c. 服务活动
   d. 结构性活动

7. 公司向客户装运商品发生在以下哪个循环？ ＿＿＿＿＿＿
   a. 生产循环
   b. 筹资循环
   c. 收入循环
   d. 支出循环

8. 以下哪项是会计信息系统的功能？ ＿＿＿＿＿＿
   a. 减少确定战略及战略定位的需要
   b. 将数据转化为有用信息
   c. 分配组织资源
   d. 决策制定自动化

9. 企业及其供应商和客户通过下列哪个系统联系在一起？ ＿＿＿＿＿＿
   a. 供应链
   b. 价值链
   c. 企业资源计划系统
   d. 会计信息系统

10. 所有供应商过去一年的绩效报告是以下哪个业务流程中最需要的信息？ ＿＿＿＿＿＿
    a. 支付供应商货款
    b. 采购存货
    c. 销售商品
    d. 支付员工薪酬

问题讨论

1. 信息的价值是信息带来的利益和生成信息的成本之差。如果预期成本超过收益，公司还会生成信息吗？如果会，请举例说明。如果不会，为什么？

2. 如图1-1中所示的信息特征能否同时满足？还是说，要满足其中一项意味着放弃另外一项？

3. 你和你的同学决定一起创业。你想到一个很赚钱的手机应用程序创意。在当地的一项比赛中，该商业计划获得第二名，你打算将所获的1万美元奖金用于创业。

a. 列举成为成功企业家所需要制定的关键决策、决策制定所需要的信息以及业务流程。

b. 你的公司需要和外部实体进行信息沟通。识别外部实体以及需要输入和输出的信息。

4. 组织的业务流程和业务范围如何影响会计信息系统的设计？举例说明企业异质性如何影响其会计信息系统。

5. 图1-5展示了组织文化和会计信息系统设计之间的相互影响。这意味着一家公司开发的新系统可以在多大程度上移植到另一家公司？

6. 图1-5说明信息技术的发展会影响公司的战略和会计信息系统设计。那么，一家公司如何确定其会计信息系统的成本？

7. 从价值链的角度思考S&S公司如何实施各项主要活动和辅助活动。

8. 信息技术有利于公司收集大量关于员工的信息。讨论以下观点：

a. 管理层应该在何种程度上监控员工邮件？

b. 管理层应该在何种程度上监控员工访问的网站？

c. 管理层应该在何种程度上监控员工绩效，例如使用软件来追踪每小时或其他单位时间的键盘敲击量？如果能够收集到这样的信息，如何使用？

d. 公司是否应该通过软件来屏蔽掉电子邮件？

e. 在什么情况下公司公布员工上网信息的做法是适当的？

习题答案

1. 正确选项b。选项a错误，数据反映客观事物的属性，经加工后可以生成信息。因此，数据是输入，信息是输出。选项c错误，信息是经加工的数据，信息是有价值的。选项d错误，二者有不同。数据是未经加工的客观事物和符号。信息是有价值的、组织和加工过的数据。

2. 正确选项c。见表1-1。同理，选项a，b，d错误。

3. 正确选项c。服务是主要活动。选项a错误，此项是辅助活动。选项b错误，此项是企业基础设施辅助活动。选项d错误，此项是辅助活动。

4. 正确选项b。选项a错误，收入循环包含公司和客户之间的关联。选项c错误，人力资源/工资循环包含组织和员工、政府和潜在求职者之间的关联。选项d错误，总账和报告系统接收所有循环的总括信息。

5. 正确选项a。信息过载使得决策者难以将信息融入决策框架中，因此决策质量将会下降而不是上升。选项b错误，更多可靠的信息将降低不确定性进而提升决策质量。选项c错误，决策反馈将有益于未来做出更好的决策。选项d错误，明确什么情况下需要管理层介入可以改善决策制定。

6. 正确选项b。包含信息技术在内的技术活动被认为是辅助活动。选项a错误，信息技术投资是辅助活动。选项c错误，价值链包含主要活动和辅助活动。服务活动是一项主要活动。选项d错误，价值链包含主要活动和辅助活动。结构性活动既不是主要活动也不是辅助活动。

7. 正确选项c。收入循环涉及公司和客户之间的交互活动，例如装运商品。选项a错误，生产循环是原材料转化为产成品的过程。选项b错误，筹资循环涉及公司、债权人及股东之间的交互活动。选项d错误，支出循环包含公司和供应商之间的关联活动。

8. 正确选项b。这是会计信息系统最基础的功能之一。选项a错误，会计信息系统识别战略的需求并没有减少。它为战略执行者提供制定战略决策所需要的信息。选项c错误，决策者分配资源，会计信息系统的目标是向决策者提供制定资源分配决策所需的信息。选项d错误，会计信息系统向决策者提供信息，但它不能实现决策制定的自动化。

9. 正确选项a。供应链由公司、供应商和客户构成。选项b错误，价值链是由公司内部主要活动和辅助活动构成的。选项 c 错误，企业资源计划系统在系统中集成了组织的所有活动。选项 d 错误，会计信息系统由公司内部人力资源和资本资源构成，负责收集和处理交易活动以及生成财务信息。

10．正确选项 b。公司希望向业绩良好的公司采购存货。供应商业绩报告披露该供应商是否及时发货、存货质量是否符合要求、价格是否合理等。选项 a 错误，公司需要在支付货款之前知道商品是否完好无损，不需要知道供应商过去一年内的表现。选项 c 错误，上一年供应商业绩报告对商品销售通常用处不大。客户偏好、客户信用状况等才是更重要的信息。选项 d 错误，供应商上一年的业绩几乎不作为员工薪酬的评价基础。工时、年薪、用于计算津贴的销售数据等才是更重要的信息。

第 2 章

交易处理和企业资源计划系统概述

通过学习本章，你应该能够：

1. 阐述处理交易所涉及的数据输入、存储、加工和信息输出四个数据处理循环。
2. 讨论组织如何运用企业资源计划系统处理交易和提供信息。

综合案例

S&S 公司

距离 S&S 公司开业只剩下两个星期了，斯科特·帕里和苏珊·冈萨雷斯正在紧张地做最后的安排。大部分员工已经招聘完毕，下周开始入职培训。

苏珊已经下订单购买了第一个月的存货。店面正紧锣密鼓地进行装修，相信会装饰得光鲜亮丽。一切看似就绪，但是会计账务似乎不尽如人意。

像许多创业者一样，与其他业务方面花费的心思相比，斯科特和苏珊在会计核算方面没有付出足够的精力。斯科特和苏珊意识到他们需要聘用专业的财务会计，所以雇用了阿什顿·弗莱明（Ashton Fleming）担任全职会计。斯科特和苏珊认为阿什顿凭借在国际会计师事务所的经历，足以胜任这份工作。阿什顿也很乐意到 S&S 工作，因为他一直想见证一家创业公司的成长。

在阿什顿上班的第一天，苏珊就把存货采购发票、银行贷款记录以及公司开张之后的首笔到期应付款文件交给他。她还交给他一个装有租金支出、公用事业费和其他费用单据的文件夹。苏珊告诉阿什顿，她和斯科特不懂会计，阿什顿要对公司的会计业务全权负责。她还补充说，他们为 S&S 公司开立了一个支票账户，而且在持续更新支票登记簿以监控现金流。

斯科特解释说，销售人员的工资和津贴是固定的，其他员工按小时计算工资。员工工资每两周支付一次，第一期的工资下周就要支付了。阿什顿问公司使用的是哪种会计软件。斯科特说他和苏珊还没有余力考虑这方面。斯科特和苏珊曾经研究了一些市场上广受欢迎的软件，但是很快发现他们现有的会计知识不足以让他们做出明智的选择。斯科特给阿什顿布置的第一个任务就是为 S&S 购置一款合适的会计软件。

斯科特离开后，阿什顿对购置会计软件的工作感到既兴奋又紧张。尽管阿什顿审计过很多公司，但是他还从来没有负责过一家公司的会计工作，所以他也不确定该如何操作。有无数问题浮现在阿什顿的脑海中，比如：

1. 应该如何管理会计记录以便生成财务报告？
2. 如何收集和处理 S&S 公司的交易数据？
3. 如何管理收集的数据？
4. 如何设计会计信息系统以便提供真实可靠的信息？
5. 如何设计流程确保满足应履行的义务，如缴纳销售税、收入税和工资税等？

2.1　引　言

本章将分为两个主要的部分。第一部分论述数据处理流程的概念及其在组织业务活动方面和向用户提供信息方面的作用；解释组织如何获取业务活动需要的数据并输入会计信息系统，以及如何处理数据并将数据转换为有用信息；还论述数据存储概念，演示如何存储数据以备后用；最后论述数据输出，包括用户获取信息的不同途径。

第二部分讨论信息系统在现代企业中的作用，介绍企业资源计划（ERP）系统的概念。ERP 有助于将传统的会计信息系统和企业所有的经营活动集成起来。该部分也描述了 ERP 的优点，以及完善 ERP 系统所必须面对的挑战。

2.2　交易处理：数据处理流程

会计人员和其他系统用户在数据处理循环中发挥着重要的作用。例如，他们和系统分析员交流以便解决如下问题：组织应该输入和存储哪些数据？谁可以访问这些数据？如何组织、更新、存储和检索数据？如何满足已知和未知的信息需求？要回答这些问题及其相关问题，必须理解本章介绍的数据处理概念。

会计信息系统的一项重要功能是高效地处理公司交易。人工（非基于计算机的）系统中，记录到日记账和总账当中的数据是以纸张为载体的。在基于计算机的系统中，数据被输入计算机并存储在文件和数据库中。处理数据以生成有意义、决策相关信息的作业就是**数据处理流程**（data processing cycle）。如图 2-1 所示，该流程有四个步骤：数据输入、数据存储、数据加工和信息输出。

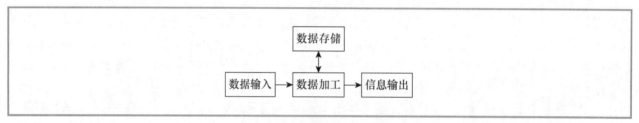

图 2-1　数据处理流程

2.2.1　数据输入

输入处理的第一步是获取交易数据并将它们输入系统。数据采集流程通常由业务活动引发。所收集的数据应该包含业务活动的三个方面：

1. 每项活动的利益。
2. 业务活动所影响的资源。
3. 参与每项活动的人员。

例如，销售（现销或赊销）是最频繁的收入循环交易。S&S 公司发现收集以下销售交易的数据是有用处的：

- 销售发生的日期和时间点。
- 销售员工和收取销售款的收银员。
- 处理销售收入的支票登记簿。
- 所售商品。
- 每种商品的销售数量。
- 每件商品的定价和实价。
- 销售总金额。
- 交货说明。

● 赊销信息：客户名称、客户收取发票的地址和交货地址。

以前，大多数企业使用纸质的**原始凭证**（source documents）来收集业务活动数据。后来，它们将数据输入计算机。在计算机界面输入数据时，数据通常显示出和纸质原始凭证相同的名称和基本格式。表2-1列示了一些常见的交易循环活动和用于获取业务数据的原始凭证或表格。我们在第5～9章中可以看到许多这些文件的示例。例如，第6章中向供应商提出商品采购请求的采购订单。

表 2-1 常见的业务活动和原始凭证

业务活动	原始凭证
收入循环	
接收客户订单	销售订单
交付或装运订货	发货单或提货单
现金收款	汇款通知单或汇款清单
存入现金收款	存款单
调整客户账户	贷项通知单
支出循环	
请购	采购需求
订货	采购订单
验收	验收报告
付款	支票或电子资金转账
人力资源管理循环	
代扣代缴个人所得税	W-4 表格
记录员工工作时间	工时卡
记录具体作业耗时	工作时间分配表或工作时间记录卡

周转文件（turnaround documents）发送给外部实体（外部组织通常会向该文件添加数据），然后以输入文件的形式返回系统。可机读的周转文件能够方便后续的回输处理。例如，发送给客户的水电费账单，随客户付款一起退回时可以由特殊的扫描仪器来读取。

源数据自动化（source data automation）设备从数据来源的地点和时点获取可机读的交易数据。例如，银行使用的自动取款机、零售商店使用的销售终端（POS）扫描仪和仓库使用的条形码扫描仪。

输入处理的第二步是保证获取数据的准确性和完整性。方法之一是使用源数据自动化或标准的周转文件和数据输入界面。标准的周转文件和数据输入界面通过发出收集哪些数据内容的指令或指示，归类逻辑相关的数据，使用可选项的勾选框或下拉菜单，以及使用底纹和边框清楚地区分数据等方式来提高数据的准确性和完整性。数据输入界面列示用户需要录入的所有数据。有时这些界面看起来像纸质原始凭证，用户可以按照填制纸质原始凭证的方式来填界面内容。

用户可以通过使用预先编号的原始凭证或者让系统自动为每个交易分配一个序列号的方式来提高控制水平。预先编号可以简化对已记录交易的校验和防止文件被替换。（试想一下，在支票没有预先编号的情况下进行收支平衡。）

输入处理的第三步是确保公司政策（如批准或核实交易）得到遵守。例如，S&S公司不会向赖账客户销售商品，也不会以立即交付的方式销售缺货商品。通过修改程序让系统在批准向客户销售之前核对客户的信用额度和付款历史记录以及库存情况，可以解决以上问题。

□ 2.2.2 数据存储

数据是公司最重要的资源之一。然而，只是拥有相关数据并不能保证数据的有用性。组织要运营正常，必须能够快速方便地访问数据。因此，会计人员需要理解如何在会计信息系统中管理和存储数据以及如何访问这些数据。从本质上讲，组织需要知道如何管理数据以发挥其最大的作用。

想象一下，如果一本书没有被编写成章、节、段落和句子，读起来将是多么困难。同样，如果所有的文件都被随意地存放在文件柜中，要找到一张发票将困难重重。本节将介绍数据存储的基本概念和定义。

分类账

总括的会计信息被存储于总账及其明细账中。**总账**（general ledger）是企业各项资产、负债、所有者权益、收入和费用科目的总括性账户。**明细账**（subsidiary ledger）是用于记录隶属于总账账户的各个明细账户的详细数据。例如，应收账款总账账户记录了客户应付的所有款项。应收账款明细账户分别对每一个客户进行记录，记录了每个客户的信息，如姓名、地址、进货、付款、账户余额和信用额度。明细账户经常用于应收账款、存货、固定资产和应付账款的记录。

拥有明细账的总账账户称为**统驭账户**（control account）。总账统驭账户和隶属于总账账户的各个明细账户余额的合计数之间的勾稽关系有助于保证会计信息系统数据的准确性。具体来说，所有明细账户的余额应该等于对应的总账账户的余额。两者之间的任何差异都意味着发生了记录差错。

编码方法

账簿数据借助编程方法以合乎逻辑的方式组织起来。**编码**（coding）是采用数字或者字母来系统地指代各个对象以便对其进行分类和组织。

- **顺序码**（sequence codes），按顺序连续编码。任何遗漏的对象都导致按序排列的数字出现空缺，表明存在遗漏的编码对象。例如预先编号的支票、发票和采购订单等。
- **块码**（block code），将特定类别的数据进行数据分组。例如，下面的 S&S 公司主要产品类别的分组。

产品代码	产品类型
1000000～1999999	电灶
2000000～2999999	冰箱
3000000～3999999	洗衣机
4000000～4999999	烘干机

用户可以通过使用编码数字来分辨和识别项目类型。例如，总账账户编码（以账户类型分组）、员工编码（以部门分组）和客户编码（以地区分组）。

- **分组码**（group codes），将编码对象划分为两个或两个以上的分组进行编码。分组码通常和块码结合使用。如果 S&S 公司使用的是七位数的产品编码，那么分组码的运用如下所示：

数字位置	含义
1～2	产品线，尺寸，式样
3	颜色
4～5	生产年份
6～7	可选功能

上面的产品编码有四个子码，每个都有不同的含义。用户可以使用一个或者多个子码来分类、汇总和检索信息。该项技术常用于总账账户编码。

● **助记码**（mnemonic codes），用以识别某个项目的字母和数字。助记码是根据对象描述推导出来的，通常易于记忆。例如，Dry300W05 代表惠而浦（Whirlpool）（05）生产的低频（300）白色（W）烘干机（Dry）。

遵循以下原则有助于完善编码：

● 与预期用途一致，这要求代码设计者在选择编码之前必须明确预期的系统输出。
● 具有可扩展性。例如，对于一个拥有 950 人的快速成长的公司不应使用三位数的员工编码。
● 尽可能简单以便最小化成本，方便记忆和解释，并确保员工能够接受。
● 与公司组织架构一致，能够在不同部门使用。

会计科目表

编码的一项重要应用体现在**会计科目表**（chart of accounts）中，会计科目表是总账账户的数字列表。这些账户编码允许对交易数据进行编码和分组，并将其输入合适的账户中。它们还为财务报告的编制提供便利，因为很容易对存储在各个账户中的数据进行汇总。

然而，要更详细地分析和报告存储在汇总账户中的数据是不容易的。因此，会计科目表能否提供满足公司信息需求的详尽信息就非常重要。试想一下，如果 S&S 公司仅采用一个总账账户记录所有的销售交易将会是什么结果？如果仅用一个总账账户，那么生成既定时间内销售总额的报告会变得非常简单，但是要生成区分现销和赊销的报告就会非常困难。在这种情况下，生成后者的唯一途径就是追溯原始销售记录以识别销售类型。如果 S&S 使用不同的总账账户登记现销和赊销，那么生成这两种销售形式的报告将会很轻松。通过汇总每种销售类型就能很方便地生成总销售额。

表 2-2 展示了阿什顿为 S&S 设计的会计科目表，每个会计科目编码都是三位，第一位数字是一级会计科目分类，代表了对应的会计科目在 S&S 资产负债表中出现的位置。因此，所有流动资产的前三位编码是 100~199，非流动资产编码是 200~299 等。

表 2-2　S&S 的会计科目表

会计科目编码	会计科目	会计科目编码	会计科目
100~199	流动资产	310	应付薪酬
101	支票账户	321	应付个人所得税
102	储蓄账户	322	应付 FICA 税款
103	备用金	323	应付政府失业税
120	应收账款	324	应付州失业税
125	备抵坏账	330	累计应付利息
130	应收支票	360	其他负债
150	存货	400~499	所有者权益账户
160	物料	400	普通股票
170	预付租金	410	留存收益
180	预付保险款	500~599	收入
200~299	非流动资产	501	现金收入
200	土地	502	赊销收入
210	厂房	510	销售退回及折让
215	累计折旧——厂房	511	销售折扣
230	设备	520	利息收入
235	累计折旧——设备	530	杂项收入
240	工具及固定装置	600~799	费用
245	累计折旧——工具及固定装置	600	销售成本
250	其他资产	611	工资费用
300~399	负债	612	佣金费用
300	应付账款	613	工资税

续表

会计科目编码	会计科目	会计科目编码	会计科目
620	租金费用	702	折旧费——设备
630	保险费用	703	折旧费——工具及固定装置
640	物料费用	710	企业所得税
650	坏账准备	900～999	汇总账户
701	折旧费——厂房	910	本期损益

第二位数字是二级科目。同样，该编码要与对应的会计科目在 S&S 资产负债表中出现的顺序相匹配（按流动性从高到低排列）。由此，会计科目编码 120 代表应收账款，会计科目编码 150 代表存货。

第三位数字识别输入某类交易数据的专用账户。例如，会计科目编码 501 代表现金销售，502 代表赊销。类似地，101～103 代表 S&S 使用的不同现金账户。

会计科目表需要与组织目标和性质相匹配。例如，S&S 的会计科目表表明了这是一家股份有限公司。与此相对应，合伙企业应该为每个合伙人设置一个独立的资本与业主往来账户，而不是普通股和留存收益。同样，由于 S&S 是一家零售企业，只设立一种存货总账账户。反之，制造企业会为原材料、在制品和产成品设置很多独立的总账账户。

阿什顿在会计科目表中预留了空间以便增加账户。例如当 S&S 有多余现金投资于有价证券时，就可以建立新的总账账户并且使用 110 这个账户编码。未来 S&S 新开分店时，可以在会计科目表中增加三位数以表示连锁店中的每家分店，这样 S&S 就可以跟踪每家店的商品。

明细科目的编码通常要比总账科目编码长。在 S&S，每笔应收账款都有七位数的编码。前三位是 120，代表应收账款。后四位数用以识别不超过 10 000 个不同的客户。

日记账

交易数据被输入总账前，通常存储在日记账内。日记账分录表明了应借或应贷科目和金额。**通用日记账**（general journal）用来记录一些不频繁或非常规的交易事项，诸如偿还贷款及期末调整和结账。**特种日记账**（specialized journal）用来记录重复发生的大量交易事项，如销售额、现金收款、现金付款。

表 2-3 是销售收入日记账的举例。每项交易的所有信息均对应一行记录，对应的会计分录包含一个借方应收科目和贷方销售科目。没有必要逐一记录每个分录的摘要，通用日记账也是一样。假定日销售交易数据频繁发生，在销售收入日记账而不是总账中记录这些交易能够节省相当多的时间。

表 2-3 销售收入日记账   第5页

日期	发票编号	销售收入日记账借方账户	会计科目编码	过账栏	金额（美元）
10 月 15 日	151	Brown Hospital Supply	120-035	√	798.00
10 月 15 日	152	Greenshadows Hotel Suites	120-122	√	1 267.00
10 月 15 日	153	Healthrow Apartments	120-057	√	5 967.00
10 月 15 日	154	LMS Construction	120-173	√	2 312.50
10 月 15 日	155	Gardenview Apartments	120-084	√	3 290.00
10 月 15 日	156	KDR Builders	120-135	√	1 876.50
		合计	120/502	√	15 511.00

过账栏指明每项交易被过入相应分类账的时间。在手工系统中，账簿是簿籍，因此，"记账"指的是分类账过账的过程。

图 2-2 显示了销售交易是如何登记日记账和分类账的。首先，每项贷方销售收入都记录在销售收入日记账中。其次，每条销售收入日记账分录都会被过入相应的应收账款明细账中（注意"销售收入日记账贷方金额——对 KDR Builders 公司的 1 876.5 美元销售额"和"应收账款明细账借方金额——1 876.5 美元"的连接线）。所有销售收入日记账分录需要定期过入总账（注意箭头表明每日的销售收入日记账，共计 15 511.00 美元，过入应收账款和赊销收入总账账户）。

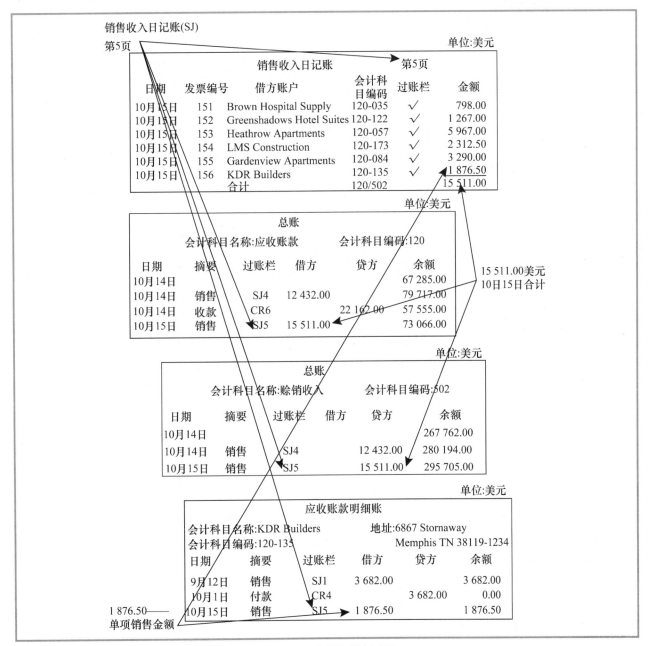

图 2-2 赊销记账和过账

审计线索

图 2-2 展示了过账标识和文档编号如何提供审计线索。**审计线索**（audit trail）贯穿（从起点到最终输出或者反方向从最终输出到起点）数据处理系统的一项交易的可追踪路径。审计线索用于检查总账过账的准确性和有效性。注意，销售收入总账的贷记金额 15 511.00 美元对应的过账栏 SJ5 是指销售收入日记

账的第 5 页。通过核对销售收入日记账第 5 页的记录，就可以确认 15 511.00 美元是 10 月 15 日记录的所有贷记销售收入。类似地，应收账款明细账（KDR Builders 科目）的借记金额 1 876.50 美元对应的过账栏 SJ5 是指销售收入日记账第 5 页。此外，需注意销售收入日记账列示了每条记录对应的发票号。这为查找和检验对应的原始凭证，以便识别交易是否发生、是否准确记录提供了有效的方法。

计算机存储概念

实体（entity）是存储在记录中的信息对象，比如员工、存货或者客户。每个实体都具有**属性**（attributes），或者特征，例如工资率和地址等。同一种类型的实体拥有相同的属性。例如，所有员工均拥有员工编号、工资率和家庭地址。但具体的属性值可能是不同的。例如，某名员工的工资率可能是每小时12 美元，而另一名员工可能是每小时 12.25 美元。

图 2-3 展示了计算机将数据存储于**字段**（field）中。包含某项实体属性数据的字段构成了**记录**（record）。在图 2-3 中，每一行代表一条不同的记录，每一列代表一个属性。图 2-3 每个交叉行和列是记录所在的字段，字段中所存储的是**数据值**（data value）。

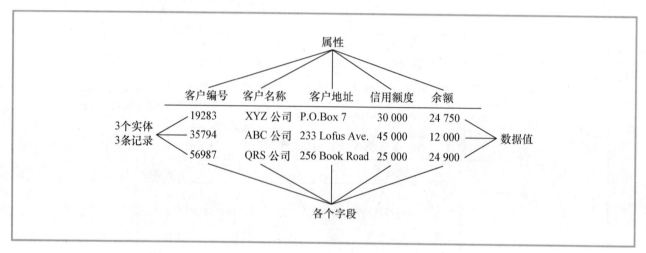

图 2-3 数据存储元素

说明：该文件存储了三个不同实体的信息：XYZ 公司、ABC 公司、QRS 公司。因此，该文件有三条记录。使用了五个不同的属性来描述这三个不同的客户：客户编号、客户名称、客户地址、信用额度和余额。所以，每条记录就有五个不同字段。每个字段都包含描述每个特定实体（客户）属性的数据值。例如，数据值 19283 表示 XYZ 公司的客户编号。

文件（file）是相关记录的集合。**主文件**（master file），如手工会计信息系统中的总账，存储一个组织的总括信息。存货和设备主文件存储重要的组织资源信息。客户、供应商和员工主文件存储公司重要的利益相关者的信息。

主文件是永久保存的；它们跨财务期间存在。然而，某项主文件记录可能会频繁变动。例如，客户账户余额会不时更新以反映新的销售收入和应收款项。新的记录会定期添加到主文件中或从主文件中删除，例如，新的客户记录被添加或旧的客户记录被删除。

交易文件（transaction file）记录发生在特定时间的业务交易。它和手工会计信息系统的日记账很相似。例如，S&S 有日销售交易文件和现金收款文件。这两种文件都更新应收账款主文件的应收账款账户余额。交易文件不是永久性文件，并且可能在以后会计期间不需要用到。然而，基于备份的需要，这些交易文件通常都会在特定期间内予以保留。

数据库（database）是由一组相互关联且集中管控的数据文件组成的。例如，应收账款文件和客户文件、销售分析及其相关文件组成客户数据库。第 4 章将讨论数据库技术。

□ 2.2.3　数据处理

一旦将业务活动数据输入系统，就必须对它们进行加工处理以保证数据库的实时性。下列四种类型的数据处理活动也称为 "CRUD"：

1. **创建**（creating）新文件记录，例如向工资数据库增加新员工记录。
2. **阅读**（reading）、检索或者查看现有数据。
3. **更新**（updating）以前存储的数据。图 2 - 4 描述了更新销售交易中应收账款记录的步骤。这两条记录依据账号进行匹配。销售额（360 美元）增加账户余额（1 500 美元）后得到新的本期余额（1 860 美元）。

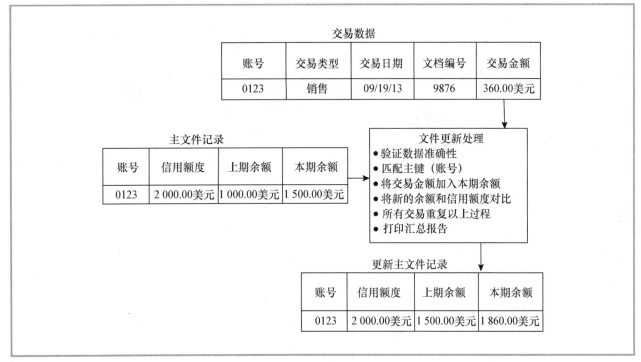

图 2 - 4　应收账款文件更新处理

4. **删除**（deleting）数据，例如清除与公司不再发生业务往来的供应商主文件。

批处理（batch processing）是指定期（如每天）更新交易记录。虽然批处理更为简单和有效，但是数据只在处理之后很短的时间内是实时和准确的。正因为如此，批处理只能用于不需要频繁更新并且是自然发生的或者在固定时间进行处理的应用，比如工资。

大多数公司在交易发生时实时更新交易，这种做法称为**实时处理**（real-time processing）。实时处理确保所存储的信息总是实时的，因此可以提高决策的有用性。该方法也更加准确，因为数据输入错误会被实时更正或被拒绝。实时处理也提供了显著的竞争优势。例如，联邦快递公司在愿景声明中增加了如下内容："使用实时电子跟踪系统保证每个包裹完好无损。"联邦快递的这一体系使得联邦快递的员工和消费者可以追踪每个包裹的方位并估计包裹到达的时间。

联机批处理是这两种方法的结合，交易数据实时输入系统，并且被编辑和存储以备后续处理，参见图 2 - 5 中的批处理和联机实时处理。

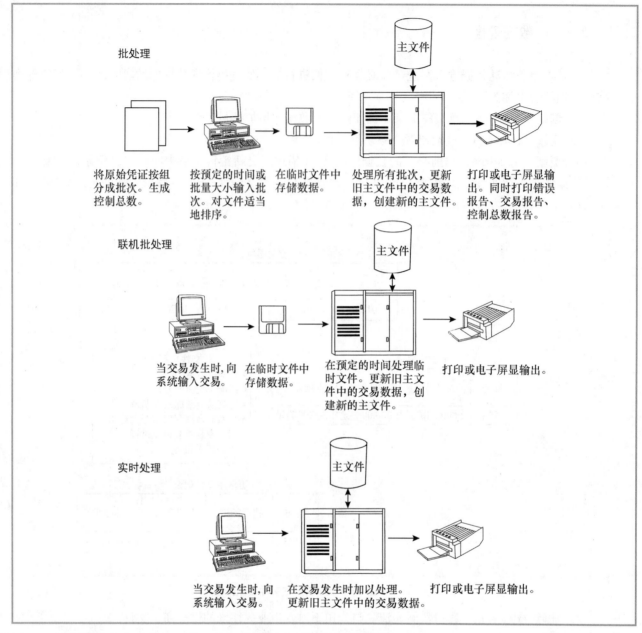

图 2-5 批处理和实时处理

□ 2.2.4 信息输出

数据处理循环的最后一步是信息输出。在显示器中显示的输出数据称为"软拷贝"。打印在纸上的输出数据称为"硬拷贝"。信息通常有三种显示方式：文件、报告或者查询响应。

文件（documents）是交易或者公司其他数据的记录，比如传递给外部实体的支票、发票。其他的如供内部使用的验收报告和请购单等。文件可以被打印或者存储到计算机中。例如玩具反斗城公司（Toys "R" Us）利用电子数据交换与供应商沟通。每年该公司都会通过电子方式处理超过 500 万美元的发票，这样可以取消纸质文件并且大幅减少成本和错误。

报告（reports）是员工控制日常作业、管理者制定决策和经营战略的系统输出。外部用户使用报告来评估公司的盈利能力，衡量公司的信用度或者遵守监管规定的情况。一些报告，例如财务报告和销售收入分析，是定期生成的。其他的旨在提请对异常状况注意的报告只有在一些特殊的情况下才会生成。例如，为了显示产品退换货超过某个销售百分比，S&S 可以让系统生成相应的报告。报告可以按需生成。例如，苏珊生成报告以显示在特定的促销期间内哪名销售员销售了最多的商品。

应该定期评估报告需求，因为在确定所需要的报告之后，报告的编制周期会很长，且这个周期需要耗费时间、金钱和资源。例如，NCR 公司将报告的数量从 1 200 份减少到 100 份。另一家公司淘汰了 600 万页的报告，这些报告叠起来比公司总部 41 层楼的 4 倍还高。生成一份 25 页的报告要花 5 天的时间，完成后还可能被束之高阁。

数据库查询（query）用来提供处理（快速执行或解答）问题所需的信息。用户输入具体的查询请求；系统会进行相应的检索、显示或者分析。通常是由信息系统专家开发重复性查询，由用户开发一次性查询。一些公司，例如沃尔玛，允许供应商访问其数据库以便帮助供应商更好地满足公司的需求。供应商可以了解全球每家沃尔玛门店某种产品的销售情况，从而可以通过对畅销商品的进货和促销等方式追求销量最大化。

有关信息输出的更多信息将在第 5～9 章进行说明。

2.3　交易处理：区块链

人类从事商业交易已持续数千年。从最初使用单一记账法来记录或说明这些交易到最后发展到采用复式记账法。数百年间，复式记账法的基础是日记账、分类账和纸质财务报告。随着计算机的出现，我们将日记账和分类账数字化，并创建交易文件和主文件，这些文件取代了纸质日记账和分类账的功能。

当主文件的数量连同数据冗余和不准确性激增时，我们将多个文件合并到数据库中，随着时间的推移，数据库越来越大，越来越复杂。参与交易的每一家公司都有自身交易数据采集和存储的方式，这些行为通常发生在能够更好地提供控制性和安全性的中央数据库中。客户和供应商必须定期与交易对手方对账。

计算机会运用大量的软件程序来采集、存储、处理和报告会计数据。但这些程序往往不能很好地实现非财务数据的采集。随着时间的推移，财务软件显著改进。我们现在拥有智能或自动化的会计产品，能够提供自动交易记录、按需会计功能和自动数据分配，替代了许多老式的簿记功能。这些系统内置了机器学习和人工智能，将数据存储在云端。它们还为客户提供了智能门户，进行数据和信息的输入和输出。

当交易双方互不信任时，就由第三方持有交易中的有价物品，直至交易双方完成交易。例如，买房子的时候，会通过房地产经纪人和产权公司来确保明晰的所有权交换，确保房子交付给买方，购房款交付给卖方。随后，这些所有权凭证由县政府通过创建所有者与所有物的公共记录记录下来。

互联网的出现对个体和企业产生了巨大的影响。互联网有很多用途，包括与一大群人分享信息的能力。存在很多人与人之间的互动，比如社交媒体。还有许多 B2C 应用程序，如在线购物。互联网也促进了 B2B 交易。许多网上交易是由老式的、传统的旧系统处理和存储的。

随着加密货币的出现，一种名为区块链的新技术正在改变会计事项以及许多其他类型交易的记录、处理和存储方式。互联网是一个信息网络，区块链则是一个包含价值和信任的网络。也就是说，有价物品可以以安全可信的方式进行交换。区块链不仅仅是一个数据库，更是一种处理、存储、共享和检索信息的新方法。区块链及其工作原理在第 1 章中已做讨论。

智能合约（smart contract）与交易处理相关。智能合约是一种常规合约，在区块链中内置了条款和约定的细节。运用区块链组织建立起管理区块链与用户交互的规则。这些规则包括谁被授权审查、挖掘、分析和审核区块链交易细节。这些交互可以被自动化，并在数据仪表盘中呈现给用户。

组织可以基于外部触发器自动执行智能合约。例如，仓库中的传感器可以识别订购的货物何时发出，然后系统触发约定交易金额的支付。这些交易还具有第 1 章中所描述的，如透明、不可更改、安全性、信任和消除第三方验证等优势。

2.4　企业资源计划系统

从传统意义上说，会计信息系统被认为是交易处理系统，因为该系统仅关注财务数据和会计交易。例如，当销售发生时，会计信息系统所生成的会计分录仅显示销售日期，现金或者应收账款的借方科目，销售收入的贷方科目。其他有关销售的潜在的和有用的非财务信息，例如销售发生的具体时间等，一般在会计信息系统外部进行收集和处理。因此，许多组织需要额外开发其他的信息系统来收集、处理、存储和报告会计信息系统以外的信息。遗憾的是，多个信息系统的存在制造了很多麻烦和低效率。重复的数据经常会被收集和存储到两个或两个以上的信息系统中，这不仅造成了系统冗余，而且会因为没有同步修改系统数据而造成数据差异。另外，不同的系统间集成数据也变得十分困难。

企业资源计划系统（enterprise resource planning（ERP）systems）将企业所有经营活动集成在一个会计信息系统中，从而解决了以上问题。大多数大中型企业使用 ERP 系统来协调和管理数据、业务流程和资源。ERP 系统收集、处理和存储数据并向管理者和外部相关者提供评价企业所需的信息。

如图 2-6 所示，正确安装的 ERP 系统使用中央数据库共享不同业务流程信息并协调业务活动。这很重要，因为业务活动是业务流程的一部分，业务活动通常会引发公司不同部门的一系列复杂的作业。例如，一个客户订单可能需要安排额外的产品以满足新增的需求。也许会生成采购订单以购买更多的原材料。或许还需要安排加班或雇用临时劳动力。设计完善的 ERP 系统向管理者提供所有业务活动的实时信息，以便管理者更有效地计划、控制和评估组织业务流程。

ERP 系统是模块化的，每一个模块通过运用最佳的业务活动使标准业务流程自动化。这种模块化的设计使得用户可以根据需要添加和减少模块。典型的 ERP 模块包括：

● 财务（总账和报告系统）——总账，应收账款，应付账款，固定资产，预算，现金管理，以及管理报告和财务报告的编制。

● 人力资源和工资——人力资源，工资，员工福利，培训，工时和出勤，津贴，政府报告。

● 订单到现金（收入循环）——销售订单输入，装运，存货，现金收款，佣金计算。

● 购买到付款（支付循环）——采购，存货的到货和检查，库存和仓储管理，现金付款。

● 生产（生产循环）——设计，生产计划，物料清单，在产品，流水线管理，质量控制，成本管理，生产流程和项目。

● 项目管理——成本，开单，时间和费用，业绩单元，作业管理。

● 客户关系管理——销售和市场，佣金，服务，客户接触和呼叫中心支持。

● 系统工具——建立主文件数据工具，详细说明信息流，访问控制等。

拥有中央数据库的 ERP 系统具有显著的优势：

● ERP 系统提供有关企业数据和财务环境的集成的企业层级的单一视图。数据库中存储公司的所有信息有助于避免部门之间的壁垒和简化信息流。

● 数据输入不同系统，其采集和录入一次性完成，而非重复多次。从一个系统下载数据到另一个系统中是不必要的。

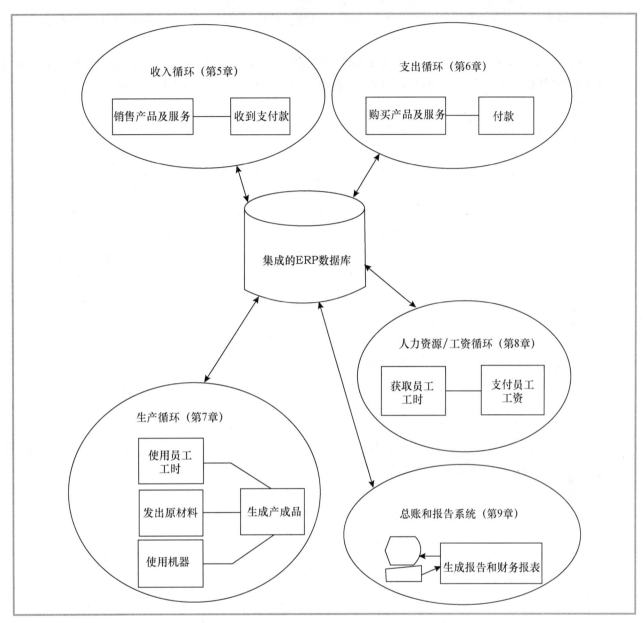

图 2-6　集成的 ERP 系统

● 管理层对公司的各个层面有更深入的了解和更大的控制能力。员工的工作更有效率，因为他们可以更快速地从部门外部获取数据。

● 公司能够更好地实施控制。ERP 系统可以在一个单一的数据访问结构中纳入多个权限和安全模式。

● 不同业务部门的标准化流程和报告。对并购来说，标准化是尤为有价值的，因为 ERP 系统可以用单个统一的系统来取代不同的系统。

● 提高客户服务质量。因为雇员可以很快地获取订单信息、可用库存量、运输信息和历史交易明细。

● 生产厂家能够实时获知新的订单信息，生产流程自动化提高了生产效率。

ERP 系统也有一些明显的不足：

● 成本。对一家全球《财富》500 强公司来说，ERP 的硬件、软件和咨询成本从 500 万～5 000 万美元，产品的升级可能还要花费 500 万～1 000 万美元。中等规模公司将花费 100 万～200 万美元。

● 时间需求。选择和完全实施一个 ERP 系统可能需要花费数年的时间，具体时长取决于公司规模、实施的模块数量、客户化程度、变化范围和客户对项目的接受程度。因此，ERP系统的实施存在很高的项目失败风险。

- 改变业务流程。除非公司想要花钱和时间定制模块，否则它必须将自己的业务流程标准化，而不是修改ERP软件来适应现有的公司业务流程。现有的业务流程不能匹配ERP系统是导致ERP项目失败的主要因素。

- 复杂化。这个问题源于对不同业务活动和系统的整合，每个系统拥有不同业务流程、业务规则、数据语义、授权等级和决策中心。

- 抵制。如果组织拥有多个不同的部门，这些部门拥有独立的资源、目标、盈亏和控制链，组织可能认为ERP系统不会带来什么益处。有效地使用ERP系统需要大量的培训和经验，许多ERP系统失败的一个主要原因就是员工抵制。要说服员工改变工作方式，培训他们使用新的工作流程、掌握新系统和说服他们共享敏感信息并不容易。抵制和公司边界模糊会带来员工士气、责任感和权限范围等问题。

实现ERP系统的潜在利益和减少系统不足需要高层管理者的出谋划策和参与。高层管理者对必要变革的支持能极大地提高系统成功的概率。

ERP系统既复杂又昂贵，因此系统选择并非易事。要选择一个系统，必须最大限度地确保ERP系统模块与关键的公司流程一一对应，企业不应该为不需要的软件买单。挑选出合适系统的一个方法是选择为本行业量身设计的软件。尽管成本是一个需要考虑的很重要的因素，但是如果为了便宜而购买一个不适合的系统最终会付出更大的代价，因为转换成本非常高昂。调查并找到最佳的ERP供应商，能够将购买到错误软件的风险降至最低。市场上有很多ERP供应商，SAP和甲骨文（Oracle）是其中最大的两个供应商。其他一些领先的供应商还有赛基集团（Sage Group）、微软和恩富（Infor）。

对于大多数公司来说，靠自己的力量实施ERP软件十分困难，所以公司通常雇用ERP供应商或者咨询公司来完成这项工作。这些公司一般提供三种服务：咨询、定制和支持。对大多数中型公司来说，实施成本从ERP用户授权协议价到其报价的两倍不等。有许多分公司的大公司通常会支付3~5倍于用户授权的价格。

因为很多流程会自动触发其他模块，因此恰当的配置十分必要。这要求很好地理解所有主要业务流程之间的相互作用，以便对其正确定义。例如，建立成本/利润中心、信用审批制度和采购审批规则。在配置过程中，公司需要在系统运行方式的目标和可行性之间找到平衡点。如果ERP系统模块运行的方式是不可接受的，公司可以修改模块。或者，使用现有系统并实现ERP系统之间的数据交换。这两种选择都很花费时间和金钱，还可能造成更低的系统集成效益。另外，系统的定制化程度越高，它与客户及供应商之间的沟通就越困难。为简化配置，ERP供应商正开发内置的配置工具来满足大多数客户对系统变革的需求。

ERP系统内部控制的重要性怎么强调都不为过。ERP系统集成的性质意味着除非每个数据在初始输入时就经过准确性的验证和核对，否则系统运行过程中错误会自动传播。因此，数据录入控制和访问控制是很必要的。大多数管理者和员工只能看见和访问一小部分系统。职责分离是一种合理的内部控制措施。资产保管的职责分离，对影响资产的业务活动的授权，以及业务活动和资产状况记录，都是十分重要的。

本章习题

1. 以下哪项不是数据处理循环的步骤？_____

a. 数据收集 　　　　　　　　　　 b. 数据输入

c. 数据存储 　　　　　　　　　　 d. 数据处理

2. 某位学生的所有信息（姓名、成绩、专业等）存储在同一个＿＿＿＿＿＿中。

a. 文件 　　　　　　　　　　　　b. 记录

c. 属性 　　　　　　　　　　　　d. 字段

3. 以下哪项包含组织所有存货的金额？＿＿＿＿＿＿

a. 原始凭证 　　　　　　　　　　b. 总账

c. 现金预算

4. 以下哪项最可能是总账统驭账户？＿＿＿＿＿＿

a. 应收账款 　　　　　　　　　　b. 备用金

c. 预付租金 　　　　　　　　　　d. 留存收益

5. 以下哪个文件最可能出现在支出循环中？＿＿＿＿＿＿

a. 销售订单 　　　　　　　　　　b. 贷项通知单

c. 验收报告 　　　　　　　　　　d. 工作时间分配表

6. 以下哪项最不可能是特种日记账？＿＿＿＿＿＿

a. 销售收入日记账 　　　　　　　b. 现金收款日记账

c. 预付保险费日记账 　　　　　　d. 现金付款日记账

7. 会计科目表如何列示总账科目？＿＿＿＿＿＿

a. 字母顺序 　　　　　　　　　　b. 时间顺序

c. 数额大小顺序 　　　　　　　　d. 在财务报表中出现的顺序

8. 以下哪项不是 ERP 系统的优点？＿＿＿＿＿＿

a. 更好的访问控制 　　　　　　　b. 流程和报告标准化

c. 提高监控能力 　　　　　　　　d. 简单化和降低成本

9. 输出给外部相关者，然后以输入的方式返回系统的公司数据记录称为＿＿＿＿＿＿。

a. 周转文件 　　　　　　　　　　b. 源数据自动化文件

c. 原始凭证 　　　　　　　　　　d. 外部输入文件

10. 在交易发生时记录和加工信息的做法称为＿＿＿＿＿＿。

a. 批处理 　　　　　　　　　　　b. 实时处理

c. 采集交易处理 　　　　　　　　d. 会计科目表处理

问题讨论

1. 表 2-1 列示了在收入、支出、人力资源管理循环中使用到的一些文件。你在生产（或者说转换）循环中会发现哪些输入或输出的文件/表单？

2. 对于数据处理循环而言，什么是"废物进，废物出"？如何避免此事发生？

3. 何种文件最可能成为周转文件？请在网络中搜索答案和周转文件的例子。

4. 图 2-1 中的数据处理循环只是自然界比比皆是的基本处理的例子之一。将这些基本的输入、加工、存储和输出模型同人体的功能联系起来。

5. 一些人建议会计人员应该关注财务报表的编制，而将管理报告的设计和编制交给信息系统专家。采纳该建议的优缺点分别是什么？会计人员应该在多大程度上参与财务报告之外的报告编制？为什么？

习题答案

1. 正确选项 a。数据收集是数据输入的一部分，因此它不是数据处理循环的步骤。选项 b 错误，数据输入是数据处理循环的第一步。在该步骤中数据被采集、收集和输入到系统中。选项 c 错误，数据存储是数据被存储以供计算机将来使用的数据处理循环步骤。选项 d 错误，数据处理是用新数据更新旧数据的数据处理循环步骤。

2. 正确选项 b。记录包含所有特定实体的所有信息，诸如学生的所有信息。选项 a 错误，文件用来包含众多学生信息。选项 c 错误，属性是实体的描述或特征。例如，学生的专业就是一个属性。选项 d 错误，字段是数据存放的地点，例如，在一名会计系学生的专业字段中存放"会计"字样。

3. 正确选项 b。总账包含存货和其他总账账户的总括信息。选项 a 错误，原始凭证包含某个事件和交易的数据。选项 c 错误，现金预算仅仅提供项目现金流入和流出的信息。

4. 正确选项 a。应收账款账户通常是由明细账户中众多的个人客户账户构成。明细账户中所有的应收账款总额与总账的应收账款统驭账户金额相一致。选项 b 错误，备用金仅由一个账户构成。选项 c 错误，包含多个预付租金账户的明细账通常是不必要存在的。选项 d 错误，通常留存收益仅由一个账户构成。

5. 正确选项 c。验收报告是用来记录供应商商品到货的支出循环文件。公司根据记录在验收报告中的到货商品来支付供应商款项。选项 a 错误，销售订单是采集客户订单信息的收入循环文件。选项 b 错误，贷项通知单是因为商品受损或者退回而记入应收账款贷方的收入循环文件。选项 d 错误，工作时间分配表是用来记录员工在具体某项工作上所耗时间的生产循环文件。

6. 正确选项 c。特种日记账用来记录大量的重复发生的交易事项。大多数公司几乎没有预付保险费的交易。选项 a 错误。大多数公司存在大量的销售收入。选项 b 错误。大多数公司存在大量的现金收款。选项 d 错误。大多数公司存在大量的现金付款。

7. 正确选项 d。选项 a 错误，总账科目是按在财务报表中出现的顺序列示，不是按字母顺序。选项 b 错误，总账科目是按在财务报表中出现的顺序列示，不是按创建的时间顺序。选项 c 错误，总账科目是按在财务报表中出现的顺序列示，不是按数额大小列示。

8. 正确选项 d。ERP 系统很复杂且昂贵；简单化和低成本不是它的优势。选项 a 错误，更好的访问控制是一个优点，因为 ERP 系统可以在一个单一的数据存取结构中纳入多个权限和安全模式。选项 b 错误。流程和报告标准化是一个优点，因为在不同的业务部门和并购中，实现标准化的流程和报告，有助于将不同的系统集成在同一个系统中。选项 c 错误，提高监控能力是一个优点，因为管理层可以更深入地了解企业的各个层面，这允许他们更好地监控企业。

9. 正确选项 a。例如，公用事业账单被寄送给客户，然后随支付款由客户寄回。选项 b 错误，源数据自动化是在可机读的表格中采集输入的数据。选项 c 错误，原始凭证收集业务活动数据。选项 d 错误，这些文件来自外部。

10. 正确选项 b。实时处理是在交易发生时实时处理交易。选项 a 错误，批处理以组或批次同时处理交易。选项 c 错误，这不是一个公认的交易处理方法。选项 d 错误，尽管经常被更新，会计科目表依旧不是一个交易处理方法。

第 3 章

系统文档技术

学习目标

通过学习本章，你应该能够：

1. 绘制和使用业务流程图来理解、评价和记录信息系统。
2. 绘制和使用流程图来理解、评价和记录信息系统。
3. 绘制和使用数据流程图来理解、评价和记录信息系统。

综合案例

S&S公司

阿什顿·弗莱明经历了多么忙乱的几个月呀！他帮助 S&S 公司开始走上正轨，协助 S&S 完成了为期一周的盛大开业，也因处理开业的所有事务而忙碌不已。由于 S&S 的高速增长，阿什顿最初选择的会计信息系统在功能上已经不够用了。鉴于缺乏实践和专业知识，阿什顿引进了一家系统咨询公司——CA 公司，来帮助 S&S 挑选和安装新的功能更强大的会计信息系统。

在阿什顿与 CA 经理金伯利·西拉（Kimberly Sierra）第一次会面时，金伯利询问了 S&S 的系统需求和管理层期望。阿什顿还没有考虑过这些问题，因此并不能详细地回答她。当金伯利问起 S&S 的系统如何运作时，阿什顿就开始介绍公司不同文档的用途，但是金伯利似乎不能理解这些细节的介绍。阿什顿认为他所陈述的内容对金伯利是有帮助的，但总的来说，他的回答和当前的话题不太相符。

CA 和金伯利令阿什顿印象深刻。他也更加清楚地意识到理解 S&S 信息需求的必要性。在审计公司的账目时，阿什顿意识到完善的系统文档有助于新用户理解和评价系统。完善的系统文档可以在很大程度上帮助他和金伯利，以及帮助斯科特和苏珊评价现有系统和目标系统。

在听取了讨论结果后，斯科特和苏珊很高兴地同意了阿什顿的计划，即建立现有系统和目标系统的文档。他们授予阿什顿在新系统构建过程中的领导职权。斯科特和苏珊对各种图表尤为感兴趣，这些图表能够记录现有系统，并且帮助他们理解和评价系统。

3.1 引 言

文档（documentation）阐述了系统如何工作，包括参与者、工作内容、何时、何地、为什么以及数据输入、数据处理、数据存储、信息输出和系统控制的方式。可读文档的常用绘制方法包括图表、流程图、表格以及数据和信息的其他图形表示。系统**叙述描述**（narrative description）是补充性文件，它是按步骤书写的系统组成及其交互作用的解释性文件。

文档工具在如下方面发挥着十分重要的作用：

1. 你至少应该能够阅读文档以识别系统如何运作。
2. 你需要评估内部控制系统文档以识别内部控制的优劣势并且提出改进建议。或者，你需要评估目标系统文档来决定目标系统是否满足公司需求。
3. 你需要更多的技巧来编写内部控制文档或编写现有系统和目标系统如何运行的说明书。

本章讨论以下文档工具：

1. **业务流程图**（business process diagrams，BPD），公司业务流程的图形描述。
2. **流程图**（flowchart），系统的图形描述。流程图的类型包括：

a. **文档流程图**（document flowchart），不同部门或职责范围之间的文件流和信息流的图形描述。

b. **系统流程图**（system flowchart），信息系统内输入、加工和输出之间联系的图形描述。

c. **程序流程图**（program flowchart），计算机执行程序的逻辑操作顺序的图形描述。

3. **数据流程图**（data flow diagram，DFD），数据源点、数据流、加工、存储和数据终点的图形描述。

会计人员广泛地使用文档技术。审计准则要求独立的审计人员理解被审计单位所采用的内部控制流程。要做到这一点，使用流程图来记录内部控制系统是一个好方法，因为这些图表更易于揭示内部控制的缺陷和优势。

2002 年的《萨班斯-奥克斯利法案》（SOX）要求上市公司的内部控制报告披露：（1）管理层对建立和维持完整的内部控制框架负责；（2）评估公司内部控制的有效性。SOX 还特别提出内部审计人员必须评估管理层对内部控制框架的评价，并证明其准确性。审计人员的证明应该包括详细的注释，以说明在内部控制测试中发现的重大漏洞或者重大违规情况。这意味着，公司及其审计人员必须对公司的内部控制进行记录和测试。要满足这些要求，公司及其审计人员必须编写、评估和阅读不同类型的文档，例如数据流程图。

文档工具也广泛地用于系统开发进程。开发信息系统应用程序的团队成员经常更换，文档工具可以帮助新团队成员更快地接手和适应工作。

如果使用软件，文档的编写和修改就更容易了。一旦掌握了基本命令，用户就能够快速容易地编写、存储、修改和打印高质量的文档。

除了上面讨论的人可识别的文档之外，还有不同的方法来实现机器可读的系统和流程文档。正如在第 1 章和第 9 章中所述，XBRL 是一种机器可读的文档格式，可以被计算机读取和处理。XBRL 有利于世界各地不同类型的业务信息系统和股票交易所的信息沟通。

XBRL 数据是机读数据，可以自动交换、验证和分析，但不是设计给人看的。HTML 语言允许用户在互联网浏览器中显示数据，除非有人重新输入信息，或将信息复制粘贴到计算机系统中，否则它不能被机器读取。XBRL 的最新版本是内联可扩展业务报告语言（iXBRL），它统一了 HTML 和 XBRL 数据标准，使传统的 XBRL 信息可以从任何网络浏览器读取，就像 HTML 文档一样。换句话说，iXBRL 整合了XBRL 和 HTML 文档，创建了一个人机可读的文档。

过去，XBRL 公司提交的文件存在质量问题，导致美国证券交易委员会（SEC）和其他机构没有如预期那样使用 XBRL 数据。SEC 在 2018 年采用了 iXBRL，这是一项国际标准。它要求上市公司和共同基金以 iXBRL 格式提交财务报表，生产更高质量的数据，这些数据得到了监管机构、投资者和分析师更广泛的使用。第 9 章将更深入地讨论 iXBRL。

在第 1 和 2 章中讨论过的区块链也是一种机读文档的形式。区块链数据是透明的，因为区块链用户可以看到包括名称、数量、日期、时间、谁做了什么、何时做的，以及事项进入区块链后的历史记录等交易细节。历史记录不仅是透明的，还可以被所有网络参与者存储和验证，并频繁地协调一致，从而提高了数据的准确性和一致性。由于交易双方都存储在同一个来源中，只需一套账本就可以提供更高的信任水平。

3.2 业务流程图

业务流程图（business process diagram，BPD）是一种描述业务流程步骤或活动的可视化方式。例如，收入循环的活动包括接收订单、检查客户信用、核实可用库存以及确认客户订单。同样，支出循环也涉及多种活动，包括运送订购的货物、向客户开单以及收取客户付款。所有这些活动都可以显示在 BPD 上，为读者提供易于理解的业务流程图形视图。

虽然 BPD 可以描述实体内部以及实体之间的交互作用，但是在教材中，BPD 并不记录外部实体实施的活动。因此，收入循环 BPD 只描述销售方行使的职能，支出循环 BPD 只描述采购方执行的活动。

业务流程建模工作组（BPMI Notation Working Group）建立了 BPD 的绘制标准。可以使用多种符号绘制 BPD。如表 3-1 所示，本书仅使用了其中的一部分符号，生成易于创建和理解的 BPD。

表 3-1　业务流程图形符号

符号	名称	解释
⬤	开始	流程的起点，用小圆圈表示
⬤	结束	流程的终点，用小的粗体圆圈表示
▭	活动	流程中的活动，用圆角矩形表示。活动说明置于矩形内
◆	决策	流程中的决策制定，用菱形表示。决策说明置于菱形内
→	流线	数据流或信息流，用箭头表示
·····▶	注释信息	解释 BPD 的业务流程，如果有需要，还会用粗体虚线箭头连接注解内容与被注解的符号

阿什顿使用表 3-2 描述 S&S 工资处理流程和识别五项主要的数据处理活动：

1. 更新员工/工资主文件（见第 1 段）；
2. 处理员工薪酬（见第 2、第 5 和第 6 段）；
3. 生成管理报告（见第 3 段）；
4. 支付税款（见第 4 段）；
5. 将会计分录过入总账（见最后一段）。

表 3-2　S&S 公司工资处理描述

雇用员工时，员工需要填写一张新员工表。当员工薪酬发生变化时（例如加薪或改变免税数额），人力资源部门需要填写一张员工变动表。这些表格的副本交由工资部门创建或更新员工/工资文件的记录并保存。员工记录按字母顺序排序。

S&S 公司的一些员工是以月薪进行支付的，但大多数员工是小时工，考勤卡记录了他们的工时。在每个付薪期结束时，部门管理者将考勤卡交给工资部门。工资专员使用考勤卡数据和员工文件数据（例如工资率和年薪）以及相应的税率表，为每位员工编制两联的工资单。工资专员还需要编制两联的工资登记簿，以列示每位员工的工资总额、扣缴款和实发工资。工资专员更新员工文件以反映每位员工的当前收入。工资单的正本交给苏珊。工资登记簿则交给应付账款专员。考勤卡、工资登记簿和工资单副本按日期先后存储于工资文件中。

每个付薪期，工资专员使用员工/工资文件数据编制工资汇总报告，以便苏珊能够控制和监督人工费用。这份报告连同工资单正本一起提交给苏珊。

每个月，工资专员使用员工/工资文件数据编制两联的税务报告。税务报告的正本提交给应付账款专员，副本添加到工资文件中的完税记录中。应付账款专员利用税务报告填写两联的纳税凭证和现金付款凭证，并将税务报告和其他文档的正本提交给苏珊。副本则按照日期先后存储于应付账款文件。

应付账款专员使用工资登记簿填写两联的员工工资支票以及两联的付款凭证。每份文档的正本提交给苏珊，工资登记簿和副本按日期先后存储于应付账款文件中。

苏珊审批每个信息文件并签发支票。她将现金付款凭证转交给阿什顿，税务报告和税款交给相应的政府机构，工资支票交给银行，员工工资单则转交给员工。苏珊按照字母顺序将工资报告归档。

阿什顿使用付税和付薪现金付款凭证更新总账。随后，他将标记为"已过账"的记账凭证记录按数字顺序归档。

这五项活动及其数据流入和流出如表 3-3 所示。根据表 3-1 和表 3-2 中的表述，阿什顿绘制了图 3-1 中的 BPD 记录 S&S 的工资处理业务流程。

表 3-3　S&S 工资处理活动和数据流

活动	数据输入	数据输出
更新员工/工资文件	新员工表 员工变动表	已更新的员工/工资文件
支付员工工资	考勤卡 员工/工资文件 税率表	员工工资单 工资登记簿 已更新的员工/工资文件 工资支票 付薪现金付款凭证
编制报告	员工/工资文件	工资报告
支付税款	员工/工资文件	税务报告 税款 付税现金付款凭证 已更新的员工/工资文件
更新总账	付税现金付款凭证 付薪现金付款凭证	更新后的总账

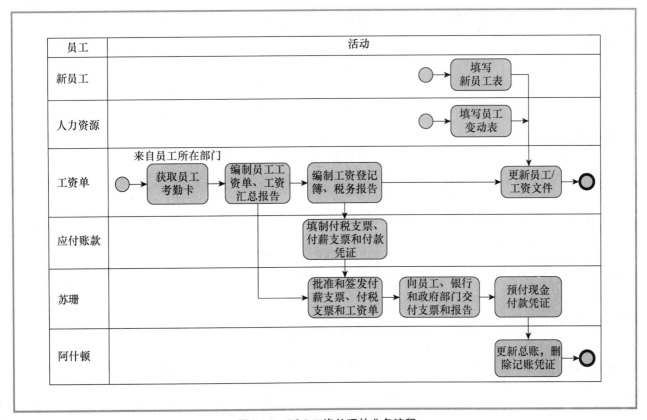

图 3-1　S&S 工资处理的业务流程

3.3　流程图

　　流程图（flowchart）是用清晰、简明、合乎逻辑的方式描述信息系统组成的图形分析技术。它用于记录如何实施业务流程和传递数据流，分析如何改进业务流程和数据流。多数流程图是使用软件程序绘制的，例如 Visio，Word，Excel 或者 PowerPoint。流程图采用一套标准化的符号以图形来描述交易处理过程以及系统数据流。这些符号分为四种类型，如表 3-4 所示。

　　1. **输入/输出**。系统输入和输出。

　　2. **加工**。手工或计算机环境下的数据加工。

　　3. **存储**。数据存储的地点。

　　4. **数据流及其他**。这些符号可以表示数据流、流程图起点和终点、决策制定，以及用于在流程图中加入注解。

表 3-4　常用流程图符号

符号	名称	解释
输入/输出符号		
	文档	电子或纸质的文档或报告。
	一份文档的多个副本	用重叠的文档符号来表示，且在文档页面的右上角标记文档编号。
	电子输出	由电子设备（如终端、监视器或屏幕）输出信息。
	电子输入	由电子设备（如终端或个人电脑）输入数据。
	电子输入和输出设备	两个符号组合在一起表示输入和输出电子设备。
加工符号		
	计算机处理	由计算机执行的处理操作；通常会导致数据或信息的改变。
	手工操作	由手工执行的处理操作。
存储符号		
	数据仓库	存储数据的仓库。
	磁带	存储数据的磁带。磁带是常用的数据存储介质。
	纸质文档/文件	纸质文档/文件；字母代表排序方式；N=按数字大小排序；A=按字母顺序排序；D=按日期先后排序。

续表

符号	名称	解释
	日记账/分类账	纸质的会计日记账和分类账。
数据流和其他符号		
→	文档或加工流	文档或加工流的方向；通常是向下和向右。
	通信连线	通过通信连线，数据从一处传递到另一处。
	页面连接符	在同一个页面中连接加工流；避免同一页面的连线互相交错。
	跨页连接符	向其他页的输出或来自其他页的输入。
	终端	流程的起点、终点或中断点；也用于代表外部实体。
	决策判断	做出决策的步骤。
	注释	附加的描述性注释或解释性说明。

□ 3.3.1 文档流程图

文档流程图（document flowchart）用于说明组织内相关部门之间的文件流和信息。文档流程图追踪凭证从生成到删除的全过程，包括每张凭证的来源、存储地点、用途、最终归属及其在系统流转中的变更。**内部控制流程图**（internal control flowchart）是尤为特殊的一种流程图，它描述、分析和评价内部控制。内部控制流程图能够揭示系统的缺陷或低效率，例如不充分的信息沟通、不充分的职责分离、过度复杂的文件流、导致无谓延迟的流程等。

在 S&S 其他业务流程实现自动处理之前，阿什顿采用手工处理工资流程。阿什顿设计的手工业务处理（详见表 3-2 和表 3-3）下的文件流程图如图 3-2 所示。

□ 3.3.2 系统流程图

系统流程图（system flowcharts）描述系统输入、加工和输出之间的关联。图 3-3 是销售处理系统流程图，它采用阿什顿提议的最先进的销售终端获取销售数据。这些终端采集和编辑销售数据并打印客户收据。终端定期将所有销售数据上传公司总部，以便更新应收账款、存货、销售/市场数据库以及总账。管理层和用户使用进程查询系统能随时访问这些文件。

系统流程图用于描述会计信息系统的数据流和加工。每个业务处理章节（第 5~9 章）都会使用系统流程图概述该业务流程是如何工作的。

□ 3.3.3 程序流程图

程序流程图（program flowchart）反映了计算机执行程序的逻辑操作顺序。系统和程序流程图的关系如图 3-4 所示。程序流程图具体描述了流程实施的逻辑顺序。

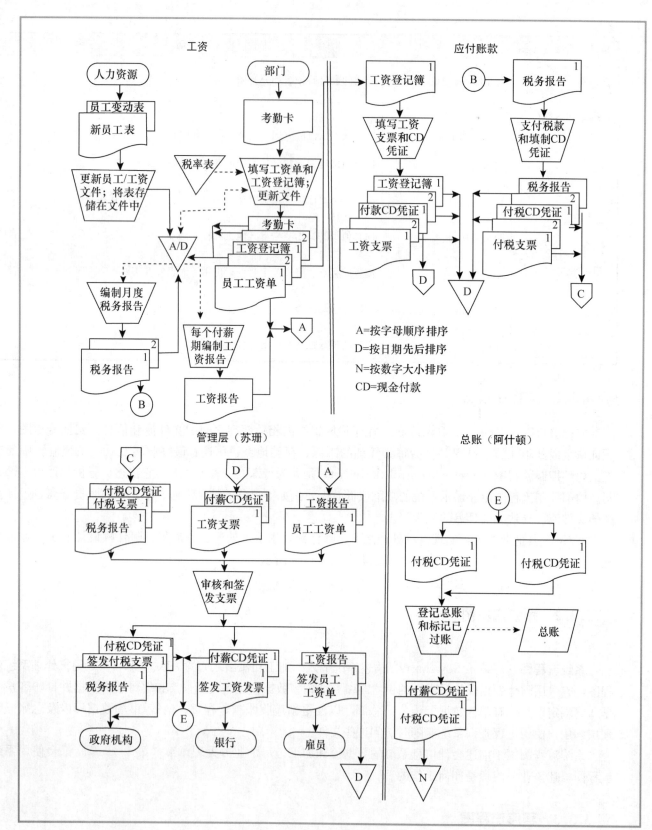

图 3-2　S&S 工资处理的文件流程图

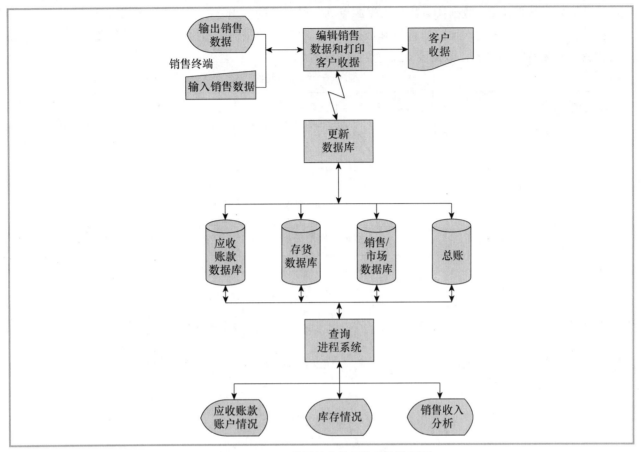

图 3-3 S&S 公司销售处理的系统流程图

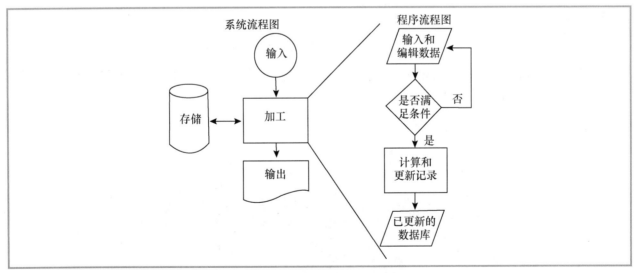

图 3-4 系统和程序流程图关系

3.4 数据流程图

数据流程图（data flow diagrams，DFD）用图表的方式描述组织中的数据流。表 3-5 中所使用的符号分别代表四种基本要素：数据源点和数据终点、数据流、加工以及数据存储。例如，图 3-5 显示加工

C 的输入是数据流 B，数据流 B 来自数据源点 A。加工 C 的输出是数据流 D 和数据流 E。数据流 E 流向数据终点 J。加工 F 的输入是数据流 D 和数据流 G，输出是数据流 I 和数据流 G。数据流 G 的输入来源和输出去向均是数据存储 H。数据流 I 流向数据终点 K。

表 3-5　数据流程图符号

符号	名称	解释
□	数据源点和数据终点	向系统输入或从系统接收数据的人和组织，用矩形表示。数据终点也指数据池。
↗	数据流	流向或流出加工的数据流，用带箭头的曲线或直线表示。
○	加工	加工将输入数据转换为输出数据，用圆圈表示。
―	数据存储	数据存储用两条平行线表示。

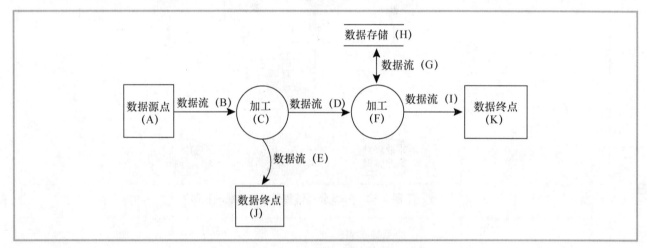

图 3-5　基本数据流程图要素

图 3-6 将图 3-5 中所描述的加工标注了具体的内容。通过图 3-5 和图 3-6 可以更详细地了解数据流程图的四种基本要素。

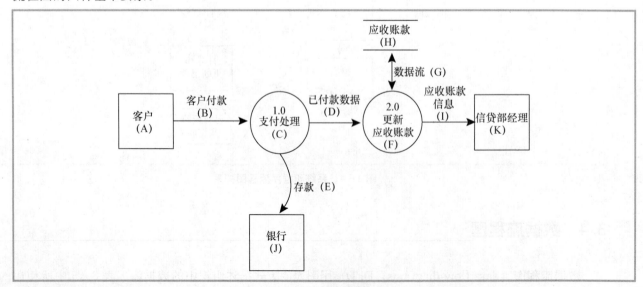

图 3-6　客户付款数据流程图

数据源点（data source）和**数据终点**（data destination）是向系统输入或接收系统输出的实体。实体可以是数据源点或者数据终点。它们用矩形表示，如图 3-6 中的 A（客户）、J（银行）和 K（信贷部经理）。

数据流（data flow）是在加工、存储、数据源点和数据终点之间的数据流动。数据存储和数据源点/数据终点之间的数据必须经过变换处理。数据流需要被命名以显示流动信息的内容。唯一的例外是加工和数据存储之间的数据流，如图 3-6 中的数据流 G，这是因为数据流的内容通常很明显，无须命名。在数据流 G 中，从应收账款文件采集的数据被更新后又存储回文件。图 3-6 中的其他数据流有 B（客户付款）、D（已付款数据）、E（存款）和 I（应收账款信息）。

如果两个或者两个以上数据流是可以合并的，可以使用单行线。例如，数据流 B（客户付款）由支付款和应收款数据组成。加工 1.0（"支付处理"）分为两股数据流并且将它们输往不同的方向。已付款数据（D）用来更新应收账款记录，存款（E）被存入银行。如果数据流是分离的，则使用双行线。例如，图 3-7 中使用双行线是因为客户查询（L）并不是总伴随着客户付款（B）而发生。若使用相同的数据流表示不同要素和这些要素的不同目标，数据流程图就会让人难以理解。

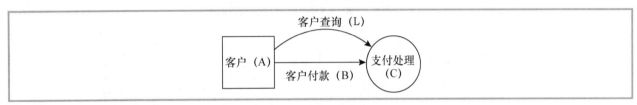

图 3-7　分解客户付款

加工（processes）代表了数据的转换。图 3-6 显示支付处理（C）将客户付款分为支付款和应收款数据，支付款被存入银行。更新应收账款加工（F）使用已付款（D）和应收账款（H）数据来更新应收账款记录，并且输出应收账款信息给信贷部经理。

数据存储（data store）是数据资源库。数据流程图不显示用于存储数据的物理存储介质（例如服务器或者纸张）。如图 3-6 所示，数据存储（H）用平行线表示，并在两线之间标注文件名称。

3.4.1　数据流图分解

因为很少有系统可以在一页纸上完整地画出来，所以数据流程图需要逐层细分以提供更加具体的细节。而且，用户有不同的需求，分层可以更好地满足不同的需求。

最顶层的数据流程图称为**顶层数据流程图**（context diagram），它为读者提供了系统的总括概览。它描述了数据加工系统、输入输出系统以及构成输入输出数据来源与终点的外部实体。例如，阿什顿绘制了图 3-8 来记录该公司的工资处理流程。

工资处理系统从不同部门接收考勤卡数据并从人力资源部门获取员工数据。系统加工这些数据并生成：（1）税务报告和支付给政府机构的税款信息；（2）员工工资单；（3）存入银行工资账户的薪酬支票；（4）提供给管理层的薪酬信息。

阿什顿利用表 3-2 对公司付款流程的描述，将顶层数据流程图逐层分解为更低层次，每层均增加了信息量。表 3-3 中展示了五项主要的工资加工活动和数据输入、数据输出。

阿什顿分解顶层数据流程图，创建了 0 层数据流程图（0 层加工标号为 1.0，2.0 等），该流程图如图 3-9 所示。注意一些数据输入和输出未包含在 0 层图中。例如，在加工 2.0 中，不包括与外部实体不相关的或者与其他加工不相关的数据输入和输出（税率表和工资登记簿）。这些数据流是"支付员工"活动的内部数据流，它将在下一层的数据流程图中展现出来。

阿什顿分解了流程 2.0（支付员工），创建了 1 层数据流程图（加工 2.0 的 1 层图中加工命名为 2.1，2.2 等）。图 3-10 提供了支付工资所涉及的数据加工细节，该图包括税率表和图 3-9 所省略的工资登记簿数据流。类似地，图3-9中每个加工均可被分解出1层数据流图，以展示更多的细节。

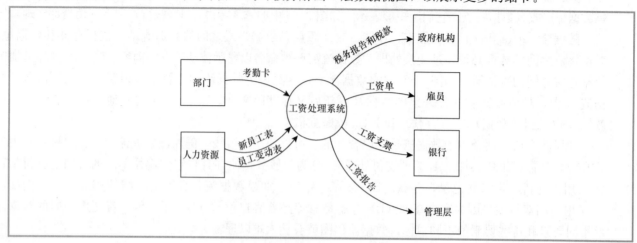

图3-8　S&S公司工资处理流程图

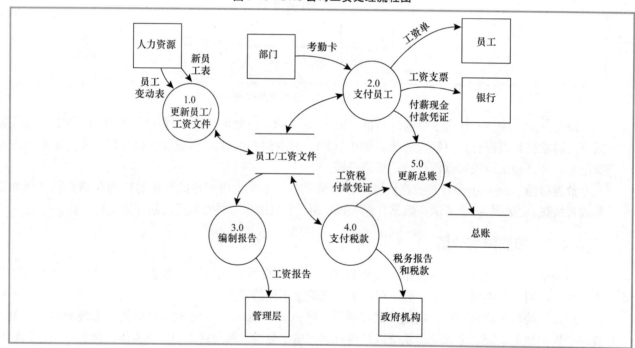

图3-9　S&S公司工资处理的0层数据流程图

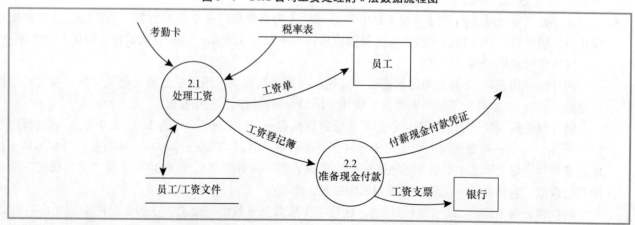

图3-10　S&S公司工资处理流程2.0的1层数据流程图

本章习题

1. 以下哪项属于数据流程图（DFD）？_____

a. 计算机程序运行的逻辑操作
b. 组织中的数据流

c. 计算机程序的决策规则
d. 计算机硬件重组

2. 数据流程图、业务流程图和流程图等文档技术既省时省钱，还能为公司创造价值。_____

a. 正确
b. 错误

3. 以下哪项说法是错误的？_____

a. 流程图由众多符号组成

b. 文件流程图强调文件流或者存储数据的记录

c. 数据流程图能够表达事件发生的时间

d. a 和 b 都是错误的

4. 数据流程图由以下四种基本要素组成：数据源点和数据终点、数据流、加工以及数据存储。在数据流程图中每一要素以不同的符号来表示。_____

a. 正确
b. 错误

5. 下列哪项不是数据流程图要素命名时应该遵循的原则？_____

a. 加工名称应该包括行为动词，如更新、编辑、准备和记录等

b. 确保名称中描述了所有日期或加工

c. 只命名最重要的数据流程要素

d. 选择积极的、描述性的名称

6. 对会计人员掌握文档技术的要求随着工作职能的不同而不同。然而，至少应该可以做到以下哪点？_____

a. 阅读文档以识别系统如何工作
b. 评价和修订其他人编写的文档

c. 为新开发的信息系统编写文档
d. 教其他人编写文档

7. 下列哪项描述是错误的？_____

a. 流程图是用清晰、简明、合乎逻辑的方式描述信息系统组成的分析技术

b. 流程图用一套标准化的符号以图形方式描述文件流以及数据流

c. 使用流程图软件，方便设计者制作和修改流程图

d. 系统流程图是信息系统的描述性表示

8. 下列哪种流程图诠释了组织内部相关部门之间的数据流？_____

a. 程序流程图
b. 计算机配置图

c. 系统流程图
d. 文档流程图

9. 要绘制易读、清晰、简洁和可理解的流程图，不应遵循的原则有哪些？_____

a. 将流程图分解为多栏并用标签标注

b. 记录所有数据流，特别是异常处理和错误路径

c. 按照从下到上和从左到右的顺序设计流程图

d. 显示所有文档的最终处理，以避免虎头蛇尾，让读者产生困惑

10. 如何在数据流程图中表示数据源点和数据终点？_____

a. 矩形
b. 弯曲的箭头

c. 圆形
d. 两条平行线

e. 以上均不对

问题讨论

1. 识别下列叙述中的数据流程图要素：客户在当地零售商店购买一些商品。售货员吉尔（Jill）在收银机中输入该交易并收取现金。每日营业终了，吉尔将现金和销售记录一并交给经理。

2. 你是否同意"任何一个系统文档程序都可以充分记录某个给定的系统"这一说法？解释原因。

3. 比较流程图、业务流程图和数据流程图的绘制原则，并说明三者共同的设计原则和局限性。

4. 你的同班同学要求你用现实中的例子解释流程图绘制方法。凭记忆画出主要的流程图符号，将它们归为下列四类中的一类：输入/输出、加工、存储、数据流和其他项。说出每个符号的几种用法。

习题答案

1. 正确选项 b。选项 a 错误，该选项为程序流程图的定义。选项 c 错误，数据流程图用图形方式表示组织内的数据流的变换过程。决策规则是针对计算机程序的客观陈述。选项 d 错误，该选项关系到如何将各种计算机零部件组装在一起。

2. 正确选项 a，与阅读文字性描述相比，数据流程图、业务流程图或是流程图可以帮助用户更好和更快地了解系统。同理，选项 b 错误。

3. 正确选项 c，数据流程图显示了数据流，但没有必要包含日期。选项 a 表述正确，故不符合选项要求，见表 3-4 关于流程图符号的解释。选项 b 表述正确，故不符合选项要求，被称为文档流程图的原因是该流程显示了文件流或者存储数据的记录。选项 d 错误，如上所述，选项 a 和 b 表述正确。

4. 正确选项 a，数据流程图的四种要素如表 3-5 所示。同理，选项 b 错误。

5. 正确选项 c，所有数据要素都应该被命名，但流入数据存储的数据流除外，因为此时对输入流和输出流命名反而会造成数据冗余。选项 a 错误，行为动词应该用来命名加工。选项 b 错误，数据要素名称应该反映要素的内容。选项 d 错误，积极的、描述性名称应该用于命名数据要素。

6. 正确选项 a，会计人员至少应该能阅读和理解系统文档。选项 b 错误，尽管高级会计可以评论和修正初级会计编写的文档，但至少所有的会计人员都应该能够阅读和理解文档。选项 c 错误，一些会计人员可能需要设计内部控制文档，但通常是由系统开发人员和分析人员准备这些文档。选项 d 错误，大多数会计人员都不需要去教其他人如何编写文档。

7. 正确选项 d，流程图是信息系统的图形表示而不是描述性表示。选项 a 错误，这是书中对流程图的定义。选项 b 错误，见表 3-4 中的流程图符号。选项 c 错误，好的流程图软件使流程图变得容易。选项 e 错误，程序流程图解释了程序的逻辑和结构。

8. 正确选项 d，文档流程图追踪凭证从生成到删除的全过程，在这个过程中凭证在组织内不同职能部门之间传递。选项 a 错误，程序流程图是计算机程序的文档。选项 b 错误，计算机配置图诠释计算机硬件如何配置和使用。选项 c 错误，系统流程图解释的是系统输入、加工和输出之间的关联，而不是相关部门。

9. 正确选项 b，若不别除异常处理和错误路径，会使流程图杂乱不堪，更难以阅读和理解。选项 a 错误，将流程图分解为数栏可使流程图更加易读、清晰、简洁和可理解。选项 c 错误，这使得流程图读起来像书本一样编排有序。选项 d 错误，所有的文档要么被放置到文件中，要么被放至实体中。

10. 正确答案 a，见表 3-5。选项 b 错误，弯曲的箭头代表数据流，见表 3-5。选项 c 错误，圆形代表加工，见表 3-5。选项 d 错误，两条平行线代表数据存储，见表 3-5。选项 e 错误。

第 4 章

关系数据库

学习目标

通过学习本章，你应该能够：

1. 阐述数据库的重要性和优势，以及数据库系统和基于文件的传统系统之间的差异。
2. 理解数据库的基本概念，包括逻辑视图和物理视图、模式、数据字典和数据库管理系统语言（DBMS 语言）等。
3. 理解关系数据库的定义，关系数据库如何管理数据以及如何创建一组结构化关系数据库表。
4. 使用可视化方法和结构化查询语言查询数据库。

综合案例

S&S 公司

S&S 公司的经营很成功，它拥有五家分店和一个很受欢迎的网站。阿什顿·弗莱明认为应该升级 S&S 公司的会计信息系统了，这样，苏珊和斯科特可以更容易地获得经营所需要的信息。大多数新的会计信息系统是以关系数据库为基础的。阿什顿知道苏珊和斯科特可能会对数据库有很多疑问，所以他准备了一份简报解释为什么 S&S 公司新的会计信息系统应该是关系数据库系统。他的报告涉及以下问题：

1. 什么是数据库系统？它和基于文件的系统有什么不同？
2. 什么是关系数据库系统？
3. 如何在关系数据库中设计一组规范化的表？
4. 如何查询关系数据库系统？

4.1 引 言

很多集成的会计信息系统是以关系数据库为基础的。本章和第 10～12 章都将涉及如何设计和实施数据库。本章将对数据库进行定义，并重点介绍关系数据库结构。第 10 章介绍会计人员设计数据库的两种工具（E-R 图和 REA 数据建模）以及如何使用这两种工具建立会计信息系统数据模型。第 11 章解释如何实施 REA 数据模型以及如何生成组织经营所需要的信息。第 12 章讨论高级数据建模和数据库设计的问题。企业通常使用关系数据库数据和其他来源数据分析绩效和制定商业决策。这类分析就是通常所称的数据分析。

4.1.1 数据库和文件

要领会数据库的强大功能，很重要的一点是理解数据是如何存储在计算机系统中的。对于财务报告而言，会计系统必须存储资产、负债和所有者权益以及收入和费用等数据。为了满足管理者、审计、税收和控制系统需求，会计系统必须存储预算、进行中的交易、运营费用、税收管辖权和访问日志等信息。以前的做法是创建彼此独立的系统处理每种信息需求。每个系统拥有自己的程序和文件，从而导致在不同系统文件中冗余数据扩展。数据孤岛的增加会造成一些问题，比如相同的数据被存储在两个或更多的重复文件中；难以集成数据以创建组织层级的数据视图。每个系统的数据结构和格式存在差异，因此更新不同系统的冗余数据困难重重。不一致的底层数据也使从系统中提取正确信息变得非常不容易。例如，客户地址在装运主文件和开单主文件中未同步更新。美洲银行（Bank of America）曾经在 23 个不同系统中存放 360 万个应收账款账户。图 4-1 所示的不同系统文件的数据全景图称为文件方法。

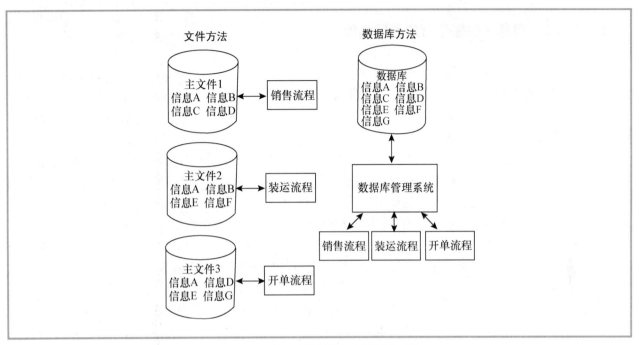

图 4-1　基于文件的系统与数据库系统

　　数据库解决了文件方法导致的系统文件中冗余数据扩散的问题。数据库方法的目的是创建组织层级的数据库，它能存储业务经营所需的所有数据，同时跨职能链接数据和消除冗余。图 4-2 中的数据层次结构就是数据库。**数据库**（database）由众多实体组成，这些实体存储了企业所需的数据，例如客户、销售和存货。记录是作为实体的实例（如一个客户）进行存储。记录的属性是具体的字段。客户属性可能包括姓名、地址字段。实体中的行和列分别对应记录和字段。这样的结构帮助数据库减少冗余数据的存储。总之，数据库是一组尽量减少数据冗余的实体的有组织的数据集合。其价值体现在将数据整合到公共池中，以服务各种用户和数据处理应用程序。

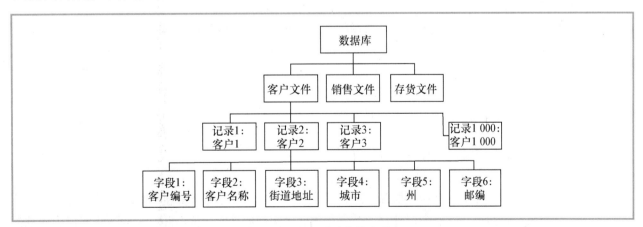

图 4-2　数据层面的基本要素

　　图 4-1 列示了基于文件的系统与数据库系统之间的差异。在数据库方法中，数据是由整个组织而不是由生成数据的部门来使用和管理的组织资源。**数据库管理系统**（database management system，DBMS）是数据库和各种应用程序之间接口的软件程序。数据库、DBMS 和应用程序（应用程序通过 DBMS 访问

数据库）称为**数据库系统**（database system）。**数据库管理员**（database administrator，DBA）是负责调整、控制和管理数据库的人员。

□ 4.1.2　服务于数据分析的数据仓库

以上提到的数据库通常称为**联机事务处理数据库**（online transaction processing database，OLTP），用于处理正常的业务交易。许多 OLTP 数据库每秒钟能够处理超过 100 万单交易。虽然这十分重要，但只是现代企业数据基础设施的一部分。为了维持 OLTP 的处理速度，历史交易数据通常从事务处理数据库转移到数据仓库中。**数据仓库**（data warehouse）是一个或多个超大型数据库，包含详细和总括的历年数据，其数据来源广泛；数据仓库的功能是分析而非处理交易。数据仓库是用于分析处理的企业数据结构中的一个元素。本章所指的数据仓库是包括 OLTP 在内的企业数据结构。包含上百万亿字节的数据容量的数据仓库是很常见的。一些数据仓库容量以拍字节计（1 000 万亿字节或 100 万千兆字节）。

数据仓库不能取代 OLTP，两者共同为战略决策提供支持。由于数据仓库不能用于交易处理，因此数据仓库通常是定期更新而不是实时更新。OLTP 数据库能够最大限度地减少冗余和提高更新该数据库的效率以反映当前交易的结果，然而数据仓库允许冗余的存在来最大化查询效率。

通过分析海量数据以制定战略决策称为数据分析。在数据分析中，人们可以找到大量复杂的工具用于多维分析、复杂计算、数据投影和模拟。有两种主要的工具运用于**商务智能**（business intelligence）：联机分析处理和数据挖掘。**联机分析处理**（online analytical processing，OLAP）是运用查询功能来引导对数据中假设关联的调查。例如，管理者可能会分析过去三年的供应商采购，之后再对不同商品和财务期间的采购分类进行追加查询以深入挖掘细节数据。**数据挖掘**（data mining）是通过复杂的统计分析或人工智能技术（如神经网络）来挖掘数据中的非假设关系。例如，信用卡公司使用数据挖掘来识别欺诈的惯用模式。数据挖掘技术同样可以识别销售数据中先前不为人所知的关系，这种对关系的识别能够运用到未来的促销中。

要从数据仓库中获益，离不开适当的控制。为确保数据仓库输入的准确性，数据验证控制是必不可少的。准确性检查，也称为数据清洗，常常是创建数据仓库过程中最为耗时和昂贵的步骤之一。对数据仓库的访问控制和对数据仓库中所存储的数据进行加密也是非常重要的。最后，定期备份数据仓库和安全地存储备份同样至关重要。

美洲银行创建客户信息数据库来提供客户服务、营销分析和管理层信息。它是银行业最大的数据库，有超过 6 000 亿字符的数据。它包含所有的银行支票和存款账户数据；房贷、消费贷款和商业贷款数据；ATM 数据；银行卡数据。虽然银行每年需要花费 140 万美元来维护数据仓库，但物超所值。过去平均花费 2 小时的查询现在只需要 5 分钟。在洛杉矶地震发生后的几分钟内，该银行就按邮编对其 280 亿美元的按揭贷款组合进行分类，识别地震灾区的贷款，并且计算潜在贷款损失。

□ 4.1.3　数据库系统的优势

事实上，所有的大型机和服务器都使用数据库技术，运用于个人计算机的数据库发展也越来越快。大多数会计人员通过数据输入、数据处理、查询和审计接触到数据库。他们开发、管理和评估确保数据库完整性所需的控制。数据库为组织提供以下优势：

- **数据集成**。主文件被汇集在许多应用程序可以访问的数据池中。例如，员工数据库汇集了工资、人事和工作技能等主文件。
- **数据共享**。集成数据更容易被授权用户共享。通过浏览数据库，能够更加方便地研究问题或者获取报告中潜在的细节信息。美国联邦调查局（FBI）在收集数据方面做得很好，但是在共享数据方面做得很糟糕，为了从不同系统中集成数据，FBI花费了8年时间，耗资4 000万美元。

- **最小的数据冗余和数据不一致**。因为数据项经常仅被存储一次，所以数据冗余和数据不一致程度会被降到最低。
- **数据独立性**。因为数据和程序的使用是互相独立的，改变其中一个并不会对其他的数据和程序产生影响。这方便了编程，而且简化了数据管理。
- **跨部门分析**。在一个数据库系统中，可以明确地定义关联（如销售成本和促销活动之间的关联关系），并将其运用于管理报告的编制。

□ 4.1.4 可靠数据的重要性

不准确的数据库数据可能会导致糟糕的决策、尴尬的处境，甚至激怒用户。例如：

- 一家公司将半数的邮购目录发错了地址。通过调查，管理者研究了大量退单和客户投诉，最终在数据库中修正了客户地址，为公司挽回了每年120亿美元的损失。
- 印第安纳州的瓦尔帕莱索市使用县数据库制定税率。邮寄税务通知后才发现了一个重大失误：一栋价值121 900美元的房屋被评估为4 000万美元，这造成了310万美元财产税的差额。结果该市教育局和政府机构不得不大幅削减预算。

IBM估测不可靠的数据每年导致美国经济损失超过3.1万亿美元。IBM发现1/3的企业领导者并不信任制定决策所使用的信息，问卷调查中27%的受访者对数据的可靠程度没有把握。

管理数据越来越困难：数据生成和存储的数量较18年前翻了两倍。为了避免数据过时、不完整和错误，管理层需要制定政策和程序来保证正确或无噪声的数据。《萨班斯-奥克斯利法案》规定，首席执行官（CEO）会因为不准确的公司财务数据被起诉和判刑。

■ 4.2 数据库系统

□ 4.2.1 数据的逻辑视图和物理视图

程序员必须理解基于文件的系统中的物理地址和记录格式。假设程序员需要一份显示客户编号、信用额度和本期余额的报告。要编写此程序，程序员必须理解所需字段的地址和字段长度（如客户编号从1～10的记录位置），以及每个字段的格式（字母或者数字）。如果要使用不同文件的数据，报告编写任务就会更加复杂，因为数据链接没有嵌入文件中。

记录格式（record layout）是显示文件存储内容的文档，其存储内容包括数据字段的顺序和长度、数据类型。图4-3显示了应收账款账户文件的记录格式。

客户编号	客户姓名	地址	信用额度	余额
N	A	A	N	N
1 10	11 30	31 60	61 68	69 76

A=字母　N=数字

图4-3 应收账款账户文件记录格式

数据库系统通过区分数据存储和数据元来解决上述问题。数据库方法提供两种不同的数据视图：逻辑视图和物理视图。**逻辑视图**（logical view）是用户从理论上组织和理解数据的方式。例如，销售经理查看存储于表中的所有客户信息。**物理视图**（physical view）指数据在计算机系统中物理分布和存储的方式和地点。

如图4-4所示，数据库管理系统（DBMS）将数据的物理存储方式和每个用户的数据逻辑视图联系起来。在没有数据的物理存储方式和地点参照的情况下，DBMS允许用户访问、查询和更新数据库。区分数据的物理视图和逻辑视图也意味着用户可以在不改变数据逻辑存储方式的前提下改变数据的物理视图。另外，数据库管理人员可以在不影响用户和应用程序的情况下，通过改变物理存储来提高系统绩效。

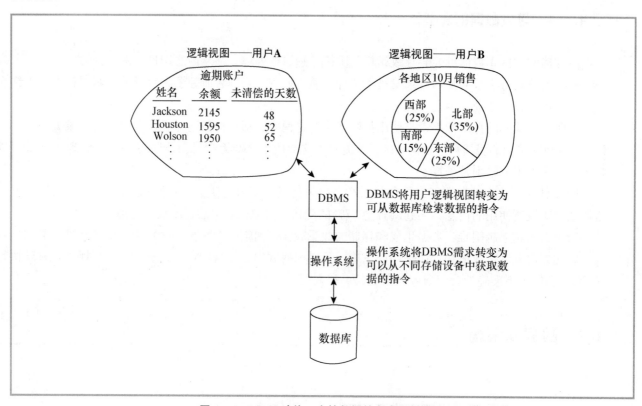

图4-4　DBMS功能：支持数据的多个逻辑视图

□ **4.2.2　模式**

模式（schema）描述数据库的逻辑结构。模式有三个层次：概念层、外层和内层。图4-5展示了这三个层次之间的关联。**概念模式**（conceptual-level schema）是整个数据库的全局视图；它包括所有的数据元以及数据元之间的关系。**外模式**（external-level schema）是用户所用数据库部分的逻辑视图，又称为**子模式**（subschema）。**内模式**（internal-level schema）是数据库的底层视图，用于描述数据的存储和访问的方式，包括记录格式、定义、地址、索引等。图4-5用双向箭线将每个层次连接起来，表示模式映射。DBMS运用映射将用户和程序的数据需求（以逻辑名称和关系来表示）转换为物理访问数据所需的索引和地址。

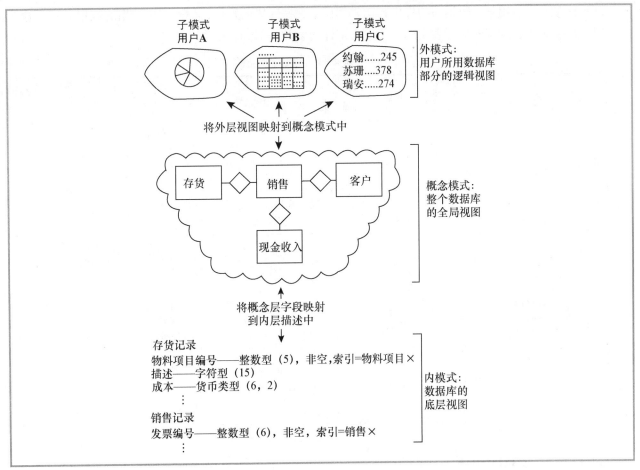

图 4-5 数据的多个逻辑视图

在 S&S 公司，收入循环数据库的概念模式包含客户、销售、现金收款、销售人员、现金和存货数据。外模式是从概念模式中导出的子集，每个子模式（外模式）都按照用户和程序设定。每个子模式向执行任务的用户授予对局部数据库明确的**访问权限**（access rights）。同样，每个子模式都可以阻止对不适用于该模式的局部数据库的访问。子模式包括四个基本的访问权限：创建（C）、阅读（R）、更新（U）和删除（D）。回忆一下，我们在第 2 章数据处理活动中提到过这四项。我们现在将这些活动与授权用户的子模式绑定。访问权限可以定义在表和属性层级中。例如，我们在属性中定义访问权限。销售订单输入子模式包括对客户信用额度和应收账款余额的 R 访问权限，对销售订单所有输入数据的属性的 C 和 R 访问权限。禁止 U 和 D 权限。会计信息系统的所有交易数据几乎不会被授予 D 权限，因为删除交易信息对整个系统的完整性影响很大。转回分录用于撤销交易中的错误。销售订单输入模式不能访问存货成本或银行账户余额。记住：这些访问权限是在数据库层级而非在应用层级中定义。假设职员正在输入一条销售订单交易，该职员能够更新或删除数据输入过程的错误。然而，一旦交易被提交到数据库中，交易中的数据就不能再更新或删除。

☐ 4.2.3 数据字典

数据字典（data dictionary）是数据库结构信息的集合。正如表 4-1 所示，每个存储在数据库中的数据元素都对应一条数据字典记录。数据字典保存在 DBMS 中，数据字典的输入包括新增的或者被删除的数据元素以及数据元素名字、属性或者用途的改变。输出包括程序员、设计者和用户的报告，例如：

（1）程序或者使用某一数据项的报告；（2）文件中数据元素的别名；（3）用户使用的数据元素。这些报告用于系统文档、数据库设计和实施，并成为审计线索的一部分。

表 4 - 1 数据字典范例

数据元素名称	描述	包含的记录	来源	字段长度	字段类型	所用的程序	包含的输出	授权用户	其他数据名称
客户编号	每位用户唯一标识符	A/R 记录、客户记录、销售分析记录	客户编号清单	10	数字	A/R 更新、客户文件更新、销售分析更新、信用分析	A/R 账龄报告、客户情况报告、销售分析报告、信用报告	无限制	无
客户名称	客户完整的名称	客户记录	初始客户订单	20	字符	客户文件更新、报表处理	客户情况报告、月结单	无限制	无
客户地址	街道、城市、州和邮编	客户记录	信贷申请表	30	字符	客户文件更新、报表处理	客户情况报告、月结单	无限制	无
信用额度	用户可获得的最大信用额度	客户记录、A/R 记录	信贷申请表	8	数字	客户文件更新、A/R 更新、信用分析	客户情况报告、A/R 账龄报告、信用分析	D. Dean R. Dalebout H. Heaton	CR_limit
余额	客户赊销余额	A/R 记录、销售分析记录	各种销售和支付交易	8	数字	A/R 更新、报表处理、信用分析	A/R 更新、销售分析更新、报表处理、信用分析	G. Burton B. Heninger S. Summers	Cust_bal

☐ 4.2.4 DBMS 语言

DBMS 有多种语言。**数据定义语言**（data definition language，DDL）为每个用户、具体记录或字段安全约束建立数据字典，创建数据库，描述逻辑视图。在**结构化查询语言**（structured query language，SQL）中使用 DDL 的例子包括 CREATE，PROP 和 ALTER 语句。**数据操纵语言**（data manipulation language，DML）修改数据库内容，如数据元素更新、插入和删除。**数据库查询语言**（data query language，DQL）包含用于检索、分类、命令和显示数据的强大的、易于使用的命令。SQL 中的 SELECT 语句就是 DQL 的一个例子。**报告记录器**（report writer）是简化报告生成的语言。用户需要具体指出所要打印的数据元素，然后由报告记录器查找数据库，抽取特定的数据元素，并根据用户要求的特定格式进行打印。DQL 和报告记录器可以由用户来使用。DML 只能授权给维护数据库数据的人员使用。DDL 只能由经授权的管理者和程序员使用。

4.3 关系数据库

DBMS 的特征是逻辑**数据模型**（data model），或数据库内容的抽象表示。鉴于大多数的 DBMS 是关系数据库，因此本章重点关注关系数据库。**关系数据模型**（relational data model）相当于概念模式和外模式，就好像数据存储在类似于表 4 - 2 的表中。事实上，数据不是存储在表格中，而是以内模式的方式进行存储。

表 4-2　S&S 公司的存货表

Item Number	Description	Color	Vendor Number	Quantity on Hand	Price
1036	Refrigerator	White	10023	12	1199
1038	Refrigerator	Almond	10023	7	1299
1039	Refrigerator	Hunter Green	10023	5	1499
2061	Range	White	10011	6	799
2063	Range	Black	10011	5	999
3541	Washer	White	10008	15	499
3544	Washer	Black	10008	10	699
3785	Dryer	White	10019	12	399
3787	Dryer	Almond	10019	8	499

Record: |◀ ◀ 　　10　 ▶ ▶| ▶* of 10

关系数据库是一个二维表的集合，每张表表示一个信息收集和存储的对象。关系表中的每一行称作一个**元组**（tuple），元组包含一个实体具体事件的数据。每一列记录该实体的一个属性。例如，表 4-2 中每一行包含 S&S 公司一件存货的详细数据，每一列包含存货属性的详细数据，如品名、颜色和价格等。类似地，客户表的每一行包含具体的客户数据，每一列包含客户属性的数据，如客户名称和地址等。

4.3.1　属性类型

主键（primary key）是唯一识别数据库表中某行的属性或者属性组合。表 4-2 中的主键是商品编号，因为它能唯一地识别 S&S 公司所出售的每一件商品。通常，主键是单属性。在一些表中，需要两个或以上的属性来识别表中特定的一行。表 4-5 中销售-存货表的主键就是销售发票编号和商品编号的组合。

外键（foreign key）是一张表的属性，也是另一张表的主键，用于链接这两张表。表 4-5 中的客户编号是客户表的主键和销售表的外键。销售表的客户编号将一项销售业务和对应客户（数据存储于客户表）连接起来（见箭头连线）。

表中的其他非键属性也存储实体的重要信息。表 4-2 中的存货表包含 S&S 公司的存货品名、颜色、供应商编号、库存数量和单价等信息。

4.3.2　S&S 公司的关系数据库设计

在手工系统中，S&S 公司从预先打印好的销售发票中获取销售信息，打印的销售发票提供了数据的逻辑视图和物理视图。销售发票的物理储存很简单，公司只需要在文件柜中存放一份发票的复印件。

在电脑中存储相同的数据就复杂多了。假设 S&S 公司希望用电子方式存储五张销售发票（编号 11101～11105）。这几张发票上客户购买的商品可能不止一件。让我们看看不同的信息存储方式会产生什么样的效果。

1. **将所有的信息存储在同一张表中**。S&S 公司可以将信息存储到一张表中，如表 4-3 所示。该方法有两个缺点。首先，存储了大量冗余的数据，见表 4-3 中的发票 11102。因为售出三件存货，需要三行记录来充分获取每一件售出商品的信息。然而，发票和客户信息被重复记录了三次（列 1～列 9）。同样，每售出一件商品，存货品名和单价会被重复记录一次。因为零售店销售量很高（表 4-3 仅列示了五张发票），所以这样的冗余会造成文件的维护非常耗时而且容易出错。

其次，将发票数据存储在一张表中，会产生一些问题。第一种称为**更新异常**（update anomaly），即没有正确地更新数据值。更改一个客户地址需要查找整张表并更改该客户每一个出现的值。因为同一个客户的地址会被存储很多次（每销售一次就存储一次），即使只漏掉一行没有修改，也会导致数据的不一致。不必要的重复邮件和其他错误可能会因此而发生。

表 4 - 3 在一张表中存储 S&S 公司所有销售数据

SalesInvoiceID	SaleDate	CustomerID	CustomerName	Street	City	State	Description	Color	ItemID	Quantity	SoldPrice	ExtendedAmount
11101	10/15/2021	151	Vivian Rodgers	204 NoContent Street	Phoenix	AZ	Refrigerator	Stainless	1039	2	1450	2900
11101	10/15/2021	151	Vivian Rodgers	204 NoContent Street	Phoenix	AZ	Range	Stainless	2063	1	950	950
11102	10/15/2021	152	Lola Doyle	504 Gateway Place	Mesa	AZ	Refrigerator	White	1036	1	1199	1199
11102	10/15/2021	152	Lola Doyle	504 Gateway Place	Mesa	AZ	Range	White	2061	1	799	799
11103	10/28/2021	151	Vivian Rodgers	204 NoContent Street	Phoenix	AZ	Washer	White	3541	2	499	998
11104	10/31/2021	153	Rodney Wern	500 Serverr Place	Chandler	AZ	Refrigerator	Black	1038	2	1201	2402
11105	11/14/2021	152	Lola Doyle	504 Gateway Place	Mesa	AZ	Refrigerator	Stainless	1039	1	1499	1499
11105	11/14/2021	152	Lola Doyle	504 Gateway Place	Mesa	AZ	Range	Stainless	2063	1	999	999
11105	11/14/2021	152	Lola Doyle	504 Gateway Place	Mesa	AZ	Washer	Black	3544	2	650	1300
11105		152	Lola Doyle	504 Gateway Place	Mesa	AZ	Dryer	Black	3787	2	450	900

Sales

在本书的案例中，在记录新的待售库存商品时会产生**插入异常**（insert anomaly）。在新库存商品销售完成之前，不能在销售表中存储该存货信息。否则，销售和客户信息将为空。销售发票编号是表 4-3 的主键且不能为空，因为主键是用来唯一识别记录的。

当删除一行时，会产生意想不到的后果，即产生第三种问题，也就是**删除异常**（delete anomaly）。比如，如果客户只发生单件商品的一次购买行为，那么删除该行会导致该客户所有信息的丢失。

2. **改变列的数量**。表 4-3 的替代方法是记录销售发票数据并增加数列记录每件售出的商品。表 4-4 列举了这种方法。虽然这种方法减少了数据冗余并避免了表 4-3 出现的异常，但是仍有缺点。S&S 公司必须预先确定一次交易可以售出多少件商品（例如，表中设置多少列；注意在表 4-4 中，每增加一件商品，需要增加 5 列信息：商品编号、数量、品名、单价和库存）。如果只留有 4 种商品的空间（20 列），那么若发生一次销售 8 种商品的销售活动，数据该如何存储呢？如果留有 8 种商品的空间，而销售商品却没有那么多（见销售发票编号 11103 和 11104），就会浪费很多存储空间。

表 4-4　增加数列以记录 S&S 每件售出的商品数据

SalesAlt								
SalesInvoiceID	Columns 2-9	ItemID_1	Quantity_1	SoldPrice_1	ExtendedAmt_1	ItemID_2	Quantity_2	SoldPrice_2	Extend
11101	Same 8	1039	2	1450	2900	2063	1	950
11102	columns as	1036	1	1199	1199	2061	1	799
11103	in	1038	2	1201	2402			
11104	Table 4-3	1039	1	1499	1499			
11105	above	2063	1	999	999	3544	2	650

3. **解决方案：一组关系表**。表 4-3 和表 4-4 的存储问题可以通过**关系数据库**（relational database）的运用来解决。表 4-5 中的一组表就是一个规范化的关系数据库。

表 4-5　存储 S&S 公司销售数据的关系表

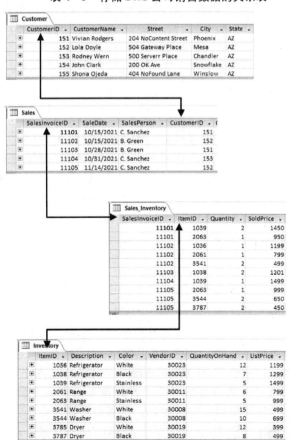

□ 4.3.3 关系数据库的基本要求

现在，我们来看看规范化关系数据库的设计原则。

1. **每一行中的每一列必须是单个值。** 在关系数据库中，每个单元格只能有一个值。在 S&S 公司，每项销售都涉及一种以上的商品。在编号 11102 的发票中，客户购买了一台冰箱、一台炉灶和一台洗衣机。如果商品编号是销售表中的一个属性，那么它将包含三个值（商品编号 1036，2061 和 3541）。为解决这个问题，建立了销售-存货表来列示每张发票所涉及的售出商品。表 4-5 中的销售-存货表第 3 行显示了发票 11102 和商品编号 1036（冰箱），第 4 行显示发票 11102 和商品编号 2061（炉灶），第 5 行显示的是发票 11102 和商品编号 3541（洗衣机）。这张表频繁重复发票号以显示所有在同一张发票上销售的商品。

2. **主键不能为空。** 主键为空，就不能唯一识别表的某一行。一个非空主键确保表的每行都代表能被识别的事实。这称为**实体完整性规则**（entity integrity rule）。在表 4-5 的销售-存货表中，不存在能够唯一识别每一行的单个字段。然而，将第 1 列和第 2 列合在一起，就能唯一识别每行并构成主键。

3. **外键如果不为空，其值必须与另一张表的主键值相对应。** 外键将两张不同表的行记录联系在一起。在表 4-5 中，客户编号可以将每项销售交易和参加销售交易的客户联系起来，前提是销售表客户编号值和客户表中一个真实的客户编号相同。这条被称为**参照完整性规则**（referential integrity rule）的约束可以确保数据的一致性。外键可以是空值。例如，当客户支付现金时，销售表中的客户编号就是空值。

4. **所有表的非键属性必须描述对象的特征，该对象是能被主键识别的。** 大多数表除了主键和外键，还包含其他属性。在表 4-5 的客户表中，客户编号是主键，客户名称、街道、城市和州是描述客户的重要事实。

这四条原则确保生成规范化的数据库。在这个数据库中，数据是一致的，冗余得到了控制并最小化。在表 4-5 中，每个利益实体都对应一张表，可以避免之前述及的异常问题并最小化冗余。冗余是不可能消除的，就像销售发票编号，当其作为外键时，会出现在多张表中。参照完整性规则可以确保外键不出现更新异常问题。

当利益对象的数据存储在不同的数据库表中，新数据的增加就非常简单了，只需要在表中加入新的一行。例如，增加一个新的客户只需要在客户表中加入新的一行。因此，表 4-5 中的各表不受插入异常的影响。

关系数据库简化了数据删除。删除销售发票编号 11104（这是客户 153 的唯一销售记录）不会导致该客户所有数据被删除，因为客户信息存储在客户表中。这就避免了删除异常。

表 4-5 的模式的另一个优点是空间的有效使用。在销售-存货表中，每张发票中的每件商品对应一行记录。不存在空行，所有销售数据都会记录下来。相反，表 4-4 的模式会浪费很多空间。

□ 4.3.4 数据库设计的两种方法

设计关系数据库的方法之一是**规范化**（normalization），它假设所有的数据最初都存储在一张大表中。该方法的规则遵循如下：将初始表分解为一组满足第三范式（3NF）的表，这些表格不会出现更新异常、插入异常和删除异常。规范化流程的细节在任何数据库教材中都能找到。

另一种设计方法称为**语义数据建模**（semantic data modeling），设计者运用业务流程知识和所需信息创建图表以显示数据库中应该包括的内容。这张图表用于创建一组满足 3NF 的关系表。

语义数据建模有显著的优势。第一，系统设计者对业务流程的了解推动了交易处理数据库的有效设计。第二，图形模式清楚地表达了组织业务流程和经营方针，通过促进与用户之间的沟通，该模型有助于确保新系统满足用户的真实需求。第 10 章将会介绍两种用于设计交易处理数据库的语义建模工具：E-R

图和 REA 建模。

4.4 数据库系统和会计的未来

数据库系统扩展了会计生成实时动态报告的能力。数据库正在获取越来越多的交易数据,超过了复式记账法中通过会计日记账和分类账所能记录的数据。目前,甚至生产过程中最小的物料转移、库存缺陷、机器操作和员工工作数据都可以实现实时获取。管理者在任何需要的时候都能够获取到信息。例如,资产信息存储表包括历史成本、重置成本、市场价值等信息。管理者可以从不同方式看待数据,而不是局限于会计准则限定的范围。管理者可以创建指标和仪表盘,从而获得超越传统会计方法所能达到的洞察力。而且,DBMS 能够集成财务、运营和外部数据。例如,数据库中的客户满意度丰富了管理者分析和决策制定的数据基础。新的挑战不在于数据是否能反映经济交易的方方面面,而在于如何利用这些信息的价值。会计人员必须理解数据库系统以便能够在未来参与会计信息系统的设计和使用。会计人员的参与对于保证完善的系统控制以确保数据安全和信息可靠来说十分重要。

本章习题

1. 关系数据库表中的每一行称为_____。

a. 关系
b. 属性
c. 异常
d. 元组

2. 关系数据模型所描述的数据被存储在_____中。

a. 层次
b. 表
c. 对象
d. 文件

3. 用户理论上组织和理解数据的方式也称为_____。

a. 物理视图
b. 逻辑视图
c. 数据模型视图
d. 数据组织视图

4. 下列哪项属性最可能是主键?_____

a. 供应商名称
b. 供应商编号
c. 供应商邮编
d. 供应商账户余额

5. 下列哪项是数据库的个别用户视图?_____

a. 概念模式
b. 外模式
c. 内模式
d. 逻辑模式

6. 管理者最可能使用下面哪项来检索 10 月份的销售额信息?_____

a. DML
b. DSL
c. DDL
d. DQL

7. 外键的约束条件是要么为空值,要么等于另一张表的主键值,这又被称为_____。

a. 参照完整性规则
b. 实体完整性规则
c. 外键值规则
d. 空值规则

8. 主键的约束条件是非空值,该约束条件也称为_____。

a. 参照完整性规则
b. 实体完整性规则
c. 标准化规则
d. 关系数据模型规则

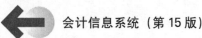

问题讨论

1. 比较数据的逻辑视图和物理视图，讨论在数据库应用中，为什么单独的视图是有必要的。对下述人员来说，哪些视图是最为有用的：程序员、经理和内审人员？理解逻辑数据结构将如何帮助你完成数据库系统的设计和使用？

2. 关系数据模型表示存储于表中的数据。电子表格是会计人员运用数据表格表示法的又一种工具。这两种工具在使用表格的方式上有什么相同和不同的地方？会计人员对电子表格的表格表示法的了解如何促进或者阻碍其对关系DBMS的掌握？

3. 一些人认为数据库技术可能不再需要复式记账法。这导致三种可能：（1）复式记账模型将被抛弃；（2）不直接使用复式记账模型，但定义一个基于复式记账模型的外模式供会计人员使用；（3）数据库系统中保留复式记账模型。你认为哪种可能会发生？为什么？

4. 关系DBMS查询语言方便了对组织活动信息的获取。这意味着对所有交易都要运用实时处理吗？组织需要实时财务报告吗？为什么？

5. 为什么拥有可靠信息非常重要？

6. 什么是数据字典？如何理解数据字典的内容和使用方式？

7. 对比基于文件的方法和数据库方法。解释数据库系统的主要优势。

习题答案

1. 正确选项d，元组也称为关系数据库的行。选项a错误，关系数据库中的关系是表。选项b错误，关系数据库中每一列是描述所存储数据的特征的属性。选项c错误，数据库异常是诸如插入异常或删除异常等问题。

2. 正确选项b，关系数据模型描述存储在表或关系格式中的数据。选项a错误，层次数据库描述存储在层次结构中的数据。选项c错误，面向对象数据库描述以对象形式存储的数据。选项d错误，基于文件的数据模型描述存储在文件中的数据。

3. 正确选项b，逻辑视图是表现用户理论上组织和理解数据的方式。选项a错误，物理视图是表现物理存储数据的方式和地点。选项c错误，这不是一种典型的数据库视图。选项d错误，这不是一种典型的数据库视图。

4. 正确选项b，可以给供应商分配唯一的编号来作为主键。选项a错误，主键必须唯一，但供应商的重名是常见的。选项c错误，主键必须唯一，但同一个邮编可以对应多家供应商。选项d错误，主键必须唯一，多家供应商可能拥有相同的账户余额，如余额0。

5. 正确选项b，外模式是数据库的个别用户视图。选项a错误，概念模式是整个数据库的全局视图。选项c错误，内模式表现数据是如何被实际存储和访问的。选项d错误，这不是本书所提到的模式。

6. 正确选项d，DQL——数据查询语言用于从数据库中检索数据。选项a错误，DML——数据操纵语言用于数据维护。选项b错误，DSL不是DBMS语言。选项c错误，DDL——数据定义语言用于建立数据字典、创建数据库、描述逻辑视图以及详细说明安全限制和约束条件。

7. 正确选项a，参照完整性是指外键的值要么与另一张表的主键值相对应，要么为空。选项b错误，关系表中的主键不能为空值。选项c错误，本书未论及外键值规则。选项d错误，本书未论及空值规则。

8. 正确选项b，关系表中的主键不能为空值。选项a错误，参照完整性是指外键的值要么与另一张表的主键值相对应，要么为空。选项c错误，本书未论及标准化规则。选项d错误，本书未论及关系数据模型规则。

第二部分

会计信息系统应用

第 5 章

收入循环：从销售到现金收款

学习目标

通过学习本章，你应该能够：

1. 描述收入循环中的基本业务活动、常见的流程风险及其风险控制。
2. 理解销售订单录入流程、关键决策制定、流程风险及其风险控制。
3. 理解装运流程、关键决策制定、流程风险及其风险控制。
4. 理解开单流程、关键决策制定、流程风险及其风险控制。
5. 理解现金收款流程、关键决策制定、流程风险及其风险控制。

综合案例

AOE 公司

AOE 公司制造各种廉价的消费电子产品，包括计算器、电子钟、收音机、纸张、玩具、游戏和小型厨房用具。AOE 公司的主要客户是零售店，但公司最近开始大批量销售给互联网店，图 5-1 展示了 AOE 的局部组织结构图。

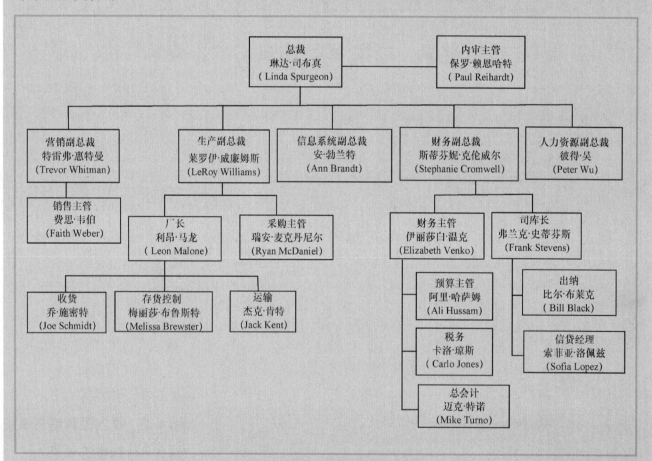

图 5-1 AOE 公司的部分组织结构

AOE 公司的总裁琳达·司布真召开执行层会议，讨论两个紧迫的问题。首先，在过去的三年中，AOE 公司正逐步丧失市场份额。其次，现金流问题导致短期借款增加。在执行层会议上，营销副总裁特雷弗·惠特曼解释说，AOE 公司市场份额下降的原因之一是竞争对手明显提供了更好的客户服务。然而当琳达问及详情时，特雷弗承认他的观点是基于近期同两个重要客户的谈话得出的。他也承认，他并不能轻而易举地说出 AOE 公司的十大盈利客户。琳达向公司的财务主管伊丽莎白·温克询问了现金流问题。最近的应收账款账龄分析表显示，逾期应收账款显著增加。因此，客户收款的延迟导致 AOE 公司必须增加短期借款。此外，曾是 AOE 公司重要客户之一的零售连锁商佳值公司（Best Value Company）最近已破产。伊丽莎白承认，她不确定 AOE 公司能否收回佳值公司的大量欠款。

以上两个问题都缺乏详细信息，这令琳达很苦恼。会议结束时，她让伊丽莎白和特雷弗与信息系统副总裁安·勃兰特合作开发更好的报告系统，使 AOE 公司能够更加密切地监控并采取措施提高客户服务和现金流管理水平。具体而言，琳达要求伊丽莎白、特雷弗和安解决以下问题：

1. AOE 如何提高客户服务水平？为了更好地完成任务，市场部需要什么样的信息？
2. AOE 如何识别出利润贡献最大的客户和市场？
3. AOE 如何改善应收账款监管？信用政策的变化对销售和无法收回的应收账款有什么影响？
4. AOE 如何优化现金收款流程以实现更优的现金流控制？

AOE 公司的案例说明收入循环信息系统的缺陷会给组织带来重大的问题。在阅读本章时，请思考如何设计完善的信息系统来改善组织收入循环活动的效率和效果。

5.1 引 言

收入循环（revenue cycle）是指与提供产品和服务并收回款项相关的一组业务活动及信息处理操作循环（见图 5-2）。最主要的外部信息交换是与客户之间的信息交换。收入循环活动产生的信息会作为其他会计循环的数据输入。例如，支出和生产循环会使用销售交易信息来确定需要采购或生产的存货数量以满足需求。人力资源管理/工资循环使用销售信息来计算销售佣金和奖金。总账和报告部门使用收入循环产生的信息来生成财务报表和绩效报告。

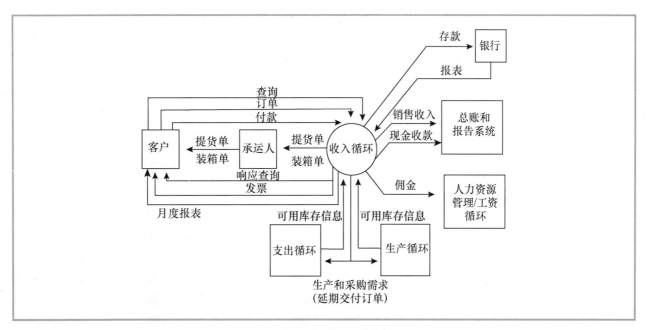

图 5-2 收入循环的顶层数据流程图

收入循环的主要目标是在正确的时间和地点以正确的价格提供正确的产品。为了实现该目标，管理层必须做出以下决策：

- 为满足个别客户的需求和期望，产品的定制化程度？
- 库存情况以及存货的存放地点？
- 商品的运输方式，公司应该自己承担运输还是外包给第三方物流？
- 每个产品或服务的最优价格？
- 应该给客户提供信用政策吗？如果是，应该提供什么样的信用条款和信用额度？
- 如何制定客户付款流程以优化现金流？

对这些问题的回答能够让我们逐一理解组织如何实施收入循环的四个基本活动（见图5-3）：

1. 销售订单录入；
2. 装运；
3. 开单；
4. 现金收款。

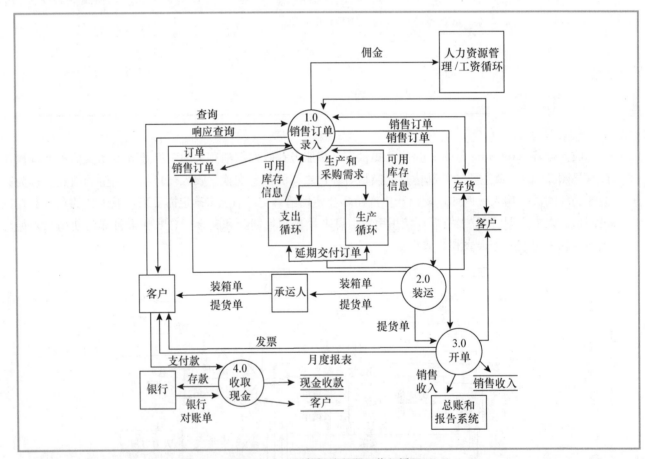

图5-3 0层数据流程图：收入循环

本章讨论组织的信息系统如何为这些决策活动提供支持。首先，阐述收入循环设计和基本控制流程，这些控制能够确保管理层获得可靠的信息。其次，详细阐述四个基本收入循环活动。包括如何收集、加工和存储信息，这些信息对实施和管理业务活动非常重要。最后是控制，控制影响信息的可靠性和组织资源的安全。

5.2 收入循环信息系统

像所有的大型企业一样，AOE 公司使用企业资源计划（ERP）系统。图 5-4 显示了为 AOE 公司收入循环业务活动提供支持的 ERP 系统。

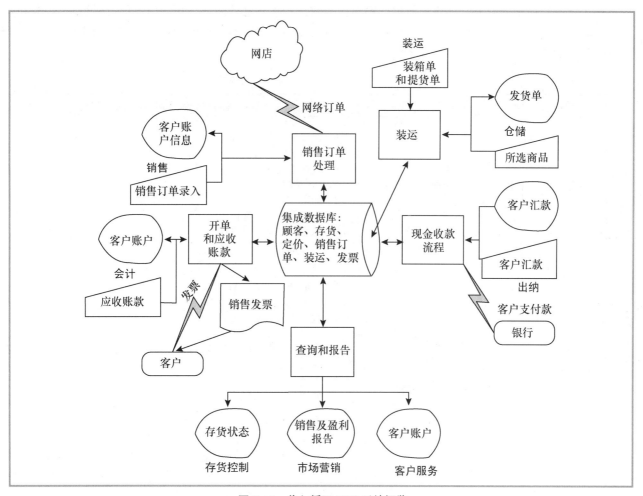

图 5-4 收入循环 ERP 系统概览

☐ 5.2.1 流程

AOE 的客户通过网络下单。销售人员在拜访客户时，使用笔记本电脑录入订单。销售部录入电话、传真和邮件接收的客户订单。无论订单最初是以何种方式接收的，系统都能够快速地识别客户信誉、可用库存，并把已核准的销售告知仓库和运输部。仓库和运输部员工执行了相关活动后立刻输入有关信息，从而实时更新库存信息。每天晚上，以批处理方式运行发票程序，为需要发票的客户生成纸质或电子发票。虽然 AOE 的一些客户至今还借助当地银行进行支票支付（AOE 在该行建立了电子锁箱），但越来越多的客户使用银行在线账单支付服务。每天，银行将汇款数据文件发送给 AOE，出纳使用该文件更新公司的现金账户余额，管理应收账款的职员使用该文件更新应收账款账户。

□ 5.2.2 风险和控制

表5-1列示了收入循环各个阶段面临的风险和应对风险的控制。图5-4显示出集成数据库是收入循环活动的基础，该数据库包含客户、存货和价格信息。因此，表5-1所列示的第一个常见风险是不准确或无效的主数据。客户主数据的错误会导致商品被运送到错误的地点，发票寄送错误会导致收款延迟或超过客户信用额度的赊销。存货主数据的错误会导致出现意料之外的存货短缺而不能及时履行客户订单，这可能导致未来销售收入损失。价格主数据的错误可能导致客户对于超额计费的不满或公司由于计费不足产生收入损失。

表5-1　收入循环风险和控制

活动	风险	控制（第一个数字对应相应的风险）
收入循环的一般问题	1. 不准确或无效的主数据 2. 未经授权披露敏感信息 3. 数据丢失或损毁 4. 糟糕的业绩	1.1 数据加工的完整性控制 1.2 限制访问主数据 1.3 复核主数据的所有变动 2.1 访问控制 2.2 加密 2.3 客户个人信息标记 3.1 备份和灾难恢复程序 4.1 管理报告
销售订单录入	5. 不完整/不准确的订单 6. 无效的订单 7. 坏账 8. 库存不足或库存过量 9. 客户流失	5.1 数据录入编辑控制 5.2 限制访问主数据 6.1 数字签名或亲笔签名 7.1 信用额度 7.2 批准对新客户的销售或超过客户信用额度的销售需要专门授权 7.3 应收账款账龄分析 8.1 永续盘存控制系统 8.2 使用条形码或射频识别（RFID） 8.3 培训 8.4 定期存货实物盘点 8.5 销售预测和作业报告 9.1 对 CRM 系统、自助网站和合理估价进行客户服务评分
装运	10. 误选商品或商品数量不符 11. 存货被盗 12. 装运错误（延迟或未能装运，数量不符，错误的商品，错误的地址，重复交货）	10.1 条形码或 RFID 技术 10.2 发货清单与销售订单核对 11.1 限制接触实物存货 11.2 存货转移记录 11.3 RFID 或条形码技术 11.4 限制取消销售的权力 11.5 控制"一次性"客户的创建和向其发货 11.6 存货定期盘点，并与记录数量进行核对 12.1 装运单据与销售订单、发货清单、装箱单进行核对 12.2 使用 RFID 系统识别延迟 12.3 通过条形码扫描仪和 RFID 技术录入数据 12.4 数据录入编辑控制（如果在终端上输入装运数据） 12.5 设置 ERP 系统以防止重复装运

续表

活动	风险	控制（第一个数字对应相应的风险）
开单	13. 未能开单 14. 错误开单 15. 应收账款的过账错误 16. 不正确或无效的贷项通知单	13.1　开单和装运的职责分离 13.2　定期将发票与销售订单、发货单、装运单据进行核对 14.1　设置系统以自动输入价格数据 14.2　限制访问价格主文件 14.3　数据录入编辑控制 14.4　核对装运单据（发货单、提货单、装箱单）与销售订单 15.1　数据录入控制 15.2　批次总数的核对 15.3　向客户邮寄月度对账单 15.4　明细账与总账核对 16.1　贷项通知单授权与销售订单录入、应收账款账户管理的职责相分离 16.2　设置系统只有在具备退回受损货物的相应文件或管理部门专门授权的情况下，才批准贷项通知单
现金收款	17. 现金被盗 18. 现金流问题	17.1　职责分离—处理客户付款（如存入银行）不应该同时担任： 　　a.　调整客户应付账款账户 　　b.　开出或授权开出贷项通知单 　　c.　与银行对账 17.2　使用 EFT、FEDI 和锁箱来最大限度地减少员工接触客户支付款 17.3　使用 UPOC 接收客户 EFT 和 FEDI 付款 17.4　及时收取邮件，并生成已付款客户的名单 17.5　限制客户支票背书 17.6　由两个人共同打开涉及客户支付款信息的邮件 17.7　使用收银机 17.8　所有现金收款当天存入银行 18.1　锁箱安排、EFT 或信用卡 18.2　客户及时付款的折扣 18.3　现金流预算

　　正如表 5-1 中控制 1.1 所示，降低不准确或无效主数据风险的方法之一是使用数据加工完整性控制措施，以使数据输入错误降至最低。限制对数据的访问并且设定系统只允许拥有权限的员工更改主数据（控制 1.2），这些措施很重要。需要修改 ERP 系统中员工角色的默认设置以恰当地分离不相容职责。然而，鉴于这样的预防性控制从来都不是 100% 有效，控制 1.3 引入了一项重要的检测性控制，即定期生成所有主数据变动报告，检查主数据并确认数据库是否准确。

　　收入循环的第二个常见风险是未经授权披露敏感信息，例如定价政策或者客户个人信息。表 5-1 中控制 2.1 介绍了降低这种风险的一种方法，即设定系统采用严格的访问控制以限定查看敏感信息的人员。员工使用系统内置查询功能，只能访问授权范围内的表格和字段。此外，敏感数据应该加密存储（控制 2.2），以防止没有 ERP 系统使用权限的 IT 人员利用操作系统的应用程序查看敏感信息。组织也应当在其网站设计上采用 SSL 技术对网络传输的客户信息进行加密。然而，在加工过程中无法利用加密来保护信息。组织可以用标记掩盖客户个人信息（控制 2.3）来防止信息被有权参与多项收入循环活动的雇员窥探。

　　收入循环的第三个常见风险是数据丢失或损毁。降低该风险的最佳方法是采用备份和灾难恢复程序。最好分以下三种情况将 ERP 系统实施独立开来。一是生产，用于处理日常活动；二是测试和开发；三是对生产系统的网上备份，以提供近似于实时的恢复。

准确的主数据使得管理层能够更好地使用 ERP 系统强大的报告功能来监控业绩（参见表 5－1 中风险4）。会计人员应当运用业务流程知识来创新报告编制，为管理层提供比传统财务报表更多的分析信息。例如，公司经常要密切监控销售趋势，识别销售趋势变化的原因，这些都需要更多的信息，诸如每位客户销售额、客户满意度和回头客数量都能提供更多的信息。关注销售退回和折让变化，也有助于发现上升的客户不满意度和潜在的雇员偷盗。使用数据分析技术，可以帮助会计人员发现潜在的欺诈行为。例如，公司在数字广告上投入更多的广告费用，会计人员需要收集数据以核实该项广告费用反映了真实的广告浏览量而非机器人点击量。

本章剩余部分介绍了收入循环的各个步骤，包括流程、风险和应对风险的控制。在你阅读每节时，请参考图 5－5 所介绍的职权分离，这些措施能够将欺诈风险减到最少。

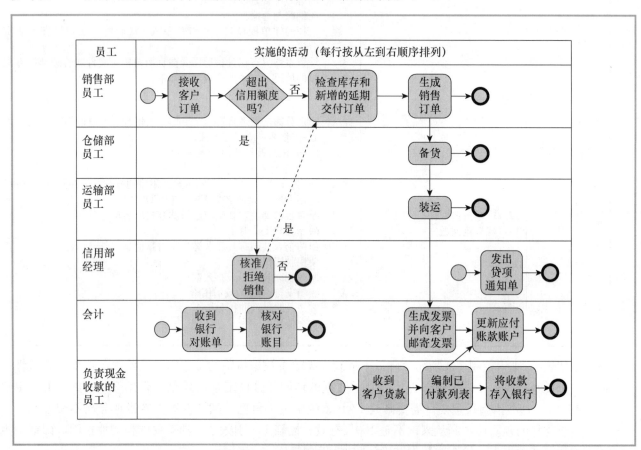

图 5－5　收入循环活动职能分离的业务流程

5.3　销售订单录入

收入循环始于收到客户订单，一般由营销副总裁管辖的销售部（见图 5－1）来执行销售订单录入处理，但是越来越多的客户通过网络表格自行输入大部分订单信息。

图 5－6 说明了销售订单录入程序的三个步骤：接收客户订单，检查和核准客户信用，检查可用库存。图 5－6 也包含一个可以由销售订单部门或者独立的客户服务部门（通常也是由营销副总裁管辖）回应的重要事件：响应客户查询。

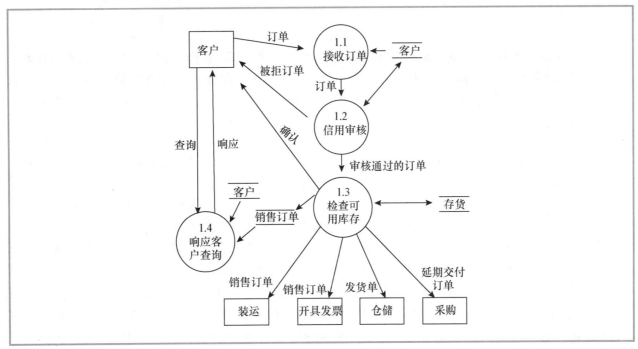

图 5-6　1 层数据流程图：销售订单录入

□ 5.3.1　接收客户订单

客户订单数据存储在销售订单文件中。过去，组织使用纸质文件，如今，正如图 5-7 所示，**销售订单**（sales order）文件通常是以电子格式在电脑显示屏上呈现出来（有趣的是，许多 ERP 系统仍然将这些数据输入界面称作文件）。仔细观察图 5-7，可以发现销售订单包含商品编号、数量、价格及其他条款信息。

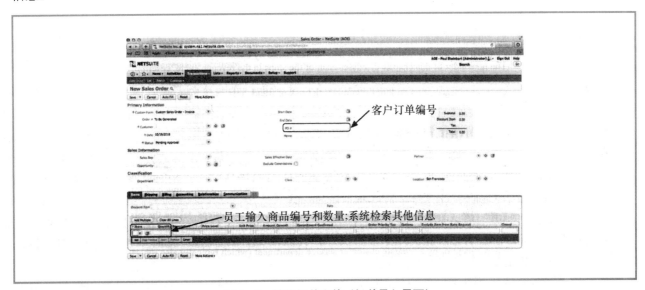

图 5-7　销售订单文件（订单录入界面）

资料来源：2010 © NetSuite Inc.

流程

以往客户订单由员工输入系统，现在越来越多的组织利用 IT 技术让客户自己输入更多的数据。让客户填写公司网络表格是实现该目标的方法之一。另一种方法是客户使用**电子数据转换**（electronic data interchange，EDI）技术提交电子表格，其格式应与公司的销售订单处理系统兼容。这两种技术提高了效率，并且通过减少销售订单录入流程中的人工参与降低了成本。

除了降低成本，网站也提供了增加销售的机会。许多网上零售商采用的一项技术便是使用历史销售信息生成贴合个人客户的市场营销信息。例如，一旦亚马逊的客户购买了一本图书，网站便向他推荐购买了该书的其他客户的图书采购信息。亚马逊和其他的网上零售商还利用历史销售数据制作个性化电子优惠券，定期发送给客户以鼓励额外购买。另一项技术涉及交互式销售订单录入系统的使用，该系统允许客户定制产品以满足客户实际需求。交互式销售订单录入系统不仅能提高销量，而且能从两个方面帮助改善现金流。首先，因为许多销售是由订单驱动的，所以会大量减少产成品占用资金。其次，订单驱动模式允许公司提前（甚至可能在原材料货款支付之前）收取所有或者部分款项。

然而，网站的效果很大程度上取决于网站设计。所以，公司应当定期检查网站上的客户互动记录以便迅速发现潜在的问题。难以使用的网站可能会由于糟糕的客户体验而降低销量。反之，好的网站能够提供有价值的启示。例如，当国家半导体公司（National Semiconductor）的管理者注意到客户对公司新的热传感器的兴趣明显增加时，他们便提高产量以满足对该种产品增长的需求。

如 AOE 公司一样，考虑到与现有或潜在的商业客户面对面交流所带来的益处，许多公司在开设网店的同时继续聘用销售人员。信息技术利用销售自动化程序提高了销售人员的效率和效果。比起打印并邮寄促销信息给销售代表，网上展示促销信息要便宜得多。利用电子邮件（e-mail）和即时信息（IM）通知销售人员价格变动和促销信息，减少了所需的成本和时间。这两种技术都能做到在最后时刻提醒销售人员关于某个特殊客户的具体需求和兴趣，管理层也能够迅速批准该项特殊交易。电子邮件和即时信息同样降低了对销售人员返回总店的要求，因此增加了销售人员与客户打交道的时间。技术同样提升了销售演示的质量。笔记本电脑使销售人员能够进行多媒体演示，从而提升他们演示和讲解复杂技术产品的功能与特征的能力。

风险和控制

销售订单录入中的一个常见风险是订单的重要数据可能不完整或者不准确（见表 5-1 中风险 5）。这不仅会导致效率低下（某些销售人员必须再回访客户或者重新在系统中录入订单），也会给客户体验带来负面影响，从而给未来的销售带来不利影响。ERP 系统使用各种数据输入编辑控制（控制 5.1）来降低这种风险。例如，完整性检验能够确保所有需要的信息（诸如运输和账单地址等）都已输入。自动查找存储在客户主文件中的参考数据（如客户地址等），防止录入错误的出现。举例而言，仔细观察图 5-7 中所示的销售订单录入界面。在标题部分（界面上方），销售人员只需在"卖给"和"运输到"的空格处输入客户名称，然后由系统从客户主文件中提取剩余信息。在表体部分（图表下方），销售人员只需输入商品编号和订购数量，剩下的信息可从存货和价格主文件中提取。注意，通过查找参考信息，ERP 系统必然会对销售人员录入的客户名称和存货商品编号执行有效性检查。ERP 系统也应当通过核对订购数量、商品数量及历史销售记录来执行合理性测试。

通过网络表格和 EDI 接收客户订单时，必须嵌入数据输入控制。当然，所有这些内部控制措施都假定主文件数据是准确的，这就是为什么表 5-1 提出限制访问集成数据库（控制 5.2）以防止未经授权的可能损害数据完整性的更改。此外，所有这些数据录入编辑控制措施应当包含在网站和用于接收客户电子订单的电子数据交换系统中，以确保客户准确、完整地输入所有需要的数据。

与销售订单录入活动相关的第二个风险是订单的有效性（见表 5-1 中风险 6）。如果公司将商品运输给客户，而客户否认曾经下过订单，就存在潜在的资产损失。即使商品被追回，企业也损失了装运和退回所耗费的时间和金钱。对于纸质交易而言，客户订单的有效性由客户签名确定。电子签名提供了类似的有效性保障和证实电子交易真实存在的证据（控制 6.1）。

最后，会计人员利用业务流程知识设计出关键绩效动因报告，从而帮助管理者更好地监督销售活动。例如，按销售人员、地区或者产品划分的销售报告提供了评估销售订单录入效率和效果的方法。展示产品、分销渠道、地区、销售人员或者客户的边际利润贡献报告能够为调整当期策略提供必要信息。

5.3.2 信用审批

大多数企业之间（B2B）的销售是以信用为基础的。因此，表 5-1 所列示的收入循环的另一项风险就是事后发现销售款无法收回（风险 7）。对每笔赊销恰当授权能够降低该风险。

对拥有良好付款记录的客户，不必对其每笔销售都进行正式信用审查。取而代之的是，对于信誉良好的客户，也就是没有过期拖欠款项的客户，管理层赋予销售人员信用审批的一般权限，当然前提是该销售不会使客户总欠款超过信用额度（控制 7.1）。**信用额度**（credit limit）是指依据客户过去的信用记录和付款能力，管理层准许客户的最大欠款额。因此，对于现有客户而言，信用审批仅包括检查客户主文件以确认该账户存在，确定客户信用额度，确保订单金额与目前欠款额之和不超过该额度。系统能够自动实现信用审批。

系统也能够自动标识出超过预先核准额度的需要特殊审批的订单。针对这些订单以及对新客户的销售，应当由销售人员之外的职员来专门审批信贷增加（控制 7.2）。如果销售人员是以佣金支付薪金的，这一点就尤其重要，因为销售人员的动力是促销，而不是关注收款。AOE 公司的组织结构图（见图 5-1）显示了大多数公司是如何分离这些职能的。负责制定信贷政策、审批新客户信贷政策以及提高现有客户信贷额度的信贷经理不能承担营销职能。为了在 ERP 系统中执行这项职责分离政策，应当赋予销售订单录入员工对个人客户信用额度信息的只读权限，只有信贷经理才拥有更改信用额度的权限。图 5-8 列示了系统中用于帮助信贷经理决定是否调整客户信用额度的部分可用信息。该决策的质量取决于账户余额、销售收入和客户收款当前信息的准确性。

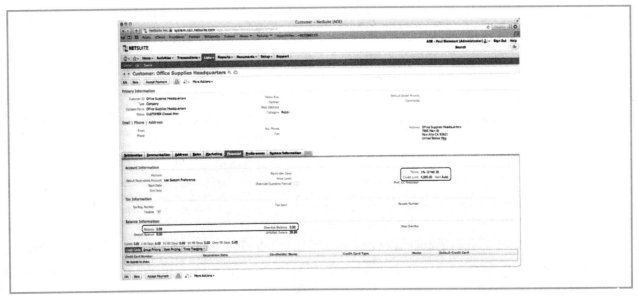

图 5-8 核查客户信用的查询界面

资料来源：2010 © NetSuite Inc.

信贷审批环节应当安排在货物出库和装运之前才能发挥作用。然而，问题仍会发生，部分客户最后可能不会付款。因此，对应收账款的周密监控非常重要（控制 7.3）。**应收账款账龄分析报告**（accounts receivable aging report）就是一份能实现上述功能的报告，它按照未付时间的长短列示客户欠款（见图 5-9）。该报告提供的信息对于规划未来销售现金流入时间、决定是否提高某些客户的信贷额度以及预计坏账都非常有帮助。管理层需要定期审查应收账款账龄分析报告，因为及时关注滞后付款的客户能够最大限度地减少损失。这类报告能够帮助 AOE 公司及早发现佳值公司的问题，并停止对其再进行赊销。此外，坏账费用变动报告能够帮助管理层决定是否需要改变信用政策。

客户	金额（美元）	已还金额（美元）	过期账款 1~30 天	过期账款 31~60 天	过期账款 61~90 天	过期账款 90 天以上
Able						
发票 221	3 450	3 450				
发票 278	2 955	2 955				
合计	6 405	6 405				
Baker						
发票 178	4 500			4 500		
发票 245	2 560	2 560				
合计	7 060	2 560		4 500		
其他账户	185 435	137 935	28 500	5 500	2 500	11 000
总计	198 900	146 900	28 500	10 000	2 500	11 000

图 5-9　应收账款账龄分析报告

5.3.3　检查可用库存

　　除了核查客户信用，销售人员还需要明确是否有充足的可用库存来满足销售订单，以便告知客户预计的交货时间。

流程

　　图 5-10 展示了销售订单人员可获得的信息：现有库存，已承诺销售给其他客户的数量，以及可供出售的数量。如果有充足的库存可以满足该订单，就可以生成销售订单，并且相应地减少存货文件中每个订购商品"可供出售的数量"字段的可订购数量。然后，将这笔销售信息告知运输部门、存货控制部门和财务部门，并且将回单发送给相应的客户。如果没有充足的库存满足该订单，则必须生成该商品的**延期交付订单**（back order）。在制造企业，生成延期交付订单的同时要通知生产部门着手生产所需商品。在零售企业，采购部门会接到订购所需产品的通知。

　　一旦确定了可用库存，系统便生成列示出客户所订购的每一项商品及其数量的**发货单**（picking ticket）。发货单授权存货控制部门向货运部门发出商品。以往发货单是纸质文件，现在发货单通常以电子表格形式显示在便携式手持设备或者叉车内置监控器上。为了提高效率，发货单通常按商品储存在仓库中的先后顺序而非在销售订单中的顺序列示。

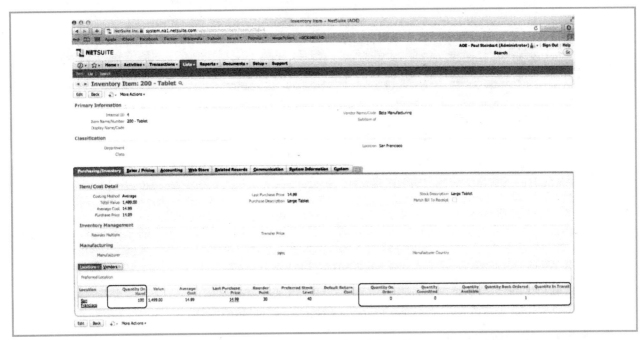

图5-10　检查库存情况的查询界面

资料来源：2010 © NetSuite Inc.

风险和控制

准确的存货记录对于预防缺货和库存过剩（表5-1中风险8）来说十分重要。缺货可能导致客户放弃等待转而从其他途径购买，从而损失销量。相反，库存过剩会增加持有成本，甚至需要大幅降价，从而降低盈利性。经常降价会将公司塑造成折扣零售商的形象，养成客户期待降价的习惯。

如图5-4所示，集成ERP系统有利于永续盘存法的运用（控制8.1），它降低了意外缺货或库存过剩风险。然而，永续盘存记录的准确性要求在收入循环活动中仔细地录入数据。尤其是运输和销售人员必须正确地记录出库和装运的商品数量。这项任务在零售企业中特别容易出错。例如，当客户以相同价格购买多件商品时，比如不同口味的酸奶或软饮料，超市收银员可能仅扫描其中一件商品，然后输入购买的总数量。虽然这可以生成正确的销售金额，却会造成存货记录错误。对于实际被扫描的商品，记录的可供出售数量会过低；对于其他口味的商品，记录的可供出售数量会过高。改进不准确存货记录的另一项工作是正确处理销售退货，尤其是对于零售企业。例如，当服装店的客户退回并更换号码不合适的商品时，营业员应当将该项更换输入系统。通常，营业员只是简单地更换商品并将退回的商品放回货架，并没有在系统中正确地录入，尤其是在销售异常繁忙期，因此导致系统对两项商品的记录都是不准确的。

用RFID标签取代条形码能够解决上述的诸多问题（控制8.2），因为RFID技术下的数据输入是自动发生的。对于无法使用RFID标签或条形码（比如在经济上不合算或者不可操作），培训和管理层的定期提醒能够减少错误行为的发生（控制8.3）。然而，在繁忙时期仍有可能发生上述问题，因此定期存货盘点（控制8.4）以核对记录数量的准确性是十分必要的。图5-11是存货盘点表的示例，值得注意的是，它记录了在库的每个存货项目及其数量。存货盘点表还包括用于记录实地盘点数量的字段。

销售预测（见表5-1中控制8.5）是帮助公司更好地预测存货需求从而减少缺货或者库存过量风险的又一种方法。会计人员也可以编制报告，以便销售经理确定是否需要调整销售预测。例如，延期交付订单频率和规模报告能够找出需要调整的销售预测以避免商品缺货。相反，按商品划分的销售明细能够及时找出滞销商品以防止过量存储。

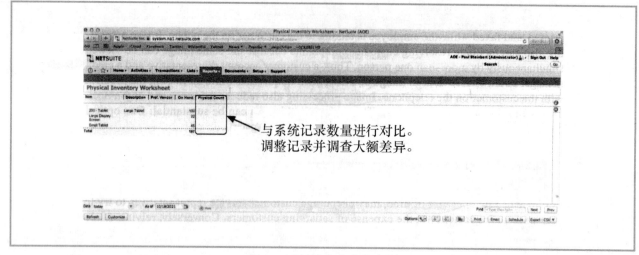

与系统记录数量进行对比。
调整记录并调查大额差异。

图5-11　存货盘点表的示例

资料来源：2010 © NetSuite Inc.

5.3.4　响应客户查询

除了处理客户订单，销售订单录入流程还包括响应客户查询，如图5-6所示。这些查询有时早于订单，但通常发生在下订单之后。无论是哪种情况，快速正确地响应客户查询对于公司的长期成功是非常重要的，其目标在于留住客户（表5-1中风险9）。它之所以重要，是因为市场营销存在一般经验法则，即吸引新客户并向新客户销售商品的费用比向现有顾客再销售的费用多至少5倍。监督客户保有情况的一种方法是定期报告客户购买产品的年数。留住顾客不只是让顾客满意，还包括塑造忠诚度。研究表明，如果顾客满意度用1~5这5个级别来衡量，其中5代表非常满意，1代表非常不满意，那么满意程度为5的顾客比满意程度为4的顾客更可能多次购买。此外，该研究还表明让客户满意并因此留住客户的关键在于售后客户联络的质量和性质。

客户服务如此重要以至于许多公司都采用专门的软件包，即**客户关系管理**（customer relationship management，CRM）系统，为这一重要流程提供支持。客户关系管理系统有助于整理客户详细信息以促进更加有效和个性化的服务。客户关系管理系统也有助于实现更多的销售。例如，接到客户查询之后，客户服务代表根据客户偏好和历史交易信息来推荐客户可能感兴趣的产品。有关客户需求和业务管理的详细数据同样能帮助主动联系需要再订货的客户。

许多客户查询是常规的，因此，公司能够也应该使用信息技术自动响应普通的查询（例如账户余额和订单状态的疑问），以便销售订单和客户服务代表能集中时间和精力来处理更加复杂和非常规的查询。例如，网站除了提供传统的呼叫免费电话，还另外提供一种节省成本的客户支持，即通过列出经常被问及的问题（FAQ）清单来自动化流程处理。网站同样可以提供讨论版供客户之间分享信息和提出有用建议。网站也允许客户使用个人密码直接获取账户信息并检查订单状态。这些技术可以显著降低客户服务成本。例如，富国银行（Wells Fargo）发现拥有网上账户的客户给客户服务部门的来电数量比没有账户的客户少40%。

然而，要预见每一个客户可能问及的问题是不可能的。因此，提供客户服务的网站应当包含即时信息或聊天功能，针对FAQ清单上没能很好解决的特殊问题，客户能够及时获取实时的专家帮助和建议。图像处理技术进一步改善了应收账款账户管理的效率和效果。对客户收款和发票的数字影像能以电子格式进行存储并易于检索、修改，或与其他图像和数据结合以生成多种形式的输出。这种技术有助于雇员快速获取客户信息，减少在文件柜查找文件所浪费的时间。如果客户需要月结单或发票副本以替代丢失的原件，可以电话连线雇员，在连线过程中，这些文件就能够被检索、打印和传真。图像处理技术也有助于解决客户投诉，因为其他人也能够同时看到问题影像。因此，管理应收账款账户的员工和信用部经理能够在与客户电话沟通的同时复审问题文件的图像。图像处理技术也节约存储纸质文档所需要的空间和成本。这方面的节约可能是巨大的：一张光盘只需要很小的空间就能存储成千上万份文件。

对于会计人员而言，纳入内外两种评价标准编制报告以帮助经理正确评估客户服务代表的业绩，是非常重要的。如果没有将两类数据同时纳入，报告可能会导致不当行为。例如，如果报告中仅包含诸如单位时间处理的查询数量等内部数据，则可能导致客户服务代表以牺牲客户满意度为代价来换取效率最大化。反之，仅强调客户满意度则会失去对效率的激励。

最后，回顾第 1 章的内容——售后服务是构成价值链主要活动的一项。售后服务通常由客户服务代表处理。其中一项重要的工作是主动联系客户关于产品召回和保质期维修的事项，区块链技术简化了确认客户购买了哪些问题产品的流程。

5.4 装 运

收入循环的第二项基本活动（图 5 - 3 中加工 2.0）是执行客户订单并装运所需商品。如图 5 - 12 所示，该流程包括以下两个步骤：（1）分拣并包装商品；（2）运输商品，并由仓储部门和运输部门分别执行以上两项活动。如图 5 - 1 所示，两个部门均包括库存保管，最终都向生产副总裁汇报。

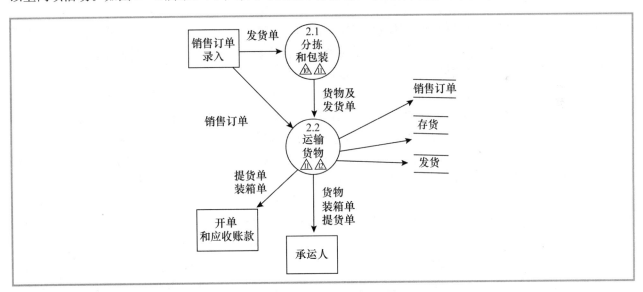

图 5 - 12　1 层数据流程图：装运

□ 5.4.1　分拣和包装

执行客户订单的第一步是从库存中挑出正确的商品并将之包装好以备运输。

流程

销售订单录入流程生成的发货单触发了分拣和包装流程。仓库工作人员使用发货单确定发出商品的品种及其数量。仓库工作人员通过发货单（如果使用纸质文件）或者通过向系统录入数据（如果使用电子版）来记录每个商品实际分拣的数量。然后，商品清单便移交给运输部门。

　　像许多公司一样，AOE 公司耗资构建了自动化仓储系统，系统由计算机、条形码扫描仪、输送带和通信技术构成。构建系统的目的旨在减少商品出入库的时间和成本，同时提高永续盘存制的准确性。尤其是无线技术使得工人不必重复返回集中调度中心获取纸质指令，从而提高仓库的效率。例如，JC 彭尼公司（JCPenney）在铲车上安装射频数据通信（RFDC）终端，向司机提供分拣商品的品种和位置的信息。在科罗拉多州布鲁姆菲尔德镇，办公用品经销商企业特快公司（Corporate Express），仓库工作人员戴着耳机收听电脑合成的商品分拣和包装的语音提示。公司宣称语音提示减少了司机在昏暗的灯光下阅读小型屏幕终端时发生的错误。

　　RFID 标签提高了存货动态追踪的效率和准确性。只有正确地放置带条形码的商品或者包装箱，条形码才能被扫描仪读取。转换成 RFID 标签则不需要扫描商品，取而代之的是，存货在仓库运转过程中标签便被读取。此外，每一个 RFID 标签能够存储详细的信息，以方便存货被正确储存和按指定路线发送。对于像联邦快递公司和联合包裹服务公司（UPS）这些拥有大量商品的企业，RFID 减少了每个包裹数秒钟的处理时间，这种能力会节约大量的成本。

　　自动化立体仓库系统不仅能够降低成本和提高存货管理的效率，而且能够带来更多的客户导向的出货量。例如，制造企业可以在其仓库中运用条形码或者 RFID 系统以方便包装和运输相关的产品（例如搭配的衬衫和领带）。纸箱可以打上条形码或者 RFID 标签，以便零售商快速检查商品，然后将之放置到货架上。该服务不仅为零售商节约了时间和成本，也有助于它们增加营业额，进而提高制造企业的销售量。

风险和控制

　　一项潜在的风险是误选商品或拣选数量不符的商品（表 5-1 中风险 10）。之前介绍的自动化仓储技术可以将发生该错误的概率降至最低。尤其是当条形码或者 RFID 扫描仪自动将仓库工作人员挑选的商品及其数量与销售订单上的信息比对时，几乎可以避免错误。

　　另一项风险是存货被盗（风险 11）。盗窃损失可能非常巨大，肇事者可以是外部人员或者内部员工。除了资产损失，盗窃也会造成存货记录不准确，这可能导致在执行客户订单时出现问题。表 5-1 列示了几项减少存货被盗风险的控制措施。首先，存货应当被放置在安全的地点，并限制对该地点的接触（控制 11.1）。其次，应当记录所有存货在公司内部的转移（控制 11.2）。只有经核准的销售订单才可以将存货交付运输部门员工。当商品由仓储部门转移至运输部门时，仓储和运输部门员工都要在商品附件上签字（或者进行网上转移认定）。该流程有助于追踪存货短缺的原因，而且责任的界定会激励员工记录和维护好准确的存货记录。再次，运用无线通信技术和 RFID 标签能够实时跟踪运输中的存货（控制 11.3），这有助于减少盗窃。限制取消销售的权力（控制 11.4）也很重要。取消交易的权力被赋予非销售部员工，这种职责分离防止员工将商品收件人设为本人或其亲友，然后取消交易以避免后续的货款支付。类似地，设置系统来约束对"一次性"客户的创建、删除、发货（控制 11.5）也很重要，该措施可以防止员工掩盖存货盗窃行为。最后，存货账面记录数量应当定期与实存数量相核对（控制 11.6），负责存货保管的员工应当对存货丢失负责。

　　同收入循环中的其他步骤一样，会计人员通过编写有价值的报告来帮助管理者更好地监控业绩。值得注意的是，分拣存货作业中并没有涉及任何与客户的互动。所以，关注效率的报告仅使用诸如单位时间执行的订单数等内部测量指标即可。

□ 5.4.2　运货

　　商品从仓库发出后，便送交客户。

流程

运输部门应当将存货实际盘点数量与发货单数量、销售订单数量相核对。商品若是没存放在发货单中指定的位置或者永续盘存记录不准确都会导致差异的出现。在这种情况下，运输部门需要填写缺货商品的延期交付订单，并且在装箱单上输入正确的运输数量。

在运输人员清点完仓库发来的货物后，便可通过网上终端录入销售订单编号、商品编号及数量。该流程更新了存货主文件中可供出售数量字段，也生成了装箱单和一式多联的提货单。**装箱单**（packing slip）（见图 5 - 13）列示了每种装运商品的数量和商品描述。**提货单**（bill of lading）是定义在途货物责任的法律合同。它界定了承运人、供应商、目的地以及其他具体的装运说明，并且指明了由谁（客户或供应商）向承运人支付运费（见图 5 - 14）。其中一联提货单和发货单随装运商品一起发出。如果由客户支付运费，这一联提货单可以作为运费单写明客户应向承运人支付的金额。否则，运费单是独立的文件。

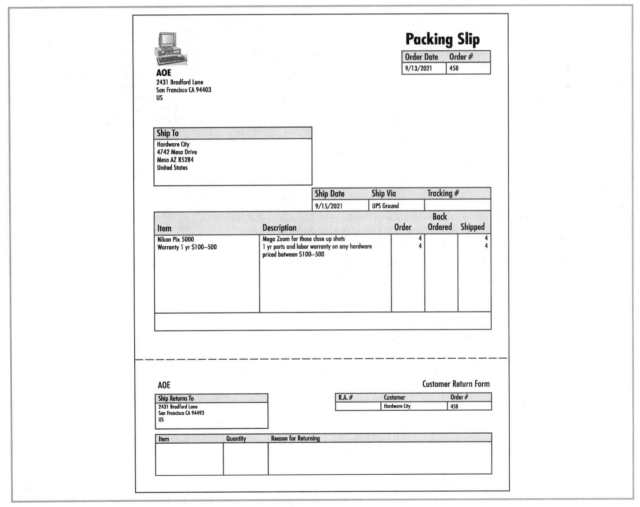

图 5 - 13　装箱单

选择运输方式是在执行订单和装运过程中需要做出的一项重要决定。以往，许多公司用自己的卡车车队负责运输。诸如通用电气等大公司甚至设置了专门部门来履行该职能。然而，越来越多的制造商将该职能外包给商业运输公司，例如莱德系统公司（Ryder System）、施耐德公司（Schneider）和纽约铁路公司（YRC）等。运输外包降低了成本，制造商可以集中于主业（生产产品）。然而，选择恰当的承运人需要获取和监控承运人绩效信息（比如准时运送率以及损害赔偿）。

STRAIGHT BILL OF LADING—SHORT FORM **Not Negotiable.**

Shipper's No.

Carrier **Carrier's No.**

RECEIVED, subject to the classifications and tariffs in effect on the date of the issue of this Bill of Lading.

at ________________ **20**______ **from** ________________

the property described below, in apparent good order, except as noted (contents and condition of contents of packages unknown), marked, consigned, and destined as indicated below, which said carrier (the word carrier being understood throughout this contract as meaning any person or corporation in possession of the property under the contract) agrees to carry to its usual place of delivery at said destination, if on its route, otherwise to deliver to another carrier on the route to said destination. It is mutually agreed, as to each carrier of all or any of said property over all or any portion of said route to destination, and as to each party at any time interested in any or all of said property, that every service to be performed hereunder shall be subject to all terms and conditions of the Uniform Domestic Straight Bill of Lading set forth (1) in Uniform Freight Classification in effect on the date hereof, if this is a rail or a rail-water shipment, or (2) in the applicable motor carrier classification or tariff if this is a motor carrier shipment.

Shipper hereby certifies that he is familiar with all the terms and conditions of the said bill of lading, including those on the back thereof, set forth in the classification or tariff which governs the transportation of this shipment, and the said terms and conditions are hereby agreed to by the shipper and accepted for himself and his assigns.

Consigned to ________________

(Mail or street address of consignee—For purposes of notification only.)

Destination ________________ State ________ Zip Code ______ County ________

Delivery Address ★ ________________

(★ To be filled in only when shipper desires and governing tariffs provide for delivery thereat.)

Route ________________

Delivering Carrier Car or Vehicle Initials No.

No. Packages	Kind of Package, Description of Articles, Special Marks, and Exceptions	*Weight (Sub. to Cor.)	Class or Rate	Check Column

Subject to Section 7 of Conditions of applicable bill of lading, if this shipment is to be delivered to the consignee without recourse on the consignor, the consignor shall sign the following statement.

The carrier shall not make delivery of this shipment without payment of freight and all other lawful charges.

____

(Signature of Consignor.)

If charges are to be prepaid, write or stamp here, "To Be Prepaid."

*If the shipment moves between two ports by a carrier by water, the law requires that the bill of lading shall state whether it is "carrier's or shipper's weight."

NOTE—Where the rate is dependent on value, shippers are required to state specifically in writing the agreed or declared value of the property.

The agreed or declared value of the property is hereby specifically stated by the shipper to be not exceeding

per

†"The fiber boxes used for this shipment conform to the specifications set forth in the box maker's certificate thereon, and all other requirements of Uniform Freight Classification."

†Shipper's imprint in lieu of stamp; not a part of bill of lading approved by the Interstate Commerce Commission.

Received $ __________ to apply in prepayment of the charges on the property described hereon.

Agent or Cashier

Per ________________

amount prepaid

Charges advanced:
$

________________ Shipper, per ________________ Agent, Per ________________

Permanent post office address of shipper, ________________

图 5-14　提货单示例

分销中心的选址则是另一项重要的决策。越来越多的客户仅在其需要的时候要求供应商和制造商供货。所以，供应商和制造商必须使用物流软件工具来确定储存存货的最佳位置，以最小化存货持有的总成本并且满足每个客户的运输要求。物流软件同样有助于优化日常活动，比如如何最有效地利用 17 辆卡车完成在同一个商业区中不同目的地的 300 项运输活动。

全球化进一步增加了境外物流运输的复杂性。不同的分销方法，例如卡车或者火车，其效率和效果在世界范围内是不同的。不同国家的税收和规章制度也会影响分销决策。因此，组织的信息系统中必须包含能够最优化运输职能效率及效果的物流软件。

风险和控制

运输错误是一个潜在问题（表 5 - 1 中风险 12）。定期将装运单据信息与销售订单等核对（控制 12.1），能够及时发现运输延迟或者没有将货物运送给客户的情况。此外，RFID 系统（控制 12.2）能够提供运输状态的实时信息，对可能出现的延误提供补充信息。如果卖方了解到运输可能延迟，及时通知客户有助于客户对计划做出相应的调整。通知成本是极小的，尤其是通过邮件或者即时通信，但这样的努力会显著提升客户的满意度和忠诚度。

运输的物品或数量以及运送地点出现错误会引起客户的不满，可能导致未来销量的损失。如果客户不必为错误运送的商品付款，运输错误可能导致资产的损失。为使运输错误风险降至最低，如图 5 - 4 所示的 ERP 系统应当将运输部门员工输入的数量、商品编号与销售订单信息相核对，并显示差异警告提示，使问题能够在运输之前得以纠正。当然，该控制的效果取决于所收集的出货信息的准确性。应当采用条形码和 RFID 标签减少运输人员数据输入错误（控制 12.3）。如果运输数据必须通过终端手动输入，那么诸如字段检查、限度和范围检查以及完整性检查等应用控制都是必要的（控制 12.4）。

重复运输会导致相关运输成本的上升和随后的退货处理。为减轻该风险，当打印运输单据时，ERP 系统应该"冻结"销售订单中的项目，以防止使用相同的销售订单向同一个客户再次发出相同的商品（控制 12.5）。仍使用纸质文件的公司降低重复运输风险的方法是预先对所有的运输单据按顺序编号，运输单据需要与销售订单、发货单核对相符，然后将该运输单据打上标识以避免重复使用。

5.5　开　单

收入循环的第三项基本活动（见图 5 - 3 中加工 3.0）是向客户开单。图 5 - 15 显示该活动包含两项相互独立但又密切相关的任务——开具发票并更新应收账款，由财务部门的两个独立子部门完成。

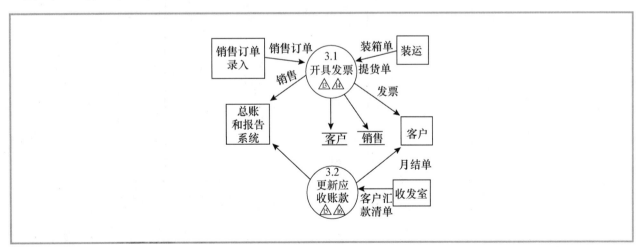

图 5 - 15　1 层数据流程图：开票流程

5.5.1　开具发票

及时准确地为装运货物开具发票是非常重要的。发票开具是一项信息处理业务，是对销售订单录入及运输业务过程中的信息进行重新组合和汇总。它需要从运输部门获取信息来确定装运商品的品种及数量，从销售部门获取价格和具体的销售条款信息。

流程

开单流程生成的基本文件是**销售发票**（sales invoice）（见图5-16），用于通知客户付款数量和付款地点。像许多公司一样，AOE公司仍然打印纸质发票给它的许多小客户。不过，更大的客户通过电子数据交换来接收发票。电子数据交换不仅节省了打印和邮寄成本，也免去了执行该任务的人力成本。对于手工生成成千上万张销售发票的企业，仅在每张发票上节省几秒钟的时间就能产生巨大的成本节约效益。客户也受惠于电子数据交换发票和网上支付，因为这节约了他们的时间和成本，从而提高了客户的满意度和忠诚度。

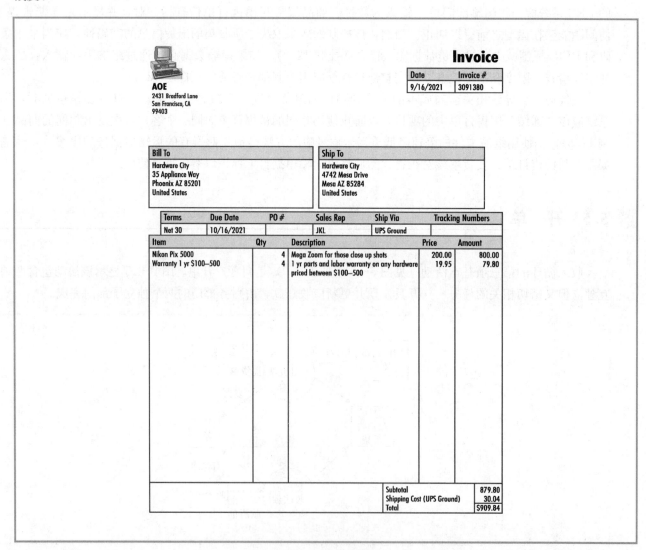

图5-16　销售发票

事实上，好的会计系统可以完全消除生成和存储销售发票的必要，至少对于自身拥有完善系统的客户而言是如此。为了理解这个概念，请再次审视一张典型的销售发票所包含的信息（见图5-16）。销售发票包含每种售出商品的数量和价格，但价格是在下订单时确定的，而实际销售数量直到商品被装运给客户时才知道，所以，当商品被装运时，卖方公司的会计系统已经包含所有计算销售额所需的信息。事实上，销售发票通常是批量打印的，不需要任何手工数据录入。反之，买方在下订单时知道了价格，在验收时知道了商品的购买数量。所以，如果两家公司都有准确的交易处理系统，那么双方可以达成买方在收到商品后的指定时间段内自动汇款的协议。当商品发出时，卖方会发送电子通知（通常通过电子邮件）。当商品到达后，客户同样会发送电子确认。许多公司，包括福特汽车，就与其重要供应商建立了这种关系。值得注意的是，销售方也能通过装运信息和客户付款的对账来监控和确定应收账款，因为应收账款代表了所有销售方赊销的货物。无发票开单的吸引力就在于它取消了不会提供任何新信息的传统流程（开具发票），为销售方和购买方节约了大量的时间和金钱。

集成的 ERP 系统能够将开单流程和营销功能整合在一起，根据客户历史购买记录发送相关的产品和服务信息。这种个性化的广告能够以极小的成本增量（如果有的话）带来额外的销量。

风险和控制

与开单流程相关联的一个风险是未能向客户开具发票（表 5 - 1 中风险 13），它会导致资产损失以及销售、存货和应收账款信息的错误。将运输和开票职能分离（控制 13.1）是降低人为导致该风险的一项重要的控制。否则，同时拥有这两种职能的雇员可以在不开发票的情况下将货物收件人设为其朋友。为降低无意造成的未能开票风险，ERP 系统需要定期将销售订单、发货单、运输单据与销售发票比对，生成未开发票的货运报告（控制 13.2）（对于无发票系统，该项控制包括将销售订单与运输单据相核对）。管理层需要定期审查该报告并采取改正措施。在基于纸张的系统中，事先为单据编号并定期入账能够识别出未开具发票的货物。

开票错误（表 5 - 1 中风险 14），比如定价错误或开票的货物是未装运或延期交付订单中的货物，是另一种潜在风险。超额计费会导致顾客的不满，计费不足会造成资产损失。根据美国最高法院 2018 年对南达科他州诉克罗斯公司案的判决，错误计算销售税，或是州外销售商未对跨州销售缴纳销售税，将被处以罚款和处罚。系统从价格主文件中获取正确的信息（控制 14.1）以及限制雇员修改数据的权限（控制 14.2）可以避免定价错误。如果雇员必须手工输入发票信息，使用数据录入编辑控制能够最大限度地减少该类错误（控制 14.3）。核对装箱单的数量与销售订单数量能够发现运输数量等错误（控制 14.4）。

5.5.2　应收账款更新

应收账款部门（向财务主管汇报）执行两项基本工作：根据销售发票信息借记应收账款账户，当款项收到时贷记应收账款账户。

流程

维护应收账款的两种基本方法是未付发票法和余额结转法。这两种方法的区别在于客户何时汇款，该款项如何用于更新应收账款主文件，以及发送给客户的月结单格式。在**未付发票法**（open-invoice method）下，客户一般根据每张发票来付款。通常，有两联发票会邮寄给客户，其中一联发票连同付款寄回。该联发票是周转文件，称为**汇款通知单**（remittance advice）。客户依据具体的发票进行付款。相反，在**余额结转法**（balance-forward method）下，客户一般根据月结单中显示的金额而非单张发票来付款。**月结单**（monthly statement）列示了过去一个月发生的所有交易，包括销售和付款，并告知客户他们现在的余额情况（见图 5 - 17）。月结单通常有一部分可以撕下，这部分记录了预先印好的信息，包括客户名称、账户号及余额。客户需要寄回存根（它起到汇款通知单的作用）并付款。付款是根据汇总的账户余额而不是单张发票来进行的。

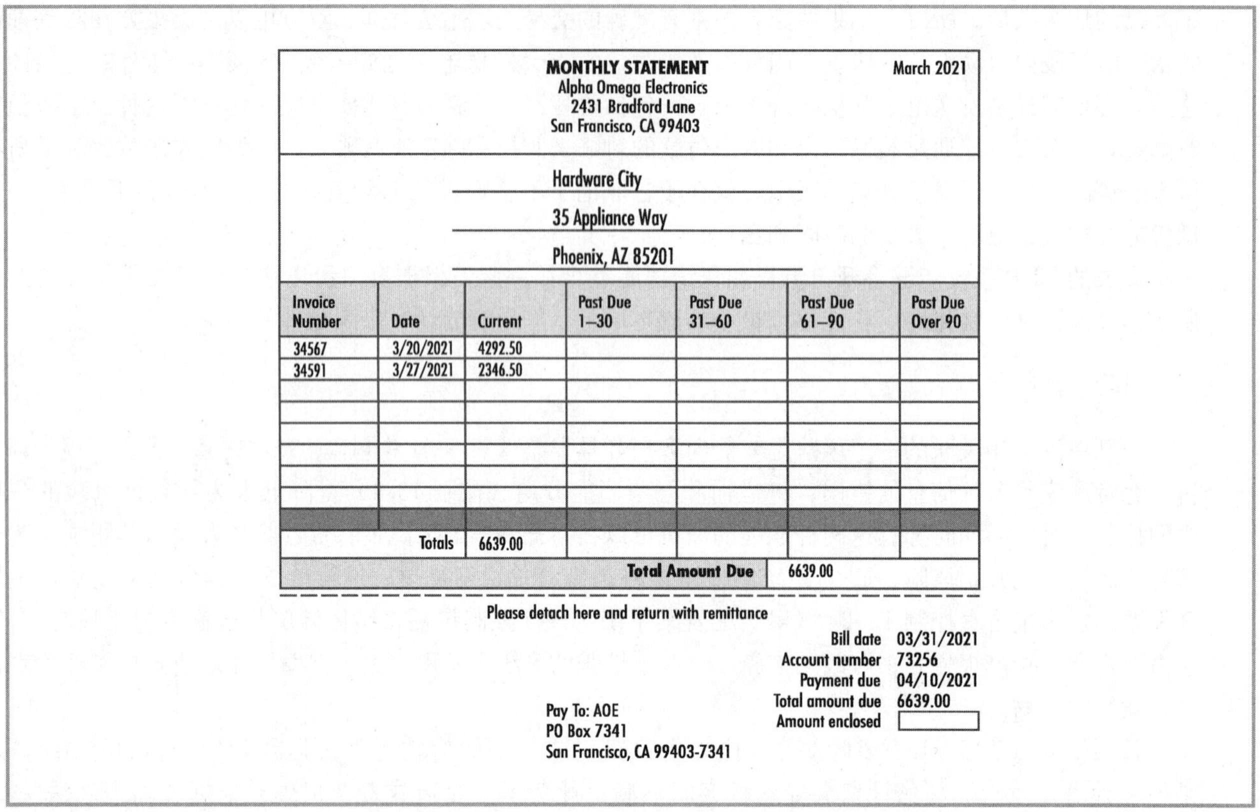

MONTHLY STATEMENT — March 2021

Alpha Omega Electronics
2431 Bradford Lane
San Francisco, CA 99403

Hardware City

35 Appliance Way

Phoenix, AZ 85201

Invoice Number	Date	Current	Past Due 1–30	Past Due 31–60	Past Due 61–90	Past Due Over 90
34567	3/20/2021	4292.50				
34591	3/27/2021	2346.50				
	Totals	6639.00				
		Total Amount Due	6639.00			

Please detach here and return with remittance

Bill date	03/31/2021
Account number	73256
Payment due	04/10/2021
Total amount due	6639.00
Amount enclosed	

Pay To: AOE
PO Box 7341
San Francisco, CA 99403-7341

图 5-17　月结单

　　未付发票法的优点是有助于对及时付款提供折扣，因为每张发票是被独立追踪和计时的。它也有助于生成更加稳定的月度现金流入。未付发票法的缺点是增加了每个客户每笔销售发票的管理难度。因为在未付发票法下，单笔交易的数量相对较小，但交易金额却很高，所以未付发票法通常适用于客户群体主要处于其他行业的公司。对于其大部分客户每月采购金额很小的公司，比如公用事业公司、信用卡发卡行（比如花旗银行）、全国性零售连锁店（比如西尔斯（Sears）和 JC 彭尼）一般会采用余额结转法。对于它们而言，该方法效率更高并且能避免单笔销售收款而降低成本。对于客户而言，每月付款一次也更加方便。

　　许多采用余额结转法的企业会使用分期开单流程为客户编制和寄送月结单。**分期开单**（cycle billing）在不同时间为客户分组编制月结单。例如，将客户主文件分成四个等分组，每周为其中 1/4 的客户编制月结单。分期开单生成更加稳定的月度现金流入，并减少信息系统打印月结单的时间。收款流程对处理需求产生显著影响。以一家服务于市区几百万客户的事业单位为例。如果它为所有的客户同时编制月结单，即使以 1 秒/份的速度打印，也要好几天才能打印完。

　　有时需要对应收账款账户进行调整。例如，贷记应收账款账户可以反映退回的商品或者受损商品的折让。如果要对退回的货物贷记应收账款账户，信贷经理必须从货物装卸处获取货物事实上已被退回并放回仓库的信息。一旦从验收部门获知货物已经退回，信贷经理签发**贷项通知单**（credit memo）（见图 5-18），授权贷记应收账款账户。如果货物的受损是极小的，那么客户可能会同意以更低的价格保留该货物。在这种情况下，信贷经理发出贷项通知单，用于反映应该贷记应收账款账户的金额。贷项通知单的一联送至应收账款部门，用于授权对应收账款账户余额的调整。另一联送交客户。

　　重复多次收款尝试失败后，注销应收账款账户也许是必要的。在这种情况下，信贷经理会签发贷项通知单授权注销。与货物受损或退回的处理方法不同，贷项通知单的一联是用于授权注销账户而不是发送给客户。

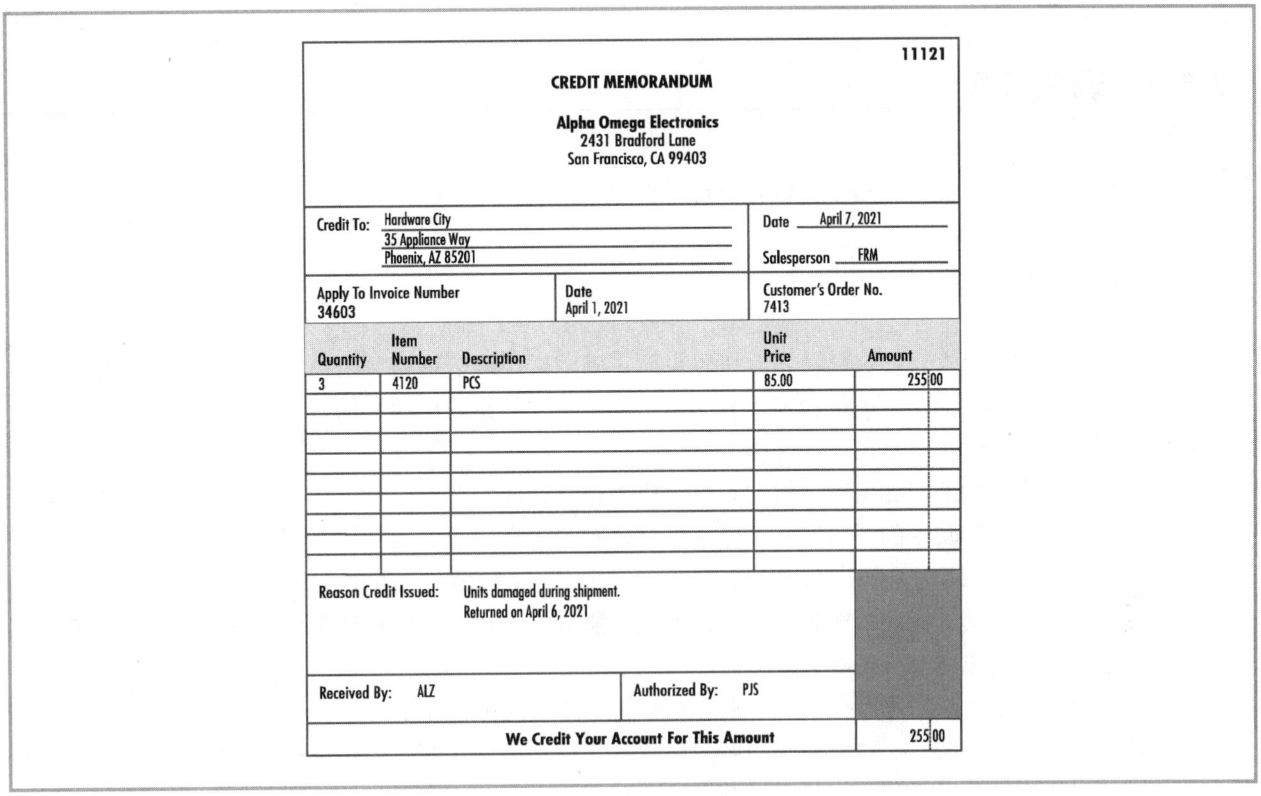

图 5 - 18　贷项通知单

风险和控制

应收账款账户过账错误可能导致未来销售损失以及可能的现金偷盗（见表 5 - 1 中风险 15）。数据录入编辑检查能够将应收账款账户过账错误发生的风险降至最低（控制 15.1）。例如，有效性检查和闭环验证能够确保正确地更新了应收账款账户，字段检查能够确保只输入销售和付款的数值数据。客户付款通常是分批处理的，所以批量总数（控制 15.2）提供了发现过账错误的另一种方法。具体而言，所处理的客户付款总额应当与所有应收账款账户余额总数的变化相等。为确保所有的付款都已被处理，应收账款账户的更新数量应当与收到的支票数量进行比对。这些核对应当由处理原始业务以外的人来处理，原因在于：（1）发现别人的错误比发现自己的错误要容易；（2）它提供了一种识别潜在欺骗的方法。将每月对账单邮寄给客户（控制 15.3）提供了另一种过账准确性的独立审查，因为客户会投诉其付款没有正确地贷记相应账户。另一项传统的检查应收账款更新准确性的重要控制包括将应收账款明细账与总账进行对账。在处理完客户付款以后，个人应收账款账户余额的总额（应收账款明细账文件）应当等于总账中应收账款统驭账户的总余额。如果两者不等，就可能发生过账错误，要重新检查所有新输入的交易。然而，ERP 系统中总账统驭账户的过账只能由明细账户过账触发，并且只能由系统自动生成。虽然这避免了数据输入错误所导致的明细账和总账的可能差异，但仍有可能产生设置错误。

表 5 - 1 中的风险 16 是指雇员可能会用贷项通知单注销其朋友的账户余额或者掩盖现金或存货的盗窃行为。正确的职责分离（控制 16.1）能够降低该风险。为防止雇员向朋友销售然后注销朋友账户的行为，ERP 系统应当对职能进行设置，使得授权贷项通知单的员工没有权限录入销售订单或者维护客户信息。ERP 系统也应当将所有贷项通知单与销售发票进行核对。此外，对于不存在有效单据能证明货物被客户退还的贷项通知单，系统应当对其进行拦截（控制 16.2）。拦截促使专门的管理层复核和审批如下情况是否合理，即同意客户保留商品的同时生成贷项通知单。

5.6 现金收款

销售收入循环的最后一步是收取并处理客户支付款（见图 5-3 中加工 4.0）。

5.6.1 流程

因为现金和客户支票很容易被盗，所以采取正确的措施降低盗窃风险是很重要的。这意味着负责记录客户付款的应收账款部门不能接触现金或支票。取而代之的是，出纳（向资金部门主管报告）负责处理客户付款并将其存入银行（见图 5-1）。

那么，应收账款部门如何确认付款人以及应该被贷记的发票？一种方法是将两联发票邮寄给顾客，并要求付款的同时寄回其中的一联发票。因此汇款通知单送交应收账款部门，同时客户实际支付款被送交出纳。另一种解决方法是让邮件收发员编制一份**付款清单**（remittance list），该文件确认了所有付款的客户名称及金额，并将其送交应收账款部门。或者复印所有的客户付款资料送交应收账款部门，同时将实际付款转交至出纳，由出纳存入银行。

正如 AOE 公司的案例所示，管理现金流对于公司的盈利而言非常重要。因此，公司一直在不断地寻求加速客户收款的方法。一种方法是当客户将付款支票交给公司时，公司使用远程储蓄软件扫描客户支票并加密传输给银行，以消除去银行现场存钱所要花费的时间和成本。

加速处理客户付款的另一种方法是使用银行锁箱。**锁箱**（lockbox）是客户汇款票据的邮寄地址。参与行从邮政信箱中收取支票并存入公司账户，然后银行将汇款通知、所有汇款的电子清单和所有支票的影印件寄送给公司。让客户把票据投放至锁箱避免了发生在处理客户付款与存款之间的时间延迟。通过在全国选择几家银行来确保锁箱的使用可以进一步改善现金流状况，通过地点的选择可以最大限度地减少客户支票的在途时间。同样，与外资银行达成锁箱协议能够缩短收取国际客户支付款所需的时间。

信息技术的运用能够提高锁箱的使用效率。在**电子锁箱协议**（electronic lockbox）中，银行在其收到支票的同时将客户账号和汇款金额等电子信息发送给公司并扫描所有的支票。该方法使得公司能在支票复印件到达前就更新应收账款账户金额。

然而，锁箱协议避免的仅是那些直接将汇款支票寄送给公司的内部处理延迟。在**电子资金转账**（electronic funds transfer，EFT）方式下，顾客将汇款电子转账至公司开户银行，节省了邮局汇款所花费的时间。同样，电子资金转账减少了银行将款项存入企业的滞后时间。电子资金转账通常通过银行系统的自动清算所（Automated Clearing House，ACH）网络完成。

然而，电子资金转账仅包含资金转移。为正确地贷记应收账款账户，公司还需要每笔支付款的其他信息，比如发票号以及享受的折扣。虽然每家银行都可以通过自动清算所处理电子资金转账，但并不是每家银行都拥有处理相应汇款数据所需的电子数据交换能力。由此可见，如图 5-19 上端所示，许多公司不得不在处理客户付款时将电子资金转账和电子数据交换分离开来。这使得销售方要准确贷记应收账款账户变得更为复杂，因为收取资金总金额的信息与可以贷记应收账款的发票信息是在不同的时间取得的。类似地，客户需要将付款信息传送给不同的两方，这使得客户的任务也被复杂化。

金融电子数据交换（financial electronic data interchange，FEDI）通过集成电子资金转账和电子数据交换解决了以上问题。如图 5-19 下端所示，客户同时传送汇款数据和转账指令。同样，销售方同时收到这两种信息。因此，金融电子数据交换实现了开票流程和现金收款流程的自动化。然而，为充分享受金融电子数据交换的好处，需要销售方及其客户均使用有能力提供电子数据交换服务的银行。

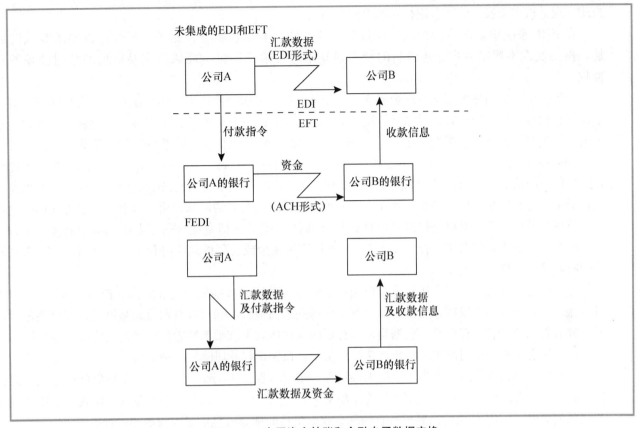

图 5 - 19　电子资金转账和金融电子数据交换

公司也可以利用信用卡和借记卡加速收款流程。其好处在于发卡行通常会在销售后的两天内转账，销售方可以避免坏账风险。这一收益需要与利用银行卡办理业务的成本相权衡，后者的成本通常占销售额的 2%~4%。企业也可以将延期应收账款出售给专业机构，即**保理业务**（factoring）。一般保理成本占账户余额的 1%~2%，这也要比使用信用额度便宜些。

□ 5.6.2　风险和控制

现金收款部门最主要的目标是保证客户付款的安全。由于现金非常容易被盗（表 5 - 1 中风险 17），因此需要采取特别的控制流程。职责分离是减少盗窃风险的最有效的控制流程（控制 17.1）。能实际接触到现金的员工不应当记录或授权与现金收取有关的任何交易。具体而言，以下每组职责应当相分离：

1. **现金或支票处理与登记应收账款账户**。同时履行这两种职能的员工会采取一种特殊的盗用方式，即截留挪用。因此，只有汇款数据应当被送交应收账款部门，而客户付款应当交给出纳。这样的安排建立了两个相互独立的控制性检查。首先，会计部门贷记的应收账款总额应当等于借记的现金（代表了出纳存入银行的数额）。其次，送至内审部门的汇款清单复印件应当与经过验证的存款单及银行对账单复核，以确保公司收到的所有支票都已存入银行。最后，邮寄给客户的月度对账单提供了另一层控制，因为如果所汇款项没有正确地贷记应收账款账户，客户会注意到该错误。

2. **现金或支票处理与签发贷项通知单**。同时履行这两种职能的员工会通过生成与被盗金额相同的贷项通知单来掩盖盗窃。

3. **现金或支票处理与核对银行对账单**。核对银行对账单和公司信息系统中记录的现金余额是一项重要的检测性控制。由不能接触现金或客户付款的职员执行对账，能够实现对出纳的独立性检查，并且防止为掩饰现金被盗而发生的篡改银行对账单的行为。

在 ERP 系统中，应当恰当地分配员工职能，分离不相容职务。此外，系统应该要求高风险的交易，例如签发不要求客户返还商品的贷项通知单，必须获得负责高风险交易审批的部门经理的特别授权。

总体上讲，应当尽可能减少现金或支票的处理。最佳方法是使用银行锁箱或者电子资金转账、金融电子数据交换或信用卡处理客户付款（控制 17.2），这些措施完全避免了员工接触客户付款。当客户通过电子资金转账和金融电子数据交换汇款时，销售方应当从其开户银行获得**通用付款识别码**（universal payment identification code，UPIC）（控制 17.3）。UPIC 是一个号码，它能够让客户在不需要销售方提供银行账户信息的情况下，通过 ACH 转账完成汇款。这些措施的成本必须同减少的内部处理成本和加速客户收款所带来的收益相对比。如果必须在内部处理客户付款，及时的汇款记录十分重要，因为在第一笔汇款记录就丢失的情况下，其风险最高。因此，打开邮件后应当立即生成一份已收款清单（控制 17.4）。同时，应当限制该支票的背书（控制 17.5）。为了将挪用现金或支票的风险降至最低，应当由两个人共同打开所有收到的邮件（控制 17.6）。

直接向客户收现的零售商店和公司应当使用能够自动生成收银记录的收银机（控制 17.7）。消费者也可以在现金收款控制中发挥作用。例如，许多商场提示消费者，如果没有取得商品收据，该商品就可以免单，或者告知消费者标有红星的收据是可以打折的。这些政策鼓励消费者监督雇员正确地将现金销售录入收银机。接受客户手机付款也是零售商店降低员工盗窃客户付款风险的一种方法。

所有的客户付款都应当在当天完整无误地存入银行（控制 17.8）。当日存款能够降低现金或支票盗窃风险。完整地存入汇款，并且不用于各类杂项支出，有利于银行对账单与销售收入、应收账款以及现金收款记录的对账。ERP 系统应当要求所有的现金收款交易处理都应该通过经核准的银行账户进行。

最后，正如 AOE 公司的案例所示，应该严肃对待现金流问题（表 5-1 中风险 18）。锁箱协议、电子资金转账、信用卡以及现金折扣的使用能加速收款（控制 18.1 和 18.2）。然而，降低未预见性现金短缺的最好控制流程是使用**现金流预算**（cash flow budget）（控制 18.3）。正如图 5-20 所示，现金流预算估计现金流入（预计销售收款）和现金流出（应付账款）。现金流预算能够提醒企业注意暂时的现金短缺，因此，企业能够提前规划以便获取最有利的短期贷款利率。反之，如果一家公司清楚地预见现金盈余，就可以规划超额现金投资以获取可能的最大回报。定期现金流预算监测可以帮助 AOE 公司避免在利率较高的时候进行短期借款。

	1 月	2 月	3 月	4 月
期初余额	10 000	11 000	8 000	8 000
预计现金收款：				
现销	7 000	8 500	8 000	9 000
应收账款收回	26 000	29 000	28 000	30 000
可支配现金总额（A）	43 000	48 500	44 000	47 000
预计现金付款（B）	(32 000)	(41 000)	(39 000)	(36 000)
预计期末现金余额（C=A−B）	11 000	7 500	5 000	11 000
期望最低余额（D）	8 000	8 000	8 000	8 000
需要借入金额	0	500	3 000	0
期末余额	11 000	8 000	8 000	11 000

图 5-20　现金流预算

本章习题

1. 下面哪项活动属于销售订单录入流程？_____

a. 设定客户信用额度
b. 生成提货单
c. 核对客户信用
d. 批准销售退回

2. 下面哪个单据经常随同商品送交客户？_____

a. 发货单
b. 装箱单
c. 贷项通知单
d. 销售订单

3. 下面哪项是公司采用折扣加速收款时最有可能采取的方法？_____

a. 未付发票法
b. 余额结转法
c. 应收账款账龄分析法
d. 分期开单

4. 下面哪项技术能最有效地处理客户付款并更新应收账款？_____

a. EFT
b. CRM
c. FEDI
d. ACH

5. 下面哪项收入循环活动是可能通过技术被消除的？_____

a. 销售订单录入
b. 运输
c. 开单
d. 现金收款

6. ERP 系统集成数据库会导致哪种收入循环风险？_____

a. 错误或无效的主数据
b. 未经授权泄露敏感信息
c. 数据丢失或损毁
d. 以上皆是

7. 下面哪种单据用于授权存货控制（仓储）部门和运输部门发货？_____

a. 发货单
b. 装箱单
c. 装货单
d. 销售发票

8. 下面哪种方法可以提高客户付款处理效率并增强付款控制？_____

a. CRM
b. 锁箱
c. 应收账款账龄分类
d. EDI

9. 为了完善内部控制，应当由谁来批准贷项通知单？_____

a. 信贷经理
b. 销售经理
c. 开单经理
d. 财务主管

10. 为了更好地对客户付款进行内部控制管理，邮件收发员应当将支票与汇款通知单分开，并将客户付款送交以下哪个部门？_____

a. 开单
b. 应收账款
c. 出纳
d. 销售

问题讨论

1. 客户关系管理系统具有广阔的前景，但其有用性取决于客户愿意披露的个人信息的多少。你认为与隐私有关的问题会在多大程度上影响客户关系管理系统的运用？

2. 某些产品可电子化，比如音乐和软件。这如何影响收入循环中的四项主要活动？

3. 许多公司使用应收账款账龄分析报告预测未来现金流入和坏账费用。回忆这类报告所披露的信息（见图 5-8）。从这些信息中能够计算出哪些指标（这些指标可以对紧迫的现金流问题以及坏账问题提供早期预警）？

4. 表5-1说明了严格控制存货实物接触是减少偷盗风险的一种方法。信息技术如何帮助实现该目标？

5. 一些大型企业在B2B交易中运用无发票开单。如果将无发票开单运用于B2C销售会存在什么问题？

6. 如果AOE公司决定直接向个人消费者销售，在业务流程上需要做出哪些调整？

习题答案

1. 正确选项c，核对客户信用和库存状况是销售订单录入流程的两个重要环节。选项a错误，信用额度是由信贷部门而非销售部门设定的。选项b错误，这是运输流程的一部分。选项d错误，应当由销售部门之外的员工批准销售退回。

2. 正确选项b，该单据详细说明了运输货物的信息。选项a错误，发货单是仓储工作人员在填写订单时使用的。如果发货单的复印件被用作装箱单，那么它就被称为装箱单。选项c错误，贷项通知单用于因销售退回、销售折让和坏账核销而产生的应收账款账户余额调整。选项d错误，这是销售订单录入过程中产生的原始数据。

3. 正确选项a，未付发票法提供了一种折扣方法，因为它有助于通过记录每张发票账龄来判定是否给予折扣。选项b错误，余额结转法不能追踪每张发票的账龄，所以要用该方法为提前付款的个人发票提供折扣是困难的。选项c错误，应收账款账龄是及时发现坏账的一种控制措施。选项d错误，分期开单是通过每周为不同客户分组开具账单来平滑收款时间的方法。

4. 正确选项c，金融电子数据交换（FEDI）将电子资金转账（处理客户付款）和电子数据交换（处理汇款信息）集成起来用于更新应收账款账户。选项a错误，电子资金转账仅处理资金的转移。它并不包括更新应收账款所需的汇款信息。选项b错误，CRM代表客户关系管理。选项d错误，ACH表示自动清算所，是金融机构资金转账的专用通信网。

5. 正确选项c，集成ERP系统的运用让打印发票成为多余，因为买卖双方都已知道发票中包含的所有信息。一些大型的生产商及其供应商已经采用了无发票系统。选项a错误，信息技术会改变订单输入的方式，但销售流程总是从接收客户订单开始的。选项b错误，商品始终是要交付给客户的。虽然运输方式会发生变化，尤其是对于数字化产品，但运输流程依旧是存在的。选项d错误，信息技术会改变收款的方式，但是商家永远需要向客户收款。

6. 正确选项d，由表5-1可知，其余选项不全面。

7. 正确选项a，发货单在销售订单录入中生成，用于授权待运输存货的发出。选项b错误，装箱单存在于整个运输过程，列示运输内容。选项c错误，由公司自己负责货运时，装货单是用于记录装运货物的内部单据；由第三方来承运时，提货单具有相同的功能。选项d错误，销售发票记录销售条款，并且是要求付款的凭据。

8. 正确选项b，锁箱的使用避免了处理客户付款和存入款项的延迟。因为任何员工都不直接处理客户款项，所以锁箱的使用也加强了控制。选项a错误，CRM表示客户关系管理，也是用于提高客户满意度和忠诚度的流程。选项c错误，应收账款账龄分析是管理应收账款账户的重要控制，并不用于处理收款。选项d错误，EDI代表电子数据交换，用于单据交换而非处理客户付款。

9. 正确选项a，这是信贷经理的责任。选项b错误，授权销售的员工不能与授权贷项通知单的员工为同一人。选项c错误，开单经理负责为客户开单，不应当拥有签发贷项通知单的权限。选项d错误，财务主管管理记账部门，不应拥有签发贷项通知单的权限。

10. 正确选项c，这是出纳的工作，出纳负责保管现金账户。选项a错误，开单部门负责生成发票，不应该处理客户付款。选项b错误，应收账款部门履行记账功能，不应该实际保管资产。选项d错误，销售部门授权发货，不应当保管资产。

第 6 章

支出循环：从采购到现金付款

学习目标

通过学习本章，你应该能够：

1. 理解支出循环基本业务活动和相关信息处理操作；识别支出循环常见风险及其风险控制。
2. 掌握订购商品和服务涉及的流程和关键决策；识别这些活动带来的风险及其风险控制。
3. 掌握验收涉及的流程和关键决策；识别这些活动带来的风险及其风险控制。
4. 掌握核准采购发票涉及的流程和关键决策；识别这些活动带来的风险及其风险控制。
5. 掌握现金付款涉及的流程和关键决策；识别这些活动带来的风险及其风险控制。

综合案例

AOE 公司

AOE 公司的董事长琳达·司布真承认，尽管新的企业资源计划（ERP）系统有助于减少采购成本和相关的应付账款，但仍需要改进。她十分关心主管生产的副总裁莱罗伊·威廉姆斯近期提出的问题。莱罗伊正在为威奇托市工厂的生产延误问题而焦头烂额，导致这些生产延误的原因是存货记录上存在的元件实际上并不在库。由于供应商没有按时配送元件或者配送了不合格的产品，生产延误也出现在代顿市的工厂中。

琳达询问了财务主管伊丽莎白·温克和主管信息系统的副总裁安·勃兰特，希望他们能够就企业资源计划系统如何解决这些问题提出一些建议。她专门要求伊丽莎白和安处理以下问题：

1. 必须采取什么措施确保公司的存货记录是及时和准确的，以避免像威奇托市工厂那样的意外元件短缺？
2. 未来如何避免代顿市工厂的问题？如何能确保及时交付合格元件？
3. 是否可以减少原材料库存方面的投资？
4. 如何使用信息系统提供更好的信息来指导计划和生产？
5. 如何利用信息技术重组支出循环活动？
6. 如何使公司免受欺诈电汇的影响？

正如这个案例所揭示的，为支出循环提供支持的信息系统存在缺陷会引发组织的重大财务问题。存货、供应商以及未完成的采购订单的实时和准确的信息对有效管理支出循环是至关重要的。在阅读本章时，请想一想如何解决 AOE 公司在支出循环中面临的问题。

6.1 引　言

支出循环（expenditure cycle）是与采购、支付商品及服务相关的一组业务活动及信息处理操作循环（见图6-1）。本章重点关注原材料、产成品、物料及服务的获取。第7章和第8章讨论另外两类特殊的支出，分别是购置固定资产和劳务。

在支出循环中，主要的外部信息交换是与供应商（卖方）之间发生的。在组织内部，产品采购和原材料需求信息从收入和生产循环、存货控制以及各个部门流向支出循环。一旦产品和原材料到货，相关单据就会从支出循环流回这些信息的来源。费用数据也会从支出循环流向总账和包括财务报表及各种管理报告在内的报告系统。

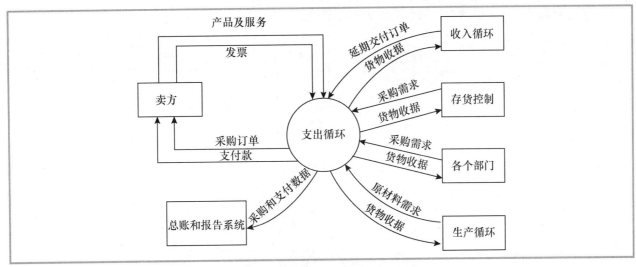

图 6-1 支出循环顶层数据流程图

支出循环的首要目标是使得获取和持有组织经营所需的存货、物料和各项服务的总成本最小化。为了实现这个目标，管理者必须制定以下关键决策：

- 存货和物料的最佳库存水平是多少？
- 哪家供应商能够以最优惠的价格提供质量最好的产品和服务？
- 如何整合组织不同部门的采购以获得最优价格？
- 如何将信息技术（IT）用于提高内部物流的有效性和准确性？
- 组织如何持有充足的现金以享受供应商提供的各种折扣？
- 如何管理支付给供应商的款项，从而最大化现金流？

问题答案对应着企业如何实施支出循环的四项基本活动（如图 6-2 所示）：

1. 订购原材料、物料和服务；
2. 验收原材料、物料和服务；
3. 审核采购发票；
4. 支付现金。

本章阐述了组织的信息系统如何支持上述各项活动。首先，描述支出循环信息系统的设计和基本控制，这些控制确保信息系统向管理者提供可靠的信息以评估实施效率和有效性。接着，详细讨论支出循环的各项基本活动，具体描述实施和管理该活动所需的信息是如何被收集、加工和存储的。这些控制不仅对于确保信息的可靠性来说是十分必要的，而且对于确保组织资源的安全性来说也是必需的。

6.2 支出循环信息系统

如表 6-1 所示，支出循环活动是收入循环中基本活动的对应面。买方支出循环活动和卖方收入循环活动之间密切的关联对这两者的会计信息系统设计有重要的意义。更具体地说，供应商应用新的 IT 开发工具来重新设计支出循环活动的同时，也为供应商重新设计收入循环活动创造了机会。反过来，运用 IT 重新设计一家公司的收入循环，也为公司的客户修改他们的支出循环创造了机会。事实上，公司业务的改变可能需要对有业务往来公司的业务做出相应的调整。举个例子，很多大型汽车制造商和大型零售商（比如沃尔玛）要求它们的供应商必须通过电子数据交换（EDI）传递发票，否则就不与其做生意。因此，那些供应商就必须在它们的会计信息系统加入电子数据交换功能。

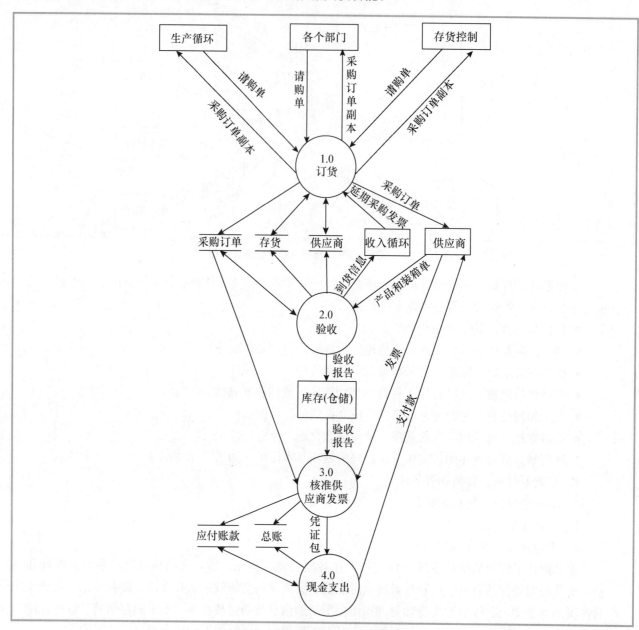

图 6-2　支出循环的 0 层数据流程图

表 6-1　收入循环与支出循环活动的比较

收入循环活动	支出循环活动
录入销售订单——处理客户订单	订购原材料、物料和服务——向供应商发出订单
发货——向客户交付产品或服务（内部物流）	验收——验收供应商交付的产品或服务（外部物流）
开单——向客户寄送发票	处理发票——检查并核准采购发票
现金收款——处理客户的支付款	现金付款——向供应商支付

□ 6.2.1 流程

像大多数大型企业一样，AOE 公司使用了企业资源计划（ERP）系统。图 6-3 展示了为 AOE 公司支出循环业务活动提供支持的 ERP 系统。

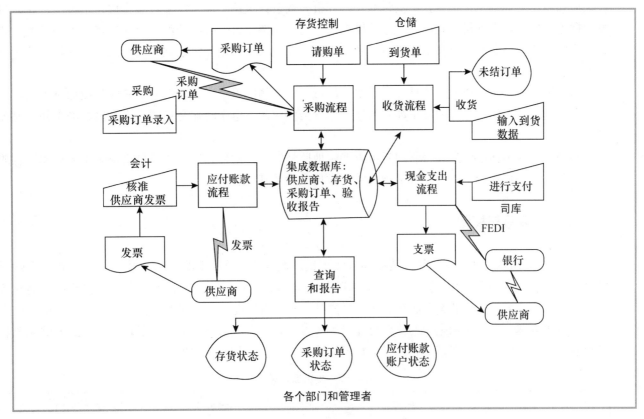

图 6-3 ERP 系统支出循环概览

尽管图 6-3 显示了 AOE 公司的存货控制部门对确保充足的原材料及物料库存负有主要责任，但其他任何部门都可以提出物品采购请求。一旦采购请求被批准，系统会查找存货主文件以确定该物品的首选供应商。然后系统生成采购订单，并通过 EDI 传递给供应商（如果需要，公司也会打印出纸质副本邮寄给供应商）。验收部门访问未结采购订单文件，以便为验收做准备和核实交货的准确性。订单会调整应付账款以便为待兑现的财务承诺做好支付计划。采购请求被批准的消息会通知提交采购请求的部门。

主要供应商会发送货物在途的电子通知，AOE 公司可以安排足够的人手负责货物的入库。当货物到达时，负责接收的码头工人通过查询处理系统核实订单的来源。大多数供应商会给它们的产品贴上条形码或者 RFID 标签以方便验收方点算货物。负责接收的码头工人检查货物并通过在线终端输入到货的数量和状态信息，准确记录验收时间以便评估供应商供货情况。系统将这些数据与未结采购订单相核对，任何不符都会立即显示在屏幕上以待解决，确切的交付时间也被记录下来。

货物入仓后，仓库管理员负责核实货物的数量并将数据输入系统。对于没有送来发票的供应商，系统会在订货之后根据存货管理员提供的信息自动根据商定的订单条款安排支付。应付账款管理员负责录入供应商通过 EDI 发来的电子发票信息，有时也会录入纸质发票。然后系统核对发票、采购订单和验收报告，以确保准确无误。对于没有采购订单和验收报告的物料或服务采购，发票会交由适当的主管核准。也需要检查采购发票数字准确性。系统会自动根据发票到期日安排支付。

像大多数公司一样，AOE 公司采用批处理的方法向供应商支付款项。财务主管每天使用查询处理系统检查到期发票并批准支付。AOE 公司对一些较大的供应商使用 FEDI 支付，对很多较小的供应商仍然打印纸质支票。当被授权电子转账支付或者打印支票时，系统会更新应付账款、未结发票和总账文件，加总每个供应商的付款总额，并将其从记录在供应商主文件余额字段的款项中扣除。已支付交易相关的采购订单和验收报告会被标识出来。接着，已支付的发票将从未结发票文件中删除。然后，生成每个供应商的汇款通知单，上面列示了每一张已支付的发票和折扣或折让金额。对于电子转账支付，金融电子转账将汇款数据连同电子转账支付信息同时发送给供应商。对于支票支付，打印的汇款通知单将会和签发的支票一起送达供应商。在所有支付交易完成后，系统生成汇总分录，借记应付账款和贷记现金，并将该分录过入总账。

出纳根据原始单据核查支票后签发支票。超过一定数额的支票还需要财务主管或其他拥有审批权的经理签字。随后，出纳将签发的支票和汇款通知单寄给供应商。电子转账交易同样也由出纳经手并由财务主管复审。

准确、便捷地访问信息使得管理者可以严密地监督绩效。此外，决策的质量也依赖于数据库信息的质量。接下来，我们讨论与支出循环活动有关的常见风险及其控制。

□ 6.2.2　风险与控制

如图 6-3 所示，所有支出循环活动都依赖于集成数据库，集成数据库包含供应商、存货和采购活动信息。因此，表 6-2 中列示的第一类常见风险是不准确或无效的主数据。供应商主数据错误可能导致向未经批准的供应商订货，采购质量不合格的原材料，未按期到货，向错误地址付款，以及向虚构供应商的虚假支付等问题。存货主数据中的错误可能导致关键原材料短缺引发的生产延误，或是不必要的采购和过量存货。采购主数据错误可能导致未经授权的采购以及无法享受商定的折扣。

表 6-2　支出循环风险与控制

活动	风险	控制（第一个数字对应相应的风险）
整个支出循环的一般问题	1. 不准确或无效的主数据 2. 未经授权披露敏感信息 3. 主数据丢失或损毁 4. 糟糕的业绩	1.1　数据处理完整性控制 1.2　限制访问主数据 1.3　复核所有主数据变动 2.1　访问控制 2.2　加密 3.1　备份和灾难恢复程序 4.1　管理报告
订货	5. 存货短缺或过量 6. 采购了不需要的物品 7. 以虚高价格采购 8. 采购了次品 9. 不可靠的供应商 10. 向未经批准的供应商采购 11. 回扣	5.1　永续盘存制 5.2　条形码或 RFID 标签 5.3　定期存货盘点 6.1　永续盘存制 6.2　复核并批准采购订单 6.3　集中采购 7.1　价格清单 7.2　竞标 7.3　复核采购订单 7.4　预算 8.1　只向经过批准的供应商采购 8.2　复核并批准向新的供应商采购 8.3　追踪和监控供应商的产品质量

续表

活动	风险	控制（第一个数字对应相应的风险）
		8.4 采购经理对返工和报废的成本负责
		9.1 要求供应商持有质量证书（如 ISO 9000）
		9.2 收集和监控供应商的交货绩效数据
		10.1 持有经过批准的供应商列表并且让系统只能向经过批准的供应商下订单
		10.2 复核并批准向新供应商采购
		10.3 EDI—特殊控制（访问，订单复核，加密，原则）
		11.1 禁止员工接受供应商礼品
		11.2 轮岗和强制休假
		11.3 要求采购代理对来源于供应商的经济获利和其他个人私利进行披露
		11.4 供应商审计
验收	12. 接收了未订购的货物 13. 清点错误 14. 难以证实已接受的服务 15. 存货被盗	12.1 在接收任何货物之前已生成经核准的采购订单
		13.1 不要告知验收员订货的数量
		13.2 要求验收员在验收报告上签字
		13.3 动机
		13.4 使用条形码和 RFID 标签
		13.5 ERP 系统对超过限度的验收数量和订货数量之间的差异进行标记，以便进行调查
		14.1 预算控制
		14.2 审计
		15.1 限制存货实物接触
		15.2 记录发生在验收员和存货（保管）员之间所有的存货转移
		15.3 定期盘点存货，并与账面数核对
		15.4 存货保管和验收的职责分离
核准采购发票	16. 采购发票错误 17. 应付账款过账错误	16.1 核实发票的准确性
		16.2 获取采购卡购物的明细收据
		16.3 评估验收结算（ERS）
		16.4 限制访问供应商主数据
		16.5 验证运货单并且使用经批准的送货通道
		17.1 数据录入编辑控制
		17.2 应付账款的明细账与总账对账
现金付款	18. 没有及时付款导致丧失折扣优惠 19. 对没有收到的货物付款 20. 重复付款 21. 现金被盗 22. 支票涂改 23. 现金流问题	18.1 填写发票折扣到期日
		18.2 现金流预算
		19.1 要求所有的采购发票与已被接收和存货控制承认的支持性文件相匹配
		19.2 预算（对于服务）
		19.3 核实差旅费收据
		19.4 使用公司信用卡支付差旅费
		20.1 获取所有支付款的完整凭证
		20.2 仅对采购发票原件支付
		20.3 支付完成后，删除所有的支持性文件
		21.1 空白支票和支票签发器的物理安全（检查）
		21.2 出纳定期核算所有连号支票

续表

活动	风险	控制（第一个数字对应相应的风险）
		21.3　电子资金转账终端的访问控制
		21.4　使用专用的电脑和浏览器进行网上支付
		21.5　不能用于支付的自动清算所冻结账户
		21.6　支票签发和应付账款职责分离
		21.7　对于超过指定金额的支票要求两个人共同签字
		21.8　由不接触现金付款流程的员工定期核对银行账户金额
		21.9　限制访问供应商主数据文件
		21.10　限制一次性供应商的创建以及处理一次性采购发票的员工数量
		21.11　将小额现金作为预付款处理
		21.12　对小额现金进行突击审计
		22.1　使用支票保护机
		22.2　使用特殊的墨水和纸张
		22.3　与银行签订"确认付款"协议
		23.1　现金流预算

　　表6-2列示了降低上述风险的一种方法，即数据处理完整性控制（控制1.1）。严格控制数据访问以及把系统设置为只允许经过授权的员工更改主数据（控制1.2），这些措施是非常重要的。它要求修改ERP系统中员工角色的默认设置来恰当地分离不相容职务。举个例子，假设应付账款管理员录入了一个并不在合格供应商名单中的供应商，很多ERP系统的默认设置会立即询问管理员是否要创建一个新的供应商记录。这就违反了恰当的职责分离原则。同样，很多ERP系统的默认设置不仅允许应付账款员工查阅各种产品的价格和供应商欠款的当前余额，还允许他们改变这些数据项的值。这些例子只是需要复查的一小部分设置，复查是为了确保适当的职责分离。然而，鉴于这些预防性控制不可能完全有效，表6-2还指出了一种重要的检测性控制，它会定期报告所有的主数据变动并复核数据库，以核实数据库的准确性（控制1.3）。

　　支出循环的第二种常见风险是未经授权披露敏感信息，比如供应商的银行信息和首选供应商提供的具体价格折扣信息。表6-2展示了降低这种风险的一种方法是通过严格的访问控制来限定哪些员工可以查阅这些信息（控制2.1）。限制员工使用系统自带的查询功能查询特定的表和字段也是十分重要的。另外，敏感数据应当被加密存储（控制2.2），以防止无权进入ERP系统的IT员工通过操作系统应用程序来查看敏感信息。与供应商之间的网络信息交换在传送过程中也应当加密。

　　如表6-2所示，第三种支出循环的常见风险是主数据丢失或损毁。减轻这类风险的最好办法就是采用备份和灾难恢复程序（控制3.1）。最好分以下三种情况将ERP系统实施独立开来。第一种称为生产，用于处理日常活动。第二种用于测试和开发。第三种是对生产系统的网上备份以提供近似于实时的恢复。

　　运用ERP系统强大的报告功能来监控糟糕的业绩（控制4.1）。由于存货占用相当大的营运资本，因此有助于存货管理的报告是十分有价值的。衡量存货管理的关键指标是存货周转率。存货周转率等于销货成本除以现有库存。我们来看下面这个例子：假设年销售收入为5亿美元，年销售成本总计3.6亿美元。若存货周转率为1，意味着公司有效地运用了这一年的库存供给，即3.6亿美元。若将存货周转率提高到3，无利可图的投资将减至1.2亿美元，也就是说，有2.4亿美元可以用作他途。

　　会计人员需要了解业务活动是如何运作的，这样才能设计出有助于管理者更好地管理存货的报告。例如，现有库存量信息对监控订单的执行率是十分有帮助的。对于关键货物，订单执行率应当接近100%以避免缺货或者延迟供货。然而，对于大多数货物来说，如此高的订单执行率是不可取的，因为这需要持有过多的存货。还有其他一些报告能够帮助管理者识别不同存货的相对重要性。例如，采购频率、使用或转售频率、盈利贡献率等指标。那些采购和使用频繁以及对盈利有显著贡献的货物至关重要，应当有效管理以保持较高的订单执行率。相反，管理者可能希望淘汰那些很少采购、使用频率低以及对盈利贡献不多的货物。正如我们在接下来的章节中将看到的，会计人员可以通过设计各种详细的报告以及支出循环中各项业务活动的评价指标来帮助管理者决策。

会计人员也需要确保恰当的职责分离以最小化欺诈风险。图6-4描述了支出循环各项活动中恰当的职责分离。当我们讨论支出循环各个步骤的内部控制时，可供参考。

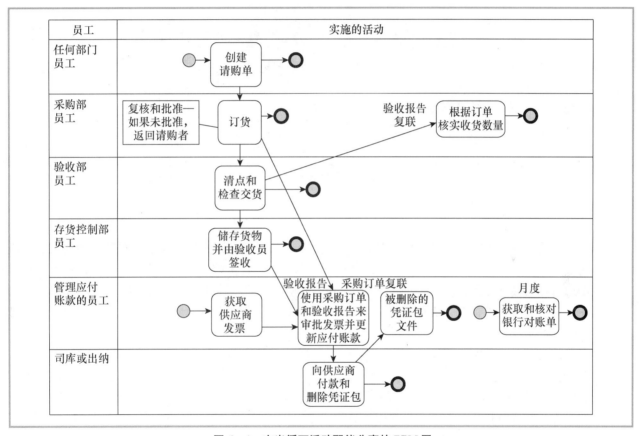

图6-4 支出循环活动职能分离的BPM图

6.3 订购原材料、物料和服务

支出循环中第一项主要的业务活动是订购原材料、物料或者服务（图6-2中加工1.0），包括确定货物的采购品种、采购时间、采购数量以及供应商选择，如图6-5所示。

☐ 6.3.1 确定货物的采购品种、采购时间和采购数量

正如章首综合案例所示，不准确的存货记录可能会给组织带来严重的问题。因此，会计人员和系统专业人员需要了解管理存货的最佳方法。

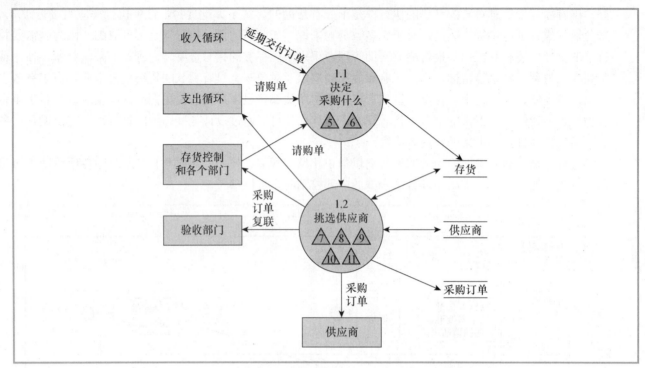

图 6-5　1 层数据流程图：订购原材料、物料和服务（包括风险注释）

流程

传统的存货管理方法是维持足够多的库存使生产可以继续，避免因存货使用量超过预期或者供应商延迟送货而导致生产中断。由于需要计算最佳订货量以最小化订货数量、持有成本和缺货总成本，因此这种方法通常称为**经济订货量法**（economic order quantity，EOQ）。订货成本包括与处理订货交易有关的一切费用。持有成本指与持有存货有关的一切费用。缺货成本是指由于存货短缺所导致的一切费用，例如销售损失或生产延误。

经济订货量法的实际应用根据货物类型的不同而有所差异。对于高成本或高使用率的货物，例如 AOE 公司使用的电脑芯片和显示器，上述三类成本都应该包含在计算公式中。对于低成本或低使用率的货物，例如 AOE 公司用来组装产品的螺丝钉和弹簧，订货成本和持有成本可忽略不计，只需保证充足的库存量即可。经济订货量法的公式常用来计算订货量，**再订货点**（reorder point）则是确定订货时间点。公司通常根据送达时间以及应对非预期的需求波动所需的安全库存量来设定再订货点。

使用传统的经济订货量法控制存货往往会导致储存大量存货，而存货持有占用资金是无法盈利的。因此，近年来，美国很多大型制造企业采用物料需求计划或准时制存货管理系统最小化甚至取消了现有库存量。

物料需求计划（materials requirements planning，MRP）通过提高预测工具的准确性来更好地安排采购，从而满足生产需要并减少库存量需求。例如，在一家使用物料需求计划的公司，它的生产计划部门会根据销售预测数据生成一个详细的计划来说明在指定的时间内（如未来 3 个月）需要制造的各种完工产品数量。这个计划和各个产品的工程说明书共同确定了生产所需的原材料、零件和物料的数量以及需要的时间点。因此，物料需求计划系统降低了原材料需求的不确定性，从而降低了存货量。

准时制库存系统（just in-time（JIT）inventory system）试图根据实际销售量（而非预测量）来采购和生产产品，以最小化（即便不能完全取消）完工产品库存。准时制库存系统以少量多次送货为特点，并且所需的原材料、零件和物料被直接送至需要它们的地点，而不是批量交付订货并送至中心接收站和储存基地。使用准时制库存系统的厂商要有大量的接货码头用来接收附近工厂所需的货物。

MRP 系统与 JIT 系统的一个重要区别是生产安排。MRP 系统根据预期销售来安排生产，从而产生"最佳"产成品库存数量。JIT 系统根据消费者需求来安排生产，从而几乎取消产成品库存，但是这需要持有充足的原材料以便可以根据消费者需求迅速地调整生产。MRP 和 JIT 系统都可以降低成本并提高效率。公司在二者之间选择时，部分取决于公司所售产品的类型。MRP 系统用在那些可以预见其需求的产品上更为有效，比如日用消费品。对于这些货物，公司可以安排采购以最小化缺货（会导致销量损失），同时最小化库存过量的风险以及多余存货被降价出售或废弃所带来的后续成本。相反，JIT 库存系统对于那些寿命周期相对较短的产品，或者是那些需求无法准确预测的产品则更为有效，比如某些电影的衍生玩具。在这种情况下，企业必须能够迅速提升产量以满足非预期的需求，同时能够迅速停产以避免由于需求消失而导致的大量存货积压和降价清仓。

商品或物料的采购请求由库存控制功能或者当员工注意到原材料短缺时触发。不管采购请求来自何处，商品或物料的采购请求会生成一份**请购单**（purchase requisition），上面会详细说明请购人，交付地点和日期，确定货物编号、名称、数量和请购商品的价格，以及推荐的供应商。图 6-6 展示了常见的 ERP 系统请购单数据输入界面。尽可能地减少必须手工输入的数据量可以提高效率和准确度。因此，在图 6-6 中，发出请购请求的员工只需在标题部分（页面最上方）填写供应商（卖方）、要求的到货日期、地点（货物运送的目的地），并在表体部分详细填写货物编号及请购数量，系统会从相关的主文件中获取所有相关信息。

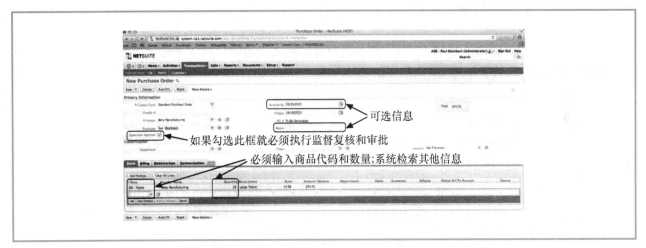

图 6-6 请购单数据输入界面

资料来源：2010 © NetSuite Inc.

你可能注意到这与销售订单数据输入界面（见图 5-7）很相似。这是有意为之的；这可以使刚刚升职或调职的员工更容易适应新的工作内容。值得注意的是，要检查"主管审批"单元格。这确保了对所有员工发起的采购请求进行复查。批准采购请求的员工需要输入采购活动涉及的部门代码和账号。

风险与控制

风险之一是不准确的库存记录会导致缺货引起的销售损失或多余的库存引起的成本上升（风险 5）。使用永续盘存法确保库存的正确性（控制 5.1），从而降低这些问题导致的风险。但是，数据输入错误会导致错误的永续盘存记录，即便是打字专家也不能避免这种错误。因此，使用信息技术取代手工数据输入（控制 5.2），可以提高永续盘存记录的准确性。

条形码是一种选择，但它并不是万灵药。假如员工为了节省时间只扫描一件货物然后手工输入其数量，那么错误还是会出现。举个例子，一家食品杂货店订购了同一个品牌的 12 种口味的苏打水，验收员可能只扫描一罐然后手工输入采购数量。由于各种口味的苏打水定价是一样的，因此采购金额的计算是正确的。但是永续盘存记录会出现错误，因为没有准确记录所采购的不同口味苏打水的数量。

在单个产品上粘贴 RFID 标签可以解决上述问题，因为读取器会自动地记录每一件货品。由于 RFID 技术不需要人工使用读取器来读取产品上的条形码，因此它比条形码更加有效率。不过，RFID 技术比条形码的费用高，并且不是所有产品类型都适用（比如液体）。

定期盘点现有库存并调查盘点结果与永续盘存记录不相符的地方（表 6 - 2 中控制 5.3）也是很重要的。年度实物盘点往往不足以确保存货记录的准确性，特别是对于 MRP 和 JIT 系统来说。相反，ABC 成本分析可以根据货物的重要性来划分其等级：最重要的货物（A 级货物）的盘点应当最频繁，最不重要的货物（C 级货物）的盘点则可以不那么频繁。如果盘点显示其存货记录有重大不符，就要立即着手对所有存货进行全面盘点。这种方法可以让本章综合案例中的 AOE 公司威奇托市车间管理者及早察觉到关键零件的短缺，从而避免生产延误。

另一个风险是所订的货物并不是真正需要的。准确的永续盘存记录（控制 6.1）可以确保库存控制系统自动生成准确的请购单（控制 6.1）。管理者需要审查并批准不同员工创建的请购单（控制 6.2）。另一个相关问题是组织的不同子部门对同一货品进行重复采购。结果，组织可能会储存超过预期的存货，而且无法享受本可以获得的数量折扣。集中采购可以降低这一风险（控制 6.3）。

□ 6.3.2 选择供应商

一旦采购请求被确认，下一步就是选择供应商。通常由采购代理（有时称为采购员）完成这一任务。在像 AOE 这样的制造业公司，采购职能往往与生产循环关系紧密。因此，正如图 5 - 1 所示，AOE 公司的采购部主管瑞安·麦克丹尼尔会直接向主管生产的副总裁莱罗伊·威廉姆斯报告。

流程

应当在决策时考虑以下几个因素：
- 价格；
- 原材料质量；
- 交付的可靠性。

需要注意的是，正确评估供应商需要的不仅仅是采购价格数据，公司还会发生与采购产品质量相关的成本，比如返工成本和废料成本。还有一部分成本是与供应商送达情况有关的（比如本章综合案例中提到的 AOE 公司代顿市工厂的问题）。供应商的可靠性对使用 JIT 系统的公司来说格外重要，因为延迟交付会使整个系统停滞。

一旦某个产品的供应商被选定，该供应商就应当被记录在产品存货主文件中，以避免在每个后续订单中重复供应商选择步骤（但是，在某些情况下，比如订购高成本和低使用率的货物，管理者可能要在每一次订购该产品时重新评估所有的潜在供应商）。公司也应当保留潜在候选供应商清单，以预防首选供应商的商品脱销的情况。

采购订单（purchase order）（见图 6 - 7）是要求供应商以指定的价格出售并交付特定产品的正式文件或电子表格。同时它也是支付承诺，一旦供应商接受即形成合同。采购订单包括供应商及采购代理名称、订货日期以及要求的交付日期、交付地点和运送方式、所订货品的信息等。由于不同产品的首选供应商不尽相同，通常一份请购单会生成几份采购订单。为了使采购者可以享受数量折扣，订购数量也可能与请购数量不同。

		AOE 公司		No. 2463

账单地址：布拉德福德巷 2431 号

旧金山，CA 94403

（314）467-2341

参考所有发票和运输文件上方的编号

采购订单

供应商地址：Best Office Supply

奥丽芙大街 4567 号

代顿市，OH 33422-1234

交货地址：AOE 公司

桑迪街 1735 号

代顿市，OH 33421-2243

供应商编号：121	订单日期：07/03/2021	请购单编号：89010	采购员：Fred Mozart	付款条件：1/10, n/30

F.O.B. 目的地	装船经由：不限定	送货日期：07/15/2021	备注：

产品	产品编号	数量	产品描述	单价（美元）
1	32047	15 盒	施乐 4200 纸，20wt.，10 令盒	33.99
2	80170	5 盒	摩尔 2600 连续格式，20 磅	31.99
3	81756	20 盒	CD 盒，每盒 10 个	6.49
4	10407	100	700 MB CD，1 盒	19.99

批准人：*Susan Beethoven*

图 6-7 采购订单示例

很多公司会与重要的供应商签订特别采购协议。**一揽子采购订单**（blanket purchase order）是在设定的时间内（通常是一年）以指定价格向指定供应商采购指定货品的承诺。一揽子采购订单降低了原材料来源的不确定性，同时也可以帮助供应商更有效地计划其产量和经营。

采购环节主要的成本动因是处理采购订单的数量。因此，减少处理采购订单的数量以及简化处理步骤可以有效地节约成本。使用 EDI 是改善采购流程的一种方法。EDI 通过取消与打印和寄送纸质文件有关的行政工作来降低成本。EDI 还减少了再订货需求和到货之间的时间间隔。因此，缺货风险随之减小，利润也会随之提高。过去，由于 EDI 需要使用专属的第三方网络和软件，因此费用较高。不过，随着网络电子数据交换（EDINT）标准的发展（例如安全电子文件交换的 AS2 协议），EDI 的成本已经大大降低。

供应商管理库存提供了降低采购和存货成本的另一种方法。本质上，**供应商管理库存**（vendor-managed inventory）将大部分库存管理和采购职能外包：供应商可以访问销售和存货数据，并获得授权在库存降至预定的再订货点时自动补充存货。这一安排通过降低现有库存数量来削减持有成本，并且由于不需要生成及传递采购订单而降低了处理成本。

逆向拍卖是降低采购相关费用的另一种方法。在逆向拍卖中，供应商之间竞争以最低价格满足需求。尽管逆向拍卖可以有效地节约成本，但由于逆向拍卖优先考虑价格，而不是质量和供应商可靠性以及交付情况等更为重要的关键因素，因此可能更适合日常用品采购。

另一个降低采购相关成本的方式就是预审。预审通常适用于有供应商正式投标的大额采购。内审人员会检查每一个进入合同流程最终环节的潜在供应商，以核实它们出价的准确性。预审通常能够识别出复杂的定价公式中出现的计算错误和其他不符，修正这些问题可以极大地节省成本。

EDI、供应商管理库存、逆向拍卖和预审都是降低原材料和产成品存货采购成本的方法。信息技术更新也改变了公司核算存货的方法。传统上，大多数公司使用后进先出法、先进先出法或加权平均法，将成本分摊至存货和销售成本。然而，RFID技术能够追踪单个库存商品。因此，RFID通过使用个别计价法核算存货，为公司更准确地核算与实际库存相关的成本提供了可能。

风险与控制

表6-2列出了五种供应商订货风险。一种风险（风险7）是以虚高价格采购商品。在产品生产的总成本组成中，很大一部分是零件的采购成本。因此，公司会努力确保以最优价格采购货品。一些流程有助于确保公司不会在某些产品上花费过多。常购货品的价格清单应当存储在电脑中供订货时参考（控制7.1）。通过商品目录能够很容易地确认低成本货品的价格。高成本和专业化产品应当通过书面竞标采购（控制7.2）。应当对采购订单进行复审（控制7.3）以确保遵守这些政策。

预算（控制7.4）对控制采购费用也很有帮助。批准采购请求的员工或部门应当将该笔采购入账。实际费用应当定期地同预算限额核对。为了方便控制，这些报告应当着重标出与预算金额有显著差异的部分，以便进一步调查（例外管理原则）。

在试图获得可能的最低价格时，另一个风险就是采购到不合格的产品。不合格的产品会导致代价极高的生产延误。此外，与采购高质量但更贵的原材料相比，不合格产品带来的废料成本和返工成本通常导致更高的生产总成本。采购员通常凭经验发现是哪一家供应商以有竞争力的价格提供最优质的产品。正式控制流程应该记录下这些经验，以避免因个别员工离职造成的知识资源流失。将已知的能够提供质量合格产品的供应商列入清单（控制8.1）也是一个好方法。应当复核采购订单以确保选择的是合格的供应商（控制8.2）。此外，会计信息系统应当收集详细的产品质量数据（控制8.3）。例如，AOE公司通过追踪供应商未通过验收部门检查的频率以及由于不合格材料导致的返工或废弃的产品数量来评估供应商的产品质量。采购部经理应当定期检查这些数据以更新合格供应商名单。最后，采购部经理应当对采购总成本负责（控制8.4），包括采购价格和与质量有关的返工和废弃成本。这要求系统能够追踪后者的成本，以便将其分配至采购部门。

正如本章综合案例所示，另一个潜在的问题是不可靠的供应商（见表6-2中风险9）。减少供应商可靠性风险的办法之一是要求供应商通过国际质量标准认证，如ISO 9000（控制9.1）。另外，会计信息系统也应当获取和追踪有关供应商交货情况的信息（控制9.2）。例如，AOE公司追踪与承诺交付日期相对应的实际交付日期。设置ERP系统以自动报告未在承诺时间段内完成交付的采购订单。一些大型零售商，如沃尔玛，定期追踪供应商实时交货绩效，并通过打折付款的方式对未达标的供应商进行惩罚。

向未经授权的供应商采购（风险10）会导致大量问题。货品可能质量不合格或者定价过高。采购甚至可能引发法律纠纷。各种政府机构，例如外国资产管制处和商务部的工业局与安全局会设置存在非法交易的个人和公司名单。向这些个人或公司支付会导致高额的罚款，责任人有时还可能会被监禁。ERP系统应该阻止向不在合格供应商主文件中的供应商发出采购订单（控制10.1）。因此，应当复核所有的采购订单以确保选择的都是合格供应商（控制10.2）。限制访问合格供应商清单并且定期检查清单是否有未授权的改动格外重要。

在采购订单中使用EDI技术需要进一步的控制流程。应当控制EDI系统的访问并通过密码、用户名、访问控制矩阵和物理访问控制来限定授权人员。核实和鉴定EDI交易流程也是必需的。很多EDI系统会对每一项交易发送确认通知，这提供了一项基本的准确性检查。通过对所有的 EDI 交易标注时间和编号，可以进一步防止导致订单丢失的传输错误。公司应当更新并定期检查所有 EDI 交易记录，以确保所有交易都已经处理，已有政策均被执行。加密可以确保 EDI 交易的保密性，这对公开招标来说是十分重要的。此外，应当使用数字签名以确保交易的可靠性。

EDI 也会造成大量的政策性风险，这些风险会隐藏在交易合约中。例如：

- 订单在流程的什么阶段可以取消？
- 如果未履行合同条款，哪一方负责退货运费？
- 哪一方对条形码、RFID 标签和标识错误负责？
- 如果买方公司销售系统错误导致供应商提供了错误的货物数量，如何处理？
- 供应商可否运载多于订单要求的货物以通过满载而非部分装载来减少总运输成本？

如表 6-2 所示，**回扣**（kickbacks）是另一个风险。回扣是供应商向采购代理支付的贿赂，用以影响他们对供应商的选择。为了使回扣合算，供应商一定会想办法弥补这些贿赂支出。通常通过在随后的采购中设置虚高价格或者以次充好来实现。即使上述问题不会发生，回扣也损害了采购者的客观性。

为了防止回扣，公司应当禁止采购代理接受潜在或现有供应商的任何礼物（那些显然无关紧要的小礼物除外）（控制 11.1）。这些政策不仅适用于有形赠与，同样也适用于服务。例如，应当告知会议的策划者：接受酒店提供的常旅客积分是违反公司规定的。培训员工如何回应供应商主动提供的"礼物"（控制 11.2）也十分重要，因为很多回扣都是始于不良供应商向没有警惕心的员工提供所谓的"心意"（通常为现金）。一旦员工接受这个赠与，供应商就会以向监管者揭发为筹码来要挟员工向供应商持续采购。

工作轮换是降低回扣风险的另一个重要控制：采购代理不应长期与相同的供应商联络，因为这样会增加他们妥协于不良供应商提供的持续诱惑的风险。如果因组织规模太小而无法实现不同采购代理轮岗，就应当定期地对采购代理的工作进行详细审计。此外，还应当要求采购代理每年都要休假，因为很多骗局都是在犯罪者因离岗而无法继续掩盖其违法行为时被发现的。最后，应当要求采购代理签署利益冲突声明（控制 11.3），以公开他们与现有或潜在的供应商之间的任何经济利益关系。

回扣是难以预防的，因此检测性控制也很必要，例如供应商审计（控制 11.4）。

6.4 验 收

支出循环中第二种主要业务活动（见图 6-2 中加工 2.0）是验收和储存所订货物。图 6-8 展示了这两个不同的业务流程，它们由不同组织职能部门实施。验收部门负责接收供应商交付的货物。通常向仓库经理报告，再由其报告至生产副总裁。仓储部门负责储存货物，同样向仓库经理报告。验收信息必须传递至存货控制部门，以更新存货记录。

6.4.1 流程

当交付的货物抵达时，验收部门员工为了确认送达货物为所订货物，会核对供应商包装上的采购订单编号与未结采购订单文件是否相符。然后，验收部门员工会清点交付的货物。在将存货送至仓库或工厂前，验收部门员工还应当检查每件货物是否有明显的损坏。验收员在**验收报告**（receiving report）中记录的细节包括验收日期、承运人、供应商和采购订单编号（见图 6-9）。验收报告会显示验收的每一件到货货品的编号、名称、计量单位和数量。验收报告还留出空格来注明验收和检查货物的人员以及备注货物的质量情况。

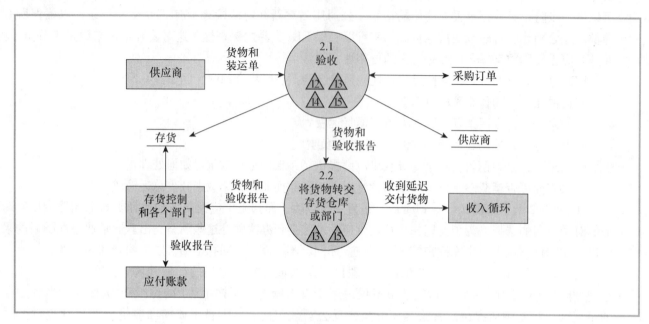

图6-8　1层数据流图：验收（包含风险注释）

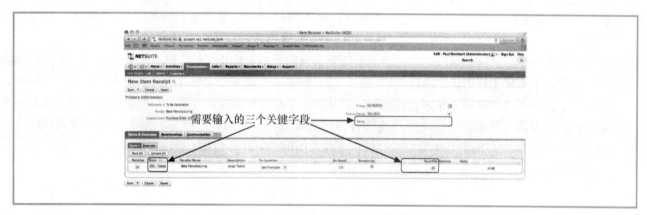

图6-9　验收报告数据输入界面

资料来源：2010 ⓒ NetSuite Inc.

　　该流程三种可能的异常处理包括：（1）到货数量与所订不符；（2）收到损坏的货物；（3）到货物品质量不合格，未通过检查。采购部门必须同供应商协商解决这三种问题。通常供应商会授权购买者更正发票上的数量错误。至于货品损坏或是次品的情况，在供应商同意收回货物或是减价时，购买者会签发借项通知单。**借项通知单**（debit memo）记录了调整要求。购买者会向供应商发送一联借项通知单，供应商随后会回复一联贷项通知单以示确认。应付账款部门收到通知单并调整该应付账款账户余额。另一联借项通知单会同货物一起送至运输部门，以授权其将货物退还供应商。

　　清点并记录交付的存货是一项劳动密集型任务。像 AOE 这样的公司如果想提高这一步骤的效率，方法之一是要求供应商在产品上贴上条形码或者 RFID 标签。无论选用哪一种方法来简化清点步骤，都不能忽略质量检查。

　　EDI 和卫星技术是提高物流效率的另一种途径。在货物完成装运后，EDI 会将装运信息提前通知公司。通过与卫星相连的装运公司的车载数据终端，买方公司可以追踪所有在途货物的确切地点并确保该地有充足的人手卸载货物。司机也可以直接停靠在离货物使用地最近的码头卸货。

□ 6.4.2　风险与控制

接收运送来的未订购货物（风险 12）导致与卸载、储存以及后续退货等有关的费用。降低这一风险的最佳控制流程是责成验收部门只接收那些经核准的采购订单上的货物。因此，验收部门需要能够访问未结采购订单文件，如图 6-8 所示。

另一个风险是清点到货时出现错误。准确地清点到货数量对保持永续盘存记录的准确性至关重要。它也可以确保公司仅支付了那些确实到货的款项。为了鼓励验收员准确地清点到货，很多公司设计了查询处理系统以便接货码头的工人无法看到订购数量（控制 13.1）（如果仍旧使用纸质文件，那么验收部门所持的一联采购订单中，订货数量一栏会被涂黑）。不过，验收员仍然知道预期的货物量，因为供应商通常会在每份订单上附带装箱单。因此，验收员极有可能只是粗略地看一下收到的数量与装箱单上的是否一致，以尽快将货物发送至有需要的地点。所以，公司必须明确地向验收员声明认真、准确地清点到货的重要性。一个很有效的方法是要求验收员不仅要记录验收数量，还要在验收报告上签字（或在系统中输入他们的员工编号）（控制 13.2）。这些流程基于责任心假设，责任心通常促使员工更努力地工作。对于那些在交货人员离开前发现装箱单与实际送达数量不符的员工，一些公司还会发放奖金（控制 13.3）。另一种控制方法是要求存货控制部门或使用部门清点验收部门交付的货物，并由使用部门对随后的短缺负责。如有可能，使用条形码或 RFID 标签（控制 13.4）可以显著地减少清点环节的偶然错误。最后，ERP 系统应该自动地标记出超过预设可容忍误差的验收数量与订购数量之间的差异，以便迅速展开调查。

迄今为止，我们的讨论都集中在存货采购。对于服务采购（如粉刷或维修工作）的控制则需要不同的流程。在这一方面，最大的挑战是难以核实服务是否真的完成了（风险 14）。举个例子，外观检查可以看出一间屋子是否粉刷过，却无法看出墙面是否涂了合适的底漆，除非检查粉刷过程，但这种方法并非永远可行。

控制服务采购的一种方法是让主管记录本部门发生的所有成本。主管应当确认服务的接收，然后由该责任人将相关的费用记入其负责的账户中。同时还应当定期对比实际支出与预算支出，并调查一切差异（控制 14.1）。

杜绝虚假的服务账单是有难度的，因此还需要检测性控制。最有效的方法之一是让内部审计部门定期对服务合同进行仔细的复查（控制 14.2），包括对供应商记录进行审计。

存货被盗是另一种风险。一些控制方法可以防止存货丢失。第一，存货应当储存在安全的地方并限制无关人员进入（控制 15.1）。第二，应当记录公司内部每一次的存货转移（控制 15.2）。例如，验收部门和仓储部门都应当确认货物从接货码头到仓库的转移。同样，仓储部门和生产部门应当确认进入生产环节的存货流出。这一文件为明确存货缺失的责任提供了必要的信息，从而激励员工格外注意准确地记录所有的存货转移。第三，定期清点现有库存，将这些数量与存货记录相核对（控制 15.3），并对物料差异展开调查。

最后，恰当的职责分离（控制 15.4）有助于进一步最小化存货被盗的风险。负责管理实物存货的员工在没有审查和批准的情况下无权调整存货记录。负责保管存货的员工和那些被授权调整存货记录的员工都不能担任验收和运送职能。

6.5　核准采购发票

支出循环中第三项主要活动是核准采购发票（见图 6-2 中加工 3.0）。

□ 6.5.1 流程

应付账款部门核准支付用的采购发票。在收到货物时产生了向供应商支付的法定义务。但是，大多数公司只有在收到并核准采购发票之后才会记入应付账款。通常，这一时间差对于日常决策来说并不重要，但是要求在会计期末编制财务报表时做相应的调整分录。

当收到采购发票时，应付账款部门有责任将其与相应的采购订单和验收报告相核对。采购发票和相关附件的组合就是所谓的**凭证包**（voucher package）。图 6 - 10 展示了核准采购发票的数据输入界面。一旦审批人核实了公司已收到所订货物，该发票就可以被批准支付。

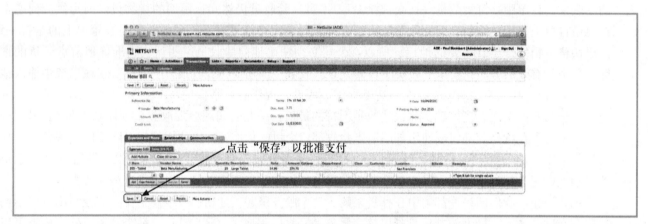

图 6 - 10　采购发票核准界面

资料来源：2010 ⓒ NetSuite Inc.

处理采购发票有两种方式，分别是非凭证系统和凭证系统。在**非凭证系统**（nonvoucher system）中，每张被核准支付的发票（同附件一起）会被过入应收账款文件的明细记录，然后存储在未结发票文件中。用于支付该发票的支票被签发后，当要为发票付款时，发票会从未结发票文件转移到已付发票文件并标记已付。在**凭证系统**（voucher system）中，在发票被核准支付时还会生成新的文件，即付款凭证。**付款凭证**（disbursement voucher）中列示供应商和未结发票，并标明在扣除适用的折扣和折让后的应付净额。

与非凭证系统相比，凭证系统有三个优势。第一，凭证系统减少了需要签发的支票数量，因为多张发票可以合并到一份付款凭证中。第二，由于付款凭证是内部生成的文件，因此可以将其预先编号以便于追踪所有的应付款项。第三，付款凭证为证明采购发票已被审核支付提供了明确的记录，这有助于将发票核准时间与支付时间区分开，也更有利于合理安排这两项活动以实现效率最大化。

应付账款流程需要将采购发票、采购订单和验收报告相核对，这项流程非常适合自动化完成。大型的全球化公司每年处理超过百万张的采购发票。流程重组和最大限度的自动化显著地节约了成本。

要求供应商通过 EDI 提交电子发票，并让系统自动匹配发票、采购订单和验收报告，这一方法可以提高处理效率。只有那些无法通过匹配处理的供应商发票才需要人工处理。

另一个选择是取消采购发票。毕竟，对于大多数的回购来说，公司在下订单时就知道产品和服务的价格。因此，一经确认产品或服务已验收/已提供，就已经获知向供应商支付所需的全部信息。这种"无发票"的方法称为**评估验收结算**（evaluated receipt settlement，ERS）。ERS 以双向匹配处理（采购订单和验收报告）取代了传统的三方匹配处理（采购发票、验收报告和采购订单）（见图 6 - 11）。ERS 减少了需要核对的文件数量（并因此减少了核对结果不一致的文件数量），从而节约了时间和金钱。实际上，通常 ERS 系统可以自动运行双向核对处理并自动生成付款；只有当验收报告与采购订单不符时才需要人工检查。ERS 还节省了供应商生成发票与追踪发票的时间和成本。可见，一家公司支出循环的流程改进会使另一家公司收入循环的流程受益。

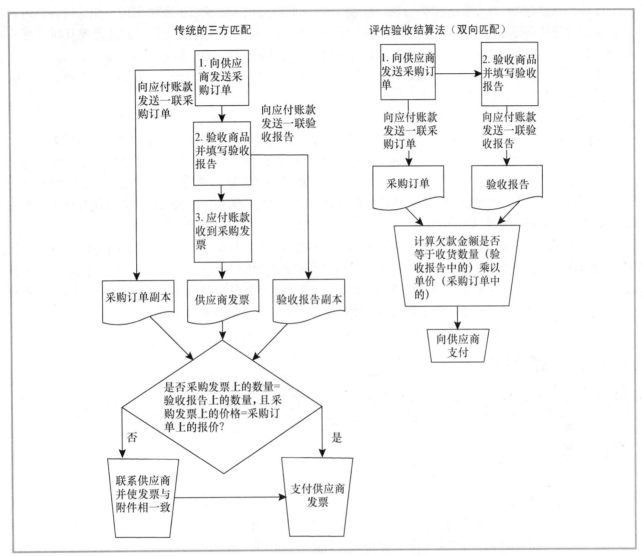

图 6 - 11　传统的应付账款三方匹配与评估验收结算系统双向匹配的比较

耗用品采购可能为提高应付账款和现金付款效率提供了最大空间。耗用品采购通常占据了应付账款交易的很大部分，但却只占采购总额的一小部分。举个例子，一项由美国会计师协会（AICPA）发起的调查发现，由应付账款部门处理的所有发票中，有超过 60% 的金额不足 2 000 美元。采购卡可以免除需要应付账款部门处理的大量小额发票。**采购卡**（procurement card）是员工用来向指定的供应商采购特定物品的公司信用卡。每张采购卡都可以设定支付限额。此外，每张采购卡的账号都可映射到具体的总分类账户上，如办公用品。由于公司会收到一份按账户类别汇总耗用品采购的银行月结单，因此采购卡简化了应付账款处理。采购卡同样可以提高现金付款流程的效率，因为公司只需在给定的时间内，对所有耗用品采购进行一次性支付，而不用向各个供应商分别支付。

□ 6.5.2　风险与控制

表 6 - 2 中列出了核准采购发票的一个风险是采购发票错误，如报价与实际收取金额不符或是应付款

总额计算错误。因此，必须核实采购发票的数字准确性（控制 16.1），并核对其列出的价格和数量是否与采购订单和验收报告相一致。对于使用采购卡进行采购的，应当要求使用者保留收据并核实银行月结单的准确性（控制 16.2）。采用 ERS 方法（控制 16.3）可以避免采购发票出现错误的可能，因为公司是根据到货数量和下订单时的报价付款的。ERS 的使用使得对供应商主文件的访问控制并监控其所有变动显得十分重要，因为这时的供应商主文件包含采购的各种货品的价格信息。输入到货数量的数据后，系统会使用文件中的价格信息来计算出支付给供应商的货款总额。因此，对价格未经授权的改动会导致向供应商支付过多的款项。

运费的复杂性可能会导致大量出错，因此即使使用了 ERS，也需要对运费特别对待。降低与运费有关风险的最好方法就是向采购和应付账款员工充分培训有关运输惯例和术语方面的知识。举例来说，如果采购合同中写明"包含全部运费"，供应商就应该负担全部运费。当采购方负责运费时，采用指定的承运方运送所有货物可以降低成本。不过，只有当供应商履约向该承运方交货时，才可以实现运费折扣。因此，内部审计人员定期核实运费单和发票的准确性是一项重要的检测控制，这保证了企业没有被索要本应由供应商支付的运费成本（控制 16.4）。

支付给供应商的款项在记录和入账过程中出错（风险 17）也会导致财务报告和绩效报告出现错误，进而导致错误的决策。用于确保处理完整性的数据输入和流程控制（控制 17.1）对防止这类问题是十分必要的。其中一项控制是供应商账户余额的变动与处理前后的发票总金额进行对比。所有应付账款明细账余额（或未付款凭证）还应当定期与应付账款总账余额对账（控制 17.2）。

6.6 现金付款

支出循环中的最后一项活动是向供应商支付货款（见图 6-2 中加工 4.0）。

6.6.1 流程

出纳负责向供应商支付货款，并向财务主管汇报。出纳负责的保管职能是从采购和应付账款部门各自负责的授权和记录职能中分离出来的。当应付账款部门将凭证包发给出纳后，出纳就会进行支付。虽然 EFT 和 FEDI 的使用在不断增加，但是很多支付仍然通过支票完成。

6.6.2 风险与控制

因为未能及时付款而丧失商业折扣（风险 18），代价是高昂的。举个例子，如果 10 天内付款而不是 30 天内付款，就可以享受 1% 的折扣，这意味着全年将会节约 18% 的财务费用。正确地归档文件可以有效地降低这一风险。经核准的发票应当按到期日归档，系统也应当追踪发票的到期日并定期打印所有未结发票的清单（控制 18.1）。现金流量预算指出了预期的现金流入量和未结清的义务，有助于公司计划利用可获得的商业折扣。这份预算中的信息来源广泛。应收账款提供了未来现金回笼的情况。应付账款和未结采购订单文件显示了当前和即将发生的向供应商支付的付款义务。同时人力资源部门提供了薪资需求的信息。

现金付款活动的另一个风险是向未到货的商品付款。预防这一风险的最佳控制方法是核查采购发票的商品数量和存货控制人员（从验收部门接收货物的人员）输入的商品数量之间的差异。许多公司要求存货控制部门在将发票用于支付之前，核实发票的商品数量与验收报告的商品数量是否一致（控制 19.1）。核实那些现场结算的服务（如清洁或粉刷）则更加困难。因此，大多数公司依靠预算控制，并对部门开支进行仔细检查来发掘需要调查的潜在问题。

需要特别留意员工差旅费和招待费的报销，因为这些费用经常出现造假的情况，并且技术发展使得员工提交虚假的报销单据更加容易。例如，目前，大多数航空公司鼓励旅客在家打印登机牌。这节省了旅客办理登机手续的时间，却降低了登机牌作为费用原始单据的价值，因为旅客可以修改该文件或是将其打印后弃之不用。因此，很多公司要求员工提交额外的证据来证明他们确实出过差，例如列明会议议程。另一个潜在的风险是员工预订了多个航班和酒店，然后又取消所有预订仅保留最便宜的选择，却将最贵的选择作为报销请求提交。预防这一问题的最好办法是要求所有的员工使用公司信用卡出差，这样做可以使公司收到该账户所有借方与贷方的完整的审计线索。

重复支付（风险 20）可能是由很多原因导致的。有可能是在公司已经寄出支票后，供应商又重复发了一张发票，或者可能是凭证包文件不完整。尽管供应商通常会发现重复支付并将其退回公司账户，但重复支付还是会影响到公司的现金流需求。此外，至少在重复支付的款项被发现之前，公司的财务报表将会是错误的。

有几个相关的控制方法可以减轻这一风险。第一，只有在发票和凭证包其他文件（采购订单和验收报告）完整时才可以核准该发票（控制 20.1）。第二，只能对发票原件进行支付。供应商发出的大多数重复发票都会明确标明其非原件（控制 20.2）。因此，一定不能授权向发票的复印件支付货款。第三，当支票签发后，应当立即删除对应的发票和凭证包（标记为"已支付"）以避免重复提交（控制 20.3）。尽管评估验收结算彻底取消了采购发票，但是将所有验收报告标记为已支付对于防止重复支付还是十分重要的。第四，预防性控制从不能实现 100% 有效。定期审计所有供应商付款以便及时发现重复付款并采取纠正措施是重要的。

现金付款职能中最大的风险可能就是盗窃或者侵吞资金（风险 21）。现金是最容易被盗窃的资产，因此必须限制对现金、空白支票以及支票签发机的使用（控制 21.1）。支票应当按顺序编号并由出纳定期入账（控制 21.2）。

电子资金转账（EFT）需要额外的控制过程，不管其是单独使用还是作为 FEDI 的一部分来使用。对于所有 EFT 支付交易执行严格的访问控制（控制 21.3）是十分重要的。而且，应当使用密码和用户名来具体识别并监控被授权员工 EFT 交易行为。应当记录始发终端的位置。超过一定限额的 EFT 交易应当交由实时监控来批准。应当对每一位员工每日允许的交易总额设限。所有的 EFT 传输都应当加密以防被篡改。此外，所有的 EFT 交易都应当标明时间并编号，以便日后核对。系统应该引入特殊流程，即嵌入式审计模块来监控所有交易并识别特殊交易流程。这些被标识交易的报告随后会交给管理者和内审人员来检查，如果必要的话，还会进行更详细的调查。

网上银行交易需要严加监控。及时发觉可疑交易并迅速通知银行对于追回欺诈性的付款支出是十分必要的。用于网上银行操作的电脑如果感染上键盘输入追踪及记录病毒，将有严重的隐患。该软件会获取组织的银行凭证用于犯罪。降低这一风险的最好方法就是指定一台专门的电脑用于网上银行业务（控制 21.4），并严格限制该电脑的访问权限，只有财务主管或是负责授权支付的人员可以访问，并且该电脑仅能用于网上银行业务。公司还应当考虑设置自动清算所（ACH）冻结账户，银行不能允许这些账户发生 ACH 借方（流出）金额。例如，如果一家公司对供应商的全部支付都使用主营业务支票账户，那么公司要求银行冻结其他银行账户的 ACH 借方（流出）金额（控制 21.5）。

欺诈性支付，尤其是向虚构的供应商签发支票，是一种普遍的诈骗形式。适当的职责分离（控制 21.6）可以显著地降低这一风险。应付账款部门应该对支付进行授权，包括组合凭证包；不过，只有财务主管或是出纳可以签发支票。为了确保支票寄送至预定的收件人，出纳应当亲自寄出支票而不是交给应付账款部门。出纳还应当删除凭证包内的所有文件，以防止它们被重新提交用于另一项支付。如果支票超过一定限额，如 5 000 美元或 10 000 美元，需要两个人共同签名（控制 21.7），从而执行对该项支出的又一项独立审查。最后，应当由不涉及现金收款和付款的职员核对所有银行账户（控制 21.8）。这项控制实现了对支出准确性的独立审查，防止有人挪用现金并通过调整银行对账单来隐瞒这一盗窃行为。

需要限制对合格供应商名单的访问（控制 21.9），并且对该名单的任何改动都应当经过仔细复查和批准。尤其重要的是，独立核实据称是供应商要求修改其银行电汇收款账户的电子邮件（或电话）留言，因为这些通常是诈骗留言。美国商业企业因为未能识别以上骗局而每年损失数亿美元。对创建只合作一次的供应商和处理其发票的权限限制（控制 21.10）也是格外重要的，这可以使得同一个员工无法既创建新的供应商又向该供应商签发支票。

如果可能，付款应当通过支票或者电子资金转账来进行。然而，对于小额采购，如咖啡或铅笔，使用现金付款往往更加方便。应当设置零用现金来处理这类支出（控制 21.11），该资金应由不负责处理其他现金或账户的员工管理。零用现金应当以备用金的形式设置。**备用金**（imprest fund）具有两个特征：（1）设置固定的金额，如 100 美元；（2）每笔付款都需要填制凭证。在任何时候，现金总额加上凭证中的金额应当等于预设金额。当账户余额低于预设金额时，付款凭证将会被送至应付账款部门以补足备用金。在应付账款部门确认了这笔交易后，出纳就会签发支票将备用金补充至预设金额。正如用于常规采购的辅助文件一样，这些用于实现补充备用金的凭证应当在备用金补充至预设金额后立即删除。

备用金的操作在技术上违反了职责分离原则，因为负责保管现金的员工同样有权支出该笔资金，并维护资金余额的记录。不过，不通过正常的支出循环来处理小额零星采购所带来的便利足以抵消挪用现金的风险。而且，可以通过内审人员对资金余额和凭证进行周期性的突击清点降低现金挪用风险，并让管理备用金的人员对突击审计中发现的一切短缺负责（控制 21.12）。

修改支票也会导致偷窃（风险 22）。支票保护机（控制 22.1）使用特别的颜色标明金额（通常是红墨水和蓝墨水两种颜色），从而降低这一风险。使用在修改后会改变颜色的特殊墨水并在有水印的特殊纸张上打印支票（控制 22.2），可以进一步降低修改的可能。很多银行还提供特别服务来帮助公司防止支票诈骗。其中一项服务是确认付款（控制 22.3），公司需要每天向银行发送合法支票清单，只有清单上列明的支票才会被过户。最后，银行对账单是识别支票诈骗的一项重要的检查性控制流程。如果发现及时，就能从银行追回支票金额。当然，银行能够采取措施使其免受损失的前提是公司及时告知银行它所发现的空头支票。

最后，计划和监控支出以避免现金流问题也是十分重要的（风险 23）。现金流预算（控制 23.1）是规避这一风险的最好方法。

本章习题

1. 以下哪种存货控制方法最适用于能可靠预测销售的产品？_____
a. JIT
b. EOQ
c. MRP
d. ABC

2. 评估验收结算（ERS）执行了哪些文件匹配？_____
a. 采购发票和验收报告
b. 采购订单和验收报告
c. 采购发票和采购订单
d. 采购发票、验收报告和采购订单

3. 以下哪项叙述是正确的？_____
a. ERS 系统涉及采购订单、验收报告和采购发票的三方匹配
b. 设置零用现金作为定额备用金违背了职责分离原则
c. EOQ 公式用于确定存货的再订货点

d. 凭证包通常包括借项通知单

4. 与供应商签订产品或服务的采购合同会使用到哪个文件？ ＿＿＿＿＿＿

a. 采购发票　　　　　　　　　　　　b. 请购单

c. 采购订单　　　　　　　　　　　　d. 付款凭证

5. 哪种方法能够最好地提高易耗品（如各种办公室用品）的采购效率？ ＿＿＿＿＿＿

a. 条形码　　　　　　　　　　　　　b. EDI

c. 采购卡　　　　　　　　　　　　　d. EFT

6. 以下哪个支出循环活动可以通过信息技术或流程再造的方法消除？ ＿＿＿＿＿＿

a. 订购货物　　　　　　　　　　　　b. 核准采购发票

c. 验收货物　　　　　　　　　　　　d. 现金付款

7. 哪项控制方法能最好地防止对同一发票重复支付？ ＿＿＿＿＿＿

a. 预处理支票和签发支票的职能分离

b. 只对那些验收报告和采购订单相匹配的发票进行付款处理

c. 对于超过一定限额的支票要求两个人共同签字

d. 支票签发后就删除所有支持性文件

8. 为了实现完善的内部控制，应当由谁来签发支票？ ＿＿＿＿＿＿

a. 出纳　　　　　　　　　　　　　　b. 采购员

c. 采购员　　　　　　　　　　　　　d. 财务主管

9. 以下哪个方法是用来防止采购员收受回扣的？ ＿＿＿＿＿＿

a. 创建核准的供应商名录，并要求所有采购活动对应的供应商都在该名录内

b. 要求采购员披露所有来源于供应商的经济获利

c. 所有采购订单都要经过批准

d. 对采购订单进行预编号并定期清点

10. 哪个文件用来记录应付账款变动，存货被退还给供应商是该变动发生的原因？ ＿＿＿＿＿＿

a. 验收报告　　　　　　　　　　　　b. 付款凭证

c. 借项通知单　　　　　　　　　　　d. 采购订单

问题讨论

1. 在本章和第 5 章中，AOE 公司的财务主管在评估和建议利用 IT 提升效率与效果的过程中扮演了很重要的角色。是否应当由公司的首席信息官代替财务主管来做出这些决策？财务主管应当参与这些问题的决策吗？为什么？

2. 像沃尔玛这样的企业已经从 JIT 系统转向了供应商管理存货（VMI）系统。讨论这一安排潜在的优势和劣势。应当开发哪些特殊的控制（如果有的话）来监控 VMI 系统？

3. 采购卡可以用来提高小额易耗品采购的效率。在采购卡使用过程中应当进行哪些控制？为什么？

4. 对于本章介绍的防止员工支付个人债务（如信用卡账单）的控制流程，你可以应用在哪些方面？

5. 是否每一个企业都应当在评估验收结算（ERS）时从传统的三方匹配（采购订单、验收报告和采购发票）流程调整为双方匹配（采购订单和验收报告）流程？为什么？

6. 公司是否应当允许采购代理员从事生产该公司经常采购货品的业务？为什么？如果采购代理员的公司获得了独立的服务机构（如消费者报告）评级，你的观点会改变吗？为什么？

习题答案

1. 正确选项 c，MRP 预测销售并根据该信息采购存货以满足预测需求。选项 a 错误，JIT 旨在通过先销售后采购来使存货最小化，主要适用于那些难以预测需求的产品。选项 b 错误，EOQ 描绘了实现订货成本、持有成本和缺货成本总和最小化的存货采购的最佳数量。选项 d 错误，ABC 是根据存货的重要性对存货进行分层并对更重要的项目安排更频繁的采购的一种方法。

2. 正确选项 b，ERS 取消了采购发票，并在核对采购订单和验收报告的基础上进行支付。选项 a 错误，ERS 取消了采购发票。选项 c 错误，ERS 取消了采购发票。选项 d 错误，ERS 取消了采购发票。

3. 正确选项 b，从技术上讲，作为备用金的零用现金违背了职责分离，因为由同一个人保管现金、发放现金并记录。选项 a 错误，ERS 系统取消了采购发票，并以采购订单和验收报告的双向匹配为基础。选项 c 错误，EOQ 公式用于决定订货数量。再订货点确定了何时进行再订货。选项 d 错误，凭证包包含采购订单、验收报告和采购发票（如果收到的话）；借项通知单用于记录应付账款的调整。

4. 正确选项 c，采购订单是购买商品的要约。选项 a 错误，采购发票是账单。选项 b 错误，请购单是内部文件。选项 d 错误，付款凭证用于指明支付采购发票时应当借记哪个账户。

5. 正确选项 c，采购卡专门用于非库存商品的采购。选项 a 错误，条形码提高了清点存货的准确性。而易耗品采购中最大的效率问题是生成采购订单、创建凭证包和对大量的小额订单进行支付所需的时间和工作。选项 b 错误，EDI 很少应用于杂项采购。选项 d 错误，EFT 提升了支付的效率，但并没有提升订货和核准采购发票的效率。

6. 正确选项 b，ERS 取消了采购发票。选项 a 错误，即使是使用供应商管理存货，供应商系统也必须创建订货流程。选项 c 错误，订购的商品必须经过验收并送至恰当的地方。选项 d 错误，IT 可以改变现金付款的方法，如用 EFT 代替支票，但这一环节必须存在。

7. 正确选项 d，这保证了原始单据不会被重复提交用来对同一张支票进行支付。选项 a 错误，这是一个不错的控制流程，但它的目的是确保支付是有效的。选项 b 错误，这是一个不错的控制流程，但它的目的是确保组织仅向那些下过订单并验收的货物进行支付。选项 c 错误，这是一个不错的控制流程，但它的目的是更好地控制大额现金的流出。

8. 正确选项 a，出纳负责管理现金和向财务主管汇报。选项 b 错误，应付账款部门维护供应商记录。选项 c 错误，采购员有权采购货物。选项 d 错误，财务主管负责核算和记账职能。

9. 正确选项 b，目的是最小化可能导致回扣的利益冲突。选项 a 错误，这一控制的目的在于最小化高价采购次品或违规的风险。选项 c 错误，这一控制的目的在于确保（公司）只采购确实需要的货物并只向许可的供应商进行采购。选项 d 错误，这一控制方法的目的在于确保所有的有效采购都会被记录。

10. 正确选项 c，该文件用于调整应付账款。选项 a 错误，这个文档记录了验收数量。选项 b 错误，这个文档用于在收入循环中调整应收账款账户。选项 d 错误，这个文档确定了货物采购的法定义务。

第 7 章

生产循环

学习目标

通过学习本章，你应该能够：

1. 掌握生产循环的主要业务活动以及关键决策、影响生产循环目标实现的风险及其风险控制。
2. 理解产品设计的关键决策和信息需求、存在的风险及其风险控制。
3. 理解计划和日程安排的关键决策和信息需求、存在的风险及其风险控制。
4. 理解生产作业的关键决策和信息需求、存在的风险及其风险控制。
5. 理解成本核算的关键决策和信息需求、存在的风险及其风险控制。

综合案例

AOE 公司

莱罗伊·威廉姆斯是 AOE 公司主管生产的副总裁，正在为公司战略转型带来的相关问题而担忧。两年前，AOE 公司的高管层决定将公司定位从传统的消费类电子产品的低成本制造转向实施产品差异化战略。从那时起，AOE 公司在每一条产品线上都增加了尺寸、型号和样式的多样化。

为了支持战略转型，AOE 公司在工厂自动化方面进行了大量投资。高管层也赞同莱罗伊引进精益生产技术的决定，目的是降低库存率。然而，AOE 公司的成本核算系统却没有变化。例如，虽然自动化已经极大地降低了生产产品的直接人工数量，生产费用却仍然按照直接人工工时进行分配。因此，投资新的设备和机器导致生产费用率的大大增加。这种情况造成了如下问题：

1. 生产主管抱怨说，会计系统毫无意义，他们因为投资改善整体效率而受到了指责。的确，根据会计系统提供的信息，先进设备生产的某些产品的生产费用反而比购买新设备之前花费更多。当然，新设备在提高生产能力的同时降低了废品率。

2. 营销和产品设计主管认为系统的产品成本数据对于设定（产品）价格或确定新产品的潜在盈利能力来说是无用的。事实上，一些竞争者的产品定价已经低于 AOE 公司成本核算系统显示的制造成本。

3. 虽然为提高质量已经做了很多努力，但是成本核算系统没有能提供足够的方法来评估这些努力的效果和需要进一步提高的地方。事实上，莱罗伊因为无法量化质量改进的效果而沮丧。

4. 绩效报告仍然主要关注财务数据。然而，工厂生产线的管理者却抱怨说他们需要更精确和及时的生产活动信息，例如产量、废品率以及生产时间。

5. 莱罗伊感到很沮丧，因为过去的一年，引进精益生产成功地降低了库存水平，但是基于公认会计原则（GAAP）的传统财务报告却显示盈利能力显著降低。

莱罗伊将这些忧虑告诉了公司总裁琳达·司布真，琳达也认为问题很严重。之后琳达和莱罗伊、信息系统副总裁安·勃兰特以及财务主管伊丽莎白·温克开了一个会，伊丽莎白和安同意研究如何改进成本核算系统以使其能更精确地反映 AOE 公司新的生产流程。为了启动这个项目，莱罗伊同意带领伊丽莎白和安参观工厂，他们能够看到并且明白新的技术是如何影响生产循环活动的。

正如这个案例所展示的，支持生产循环活动的信息系统缺陷会给组织带来严重的问题。在阅读本章时，请思考一下在生产循环中引入新技术要求企业成本核算系统随之发生怎样的相应变化。

7.1 引　言

生产循环（production cycle）是与产品生产相关的一组经常性的业务活动和信息处理操作。图 7-1

展示了在公司的信息系统中生产循环是如何与其他子系统相关联的。收入循环信息系统（见第 5 章）提供计划生产和库存量的信息（客户订单和销售预测）。反过来，生产循环信息系统为收入循环信息系统提供完工的可供出售的产品信息。物料需求以采购需求的形式发送至支出循环（见第 6 章）。作为交换，支出循环信息系统提供原材料采购和其他支出（如制造费用）信息。人工需求信息被提供给人力资源管理循环（见第 8 章），人力资源管理循环向支出循环提供人工成本和可用人工的数据。最后，生产产品的成本信息被发送到总账和报告系统（见第 9 章）。

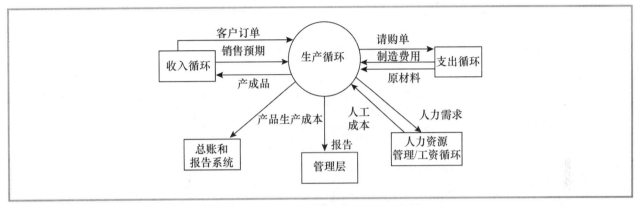

图 7-1 生产循环顶层数据流程图

图 7-2 描述了生产循环中的四种基本活动：产品设计、计划和日程安排、生产作业以及成本核算。虽然会计人员主要参与第四个步骤——成本核算，但是他们必须了解其他三个步骤以便能够编制管理报告，管理层需要这些信息来管理现代化生产企业的生产循环活动。例如，广受欢迎的改善制造绩效的技术——六西格玛仔细地评测和分析现有流程，目的是找到改善流程的方法。会计人员帮助设计准确的评测方法来参与这个过程，但前提是会计人员了解这项被评测的生产活动。

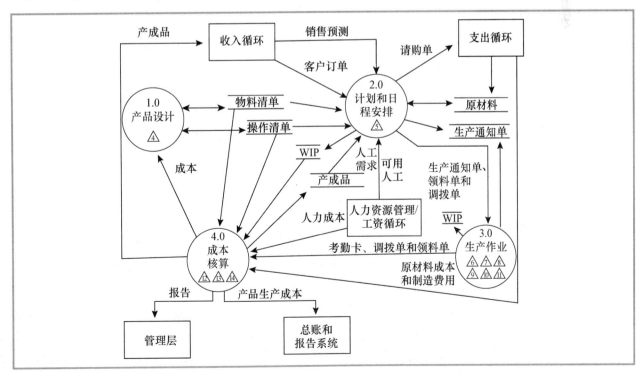

图 7-2 生产循环 0 层数据流程图

本章解释了组织的信息系统如何为每项生产循环活动提供支持。首先阐述信息系统设计和基本控制，基本控制是确保向管理层提供可靠信息用以评估生产循环活动效果和效率的必要措施。接着，详细地论述了四项基本生产循环活动。对于每项活动，我们都阐述了实施和管理该项活动的信息是如何收集、加工和存储的。我们还讨论了确保信息可靠性和组织资源安全性所必要的控制。

7.2　生产循环信息系统

图 7-3 展示了为生产循环提供支持的企业资源计划（ERP）。

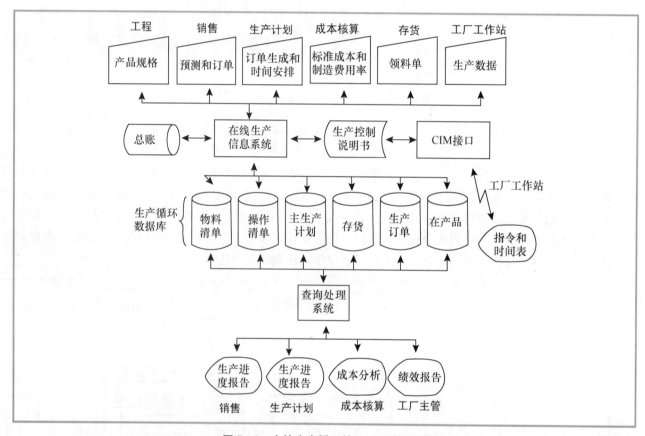

图 7-3　支持生产循环的 ERP 系统概览

7.2.1　流程

请注意生产循环信息系统是如何集成多种数据来源的业务数据和财务数据的。物料清单存储产品零部件信息，操作清单记录每件产品的制造工艺。工程部使用这两份文件制定产品说明书并设计出同类产品。工程部使用总账和存货文件计算出替代产品设计的成本信息。销售部门输入销售预测和客户订单信息。生产计划部门利用这些信息以及当前库存量信息制定主生产计划，向产品订单文件添加新的记录以批准特殊产品生产。同时，向在产品文件添加该记录以汇总成本数据。物料需求被送交存货仓储部门以批准物料发放。计算机集成制造（CIM）接口向工厂工作站发送详细的指令。计算机集成制造接口收集成本和业务数据，以分别更新在产品和产品订单文件。

□ 7.2.2　风险和控制

正如图 7-3 所示，生产循环活动依赖于集成数据库并对集成数据库进行更新。集成数据库包含产品说明书和库存（完工产品和原材料）主数据。因此，表 7-1 中列示的第一个风险是主数据不准确或者无效。不准确的工厂运营数据导致无法及时生产出产成品或者过量生产。产品说明书错误（物料清单和操作流程）导致设计糟糕的产品。处理完整性控制（控制 1.1）能够降低不准确数据录入的风险。它对于限制访问生产循环主数据（控制 1.2）也很重要。实施恰当的访问控制和职责分离要求财务主管或者首席财务官（CFO）合理设置集成 ERP 系统的用户权限。系统默认设置往往会赋予每个员工过多的权力。因此，修改用户权限以保证员工只拥有他们工作范围内所需要的权力是非常重要的。此外，还应该使用员工多重身份认证和设备地理访问限制。例如，系统应该拒绝任何企图从工程部门终端来修改存货记录的行为。最后，所有这些行为日志（控制 1.3），尤其是涉及管理审批（例如追加原材料请求或是加班请求），都应该作为审计线索记录和保留下来，以备日后审查。

表 7-1　生产循环风险与控制

活动	风险	控制（第一个数字对应相应的风险）
整个生产循环中的一般问题	1. 不准确的或无效的主数据 2. 未经授权披露敏感信息 3. 生产数据的丢失或损毁	1.1　数据处理完整性控制 1.2　限制访问主数据 1.3　复核所有主数据变动 2.1　访问控制 2.2　加密 3.1　备份和灾难恢复程序
产品设计	4. 糟糕的产品设计导致成本超支	4.1　对产品设计选择所产生的成本进行财务分析 4.2　保修和维修费用分析
计划和日程安排	5. 生产过剩或不足	5.1　生产计划系统 5.2　复核并批准生产计划和生产通知单 5.3　限制访问生产通知单和生产计划
生产作业	6. 存货被盗 7. 固定资产被盗 8. 糟糕的业绩 9. 固定资产次优投资 10. 火灾或其他灾害所造成的存货或固定资产损失 11. 作业中断	6.1　物理访问控制 6.2　利用文件记录所有的存货转移 6.3　资产保管：记录和授权转移的职责分离 6.4　限制访问存货主数据 6.5　定期盘点存货并且将盘点数量和账面数量核对 7.1　所有固定资产的实际库存 7.2　限制接触固定资产 7.3　保存固定资产详细记录（包括处置） 8.1　培训 8.2　绩效报告 9.1　固定资产收购审批，例如用征询方案征集竞争性招标 10.1　物理安全措施（例如灭火器） 10.2　保险 11.1　备份和灾难恢复计划 11.2　网络和逻辑访问控制
成本核算	12. 不准确的成本信息 13. 不恰当地分配制造费用 14. 误导性报告	12.1　源数据自动化 12.2　数据处理完整性控制 13.1　时间驱动的作业成本法 14.1　创新绩效指标（如生产能力）

生产循环活动的另一个风险是未经授权披露产品信息，例如获取竞争优势的商业秘密和流程改进等信息。访问控制（控制 2.1）是降低风险的方法之一。另外，敏感数据，例如制造某一特定产品的精确步骤，应该加密存储，并且在网上传输给加工厂和业务伙伴的过程中被加密（控制 2.2）。

表 7-1 列示的第三种常见风险是生产数据损毁或者丢失。必须对生产循环数据库加以保护，以防蓄意或偶然的丢失或损毁。所有数据文件的定期备份（控制 3.1）是非常必要的。关键主文件（例如未结生产通知单和原材料库存）备份应该存储于外部。为了减少重要数据被意外删除的可能性，所有硬盘和磁带都应该有内部和外部文件的标识。

现在我们已经对生产循环信息系统有了整体的认识，让我们更加详细地查看图 7-2 中所描述的每项基本活动。

7.3　产品设计

生产循环的第一步是产品设计（见图 7-2 中加工 1.0）。目标是制造出质量、耐用性、功能性都达到客户要求的产品，同时最小化产品成本。但是这些目标往往相互冲突，产品设计因此成为一项具有挑战性的任务。

7.3.1　流程

产品设计活动有两项输出。一是物料清单（bill of materials）（见图 7-4），规定了零部件、产品描述和完工产品部件的数量组成。二是操作清单（operations list）（见图 7-5），详细说明了产品的生产步骤顺序，包括使用的设备以及每个步骤的耗时。

产成品：DVD 播放器

零部件编号	产品描述	数量
105	控制装置	1
125	背板	1
148	侧板	2
155	顶部/底部面板	2
173	计时器	1
195	前板	1
199	螺丝	6

图 7-4　物料清单示例

诸如产品生命周期管理（PLM）软件等工具有助于提高产品设计过程的效果和效率。PLM 软件包括三个重要组成部分：设计新产品的计算机辅助设计（CAD）软件，模拟如何生产产品的数字化制造软件，存储所有产品相关数据的产品数据管理软件。CAD 软件使得生产者能够设计和测试虚拟的 3D 产品模型，因此消除了制造和毁坏实物模型的相关成本。CAD 软件促进了分散在全球的设计团队间的合作，消除了彼此间交流产品设计复制品的相关成本。数字化制造软件使得公司可以在遍布全球的设备中确定实现最优生产的人工、机器和流程需求，以最小化成本。产品数据管理软件能够更容易地获取详细的工程参数和其他产品数据，以方便产品再设计、维修和售后服务。虽然 PLM 能够大大地提高产品设计的效果和效率，但是要充分发挥它的作用需要高级管理层周密的监督。

操作清单：制造侧板

操作编号	产品描述	机器编号	标准时间（分：秒）
105	切割成形	ML15－12	2：00
106	切角	ML15－9	3：15
124	车削和成形	S28－17	4：00
142	磨光	F54－5	7：10
155	油漆	P89－1	9：30

图 7-5　操作清单

□ 7.3.2　风险和控制

糟糕的产品设计（表 7-1 中风险 4）在几个方面增加成本。制造同类产品时使用过多的独立组件，增加了采购成本和原材料库存成本。同时，也会因不同产品生产之间切换的过度复杂性导致低效率的生产流程。糟糕的产品设计更容易引发高额的保修和维修费用。

为了缓解这种风险，会计人员应该参与产品设计活动（控制 4.1），因为 65%～80% 的产品成本产生于生产过程。会计人员能够对替代组件的使用和生产流程的变革如何影响成本进行分析。而且，会计人员从收入循环中获取保修和维修费用信息（控制 4.2）来确定产品失败的主要原因，或许会提出重新设计产品以提高质量的建议。

7.4　计划和日程安排

生产循环的第二步是计划和日程安排（图 7-2 中加工 2.0）。目的是制定出满足现有订单和预期短期需求的生产计划，同时最大限度地减少原材料和完工产品库存。

□ 7.4.1　生产计划方法

两种最常用的生产计划方法是制造资源计划和精益生产。**制造资源计划**（manufacturing resource planning，MRP-Ⅱ）是物料需求计划（MRP）（见第 6 章）的扩展，目的是寻求现有生产能力和原材料需求之间的平衡以满足预测的销售要求。MRP-Ⅱ 通常被视为推式生产，因为产品是根据预期的客户需求来安排生产的。

正如 MRP-Ⅱ 是 MRP 存货控制系统的扩展，**精益生产**（lean manufacturing）将准时制库存系统（见第 6 章）的思想扩展到整个生产过程。精益生产的目的是最小化甚至消除原材料、在产品和完工产品库存。精益生产通常被视为拉式生产，因为产品是根据客户订单来安排生产的。理论上讲，精益生产系统只对客户订单安排生产。但实践中，大多数精益生产系统会制定短期生产计划。例如，丰田公司制定月度生产计划以便供应商获得稳定的需求信息。这种策略使得供应商可以制定本企业的生产计划，以便在丰田公司需要时及时供货。

因此，MRP-Ⅱ 和精益生产系统都是事前规划生产。然而，它们的不同在于计划时间的长短。MRP-Ⅱ 系统可以提前 12 个月制定出生产计划，精益生产系统的计划周期则短得多。如果一家公司的产品需求是可以预测的，并且产品有较长的生命周期，那么MRP-Ⅱ是适用的。相反，如果一家公司的产品生命周期较短，需求是不可预测的，并经常性地降价促销过量存货，那么适用精益生产系统。

□ 7.4.2 关键文件和表单

客户订单、销售预测和完工产品的库存水平等信息被用于确定生产数量，从而生成**主生产计划**（master production schedule，MPS）。MPS详细说明了计划期内每种产品的生产数量以及何时安排生产（见图7-6）。虽然MPS的长期规划部分会随着市场环境的变化而相应地调整，但是许多产品的生产计划必须被提前数周"冻结"，以提供充足的时间去采购必要的原材料、物料和劳动力。

主生产计划								
产品编号：120				品名：DVD 播放器				
提前期[a]：1 周	周							
	1	2	3	4	5	6	7	8
库存数量	500	350[b]	350	300	350	300	450	300
计划产量	150[c]	300	250	300	250	400	250	300
预测销量	300	300	300	250	300	250	400	250
可用净存量	350[d]	350	300	350	300	450	300	350

图7-6　主生产计划（MPS）

a. 产品制造时间（DVD播放器为1周）。

b. 上周期末库存数量（可用净存量）。

c. 本周和下周预测销量之和减去库存数量，再加上50单位的安全库存。例如，第1周期初库存为500单位。第1周和第2周预测销量之和为600单位，加上50单位的安全库存，得出第1周期末需要650单位的库存量。减去500单位期初存货，得出第1周计划产量为150单位。

d. 期初库存数量加上计划产量，再减去预测销量。

随着工厂数量增多，计划的复杂程度也大大地增加了。例如，像英特尔（Intel）和通用汽车（General Motors）这样的大型制造企业必须协调位于不同国家的众多工厂的生产活动。一些工厂负责生产基本组件，其他工厂负责组装完工产品。生产信息系统必须协调好这些活动，以减少生产瓶颈以及未完工产品的堆积。

使用MPS制定一份详细的时间表，时间表详细说明每日的生产情况并且确定是否需要购买原材料。为了实现这些目的，需要借助物料清单来确定原材料的即时性需求以满足MPS生产目标（见表7-2）。将这些需求与现有库存量进行比较，如果需要的原材料库存不足，就会生成采购请求并提交到采购部门触发采购流程。

图7-2展示了计划和日程安排活动生成的另外三个文件：生产通知单、领料单和调拨单。**生产通知单**（production order）下达某件产品的生产任务。生产通知单列示了需要执行的流程、生产数量以及完工产品的交付地点，并同时收集每项活动的数据（见图7-7）。**领料单**（materials requisition）授权加工工程向仓库领用所需原材料。该文件包含生产通知单编号、申请日期以及根据物料清单生成的零部件编号和数量等内容（见图7-8）。原材料在工厂内部的调拨过程记录在**调拨单**（move tickets）上。调拨单记录了被调拨零部件的名称、调拨地点和时间（图7-9是存货调拨数据录入界面）。

表 7 - 2　物料清单

<table>
<tr><td rowspan="9">步骤1：一件产品所需零件×下一期产品生产数量（MPS）</td><td colspan="5" align="center">DVD播放器的零件组成</td></tr>
<tr><td>零部件编号</td><td>产品描述</td><td>数量</td><td>DVD播放器数量</td><td>需求合计</td></tr>
<tr><td>105</td><td>控制装置</td><td>1</td><td>2 000</td><td>2 000</td></tr>
<tr><td>125</td><td>背板</td><td>1</td><td>2 000</td><td>2 000</td></tr>
<tr><td>148</td><td>侧板</td><td>4</td><td>2 000</td><td>8 000</td></tr>
<tr><td>173</td><td>计时器</td><td>1</td><td>2 000</td><td>2 000</td></tr>
<tr><td>195</td><td>前板</td><td>1</td><td>2 000</td><td>2 000</td></tr>
<tr><td>199</td><td>螺丝</td><td>6</td><td>2 000</td><td>12 000</td></tr>
<tr><td>135</td><td>顶板</td><td>1</td><td>2 000</td><td>2 000</td></tr>
</table>

底板 136 1 2 000 2 000

<table>
<tr><td colspan="5" align="center">CD播放器的零件组成</td></tr>
<tr><td>零部件编号</td><td>产品描述</td><td>数量</td><td>CD播放器数量</td><td>需求合计</td></tr>
<tr><td>103</td><td>控制装置</td><td>1</td><td>3 000</td><td>3 000</td></tr>
<tr><td>120</td><td>前板</td><td>1</td><td>3 000</td><td>3 000</td></tr>
<tr><td>121</td><td>背板</td><td>1</td><td>3 000</td><td>3 000</td></tr>
<tr><td>173</td><td>计时器</td><td>1</td><td>3 000</td><td>3 000</td></tr>
<tr><td>190</td><td>侧板</td><td>4</td><td>3 000</td><td>12 000</td></tr>
<tr><td>199</td><td>螺丝</td><td>4</td><td>3 000</td><td>12 000</td></tr>
<tr><td>135</td><td>顶板</td><td>1</td><td>3 000</td><td>3 000</td></tr>
<tr><td>136</td><td>底板</td><td>1</td><td>3 000</td><td>3 000</td></tr>
</table>

步骤2：加总产品所需的所有零件	零部件编号	DVD播放器	CD播放器	合计
	103	0	3 000	3 000
	105	2 000	0	2 000
	120	0	3 000	3 000
	121	0	3 000	3 000
	125	2 000	0	2 000
	148	8 000	0	8 000
	173	2 000	3 000	5 000
	190	0	12 000	12 000
	195	2 000	0	2 000
	199	12 000	12 000	24 000
	135	2 000	3 000	5 000
	136	2 000	3 000	5 000

步骤3：计划期内每周重复步骤1和2	零部件编号	第1周	第2周	第3周	第4周	第5周	第6周
	103	3 000	2 000	2 500	3 000	2 500	3 000
	105	2 000	2 000	2 500	2 500	2 000	3 000
	120	3 000	2 000	2 500	3 000	2 500	3 000
	121	3 000	2 000	2 500	3 000	2 500	3 000
	125	2 000	2 000	2 500	2 500	2 000	3 000
	148	8 000	8 000	10 000	10 000	8 000	12 000
	173	5 000	4 000	5 000	5 500	4 500	6 000
	190	12 000	12 000	10 000	12 000	10 000	12 000
	195	2 000	2 000	2 500	2 500	2 000	3 000
	199	24 000	20 000	25 000	27 000	22 000	30 000
	135	5 000	5 000	5 000	5 000	5 000	5 000
	136	5 000	5 000	5 000	5 000	5 000	5 000

AOE 公司生产通知单　4587

通知单编号：2289　产品编号：4430　名称：柜侧板　生产数量：1 000
核准人：PJS　下单日期：02/24/2011　投产日期：02/25/2020　完成日期：03/09/2020　通知单位：装配车间

工作站编号	生产作业编号	数量	作业	开始日期及时间		完成日期及时间	
MH25	100	1 003	提货	02/28	0700	02/28	0800
ML15 − 12	105	1 003	裁切	02/28	0800	02/28	1000
ML15 − 9	106	1 002	切角	02/28	1030	02/28	1200
S28 − 17	124	1 002	旋转及成形	02/28	1300	02/28	1700
F54 − 5	142	1 001	表面处理	03/01	0800	03/01	1100
P89 − 1	155	1 001	油漆	03/01	1300	03/02	1300
QC94	194	1 001	验收	03/02	1400	03/02	1600
MH25	101	1 000	移交至装配	03/02	1600	03/02	1700

图 7 - 7　AOE 公司生产通知单

"数量"栏说明：
1. 1 003 块原材料可以生产出 1 000 块面板成品和 3 块面板废品。
2. 有 1 块面板不能裁切成正确的形状，因此仅有 1 002 块面板完成 106 和 124 号作业。
3. 有 1 块面板不能恰当地旋转和成形，因此仅有 1 001 块面板进入表面处理、油漆和接受最终的验收作业。
4. 有 1 块面板未通过验收，因此仅有 1 000 块合格面板被移交给装配车间。

领料单　编号：2345

装配车间　日期：08/15/2020　生产通知单编号：62913

零件编号	名称	数量	单位成本（美元）	总成本（美元）
115	运算器	2 000	2.95	5 900.00
135	下机壳	2 000	0.45	900.00
198	螺丝	16 000	0.02	320.00
178	电池	2 000	0.75	1 500.00
136	上机壳	2 000	0.80	1 600.00
199	螺丝	12 000	0.02	240.00

签发人：AKL
接收人：GWS　　成本审批人：ZBO　　10 460.00

图 7 - 8　AOE 公司领料单

注：当物料需求提交给成本核算部门时，输入成本信息。其他信息如签章，在文档生成时由系统打印出来。

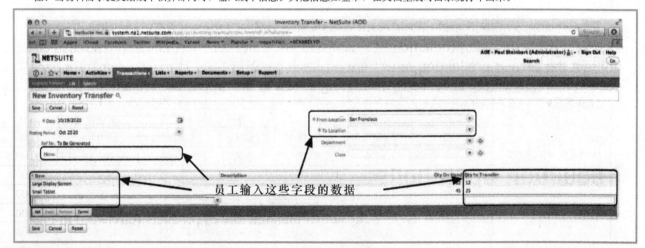

图 7 - 9　存货调拨录入界面

资料来源：2010 ⓒ NetSuite Inc.

值得注意的是，生产循环中的很多文件可以用来追踪原材料的转移和使用情况。条形码和 RFID 标签的使用消除了手工录入数据的需要，能够提高物料处理活动的效率和准确性。RFID 也方便了存货查找，因为扫描设备不会受到视野的限制。这对于大型的仓库和储存设施尤其有用，因为在那里需要转移物品来为新的出货腾出空间。

最后，准确的生产计划要求集成客户订单信息（从收入循环中获得）和供应商采购信息（从支出循环中获得）以及人力资源信息（从人力资源管理/工资循环中获得）。图 7 - 10 介绍了 ERP 系统如何实现信息集成。首先，ERP 系统检查现有的库存情况以确定执行新的订单还需要生产的产品数量。然后，计算按承诺的交付日期交货所需的人力并且确定是否需要安排加班以及雇用临时人员。同时，使用物料清单信息（如果有的话）确定需要采购哪些组件。任何采购订单都通过电子数据交换发送给供应商。随后，在主生产计划中加入新的订单。需注意，上面提及的收入、生产和支出循环之间的信息共享如何帮助企业通过安排采购时间来有效管理存货，从而满足真实的客户需求。

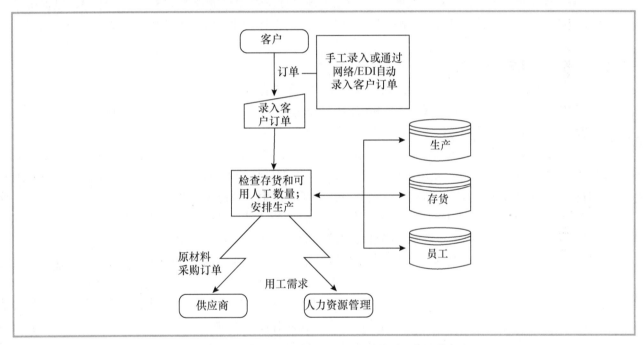

图 7 - 10　ERP 系统集成生产循环和其他循环数据的方式

□ 7.4.3　风险和控制

表 7 - 1 中展示了计划和日程安排活动的常见风险是生产过剩或者生产不足。生产过剩导致产品供给超过短期需求，以及存货占用资源导致潜在的现金流问题。生产过剩也会增加账面库存折价的风险。相反，生产不足会因为产品供应不足导致销售损失和顾客不满。

生产计划系统（控制 5.1）可以减少生产过剩或者不足的风险。这要求有准确的当前销售预测、库存数据以及由收入和支出循环提供的信息。除了改进预测，还应该定期收集产品性能信息，特别是关注每种产品生产总耗时的趋势。应该利用这些数据定期复查和调整主生产计划。

对生产通知单恰当的审批和授权（控制 5.2）是避免特定产品生产过剩或生产不足的又一项控制，同时也确保下达正确的生产订单。严格控制访问生产调度计划，能够减少未经批准的生产通知单的风险。

7.5 生产作业

生产循环的第三步是产品生产（见图 7-2 中加工 3.0）。因为企业制造的产品类型和生产过程中的自动化程度差别很大，所以各个企业完成这项活动的方式大不相同。

在生产流程中使用各种信息技术，如机器人或者计算机控制的机器，称为**计算机集成制造**（computer-integrated manufacturing，CIM）。CIM 显著影响生产流程。例如，3D 打印大大减少产品制造的时间和成本。无法利用传统工艺生产的产品可以利用 3D 技术生产出来。每件设备携带传感器（这部分有时也称为工业物联网）方便了定期检修，从而避免故障导致的成本和延误。

会计人员不需要精通 CIM 的方方面面，但是必须了解它如何影响运营和成本核算。CIM 的运行效果之一是从大量生产到客户订单制造的转变。CIM 要求重新设计存货管理系统和工作流程，以促进生产的快速变革。制造作业的灵活性也影响到成本核算系统的设计，我们将在本章最后一部分讨论这点。

7.5.1 风险和控制

我们主要关注存货被盗（风险 6）和固定资产被盗（风险 7）。除了导致资产损失，盗窃还导致资产余额的高估，导致错误的财务绩效分析和开工不足。

为了减少存货损失的风险，应该限制存货实物接触（控制 6.1），并且所有的存货内部调拨都应该予以记录（控制 6.2）。因此，使用领料单来授权生产用原材料的发出。存货控制人员和生产人员收到原材料时都应该在领料单上签字，以确认这些货物用到了生产上。超出物料清单的额外材料请求应该由主管记录和授权。可使用调拨单记录存货在生产过程各个阶段的转移。也应该记录没有用于生产的退料。在可行的情况下，利用 RFID 标签或者条形码自动跟踪存货。

适当的职责分离（控制 6.3）对存货安全来说非常重要。保管原材料和完工产品是存货仓储部门的职责。部门或生产主管对在产品负主要责任。编制生产通知单、领料单和调拨单是生产计划人员的职责，或者说日益成为生产信息系统的职责。可以使用 RFID 设备、条形码扫描仪和网络终端记录存货转移，从而保证准确的永续盘存记录。因此，适当的访问控制和兼容性测试对于确保只有经过授权的员工才能访问这些数据，是非常重要的（控制 6.4）。最后，应该由没有任何保管职责的员工定期盘点现有存货（控制 6.5）。应该对盘点数量和账面数量之间的差异进行调查。

保证固定资产安全也需要相似的控制。首先，必须识别和记录所有的固定资产（控制 7.1），以便明确管理者对固定资产承担的义务和责任。RFID 标签是符合成本效益的监控固定资产位置的方法。与存货一样，应该利用安全措施来控制固定资产的实物接触（控制 7.2）。因为制造机器和设备通常在完全报废前就被更换，所以正式地批准并且准确地记录它们的出售和处置（控制 7.3）是很重要的。所有固定资产交易的报告都要定期打印并交给财务主管，财务主管应该核实每项交易都经过合理的授权并予以执行。成本核算系统也需要准确地记录采购成本、任何改良和折旧情况，以便正确地计算出这些交易的利得或损失。

糟糕的业绩是生产作业面对的另一个风险。培训（控制 8.1）是减少风险的方法之一。事实上，制造类企业的调查报告指出：培训时间和整体生产率有直接的关系。定期编制和复核绩效报告（控制 8.2）可以帮助确定何时需要进一步的培训，因此也是十分重要的。

与生产循环有关的另一项风险是固定资产的次优投资。固定资产的过度投资会造成成本浪费；投资不足则会削弱生产能力。这两个问题都会降低盈利能力。因此，恰当的固定资产交易授权（控制 9.1）是很重要的。

固定资产并购是特殊类型的支出，遵循相同的基本业务流程（订购固定资产，收到货物，支付款项），以及第 6 章所述的控制流程。然而，大多数固定资产的交易规模使得适用于存货和其他杂项物料的采购流程需要做出一定的调整。负责提供预期现金流和成本收益信息的主管或管理者应该首推大额资本支出。所有这些议案都应该由高层主管或执行委员会复核，并按优先级对各种项目进行排序。一些较小的资本支出（例如 10 000 美元及以下）通常可以从部门预算中直接支出，避免了正式的审批程序。部门经理对于其部门固定资产的回报负有责任，这激励他们对这类支出进行控制。

另一个不同是机器和设备订单经常涉及潜在供应商的正式竞标申请。**需求建议书**（request for pro-posal，RFP）详细说明了资产应该具备的属性，并寄送到每一位潜在的供应商手里。资本投资委员会审核每一份竞标申请并选出最优的一家。一旦选定了供应商，就可以通过如第 6 章所述的常规支出循环流程来处理资产采购。尤其是要编制正式的采购订单，使用验收报告对到货资产进行正式记录，使用付款凭证授权向供应商付款。与其他采购相同的流程控制和编辑检查也应该运用于固定资产采购（细节参见第 6 章）。

表 7-1 中记录的另一个风险是存货和固定资产都可能会因火灾或其他的灾害而遭受损失。物理安全措施（控制 10.1），如灭火系统就是被设计用来防止这类灾害。然而，预防性控制从来不是 100％有效，所以组织仍需要购买足够的保险（控制 10.2），以弥补这类损失并且提供这些资产的替代品。

生产活动遭到破坏是又一项风险（风险 11）。高度自动化的生产循环活动意味着诸如加利福尼亚州近几年的断电事故等灾难，不仅会中断信息系统的功能，也干扰了生产活动。应该使用后备电源（控制 11.1）（如发电机和不间断电源设备），以确保重要的机器和设备不会因突发停电而损坏，重要的生产过程可以继续如期进行。公司也需要对关键供应商的防灾准备进行调查，并且确定重要组件的替代来源。这些对于实行精益生产的企业来说尤其重要，因为这些企业维持原材料和产成品的低库存，这些企业或者它们的供应商生产活动的任何中断都会很快导致销售损失。

网络攻击会利用工业物联网的安全漏洞破坏生产活动。网络攻击甚至会破坏生产设备，例如震网病毒影响伊朗核计划。因此，生产循环网络需要包含各种网络和逻辑访问控制（控制 11.2）。

7.6 成本核算

生产循环的最后一步是成本核算（见图 7-2 中加工 4.0）。成本核算系统的三个主要目标是：（1）提供计划、控制和评估生产经营业绩的信息；（2）为定价和产品组合决策提供准确的产品成本数据；（3）收集和加工计算存货和销售商品成本所需信息，并在公司财务报表中披露。

要顺利实现第一个目标，成本核算系统必须获取有关生产活动绩效的实时数据，以便管理人员能够做出及时的决策。要实现其余两个目标，成本核算系统必须将成本进行分类，分配到不同的产品和部门中。这需要在数据采集过程中对成本数据进行仔细的编码，因为基于不同的目的，相同的成本通常会以多种方式进行分配。例如，基于绩效评估目的，工厂监管成本会被分配计入部门，但是基于定价和产品组合决策的目的，该成本会计入某些特定的产品。

7.6.1 流程

大多数公司使用分批法或者分步法分配生产成本。**分批法**（job order costing）将成本分配给特定的产品批次或者作业，当销售的产品或者服务包含可单独辨认的项目时会使用这种成本计算方法。例如，建筑公司使用分批法计算在建房屋的成本。类似地，会计师事务所或律师事务所使用分批法计算每个审计业务或案件的成本。AOE 公司目前使用分批法。

相比之下，**分步法**（process costing）将成本计入生产循环中的每个步骤或工作中心，然后计算所有单位产品的平均成本。当相似的产品或服务被大批量生产并且难以识别独立单元时会使用分步法。例如，啤酒商对一批某种啤酒各个生产步骤的成本（例如，打浆、主蒸馏、过滤和装瓶）进行归集，然后计算这些产品每单位的平均成本。类似地，共同基金归集和分配顾客存款与提款的成本，然后计算这些交易的单位成本。

选择分批法还是分步法只影响产品分配成本的方法，并不影响收集数据的方法。现在我们来看一下如何收集耗用的原材料、人工小时费用、机器作业以及制造费用数据。

原材料使用数据　当生产开始时，发出领料单，原材料进入生产环节，增加在产品借方金额。如果需要额外的原材料，则需要记入在产品的借方。反之，任何没有使用或退回的原材料则记入在产品的贷方。很多原材料都标上了条形码以便发出和退回时可以通过扫描仪来收集使用数据。但是，对某些存货，例如液体和气体，必须仍旧手工录入。

直接人工成本　过去，AOE 公司和其他制造商使用**工作时间分配表**（job-time ticket）纸质文件来收集工时数据。这个文件记录了每名工人在每项具体工作任务中耗费的时间。现在，正如图 7-3 所示，工人使用工厂工作站的网络终端录入这些数据。为了进一步提高这个过程的效率，AOE 公司正在考虑使用编码识别卡，在工作开始和结束时工人可以通过标记读取器或条形码扫描仪来运行它。使用条形码自动获取数据可以节约大量的时间。例如，联合柴油机公司（Consolidated Diesel Company）发现如果使用条形码扫描仪获取物料使用和人工操作的数据，那么每个工作岗位和每项活动可以节约 12 秒的时间。虽然这看上去不多，但当乘以数百个工作岗位，再乘以每天成百上千名员工的活动以后，这个改变意味着生产能力提升 15%。

机器和设备使用　随着公司应用 CIM 自动化生产过程，用于制造产品的机器和设备的费用在产品成本中的占比越来越大。在生产流程的每一步都需要收集机器和设备使用以及人工成本数据。例如，工人记录其在某个工作岗位的工时，系统同时记录所使用的机器和设备以及使用时长的信息。直到最近，这些数据还是通过工厂布线来收集，布线的目的是将每件设备都与计算机系统相连。这限制了重新设计车间布局以提高生产效率的能力。因此，很多制造企业正在用无线技术来替代这种有线连接。企业能够使用新的 3D 模拟软件来评估调整车间布局和工作流程的效果，并且简单快速地实施有价值的变革。

制造费用　生产成本中不能够直接归属于某项工作或者流程的部分称作**制造费用**（manufacturing overhead）。比如水、电和其他公共设施成本；杂项物料；租金、保险以及工厂的财产税；工厂管理人员的工资。大部分这些成本由支出循环信息系统收集（见第 6 章），而管理人员工资是个例外，它由人力资源管理循环信息系统收集（见第 8 章）。

通过仔细地评估产品组合的变化如何影响总制造费用，会计人员能够在控制间接费用方面发挥重要的作用。然而，他们的工作不应该只限于收集这些数据，而应该识别导致总成本变化的内在因素。那么，这些信息能够用来调整生产计划和工厂布局以最大化效率和盈利能力。正如 AOE 公司案例所示，有效地做到这点要求重新设计成本核算系统，以使得收集和报告成本的方式与公司生产计划方法相一致。例如，精益生产强调团队合作并且寻求如何最大化产品生产团队的效率和协同效应。因此，伊丽莎白·温克意识到收集和报告个人或团队的劳动差异会造成不正常的激励，这种激励是以牺牲全局绩效来最大化局部绩效。所以，她计划重新设计 AOE 公司的成本核算系统，以使它在收集和报告成本的过程中强调所有团队的共同贡献。

□ 7.6.2　风险和控制

正如 AOE 公司案例所示，不准确的成本数据（表 7-1 中风险 12）会削弱生产计划的效果，并且降低管理人员监督和控制生产活动的能力。例如，不准确的成本数据会造成错误的产品生产决策和当前销售定价决策。存货记录的错误会导致产品生产过剩或不足。高估固定资产会增加折旧和财产税费用。低估固定资产也会导致一些问题，例如，对在用个人电脑的盘点错误会造成公司在无意识的情况下违反软件许可证要求。不准确的财务报表和管理报告会导致过去经营绩效的错误分析以及未来投资和经营变化的错误预测。

保证数据录入的最佳控制流程是正确地使用 RFID 技术、条形码扫描仪、标记阅读器和其他设备来自动收集数据（控制 12.1）。当这些方法不可用时，应该使用网络终端来录入数据并且使用数据录入编辑控制（控制 12.2）。例如，运用校验码和闭环验证确保已用物料、执行作业以及员工数量被正确输入。有效性检查，例如比较物料的零件编号和材料清单上列示的编号，能够进一步确保准确性。最后，为了检验数据库记录的准确性，应该定期进行存货和固定资产盘点，并与账面数量进行核对。

然而，仅仅成本数据准确是不够的。正如从 AOE 公司案例所看到的，设计不当的成本核算系统会错误地分配产品成本（风险 13）并且生成生产循环活动的误导性报告（风险 14），这两者都会导致错误的决策和失败。以下内容解释了作业成本系统和创新的绩效指标如何降低这些风险。

作业成本系统提升控制水平

传统的成本系统以数量为成本动因（如直接人工或者机器小时）分配间接费用。然而，很多间接费用却不随产量而变化。例如，安装和材料搬运成本随批次数量而变化，不随总产量而变化。因此，基于产量将这些间接费用分配给产品将高估大批量制造的产品成本，同时低估小批量制造的产品成本。

另外，按照直接投入的人工来分配间接费用会扭曲各产品成本。生产中的直接人工随工厂自动化投入的增多而下降。因此，单位人工所承担的间接费用大大增加。结果，生产两种产品所用人工的微小差异将会导致产品成本的巨大不同。

作业成本法（activity-based costing）可以完善和改进分批法和分步法成本系统下的成本分配。它试图将成本追溯到产生它们的作业，例如打磨和抛光，然后才将其分配到产品和部门。作业成本法的潜在目标是将成本和公司战略联系在一起。公司战略目标决定了生产哪种产品或提供哪种服务。为了生产产品和提供服务必须执行作业，进而发生成本。所以，公司战略决定了成本。因此，通过计算基础作业的成本，例如物料搬运或执行采购订单，作业成本法向管理层提供了评估战略决策影响的信息。

作业成本系统和传统的成本核算系统在以下三个重要方面存在差异：

1. 作业成本法试图直接将大量的间接费用追溯到产品。信息技术的发展使其成为可能。例如，RFID技术和条形码方便了追踪每个产品或生产流程部件使用的准确数量。当采用作业成本系统时，会计人员观察生产过程并且与工人和主管面谈，以更好地了解生产作业影响成本的方式。

2. 作业成本系统使用许多成本池来归集间接成本（制造费用）。大多数的传统成本系统将所有的间接费用合并到一起，而作业成本法区分出三种不同的间接费用：

● **与批次相关的间接费用**。例如生产准备成本、质量检查和物料搬运成本。作业成本系统按批次归集成本，然后将它们分配到该批次的单位产品中。因此，比起小批量生产的产品，大批量生产的产品存在更低的单位产品间接费用。

● **与产品相关的间接费用**。这些成本和公司产品线的多样性有关，例如研发、催货、装运和验收、环保以及采购等成本。作业成本系统试图在可能的情况下将这些成本和某项产品联系起来。例如，如果公司有三条产品线，一条排放有害废弃物，那么作业成本系统会将所有的环保法规成本计算到该条产品线的产品中。其他的成本，像采购原材料的成本，可能会基于生产每种产品所需要的采购订单的相对数量来进行分配。

- **公司层面的间接费用。**这个类别的成本包括租赁成本、财产税等在内。这些成本适用于所有的产品。因此作业成本系统通常按照部门/工厂制造费用分配率来分配这些成本。

3. 作业成本系统通过识别成本动因把间接费用合理地分配到产品中。**成本动因**（cost driver）是指有成本因果关系的活动或事项。例如，执行的采购订单数量是采购部门成本的一个成本动因。也就是说，执行采购订单的全部成本（例如，采购部门工资、邮寄费）与执行的采购订单数量成正比。在本例中，作业成本系统的成本动因通常是非财务变量。相反，传统成本系统通常使用财务变量（例如采购金额）作为分配制造费用的基础。

ERP系统使得作业成本法的实施更加简单，因为它提供了处理交易所需步骤的详细信息。例如，制造产品所需物料的请购时间（以及由此产生的成本）取决于完工产品中组件的数量。会计人员和工程师可以观察并计算出从库存中取出一个组件所需要的平均时间。然后，用这个时间乘以生产通知单上的组件数量（ERP系统自动记录），就可以计算出每个不同的完工产品所需要的材料请购成本。

作业成本法的支持者认为作业成本法有两个重要的好处：更准确的成本数据会带来更好的产品组合和定价策略；更详细的成本数据提升了管理者控制和管理总成本的能力。

更好的决策　传统的成本系统常常对一些产品分配过多的间接费用，另一些产品则分配过少，这是使用了过少的成本池所致。这导致了两类问题，而这两类问题都是AOE公司所遇到的。首先，公司会接受一些低于实际生产成本定价的销售合同。结果，虽然销量上升，利润却下降了。其次，公司对另一些产品定价过高，招致市场上出现新的竞争者。具有讽刺意味的是，如果能够获得更准确的成本数据，公司将会发现在降价以挤走竞争者的同时每笔销售仍会有盈利。作业成本法把间接费用划分成三类，并使用与生产有因果联系的成本动因，可以避免上述问题。因此，产品成本数据更加准确。

作业成本法也能够更好地使用产品数据来改善产品设计。例如，执行采购订单的相关成本可以用来计算与完工产品组件相关的间接采购成本。工程师利用这些信息以及不同产品组件的相对使用数据，识别出可以被更低廉和更常用的零件取代的组件。

最后，作业成本数据通过提供与特定作业相关的成本，而不是将成本按照财务报表科目分类的方法，提高管理者的决策水平。表7-3显示了通过关注重点流程，重新整理数据来提高管理分析能力的方法。注意：传统的成本报告关注超出预算的差旅和软件成本。相比之下，作业成本报告显示的是哪些作业（培训、检测、维护和系统分析）超出了预算，而哪些没有。

表7-3　比较基于作业成本系统的报告和基于传统成本系统的报告　　　　　　　　单位：美元

传统成本报告			
	预算数	实际数	差额
薪金	386 000	375 000	11 000
计算机软件	845 000	855 000	（10 000）
差旅	124 000	150 000	（26 000）
物料	25 000	20 000	5 000
合计	1 380 000	1 400 000	（20 000）

作业成本分析			
	预算数	实际数	差额
系统分析	200 000	210 000	(10 000)
编码	440 000	400 000	40 000
测试	235 000	250 000	(15 000)
维护	250 000	275 000	(25 000)
用户支持	90 000	50 000	40 000
报告	87 000	75 000	12 000
培训	78 000	140 000	62 000
合计	1 380 000	1 400 000	(20 000)

提升成本管理水平　作业成本法的另一个优势是清晰地度量了管理活动对于整体盈利能力的影响。传统的成本系统只度量了获取资源的成本，然而，作业成本系统度量了获取资源和消耗资源两者的成本。这个差别反映在下面的公式中：

$$可用作业成本＝使用的作业成本＋未使用的作业成本$$

以 AOE 这样的制造公司的验收职能为例。每个月验收部门的全体员工包括工资和福利在内的成本代表着提供这项职能（从供应商那里接收货物）的成本。假设验收部门的月工资费用是 100 000 美元，并且假设员工数量足够处理 500 单位货物量。每批货物的处理成本是 200 美元。最后，假设实际接收了 400 单位的货物量。作业成本系统就会报告验收作业的实际成本是 80 000 美元（200×400），剩余的 20 000 美元工资费用代表未使用的作业成本。

这样，作业成本系统生成的绩效报告有助于管理者关注某一经营范围的政策决定如何影响到另一个经营范围的成本。例如，采购部经理决定增加最小订购量来获得更大的折扣。这将减少验收部门需要处理的到货次数，因而增加未使用的作业。类似地，改善作业效率的操作，例如要求卖方将产品装在贴有条形码的容器内，增加了实际处理能力并且创造了额外的未使用的作业。这两种情况下，作业成本绩效报告都强调管理者重视过剩的处理能力。那么，管理者就能够将这些未使用的处理能力应用到其他的创收作业中，以提高盈利能力。

创新绩效指标提升控制水平

现代生产方式，如精益生产，显著区别于传统的大规模生产。一个主要的区别是完工产品库存量锐减，因为生产计划是基于客户订单而不是前几年的预测。虽然从长期来看是有利的，但是通常会导致短期盈利能力的下滑。原因是：传统的财务会计把存货视为资产，直到产品售出时才确认存货的销售成本。当一个公司从大规模生产转为精益生产时，它减少了现有的库存水平，导致以前期间的存货成本在当前费用化。另外，因为精益生产寻求最小化多余存货，所以几乎所有的人工费用和间接费用都在当期费用化，而不是分配给存货从而形成资产并递延到以后各期。这些变化的综合效应通常显著增加转换为精益会计的年度费用。虽然这种效应只是暂时的，却受到管理者的极大关注，特别是当管理者的绩效评价主要基于公司披露的财务报表的情况下。

为了解决这些问题，服务于企业并且已经接受精益制造技术的注册会计师（CPA）建议在基于公认会计原则（GAAP）的传统财务报告的基础上补充基于精益会计[①]原则的补充报告。调整建议包括将成本分

---

① The introductory material in this section is based on an article by Karen M. Kroll，"The Lowdown on Lean Accounting," *Journal of Accountancy*（July 2004）：69-76.

配给产品线而非部门。例如，所有的设计、生产、销售、交货、处理客户付款以及售后支持等成本全部按产品分组。另一项建议包括将间接成本单独列项，而不是并入产品销售成本中计算。精益会计报告同样将存货变动确认为一项单独费用，以便更加清晰地反映库存水平对报告利润的影响。

除了改变绩效报告的结构，会计人员还应该制定和完善新的措施，这些措施旨在关注对于生产循环管理者来说重要的问题。单位时间的可用产出和质量控制措施是两个特别重要的问题。

生产能力：生产效率的度量　　生产能力（throughput）代表了给定时间内生产的产品数量。它由三个要素组成，每一个要素都可以被独立控制。正如下面的公式所展示的[①]：

$$生产能力 = (全部产量/加工时间) \times (加工时间/总时间) \times (合格品/总产品)$$

产能是公式的第一项，体现了在现有技术条件下的最大产量。产能的增加可以随着人力或者机器效率的提高、重新安排车间布局以加快物料的移动或者简化产品的设计规格来实现。高效的加工时间是公式的第二项，指出了产品生产占总时间的百分比。通过提高保养水平减少机器停工时间或者更有效的物料安排提高加工效率，可以缩短交付等待时间。产出是公式的第三项，代表了合格产品占比。使用质量更好的原材料或者提高工人技能能够提高产出水平。

质量控制措施　　质量成本信息帮助公司确定提高产出水平达到的效果以及进一步提高产出的途径。质量控制成本可以分成四个部分：

1. 预防成本：改变产品生产流程以减少产品废品率的相关成本。

2. 鉴定成本：检测产品是否达到质量标准的相关成本。

3. 内部损失成本：产品在销售前被发现存在质量问题而返工、报废的相关成本。

4. 外部损失成本：因有质量问题的产品销售给客户而产生。包括产品责任索赔、保修和维修费用、客户满意度下降以及公司信誉受损等。

质量控制通过生产出满足顾客需求的产品来实现"事情要一次做对做好"这一最终目标。这通常要求在四种质量成本类别之间权衡。例如，增加预防成本能够降低鉴定成本、内部损失成本和外部损失成本。然而，很多公司发现增加降低废品率的支出能够减少生产总成本。另外，改善质量控制能够帮助公司变得更环保。例如，当印第安纳州的斯巴鲁（Subaru）工厂重新设计生产流程后，每辆车的生产用电量减少了14％，并且彻底消除了需要填埋的废弃物。

本章习题

1. 生产循环的哪个阶段决定了大部分的生产成本？ _____

a. 产品设计
b. 生产计划

c. 生产作业
d. 成本核算

2. 以下哪项是条形码相对于 RFID 的优势？ _____

a. 速度
b. 准确

c. 成本
d. 安全

3. 下列哪个文件列示了制造某一产品所需的组件？ _____

a. 操作清单
b. 主生产计划

c. 物料清单
d. 生产通知单

---

①　This formula was developed by Carole Cheatham in "Measuring and Improving Throughput," *Journal of Accountancy* (March 1990)：89–91.

4. 下列哪个文件记录了生产中使用的人力信息？_____

a. 调拨单
b. 工时卡

c. 操作清单
d. 物料清单

5. 在质量成本的组成部分中，下列哪一项的增加会造成其他三项的减少？_____

a. 预防成本
b. 鉴定成本

c. 内部损失成本
d. 外部损失成本

6. 作业成本法可以改善下列哪项成本计算？_____

a. 分批法
b. 分布法

c. 分批法和分布法
d. 既不是分批法也不是分布法

7. 下列哪个系统最适用于根据顾客需求来安排大批量标准产品生产的企业？_____

a. MRP-Ⅱ
b. 精益生产

c. 作业成本法
d. 生产能力

8. 开发 MPS 对防范以下哪种风险最有帮助？_____

a. 记录和过账错误
b. 存货丢失

c. 生产劣质产品
d. 过度生产

9. 下列哪项控制流程对于减少存货丢失风险是无效的？_____

a. 限制接触存货实物

b. 记录公司内部所有的存货流转

c. 重点关注偏离标准值的物料使用报告

d. 定期进行存货盘点并且对所有的盘点数量和账面记录数量差异进行调查

10. 给定一段时间内产品的产量称为_____。

a. 产能
b. 生产加工时间

c. 产量
d. 生产能力

问题讨论

1. 当作业成本报告指出存在产能过剩时，管理层应该找到减少过剩产能的途径，比如增加收入或者缩小规模。什么因素会影响管理层的决策？管理者不同的选择对企业行为存在哪些负面作用？这些负面作用对于长期使用作业成本系统的影响又是什么？

2. 为什么会计人员要参与产品设计？在洞悉成本方面，会计人员的贡献与采购部经理或工程师相比有哪些不同？

3. 一些公司不再对直接人工成本（按不同活动进行分解）进行收集和报告。取而代之的是，一线主管负责控制总的直接人工成本。这样做的理由是人工成本只占产品生产成本的一小部分，不值得花时间和精力对个别活动进行追踪。你同意这个观点吗？为什么？

4. 一般来讲，麦当劳（McDonalds）根据预期需求，在顾客点单之前就制作好了菜单。而相反，汉堡王（Burger King）只有在顾客点单后才制作菜单。这两家公司分别使用了什么系统（MRP-Ⅱ 还是精益生产）？这两个系统的优缺点分别是什么？

5. 一些公司从例外管理观转变为持续改善观。这个改变很小但很重要。持续改善观关注实际绩效和理论绩效（例如完美绩效）的差异。因此，所有的差异都是负面的（你怎么能比完美做得更好呢）。最大差异指出了存在最大"浪费"的地方，因此也是提高利润的最好机会。这个观点的优缺点各是什么？

习题答案

1. 正确选项 a，产品设计阶段所制定的决策决定大部分成本。同理，选项 b，c，d 错误。

2. 正确选项 c，通常，条形码比 RFID 要便宜。选项 a 错误，RFID 技术能够在同一时间读取多个对象的信息，然而条形码扫描仪只能在同一时间读取一个对象。此外，雇员需要花时间将每一个物品的条形码对准扫描仪。选项 b 错误，在一些应用中，RFID 比条形码更加准确。例如在零售店中，当货物相似但不相同的时候（如不同口味的苏打水），员工通常只输入一种商品条形码，然后输入所有商品的数量（如 7 个），而不是一个一个地扫描；相反，RFID 读取器会识别出被出售的每件商品。选项 d 错误，在安全性方面，RFID 和条形码没有区别。

3. 正确选项 c，物料清单列示了产品组件。选项 a 错误，这个文档列示了产品的生产步骤顺序。选项 b 错误，这个文档用于安排生产活动。选项 d 错误，这个文档是对生产活动的授权。

4. 正确选项 b，该文件记录了每项活动花费的时间。选项 a 错误，调拨单记录了原材料转移。选项 c 错误，该文件指出了产品的生产步骤顺序。选项 d 错误，物料清单指出了产品生产所需的组件。

5. 正确选项 a，增加预防成本通常可以减少产品检测时间和成本，以及不合格产品的比例。选项 b 错误，鉴定成本的提高并不一定降低其他三项质量控制的成本。选项 c 错误。内部损失成本的提高对预防或检验成本没有任何作用。选项 d 错误，增加外部损失成本对降低质量成本的其他部分没有作用。

6. 正确选项 c，作业成本法可以和分批法或分步法一同使用。同理，选项 a，b，d 错误。

7. 正确选项 a，MRP-Ⅱ是推式生产，适合需求可预测的标准化产品的大规模生产。选项 b 错误，精益生产仅根据客户订单来生产产品，从而最小化存货水平。选项 c 错误，作业成本法是成本分配系统，而不是生产计划技术。选项 d 错误，生产能力是效率的量度。

8. 正确选项 d，MPS 安排生产以满足需求，因此，减少了过度生产的可能。选项 a 错误，数据验证和流程控制能够最大限度地减少记录和过账错误。选项 b 错误，访问控制和频繁的存货盘点可以最大限度地降低存货被盗风险。选项 c 错误，生产设计解决了这个问题。

9. 正确选项 c，虽然差异可能意味着偷窃，但是它们也可能反映效率的改变。选项 a 错误，实物接触控制是降低存货被盗风险的重要方法。选项 b 错误，完善的文档是降低存货被盗风险的重要控制。选项 d 错误，对存货进行定期盘点是降低存货被盗风险的重要控制。

10. 正确选项 d，生产能力是对单位时间内合格产品生产数量的度量。选项 a 错误，产出是生产能力的一部分，它反映了单位时间内合格产品和不合格产品的生产总数。选项 b 错误，高效的加工时间是生产能力的组成部分，它衡量了实际用于生产的时间占比。选项 c 错误，产出是生产能力的一部分，它衡量了每批次合格产品的产出比例。

第8章

人力资源管理和工资循环

学习目标

通过学习本章，你应该能够：

1. 掌握人力资源管理/工资循环的主要业务活动、关键决策和信息需求，影响各项活动的风险及其风险控制。

2. 理解工资循环的主要业务活动、关键决策和信息需求，影响各项活动的风险及其风险控制。

3. 讨论和评价人力资源管理/工资循环活动的外包选择。

综合案例

AOE 公司

像很多公司一样，AOE 公司没有在同一时间完全实施企业资源计划系统的所有模块。它首先关注收入和支出循环与生产循环的集成，然而却依然沿用已有的工资和人力资源管理系统。因此，像其他很多公司一样，AOE 公司目前拥有独立的人力资源管理和工资系统。在会计部门控制下的工资系统计算员工薪酬并按政府规定保存相关记录。工资系统使用批处理方式：时薪雇员工资是双周支付；月薪雇员和佣金员工工资是每月支付。人力资源部运行的人力资源管理系统保存员工工作经历、技能和福利文件；这些文件每周更新。每个系统都独立存档自己的文件，有时会以不同的形式存储相同的数据，例如工资率。这使得会计人员集成人力资源管理和工资数据来编制报告非常困难。

彼得·吴是 AOE 公司新任的人力资源副总裁，想要解决 AOE 公司工资和人力资源管理活动的诸多问题：工资处理成本上升，员工对于获取福利和养老金信息所需要的漫长等待时间感到不满。另外，现有的人力资源管理系统很难准确地追踪员工的技能发展，这妨碍了有效地对 AOE 公司培训和继续教育投资进行评估。因此，员工获得参加专业培训课的批准就变得困难且耗时。另外，经理们倾向于雇用外部人员来满足新的员工需求而不是提拔或者调动现有的员工，这打击了员工的士气。彼得认为企业资源计划系统的工资和人力资源管理模块的实施能够解决这些问题。

彼得约见了伊丽莎白·温克以及安·勃兰特，商量将 AOE 公司目前独立运行的工资和人力资源管理系统集成到新的企业资源计划系统中。伊丽莎白和安认同这样的转换将改善工资处理和人力资源管理的有效性。他们着手制定一份系统转换的详细时间表。在阅读本章时，请想一想人力资源管理和工资活动之间的关联以及集成数据库如何使得这两个功能更加有效。

8.1 引 言

人力资源管理/工资循环（human resources management/payroll cycle）是与有效管理员工相关的一组业务活动循环及其数据处理流程。主要任务包括以下几个方面：

1. 招聘和雇用新员工；

2. 培训；

3. 工作分配；

4. 薪酬（工资）；

5. 绩效评价；

6. 自愿或非自愿地解雇员工。

每位员工只执行一次任务 1 和任务 6，而只要员工在公司工作，就会反复执行任务 2 到任务 5。在大多数的公司，这六项活动被划分在两个独立的系统中执行。任务 4，向员工支付薪酬，是工资系统的主要功能（另外，正如第 7 章所讨论的，工资系统也将人工成本分配给产品和部门以供产品定价以及制定组合决策）。人力资源管理系统完成剩下的五项任务。在很多公司，人力资源管理系统和工资系统在组织结构上是独立的。人力资源管理系统通常由人力资源主管负责，工资系统由财务主管负责。然而，如图 8-1 所示，企业资源计划（ERP）系统将这两组活动整合在一起。

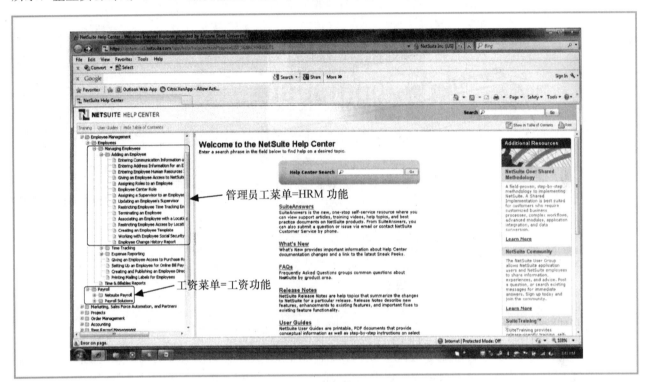

图 8-1　集成人力资源管理和工资管理的 ERP 系统

资料来源：2010 ⓒ NetSuite Inc.

本章主要关注工资系统，因为传统上会计人员负责这项功能。首先阐述集成人力资源管理/工资系统的设计和基本控制，这些控制可以确保系统向管理层提供可靠信息，并且确保系统符合必要的政府规章。接着，详细地描述每一项基本的工资循环活动。最后，探讨工资和人力资源的职能外包。

8.2　人力资源管理/工资循环信息系统

图 8-2 描述了为人力资源管理/工资循环提供支持的 ERP 系统。人力资源管理的相关活动（雇用、解雇、转岗和培训等信息）以及员工工时信息的收集每天都会进行。支付工资的活动却只是定期发生，因为对绝大多数组织来说，员工工资是按照周、双周或者月而不是每天来支付的。因此，工资仍按照批处理模式进行处理。

8.2.1　人力资源管理和信息需求概述

组织的成功依赖于有技能和有干劲的员工，因为他们的知识和技能会影响提供给顾客的产品和服务的

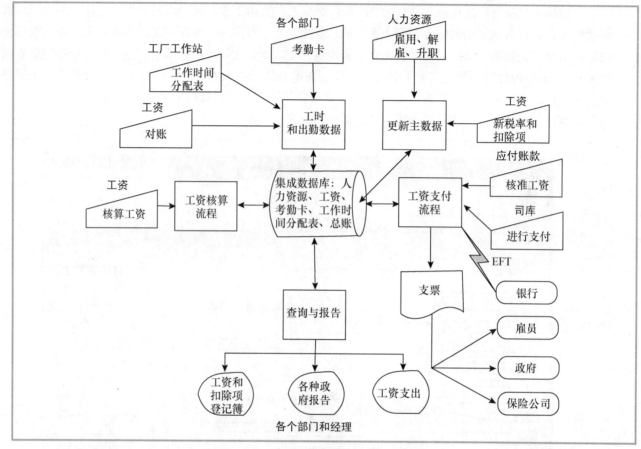

图 8-2　人力资源管理和工资 ERP 系统

质量。事实上，在一些专业服务组织，如会计师事务所和律师事务所，员工的知识和技能是公司产品最主要的组成部分，而人工成本是创收过程中最主要的支出。即使在直接人工成本只占所有直接成本一小部分的制造类企业，员工也是一个很重要的成本动因，因为他们的工作质量影响着整体生产率和产品不合格率。因此，一些股票分析师认为员工技能和知识的价值可能几倍于公司的有形资产（例如存货、房地产或是设备），这种看法也就不足为奇了。

为了能够有效地利用组织的员工，人力资源管理/工资系统必须收集和存储管理者在回答下列问题时所需要的信息：

- 组织需要多少员工才能实现战略计划？
- 哪些员工具有特殊的技能？
- 哪些技能是急需的？哪些技能是过剩的？
- 现在的培训项目在维持和提高员工技能水平上的效果如何？
- 整体绩效是提高还是降低了？
- 有没有离职、迟到或旷工方面的问题？

人力资源管理/工资系统的主数据库（见图 8-2）提供了解决这些问题所需要的信息。然而，它通常只包含描述性的信息，例如哪些员工拥有哪些技能以及谁参加了各种各样的培训项目。虽然这样的信息使管理者可以制定出人事方面的相关决策，但是它无助于管理者利用员工所拥有的特殊知识和专长。

为了更有效地利用员工的知识和技能，很多组织都对知识管理系统进行建设。**知识管理系统**（knowledge management systems）不仅起到识别每一位员工专业领域的作用，还能够采集并存储知识以便和其他人分享。知识管理系统可以大大地提高生产效率。例如，专业的咨询公司通常为很多不同的客户提供相似的服务。知识管理软件使得咨询师可以在共享数据库中存储他们对于特殊问题的解决方案，作为满足其他客户需求的模板。这种对知识的重复利用节省了未来工作的时间。访问共享数据库，员工可以从来自不同地区的拥有解决这类问题相关经验的同事那里学到解决方法。

认识到员工知识和技能的价值有助于公司更好地理解过度离职的真实成本。除了和雇佣过程（做广告、背景调查、面试候选人等）相关的直接成本，雇用临时工、培训新员工以及在新员工学会如何完成工作之前的产量减少都是与此相关的成本。预计取代一名员工的总成本是这个被取代的员工薪水的 1.5 倍。所以，与有较高离职率的行业竞争者相比，那些离职率低于行业平均水平的组织能够节约大量的成本。例如，有两家公司，每家都有 1 500 名员工，他们的平均年薪是 75 000 美元。一家公司每年有 20％ 的人员离职，而另一家只有 8％。离职率为 20％ 的公司将产生 2 250 万美元的费用（300 名员工乘以 7.5 万美元）来替代员工，相比之下离职率为 8％ 的公司只需支付 900 万美元。当然，某些人员流动是常见的现象并且可能是有益的。例如，专业咨询机构通常鼓励一定量的人员流动，因为它们相信这是提供新创意的重要来源。问题的关键是控制和管理好离职率以使它们不至于过高。

员工的士气也很重要。士气低落造成人员离职，从而产生财务成本。相反，越来越多的例子表明士气高涨可以改善客户服务质量，从而创造财务收益。研究发现，员工态度和财务绩效存在正相关关系，尤其是在高度竞争的行业。[①] 因此，很多公司改善工作环境和员工士气就不足为奇了。

8.2.2　风险和控制

图 8-2 表明，所有的人力资源管理/工资循环活动都基于集成数据库，集成数据库包括员工、工资和员工工时信息。因此，表 8-1 中列示的第一个风险就是主数据的不准确或者无效。不准确的员工主数据导致人员过多或人员不足。它也会因为将不完全合格的员工分配去做某些工作而导致（工作）低效率。不准确的工资主数据导致员工薪酬支付的错误，而这会严重地影响员工士气。另外，组织会因为错误地扣缴个人所得税而受罚。员工工时数据错误会导致不准确的绩效评估以及公司产品和服务成本计算不准确。

表 8-1　人力资源管理/工资循环风险和控制

活动	风险	控制（第一个数字对应相应的风险）
整个人力资源管理/工资循环的一般问题	1. 不准确或者无效的主数据 2. 未经授权披露敏感信息 3. 数据丢失或损毁 4. 雇用不合格的或有盗窃行为的员工 5. 违反劳工法	1.1　数据处理完整性控制 1.2　限制访问主数据 1.3　复核所有主数据的变动 2.1　访问控制 2.2　加密 2.3　标记 3.1　备份和灾难恢复程序 4.1　有效的雇佣流程，包括验证工作申请者的身份、技能、推荐人和工作经历 4.2　调查所有申请财务相关职位人员的犯罪记录 5.1　完整的雇佣记录、绩效考核和解雇流程文件 5.2　对于劳工法变更的持续教育

① Alex Edmans, "Does the Stock Market Fully Value Intangibles? Employee Satisfaction and Equity Prices," (June 2010), SSRN. com/abstract＝985735; Rajiv D. Banker and Raj Mashruwala, "The Moderating Role of Competition in the Relationship between Nonfinancial Measures and Future Financial Performance," *Contemporary Accounting Research* (24：3，Fall 2007)：pp. 763-793.

续表

活动	风险	控制（第一个数字对应相应的风险）
更新工资主数据	6. 未经授权改变工资主数据 7. 不准确地更新工资主数据	6.1 职责分离：人力资源管理部门更新主数据，只有工资部门才能发工资 6.2 访问控制 7.1 数据处理完整性控制
确认工时和考勤数据	8. 不准确的工时和考勤数据	8.1 源数据自动采集 8.2 生物认证 8.3 职责分离（核对工时卡和考勤卡） 8.4 主管复核
计算工资	9. 工资核算错误	9.1 数据处理完整性控制：批次总数，交叉核对工资登记簿，使用工资结算账户和零余额检查 9.2 主管复核工资登记簿和其他报告 9.3 编制员工工资对账单 9.4 对照 IRS 指南复审员工是否被正确地划分为正式工和临时工
支付工资	10. 盗窃或伪造工资发放	10.1 限制接触空白支票和支票签名器 10.2 限制访问电子资金转账系统 10.3 工资支票预先编号并定期清点。复核所有的 EFT 直接入账交易 10.4 所有工资要求存在恰当的支持性文件 10.5 使用独立的支票账户支付工资 10.6 职责分离（现金与应付账款；支票发放和雇佣/解雇；独立核对工资支票账户） 10.7 限制访问工资主数据库 10.8 验证所有收到工资的员工身份 10.9 重新存入无人领取的工资并调查原因
支付个人所得税和杂项扣除	11. 未缴纳必要的款项 12. 未及时缴款 13. 缴款数额不准确	11.1 根据 IRS 指南设置系统以支付所需款项 12.1 同 11.1 13.1 处理完整性控制 13.2 主管复核报告 13.3 员工复核工资对账单

　　避免不准确或无效主数据的一种方法是使用各种处理完整性控制，将数据输入错误的风险最小化（控制 1.1）。严格控制数据访问和设置系统，只允许经过授权的员工更改主数据（控制 1.2），这些措施都是非常重要的。这要求改变 ERP 系统中员工角色的默认设置，以恰当地分离不相容职责。例如，考虑以下情形：一名工资结算员键入了数据库中不存在的员工姓名。大多数集成 ERP 系统的默认设置会询问这名工资结算员是否想要创建一名新的员工记录。由于这样做使得记录（工资）的员工也能够创建新的账户，因此违反了职责分离原则。同样，很多系统的默认设置不仅允许工资结算员读取，而且允许他们更改员工工资主文件中的薪酬信息。这些例子只是财务主管或者首席财务官需要复查的一部分内容，复查是为了保证各种使用者只被赋予了完成工作需要的权力。虽然不同软件包更改系统默认设置的步骤有所不同，但是要清楚需要做出何种更改，只需要对不同业务流程的恰当的职责分离存在正确的理解即可。然而，因为这种预防性控制绝不会 100% 有效，表 8-1 也指出一个重要的检测性控制，即定期生成报告以披露所有主数据变动并且检查这些变动（控制 1.3），以证实数据库是准确的。

　　人力资源管理/工资循环中的第二个常见风险是未经授权披露敏感信息，如个别员工的工资和绩效评估情况。如果员工知道他们的工资与同事相比有很大差异，那么这种信息公开可能会打击员工士气。另外，未经授权公开绩效评估或者是公开员工被开除的原因可能会使组织面临法律纠纷。减少未经授权公开工资数据的最好控制流程是使用多重身份认证和物理安全控制以限制访问人力资源管理/工资主数据，只允许需要访问主数据才能完成工作的员工实现访问操作（控制 2.1）。设置系统来限制员工使用系统自带查询功能也是非常重要的，这能够防止间接地推导出敏感信息。例如，平均工资查询只有在查询集足够大的时候才被允许操作。否则，就会有人通过查询他和另一个员工的平均工资来推算出后者的工资。数据库加密（控制 2.2）能提供进一步的保护，它使得未经授权的员工即使访问了数据库也无法理解信息。加密也防止了信息技术员工虽然没有访问 ERP 系统的权力，但通过操作系统应用程序来查看敏感信息。员工ID 或社会安全码标记（控制 2.3）进一步限制有权运行工资系统的员工窥探工资数据。

　　人力资源管理/工资循环的第三个常见风险是主数据的丢失和损毁。降低这种风险的最佳方法是应用备份和灾难恢复程序（控制 3.1）。

　　人力资源管理/工资循环的第四个常见风险是雇用不合格的或者有盗窃行为的员工。雇用不合格的员工会导致生产成本增高，雇用有盗窃行为的员工会导致公司资产被盗。处理这两个问题的最好办法是恰当的雇佣程序（控制 4.1）。每一个空缺职位的技能要求都应该明确地列示在职位控制报告之中。应该要求候选人签署一份工作申请表的声明，在声明中承诺所提交信息的准确性并且同意对申请者的证书和工作经历等背景进行全面核查。对于申请者证书的独立验证是很重要的，因为简历中经常包括虚假的或是经过修饰的信息。例如，《华尔街日报》（*Wall Street Journal*）披露很多企业高管的简历中都包含无法验证的信息；在某些情况下，高管会辞职或被辞退。为了减少雇用有盗窃行为的员工，针对会接触到财务数据和资产的职位，组织应该雇用专业公司对所有申请者的背景进行全面检查（控制 4.2），以辨别申请者是否有犯罪前科。

　　人力资源管理/工资循环的第五个常见风险是违反雇用和解雇员工的法律和规定的风险。政府会对违反劳工法的企业给予严厉的处罚。另外，受到就业歧视的受害者会对组织提起民事诉讼。表 8-1 表明，减少这些潜在风险最好的控制流程是仔细记录所有与做广告、招聘和雇用新员工以及解雇员工相关的行为（控制 5.1），以证明其符合政府规定。持续培训（控制 5.2）以了解最新的劳工法也是很重要的。

8.3　工资循环活动

　　图 8-3 展示了工资系统的顶层数据流程图。它显示了工资系统的五个主要（信息）输入来源。人力资源管理部门提供有关雇用、解雇以及涨薪和升职引起的工资率变化信息。员工主动修改自愿性抵扣项目（例如缴纳养老金）。各个部门提供员工实际工作时间的数据。政府部门提供税率以及如何满足规章制度的指南。类似地，保险公司和其他机构提供计算和缴纳各项税款的指南。

　　图 8-3 显示出支票（可能是电子版的）是工资系统主要的输出。员工收到工资作为服务报酬。工资支票被送交银行以将公司的资金从一般账户转到工资账户上。支票也被签发给政府、保险公司和其他机构来履行公司的义务（例如，税金和保险费）。另外，工资系统也会生成供内部和外部使用的各种报告，这些将在后面进行讨论。

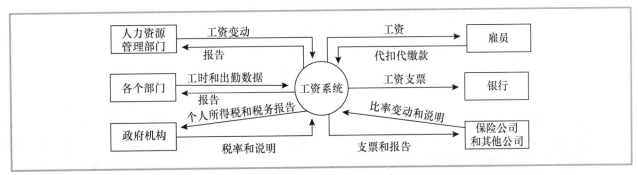

图 8-3　人力资源管理/工资循环中工资部分的顶层数据流程图

图8-4展示了工资循环中的主要活动。现在来讨论每一项活动。我们将阐述实施和管理活动所需的信息是如何收集、加工和存储的，也将论述保证信息可靠和组织资源安全的控制措施。

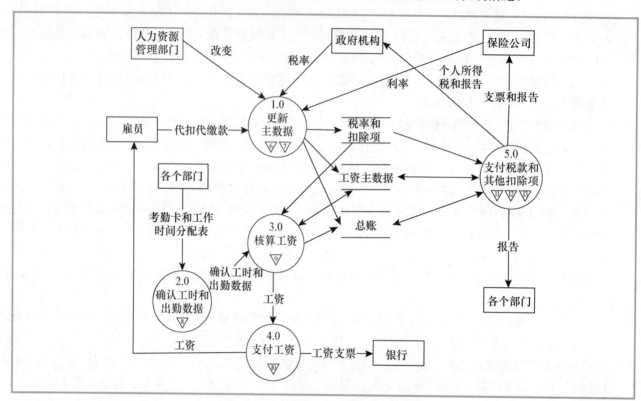

图8-4 工资循环中的0层数据流程图

□ 8.3.1 更新工资主数据库

人力资源管理/工资循环的第一项活动是更新工资主数据库以反映各种内部变动：新的雇用、解雇、工资率的变动或是自愿性扣缴项的变动（见图8-4中加工1.0）。另外，需要定期更新主数据库来反映税率和保险费的变化。

流程

图8-2显示人力资源管理部门负责更新工资主数据库的内部雇佣变化，而工资部门会在收到各个政府部门和保险公司的变动通知时，负责更新税率和其他工资扣减项信息。虽然工资是分批处理的，但人力资源管理部门可以在线更新工资主数据库，以便所有的工资变动都被及时录入并且恰当地反映在下一期的支付中。辞职或者被解雇的员工记录不应该立即删除，因为一些年末的税务报告，包括W-2表格，要求包括一年内任何时间所有为组织工作的员工数据。

风险和控制

对工资主数据未经授权的修改（见表8-1中风险6）会因为员工收入不公平而导致费用上升。适当的职责分离（控制6.1）是应对这种风险的主要控制流程。正如图8-2所示，只有人力资源管理部门能够更新雇佣、解雇、加薪和升职等工资主文件。因此，人力资源管理部门的员工不应该直接参与工资处理或收入分配。这种职责分离可以防止接触支票的员工通过伪造虚假员工或者更改工资率来套取工资的行为。另外，所有工资主文件的修改都应该由提出修改建议以外的职员来复核和批准。为了方便复核，系统应该生成列示所有工资改变的报告，并将这些报告报送每一个受此影响的部门主管进行复核。

控制对工资系统的访问（控制 6.2）也是很重要的。这个系统应该将用户 ID 和密码与访问控制矩阵相对比，判断每个员工可以执行的操作以及确定每个员工可以访问的文件。

另一个风险是对工资主数据的错误更新。这会导致员工工资支付错误以及因为没有正确扣缴所得税而受罚。为了降低这种风险，适当的处理完整性控制，如员工工号的有效性检查和对变动进行合理性测试，应该应用到每一个工资变动交易中（控制 7.1）。而且，让部门经理复核本部门所有员工变更报告（控制 7.2）能够及时发现错误。

8.3.2　确认工时和考勤数据

工资循环的第二步是确认每个员工的工时和考勤数据（见图 8-4 中加工 2.0）。

流程

工时和考勤数据的收集方法随着员工付薪方式的不同而不同。对于按小时支付工资的员工，很多公司使用**考勤卡**（time card）来记录员工每天到岗和离岗的时间。固定月薪的员工（例如经理和专业人员）很少在考勤卡上记录他们的工作时间。相反，他们的主管会以非正式形式监控他们是否在岗。

正如第 7 章所讨论的，制造类企业也使用工作时间分配表来详细记录每名员工如何使用他们的时间（例如，他们执行何项工作）。工作时间分配表数据用来分配不同部门、成本中心和生产作业的人工成本。同样，会计师事务所、律师事务所和咨询公司等专业服务机构的专业人员需要记录完成各项工作以及服务每位客户所花费的时间，并将数据记录在**工作时间记录卡**（time sheets）上（数据录入界面见图 8-5）。雇主使用工作时间记录卡来分配成本并准确地为提供给客户的服务定价。

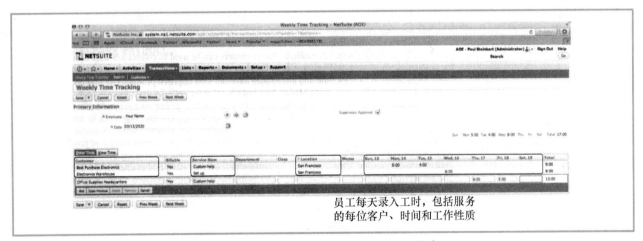

图 8-5　工时数据录入界面（工作时间记录卡）

资料来源：2010 ⓒ NetSuite Inc.

销售人员通常直接以提成或者工资加提成的形式进行支付。这要求员工仔细地记录他们的销售量。而且，一些销售人员会因超额完成任务而被支付奖金。在美国，越来越多的公司将这种激励性奖金形式运用于除销售人员以外的员工，以此来激励员工提高生产效率和工作质量。例如，纽柯公司（Nucor Corporation），美国最大的钢铁制造企业之一，其钢铁工人时薪等于市场平均水平的 60% 加上根据工人生产和装运吨数计算的奖金。长期以来，公司一直用股票期权来奖励高管。近年来，很多公司也将这种奖励形式运用于非管理者。这样做的原因是股票期权激励员工积极地寻求提升服务水平并且削减成本，以便增加他们的薪酬。

激励、提成和奖金的使用要求将工资系统和销售信息系统以及其他循环关联起来，以收集用于计算奖金的数据。此外，奖金/激励方案要根据现实的、可实现的且能够客观度量的目标进行合理设计。这些目标和公司的目标保持一致也很重要，并且管理者要监督这些目标以保证它们是恰当的。事实上，不合理的激励方案设计会导致不良行为。例如，一家汽车维修公司实行的一项新的激励计划就带来了意想不到的负面后果。这种激励是根据售出零件数量和工作时间向修理工支付提成。它的本意是想让员工重视影响公司盈亏的作业。结果却导致一个丑闻——为了获得更高的薪酬，员工推荐不必要的修理。这个丑闻使该汽车维修公司声誉受损并导致经营收入下降。虽然后来放弃了这个激励系统，但该汽车维修公司花了好几年时间才恢复所失去的公众信任。除了可能导致意料之外的负面行为，不合理的激励方案设计也可能将公司置于与法律、税务以及规章制度要求相冲突的境地。因此，会计人员应该参与公司薪酬制度设计。

风险和控制

工资活动最常见的风险是不准确的工时和考勤数据。不准确的工时和考勤记录会导致人工费用的增加以及错误的人工费用报告。此外，不准确的记录也会打击员工士气（如果工资是错误的或者被遗漏）或者导致为未提供的服务支付报酬。

源数据自动化（控制 8.1）可以减少采集工时和考勤数据时出现的无意错误。例如，条形码读取器用来收集生产工人的工时数据并且自动将数据输入工资处理系统。使用这种技术获取工时和考勤数据也能够提高效率并降低成本。例如，零售连锁商梅杰公司（Meijer）在其收银机上安装了指纹读取器，员工能够登录并立即开始工作。公司估计这能节省从店后打卡机步行到收银台所浪费的好几分钟时间。每个员工节省几分钟听上去或许并不重要，但是当乘以数以千计的员工时，其对于行业边际利润率只有 1% 的公司来说，盈亏影响就显得很重要了。源数据自动化也可以用来采集专业服务人员的工时和考勤数据。例如，AT&T 内部服务人员使用按键式电话录入他们在各种任务上花的时间，这免除了纸质工时表的使用。各种数据处理完整性检查，例如工时极限检查以及员工编号的有效性检查，都保证了信息的准确性。

信息技术可以减少时间和考勤数据上故意为之的错误。例如，目前一些制造企业使用生物认证技术（控制 8.2），例如指纹扫描，确认上下班打卡员工的身份。这样做的目的是防止有的员工早退了，但他的朋友伪造他的在岗记录。职责分离也非常重要（控制 8.3）。用来计算工资的考勤卡数据应该与用作成本和管理目的的工作时间分配卡数据相核对，核对工作应该由没有参与数据生成的职员来完成。记录在工作时间分配卡上的所有任务所花费的总时间不应该超过员工考勤卡上记录的出勤时间。反之，工作时间分配卡上应该记录所有的工作耗时。

另外，要求部门主管复核考勤卡和工作时间分配卡（图 8-6 列举了实施控制 8.4 的一种方法），提供了对工时和考勤数据准确性的检测性控制。主管复核对于远程办公的员工来说尤其重要。系统登录分析确保了远程员工的工作时间确实与他们的薪水相对等，并没有利用公司提供的设施处理私人业务。

图 8-6 主管审核工时界面

资料来源：2010 © NetSuite Inc.

8.3.3　核算工资

工资循环的第三步是核算工资（见图 8-4 中加工 3.0）。

流程

图 8-7 显示了工资流程各个活动的顺序。首先，编辑工资交易数据，并且按照员工编号对经过验证的交易进行排序。如果组织处理数个部门的工资，必须合并这些工资交易文件。然后，根据排好序的工资交易文件核算员工工资。读取每一个员工的工资主文件记录和相应的交易记录，并计算工资总额。对于时薪员工来说，工资总额等于工作的小时数乘以工资率，然后加上适用的加班费和奖金。对于固定工资员工来说，工资总额是年薪的一部分，其金额由付薪期的长度决定。例如，按月支付固定工资的员工每期收到的工资是年薪的 1/12。任何适用的提成、奖金和其他的激励都将包括在工资总额中。

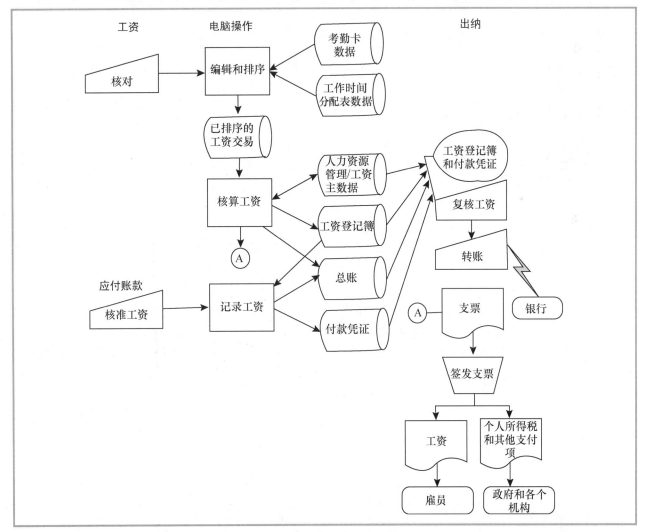

图 8-7　工资批处理流程图

接下来，加总所有的工资扣减项，从工资总额中减去这部分就得到了支付净额。工资扣减项主要包括两类：工资所得税扣减和自愿扣减。前者包括联邦、州和地方所得税以及社会保障税。自愿扣减项包括公积金计划缴款，团体寿险、医疗和意外保险费，工会会费，以及对各类慈善机构的捐款。

一旦计算出支付净额，工资主文件记录的每条员工工资总额、扣缴款和实发工资对应的累计金额字段即被更新。保持准确的累积薪资记录是很重要的，主要有以下两个原因。首先，因为社会保障税扣缴和其他扣减都有截止日，公司必须知道何时停止扣缴某些员工的款项。其次，需要该信息来保证准确金额的所得税和其他扣减款已缴纳给了政府部门、保险公司和其他组织（例如联合慈善总会）。该信息也必须出现在合作机构的各类报告中。

然后，编制工资登记簿和扣减款登记簿。**工资登记簿**（payroll register）以多栏式列示了每名员工的工资总额、工资扣缴款和实发工资。作为辅助文件，工资登记簿授权将资金转账到工资支票账户中。**扣缴款登记簿**（deduction register）列示了每名员工的各种自愿扣减项。图8-8是这两个报告的实例。

AOE 公司				工资登记簿					截止日期：12/03/2020
					扣除项				
员工编号	姓名	工时	工资率	工资总额	联邦所得税	社保	州所得税	杂项	实发工资
37884	Jarvis	40.0	6.25	250.00	35.60	18.75	16.25	27.60	151.80
37885	Burke	43.6	6.50	295.10	42.40	22.13	19.18	40.15	171.24
37886	Lincoln	40.0	6.75	270.00	39.20	20.25	17.55	27.90	165.10
37887	Douglass	44.2	7.00	324.10	46.60	24.31	21.07	29.62	202.50

AOE 公司			扣缴款登记簿				截止日期：12/03/2020
				杂项扣减额			
员工编号	姓名	医疗保险	寿险	退休金	工会会费	储蓄债券	杂项总额
37884	Jarvis	10.40	5.50	7.50	4.20	0.00	27.60
37885	Burke	11.60	5.50	8.85	4.20	10.00	40.15
37886	Lincoln	10.40	5.20	8.10	4.20	0.00	27.90
37887	Douglass	10.20	5.50	9.72	4.20	0.00	29.62

图8-8　工资及扣缴款登记簿

最后，系统打印出员工的工资单（在直接入账的情况下是传真件）。通常还需要打印**工资对账单**（earnings statement），工资对账单列示当期和年初以来的工资总额、扣缴款和实发工资的数额。

在每个工资交易执行过程中，通过核对工作时间分配卡记录的代码，系统将人工成本分配到恰当的总账账户中。系统保存这些分配的累加值直至处理完所有员工的工资记录。这些累加值以及工资登记簿中每列的累加值是形成汇总分录的基础。打印完所有的工资单后，汇总分录就过入总账账户。

工资系统也会生成很多详细报告。表8-2描述了最常用的报告内容。一些供内部使用，大多是应各种政府部门要求而编制的。因此，正如图8-9所示，ERP系统的人力资源管理/工资子系统为满足联邦、州和地方政府的披露要求提供了广泛的支持。

表8-2　人力资源管理/工资报告的内容和目的

报告名称	内容	目的
汇总工资登记簿	每名员工累计的支付额、净支付额以及扣减项	每名员工的信息以及编制年度工资报告
职员名录	每个部门的员工清单	向政府部门提供职员报告
职位控制报告	列示每一个委任的职位、工作要求、工资预算以及职位状态（已满或是空缺）	计划未来的人工需求

续表

报告名称	内容	目的
技能清单报告	列示员工和技能清单	计划未来的员工需求和培训项目
941 表	雇主的季度联邦税务报告（展示所有应纳税的工资以及个人所得税和社保的扣缴金额）	每季度填写，根据季度总应纳税额调整月度纳税
W-2 表	每名员工工资和扣缴税款报告	寄送给每名员工，用以填写个人所得税申报表；截至 1 月 31 日
W-3 表	所有 W-2 表摘要	与所有 W-2 表复印件一起寄给联邦政府；截至 2 月 28 日
1099-Misc 表	非雇佣收入报告	寄给接受收入者，用以填写个人所得税申报表；截至 1 月 31 日
政府机构的各种其他表格	各种监管规定、州和地方税收报告等遵守情况	记录遵守现有规定的情况

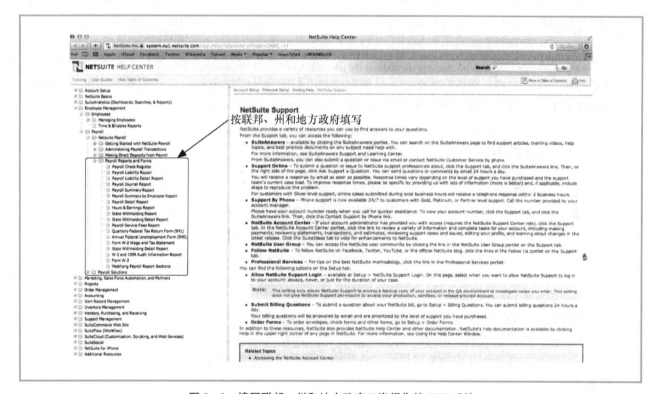

图 8-9 填写联邦、州和地方政府工资报告的 ERP 系统

资料来源：2010 © NetSuite Inc.

风险和控制

工资计算的复杂性，特别是各种税法制度，使其易发生错误（见表 8-1 中风险 9）。显然，错误会打击员工士气，特别是当工资没有按时发放时。除了不准确的工资费用记录和报告，如果因计算错误导致没能向政府足额缴纳工资税，会被处以罚款。类似地，没有正确扣发员工工资，并向恰当的机构缴纳费用也会造成财政处罚。

表 8-1 列示了降低这些错误风险的三种数据处理完整性控制（控制 9.1）：

1. **批次总数**。即使是最先进的人力资源管理/工资系统也要继续使用批处理来处理工资。因此，应该在数据录入的时候计算出批次总数，然后与每个处理阶段所计算出的可比总数相核对。例如，对员工人数的总和校检就非常有用。如果最初的和后来的员工人数总和一致，这说明：（1）所有的工资记录都已经处理过；（2）数据录入是正确的；（3）处理过程中没有输入伪造的考勤卡。如果批次总计不一致，组织能及时发现工资错误（最可能的错误是没有生成员工的工资支票）并立即解决问题。

2. **交叉核对工资登记簿**。实发工资栏的总额应该等于工资总额减去扣缴款。如果不相等，需要迅速检查并纠正错误。

3. **工资结算账户**。工资结算账户（payroll clearing account）是总账账户，它使用两步处理法检查工资成本记录的准确性和完整性，以及它们之后是否被分配计入了合适的成本中心。首先，工资总额借记工资结算账户；工资净额贷记现金账户，各种扣减项分别贷记不同的负债账户。然后，成本核算系统将人工成本分配到各类费用科目并且将这些分配汇总记入工资结算账户的贷方。工资结算账户的贷方金额应该等于之前记录的实发工资和各种扣缴款的借方金额合计。这种特殊的内部检查是零余额检查的一个例子，因为分录都过入工资结算账户，账户余额应该等于0。

另外，主管复核工资登记簿和其他报告（控制9.2）也是一种用于识别工资处理错误的检测性控制。另一种检测性控制是向员工签发工资对账单（控制9.3），因为员工会对明显的错误进行报告。

将工人恰当地分成正式工和临时工（控制9.3）也是很重要的。错误的分类会导致公司欠下大量的税款、利息甚至是罚金。通常，在人手短缺的时候，部门经理试图通过雇用临时工来规避雇佣禁令，会产生这些问题。人力资源部应该经常审核任何雇用临时工和使用外援的决定。IRS提供了一份问题清单，用来判断正式工和临时工的分类问题（控制9.4）。

8.3.4　支付工资

下一步就是向员工实际支付薪金（见图8-4中加工4.0）。大多数员工工资是以支票支付，或直接将款项打入员工的个人银行账户。与现金付款不同，这两种方法都是记入应付工资。

流程

工资单生成后，应付账款会计核准工资登记簿。然后，编制付款凭证用以将资金从公司一般存款账户转到工资银行账户中。接着，使用付款凭证更新总账账户。

当复核完工资登记簿和付款凭证后，出纳填写并签发支票（或者使用EFT交易），将资金转到公司的工资银行账户中。如果组织仍然使用纸质支票，那么也应由出纳复核、签发并支付员工的工资。出纳需要及时将无人领取的支票转存到公司的银行账户中。然后，将无人领取的工资清单送交内部审计部门做进一步调查。

直接入账能够提高效率并且减少工资处理成本。采用这种方式支付工资的员工通常会收到工资单复印件（说明存入金额）以及工资对账单。工资系统必须生成工资存款文件，工资存入的每一家银行对应一个文件。在每个文件中，每一个在该银行开户的员工对应一条记录。每条记录都包括员工的姓名、社会保障号码、银行账号以及应付工资。这些文件以电子方式通过电子数据交换系统传输到指定的银行。然后，资金再以电子化方式从公司银行账户转到员工个人账户。因此，直接入账取消了出纳签发个人工资支票的环节，但从组织一般存款账户支出资金仍然需要得到出纳的授权。

直接入账为雇主节省了开支，因为它降低了购买、填写和发放纸质支票的成本，也减少了银行费用和邮寄费用。因此，现在很多公司提供直接入账的工资发放形式，并鼓励员工选择这种支付方式。然而，一些员工可能因为没有银行账户，不能选择直接入账。不过，组织仍然能够采用工资借记卡付薪的方式取消纸质工资支票。员工可以使用工资借记卡进行消费，或者从自动取款机中支取现金。

风险和控制

正如表 8-1 中所指出的，支付工资的一个常见风险是支票被盗或者是支票签发给伪造的或已经离职的员工。这会导致费用的增加和现金的丢失。

第 6 章中论述的其他现金付款控制流程也适用于工资控制，这些控制流程可以降低工资处理流程风险。尤其是：

- 限制接触空白工资支票和支票签名器（控制 10.1）。同样，使用有效的多重身份认证限制和控制电子资金转移交易的授权（控制 10.2）。
- 所有的工资支票都应该连续编号并且定期核对（控制 10.3）。如果工资是通过直接入账发放的，那么应该复核所有的 EFT 交易。
- 仅当存在支持性文档（工资登记簿和付款凭证）时，出纳才能签发支票（控制 10.4）。

另外，付薪支票不能动用公司的一般银行存款账户。基于控制目的，应该使用一个独立的工资银行账户（控制 10.5）。这样做能将公司开支完全暴露在这个独立的工资账户中，并且更容易进行工资对账和检查出伪造的支票。像小额备用金一样，工资账户应该作为定额资金来运营。每个付薪日，用以补充工资银行账户的支票签发金额（或是电子资金转账的资金额）应该等于当期的实发工资。因此，当所有的工资支票被兑现时，工资账户应该是零余额的。当账户对账时，独立的工资支票账户更容易查出伪造支票。与第 6 章所述的其他现金付款一样，另一项重要的控制是职责分离（控制 10.6）。因此，应付账款会计负责记录工资，出纳负责发放工资。发放工资或是授权 EFT 直接入账交易的员工不承担其他的工资职责和相关的人力资源管理职责也是很重要的。为了理解这种职责分离的重要性，假设负责雇用和解雇员工的职员同时负责发放工资。这种职权结合为这名员工隐瞒某名员工离职并截流员工离职后的工资提供了便利。另外，应该由不承担其他的工资职责和相关的人力资源管理职责的员工负责工资银行账户对账。

使用多重身份认证和其他控制限制工资主数据库访问（控制 10.7），可以减少向虚构员工开出支票的风险。而且，负责发放工资的员工应该准确地辨认领取工资的员工。更进一步的控制还包括：内部审计部门定期对工资发放进行突击检查，以确定支票由正确的员工领取。内审人员应该使用数据分析来识别伪造员工的蛛丝马迹。例如，虚构的员工通常没有扣税或其他扣缴款，这是因为企业如果将这些扣缴款支付给政府或保险公司，这些机构会通知企业无该员工记录。公告要定期进行此类测试来阻止行骗者创建虚假员工的企图。

对于无人领取的支票应该通过特殊流程进行处理，因为它们可能意味着出现了虚构的或者已经离职的员工。无人领取的工资应该及时退回财务部门以便及时转存。然后，应该追溯到相应的考勤卡并且与员工工资主文件核对，以确定该项工资的产生是合理的。

☐ 8.3.5 计算和支付企业应付福利、税金和员工自愿扣缴款

工资活动的最后一步是计算并向政府部门或其他机构缴纳工资税和员工福利（见图 8-4 中加工 5.0）。

流程

企业必须缴纳社会保障税并从员工薪酬中扣缴税款。联邦和州的法律还要求员工缴纳一项占员工总收入特定比例，但最多不超过一定上限的失业补偿保险金。

除了必须缴纳的税金支出，雇主有责任确保从员工工资中扣减的其他款项计算正确并被及时地缴纳给了恰当的机构。这类扣款包括法庭要求支付的赡养费、子女抚养费或破产保护费。很多员工还将一部分或

全部工资支付医疗、伤残以及人寿保险，并缴纳养老保险。

很多雇主向员工提供**灵活的福利计划**（flexible benefit plans）。员工可以从中选择一些至少覆盖医疗保险、退休计划和慈善捐款的福利计划。灵活的福利计划增加了企业对于人力资源管理/工资系统的职能要求。例如，对于拥有上千员工的大公司，其人力资源管理部门的员工可能会花费很多时间来响应 401（k）计划查询。此外，员工希望及时调整其投资决策。通过让员工访问企业内联网中的人力资源管理/工资信息，组织可以满足员工对这类服务的需求，这无须增加任何成本。

风险和控制

这个活动的常见风险是未缴纳必要的款项、未及时缴款或是错误缴款（表 8-1 中风险 11～风险 13）。这些问题会招致政府部门的罚款，如果这些错误对员工的退休金或是其他福利产生不利的影响，还会招致员工的不满。

美国国税局（IRS）的《雇主税务指南》（Employer's Tax Guide）对雇主应该扣缴和支付的个人所得税以及如何填写各类报告做了详细的说明。为了减少缴款疏漏或者不及时的风险，应该使用《雇主税务指南》设置工资系统，以使其在处理工资时自动支付这些资金（控制 11.1 和控制 12.1）。处理完整性控制（控制 13.1）（例如交叉核对检查以及批次总数）能够将不准确风险降到最低。监管者定期复核工资报告（控制 13.2）则是又一项检测性控制。此外，向员工提供工资对账单（控制 13.3）能够让他们及时发现并报告任何错误。

8.4　外包选择：薪资服务署和专业雇主组织

为了减少成本，很多公司将工资和人力资源管理功能外包给薪资服务署和专业雇主组织。**薪资服务署**（payroll service bureau）为每个客户保存工资主数据并且为它们处理工资。**专业雇主组织**（professional employer organization，PEO）不仅处理工资，还提供诸如员工福利设计和行政等人力资源管理服务。因为薪资服务署的服务范围较小，所以它的收费要比专业雇主组织便宜。

当组织将工资处理活动外包时，它们在每一个付薪期的终了将工时和考勤数据以及人事变动信息发给薪资服务署或 PEO。然后，薪资服务署或 PEO 使用这些数据计算员工的薪酬，编制工资对账单和工资登记簿。工资处理服务也会定期地生成员工 W-2 表和其他与税收有关的报告。

对于中小企业来说，薪资服务署和 PEO 特别有吸引力，主要有以下原因：

● **减少成本**。薪资服务署和 PEO 为大量公司计算薪酬，从而获得规模经济效益。它们的收费一般要比公司自己执行工资处理的成本低。薪资服务署或 PEO 可以减少专业技术的开发和维护（这些专业技术是应对不断改变的税法规定所需要的），从而节约了成本。

● **更广泛的效益**。PEO 让所有客户共享管理效益。PEO 能够为小型企业提供同大型企业一样广泛的管理效益。

● **释放计算机资源**。薪资服务署或 PEO 减少了一个或多个会计信息系统应用程序（工资和福利管理）。释放的计算机资源可以用来改善其他方面的服务，例如销售订单录入。

随着竞争优势越来越依赖于员工的技能和知识，有效且高效的工资管理和人力资源管理功能愈加重要。外包提供了一种降低成本的途径。然而，公司应该谨慎地监督服务质量，以确保外包系统有效地整合了人力资源管理和工资数据，并且为有效的员工管理提供支持。

本章习题

1. 传统上，会计人员通常会参与人力资源管理/工资循环的哪个部分？_____
   a. 招聘
   b. 工资
   c. 培训
   d. 绩效考核

2. 下列哪种说法是正确的？_____
   a. 财务报表反映了员工知识技能的价值
   b. 离职和旷工的代价是高昂的
   c. 所有员工都必须填写考勤卡
   d. ERP 系统的默认设置一般都要求职责分离

3. 以下哪个文件列示了员工的工资总额、扣除项和实发工资的当期金额以及累计金额？_____
   a. 工资登记簿
   b. 考勤卡
   c. 工资单
   d. 工资对账单

4. 在线流程对以下哪个任务最有帮助？_____
   a. 填写付薪支票
   b. 核对考勤卡和工作时间分配表
   c. 支付工资税
   d. 改变员工福利选择

5. 利用薪资服务署或 PEO 提供工资服务可以带来何种好处？_____
   a. 减少工资处理所需的人数
   b. 降低工资处理成本
   c. 降低学习和紧跟工资税专业知识的需要
   d. 以上全部

6. 以下哪个控制流程对于在工资发放之前发现新员工工资核算错误是最有效的？_____
   a. 对每张考勤卡上的员工编号进行有效性检查
   b. 记录提交和处理的考勤卡总数
   c. 零余额检查
   d. 使用独立的工资银行账户

7. 哪个部门应当负责授权工资率的调整？_____
   a. 考勤部门
   b. 工资部门
   c. 人力资源管理部门
   d. 会计部门

8. 为了最大化工资的内部控制有效性，谁应当负责员工工资的分发？_____
   a. 部门秘书
   b. 工资结算员
   c. 财务主管
   d. 部门主管

9. 无人领取的工资应当返还至何处？_____
   a. 人力资源管理部门
   b. 出纳
   c. 工资部门
   d. 该员工的主管

10. 下列哪个文件是授权将资金转到工资银行账户的重要文件？_____
    a. 工资对账单
    b. 考勤卡
    c. 工资登记簿
    d. W-2 表

问题讨论

1. 本章阐述了整合人力资源管理和工资数据库能够带来的诸多好处。然而，在许多公司，工资与人力资源管理信息系统仍保持分离。你认为原因是什么？（提示：考虑员工的背景差异以及人力资源管理和工资部门的职能差异。）

2. 一些会计人员提议应当对公司的人力资产进行估值并将其直接计入财务报表中。例如，员工招聘和培训成本应当作为一项资产被计入，这项资产在员工的服务期内分期摊销。你赞同吗？为什么？

3. 你正在负责推行一套新的员工绩效考核系统，这将为工厂的监管者提供每名员工每周的详细信息。在和其中一些监管者谈话时，你惊讶地发现他们并不相信这些报告会有用。他们解释说，通过简单地观察员工，他们已经能够获得所需要的所有信息。评论这一观点。正式报告如何补充和增加监管者从直接观察中所能获取的信息？

4. 让员工远程办公的一个风险是他们可能会使用公司提供的资源（笔记本电脑、打印机等）从事其他工作。还有哪些其他风险？用什么控制流程可以降低这些风险？

5. 一个小型慈善机构的司库告诉你组织并没有设立独立的工资支票账户，因为这样做的好处并不能弥补每月额外的服务费，你如何回应这种观点？

6. 本章讨论了人力资源部门应当如何更新人力资源管理/工资数据库的雇用、解雇和升职信息。还有什么其他需要调整的地方？应当实施哪些控制流程以确保调整的有效性和准确性？

习题答案

1. 正确选项 b，一般来讲，工资系统是会计人员所使用的人力资源管理/工资循环的一部分。选项 a 错误，招聘一般是由人力资源部门处理的。选项 c 错误，培训一般是由人力资源部门处理的。选项 d 错误，绩效考核一般是由监管者处理的。

2. 正确选项 b，离职成本是离职员工薪水的 1.5 倍，旷工会增加加班和短期雇佣的成本。选项 a 错误，获得员工技能和知识使用权的相关成本通常作为一项费用在利润表中反映。选项 c 错误，小时工一般会填写考勤卡来记录工作时间。然而，支付月薪的员工却不用填写，因为他们定期支付的薪水是其年薪的一部分。不过，在专业服务类公司工作的月薪员工需要在工作时间分配表上记录他们为不同客户提供的各项服务，以便他们的雇主可以正确地分配成本以及向客户收取服务费用。选项 d 错误，ERP 系统中的默认设置一般会向使用者提供过多的授权。

3. 正确选项 d，附在每张工资单后面的工资对账单提供了这些信息。选项 a 错误，工资登记簿列示了所有员工的信息。选项 b 错误，考勤卡收集付薪期内的工作时间数据。选项 c 错误，工资单是转移资金的一种方法。

4. 正确选项 d，员工希望在任何他们需要信息的时候都能够访问信息和修改信息。选项 a 错误，因为支票是定期签发的，所以适合批处理。选项 b 错误，因为这仅在核算工资后发生，所以适合批处理。选项 c 错误，支付是定期的，所以适合批处理。

5. 正确选项 d，其余选项都不全面。选项 a 错误，一般来讲，外包不仅会降低对员工的要求，而且会降低成本（选项 b）和降低对内部专家的需求（选项 c）。同理，选项 b，c 错误。

6. 正确选项 b，记录提交和处理的工作时间分配表数量可以识别出未能处理的交易记录。选项 a 错误，这项控制被设计用来保证只会对有效的员工进行支付。选项 c 错误，这个控制被设计用来核实发放工资的准确性。选项 d 错误，这个控制被用来限制伪造或更改工资所带来的现金损失。

7. 正确选项 c，除此职能外，人力资源管理部门在工资处理中没有其他作用。选项 a 错误，记录考勤是一项记录职能。选项 b 错误，工资部门计算当期支付，而不应该有变更的授权。选项 d 错误，会计部门保存与工资相关的记录，不应该授权进行工资率的变动。

8. 正确选项 a，该员工不拥有与工资相关的其他职责，所以不能隐瞒工资偷盗行为。选项 b 错误，工资结算员签发并记录支票，所以能够为虚构的员工签发支票并且支付现金。选项 c 错误，财务主管负责记录工作，没有保管支票的权利。选项 d 错误，部门主管通过复核考勤卡来授权工资的支付，并没有保管资产的权利。

9. 正确选项 b，这使得资金可以被迅速地自动转存。选项 a 错误，无人领取的工资应该返还出纳并转存。同理，选项 c，d 错误。

10. 正确选项 c，这个文件汇总了应该支付给每名员工的工资金额，并送交应付账款部门来编制付款凭证以将资金转移到工资账户。选项 a 错误，这是附加在工资单后面的存根，为员工提供了有关支付和各项扣除的相关信息。选项 b 错误，这个文件记录了工作时间。选项 d 错误，这是一张年末的报表，用来累计每名员工应付工资、代扣税金和各项扣减。

第 9 章

总账和报告系统

学习目标

通过学习本章，你应该能够：

1. 掌握总账和报告系统的主要业务活动、信息需求和关键决策，影响各项活动的风险及其风险控制。

2. 理解更新总账流程、流程风险及其风险控制。

3. 理解过入调整分录的目的和本质、流程风险及其风险控制。

4. 理解编制财务报表流程、流程风险及其风险控制，以及信息技术的发展（例如 XBRL）如何改善财务报表编制的效率和效果。

5. 理解编制管理报告流程和流程风险，诸如责任会计和平衡计分卡如何有助于降低风险。

综合案例

AOE 公司

AOE 公司的董事长兼首席执行官琳达·司布真对于 AOE 公司新企业资源计划系统的报告能力感到不满。虽然月度结账流程只需要不到两天的时间，但是这个系统只向管理层提供了有关公司财务绩效的实时信息。琳达希望报告能集成财务信息和公司经营策略。她也关心如何将 AOE 公司基于公认会计原则（GAAP）的报告转换成基于国际财务报告准则（IFRS）的报告。

琳达召集 AOE 公司的首席财务官斯蒂芬妮·克罗姆维尔、财务主管伊丽莎白·温克、负责信息系统的副总裁安·勃兰特开会讨论这个问题。斯蒂芬妮提到平衡计分卡也许可以提供琳达想要的那种多维报告。安和伊丽莎白赞同使用平衡计分卡，了解怎样使 AOE 公司的企业资源计划系统生成这样的多维报告。斯蒂芬妮还要求他们了解怎样能更好地利用企业资源计划系统的报告和绘图功能。此外，他们将反馈编制 IFRS 报告需要做的工作以及如何使用 XBRL 简化外部报表编制。在阅读本章时，请想一想技术和规章的改变如何影响组织总账和报告系统的设计。

9.1 引 言

本章讨论的是更新总账以及编制报表以反映组织经营成果的信息处理流程。如图 9-1 所示，总账和报告系统在公司会计信息系统中扮演着关键的角色。它的主要功能是从如下来源收集数据：

- 第 5~8 章所描述的每一个会计循环子系统都提供了日常交易信息（为了让图看起来整齐有序，只描述每一个子系统的主要数据）。
- 财务部门提供融资和投资活动信息，如发债或偿债，权益工具，以及购买或出售投资证券等。
- 预算部门提供预算数。
- 财务主管编制调整分录。

图 9-2 展示了总账和报告循环的基本活动。前三项活动代表了会计循环的基本步骤，以编制传统的财务报表为目的。第四项活动表明除了生成提供给外部使用者使用的财务报告，组织的会计系统还生成供内部管理使用的各类报告。

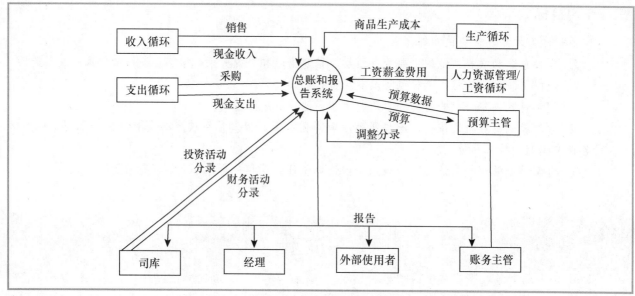

图 9-1　总账和报告系统的顶层数据流程图

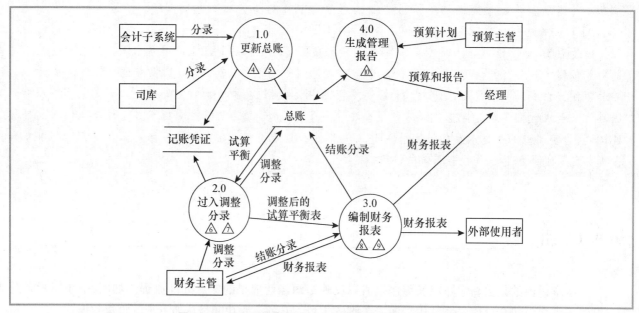

图 9-2　总账和报告系统的 0 层数据流程图（包括风险）

　　首先，阐述典型的总账和报告系统，并且讨论为了确保向管理者和外部股东提供可靠的信息所必需的基本控制。接着，详细介绍图 9-2 中提到的总账和报告循环的每一项基本活动。描述实施和管理这些活动所需的信息是如何收集、加工和存储的，以及保证信息可靠和组织资源安全所必需的控制。此外，还将讨论准则和技术改变（例如从 GAAP 转换为 IFRS 以及证券交易委员会要求使用 XBRL 处理电子文件等）对于总账和报告系统设计和运行的影响。最后，探究责任会计、平衡计分卡和清晰易懂的图表如何改善提供给管理者的信息质量。

9.2　总账和报告系统

　　图 9-3 展示了一个在线总账和报告系统的典型设计。

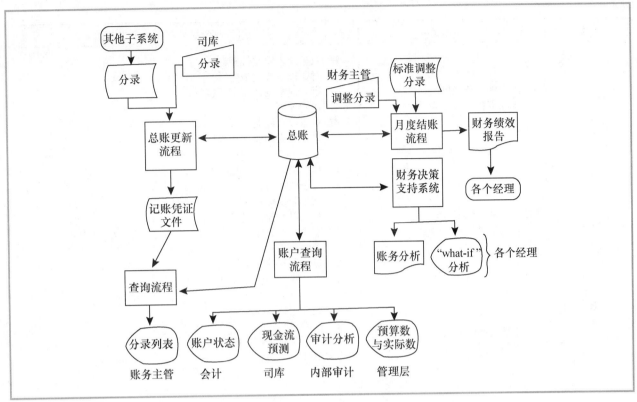

图 9-3   在线总账和报告系统的典型设计

☐ 9.2.1   流程

中央数据库应当满足内部和外部使用者的多种信息需求。管理者需要及时、详细的信息来反映其职责范围内的经营业绩。投资者和债权人需要定期且及时更新的财务报告来帮助他们评估组织绩效。各类政府机构也有特殊的信息需求。为了满足这些多重需求，总账和报告系统不仅要生成定期报告，还要支持在线查询。

☐ 9.2.2   风险和控制

图 9-3 显示所有的总账和报告循环活动都基于集成数据库。因此，表 9-1 中列示的第一个常见风险是不准确或者无效的总账数据。不准确的总账数据会导致错误的报告，最终导致管理者做出错误的决策。同样，提供给债权人、投资者和政府机构错误的财务报告也会导致利益相关者做出错误的决策。另外，提供给外部股东错误的财务报表和报告也会导致罚款和资本市场的负面反应。

表 9-1   总账和报告系统风险和控制

活动	风险	控制（第一个数字对应相应的风险）
整个总账和报告循环的一般问题	1. 不准确或无效的总账数据 2. 未经授权的财务报告披露 3. 主数据丢失或损毁	1.1 数据处理完整性控制 1.2 限制访问总账 1.3 复核所有总账数据修改 2.1 访问控制 2.2 加密 3.1 备份和灾难恢复程序

续表

活动	风险	控制（第一个数字对应相应的风险）
更新总账	4. 不准确的总账更新 5. 未经审核的会计凭证	4.1　数据录入完整性控制 4.2　对账以及控制报告 4.3　审计线索的建立和复核 5.1　访问控制 5.2　对账以及控制报告 5.3　审计线索的建立和复核
过入调整分录	6. 不准确的调整分录 7. 未经审核的调整分录	6.1　数据录入完整性控制 6.2　电子数据表错误保护控制 6.3　调整分录模板 6.4　对账以及控制报告 6.5　审计线索的建立和复核 7.1　访问控制 7.2　对账以及控制报告 7.3　审计线索的建立和复核
编制财务报表	8. 不准确的财务报表 9. 虚假的财务报表	8.1　处理完整性控制 8.2　使用封装式软件 8.3　应用 IFRS 和 XBRL 的培训和体验 8.4　审计 9.1　审计
生成管理报告	10. 晦涩难懂的报告和图表	10.1　责任会计 10.2　平衡计分卡 10.3　图表设计培训

降低以上风险的方法之一是使用各种处理完整性控制（控制 1.1）。当财务人员和财务主管直接录入数据时，这些控制能够最小化数据录入错误的风险。限制访问总账以及只允许经过授权的员工修改主数据（控制 1.2），也是非常重要的。因此，应当利用多重身份认证限制对总账的访问。而且，运用授权控制（访问控制矩阵和兼容性测试）限制每个合法用户行使的职能。例如，如图 9-3 底端所描述的，大多数的管理者仅能对总账进行只读访问。否则，不遵守职业道德的管理者就能够通过修改总账信息来隐瞒资产被窃或是糟糕的业绩。对与管理者相关的系统某部分操作的只读限制要小心设置，这也是非常重要的。另外，使用访问控制矩阵限制各个终端执行的功能。例如，只有来自财务主管办公室的终端才能编制调整分录。然而，因为这种预防性控制不会是 100% 有效，表 9-1 也指出一项重要的检测性控制：定期报告总账所发生的变动并复核（控制 1.3），以确定数据库是否准确。

总账和报告循环的第二个常见风险是未经授权披露财务信息。特别重要的是，不要提前披露财务报表，否则很可能招致监管部门的罚款以及股东的法律诉讼。减少这种风险的最佳控制流程是使用多重身份认证和物理安全控制。它们使总账系统只对那些需要访问总账系统才能完成工作的员工开放（控制 2.1）。数据库加密（控制 2.2）提供了进一步的保护，它使得未经授权的员工即使访问了数据库也无法理解信息。加密也可以防止信息技术人员虽然没有访问企业资源计划系统的权力，却能通过操作系统应用程序来查看敏感信息。另外，通过互联网传输给其他企业、分析人员或政府机构的总账应该进行加密。

总账和报告循环的第三个常见风险是主数据丢失或损毁。规避这种风险的最佳方法是应用备份和灾难恢复程序（控制 3.1）。

9.3 更新总账

总账系统的第一项活动是更新总账（见图 9-2 中加工 1.0）。

9.3.1 流程

更新由会计凭证过账来实现，实现方式包括：

1. **会计子系统**。第 5～8 章所述的每一个会计子系统都生成会计分录来更新总账。理论上讲，每笔单独的交易都可以更新总账。但实际上，各种会计子系统通常通过汇总会计分录更新总账。汇总会计分录是给定时间（日、周或月）内发生的所有交易的汇总结果。例如，收入循环子系统在更新期内会生成一个汇总会计分录，借记应收账款和现金科目，贷记销售收入。类似地，支出循环生成汇总分录记录物料和存货的采购以及支付采购的现金。

2. **司库**。资金部门提供非常规交易的分录信息来更新总账。例如，发债或偿债，购买或出售有价证券，或者是回购库存股。图 9-4 展示了 ERP 系统中标准的凭证录入页面。

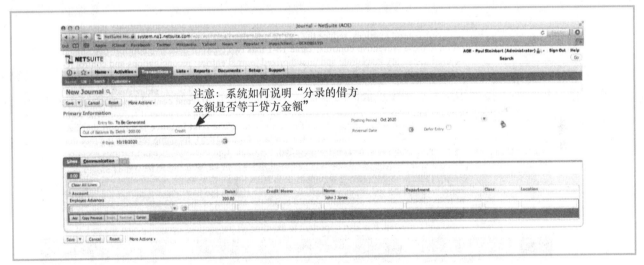

图 9-4 分录录入界面

资料来源：2010 ⓒ NetSuite，Inc.

用于更新总账的凭证存储在**记账凭证文件**（journal voucher file）中。记账凭证文件包含手工会计环境下普通日记账所包含的信息：凭证录入日期、借贷方科目以及金额。值得注意的是，记账凭证文件是过账流程的中间产物而非输入。正如下面介绍的，记账凭证文件是重要的审计线索，它表明所有经过授权的交易都已经准确而且完整地记录下来。

9.3.2 风险和控制

这个阶段的两个风险是更新总账的凭证是不准确的或未经授权的（见表 9-1）。这些风险会导致依据错误的财务报告制定出不明智的决策。

如图 9-3 所示，更新总账的分录有两个来源：其他会计信息系统循环的汇总分录和资金部门生成的分录。前者是一系列处理步骤的输出，每一步都要接受各种应用控制流程的监管以保证准确性和完整性，正如前 4 章谈到的一样。因此，对来自其他循环汇总分录的主要输入编辑控制能够让系统验证这些分录是否包含最近一段时间发生的活动。

然而，司库编制的凭证是源数据录入。因此，需要下面的录入编辑和处理控制来保证数据的准确性和完整性（控制 4.1）：

1. 有效性检查。保证会计凭证中总账科目包含科目编码。

2. 字段（格式）检查。保证凭证金额字段只输入了数字数据。

3. 零余额检查。验证会计凭证中的借方总额是否等于贷方总额。

4. 完整性检查。保证所有相关的数据都已输入，特别是会计分录的来源。

5. 闭环验证。将会计科目编码与科目名称相核对，以保证存取了正确的总账科目。

6. 符号检查。一旦更新完成，确定总账账户余额的记账方向（借方或是贷方）正确。

7. 计算批次总和。判断记账凭证批处理的准确性（计算机根据期初余额加上科目的借贷方发生总额计算出总账账户余额，然后与更新后的实际账户余额相比较）。任何差异都意味着存在处理误差，需要对误差原因进行调查。

严密的访问控制，包括多重身份认证和基于访问控制矩阵的完整性检查，减少了录入未经审核凭证的风险（控制 4.1）。除了这些预防性控制，表 9-1 还列示了两种检测性控制来识别不准确的或未经审核的凭证：对账以及控制报告（控制 4.2 和控制 5.2），并保留充分的审计线索（控制 4.3 和控制 5.3）。

对账以及控制报告

对账以及控制报告能够检查出总账更新出现的任何错误。对账方法之一是编制试算平衡表。**试算平衡表**（trial balance）是列示所有总账账户余额的报告（见图 9-5）：如果所有的活动都被恰当地记录，各种借方余额应该等于贷方余额；如果不是，就发生了过账错误。

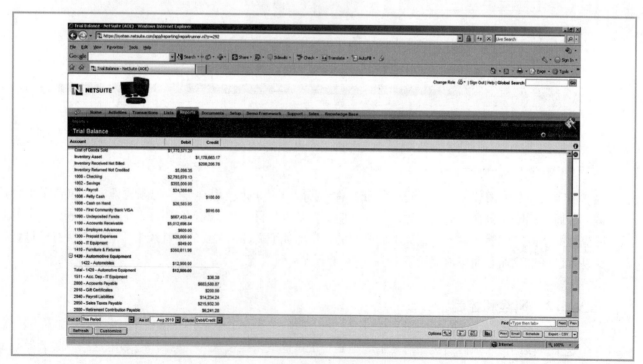

图 9-5　试算平衡表

资料来源：2010 ⓒ NetSuite Inc.

　　另一种重要的对账方法是核对总账统驭账户余额和对应的明细分类账的余额之和。例如，个人应收账款账户的余额之和应该等于总账中应收账款统驭账户的金额。如果这两个金额不相等，就必须调查并更正这个差异。检查是否所有临近会计期末发生的交易都被记入了正确的期间也很重要。

　　在会计期末，确定任何临时的"暂记"或者"结算"账户余额是否为零也很重要。结算和暂记账户保证了总账总是平衡的。下面举例说明这些特殊账户是如何使用的，假设一名员工负责记录向客户发出的存货而另一名员工负责记录客户的付款。第一个员工会做如下分录：

未付款发出存货	xxx	
存货		xxx

第二个员工会做如下分录：

销售成本	xxx	
应付账款	yyy	
未付款发出存货		xxx
销售		yyy

　　两个分录都完成之后，未付款发出存货账户余额应该为零。如果不是，则表明出现了错误，需要调查并纠正该错误。

　　图9-6是企业资源计划系统提供的诸多控制报告类型的一种。控制报告能帮助确定总账更新错误的原因。按照总账科目编码列示记账凭证有助于识别导致某一总账账户错误的原因。按照凭证编号、日期和科目编码列示记账凭证能够指出有没有被漏过账的分录。这些报告通常会包含加总值来显示总账的借贷双方金额是否相等。

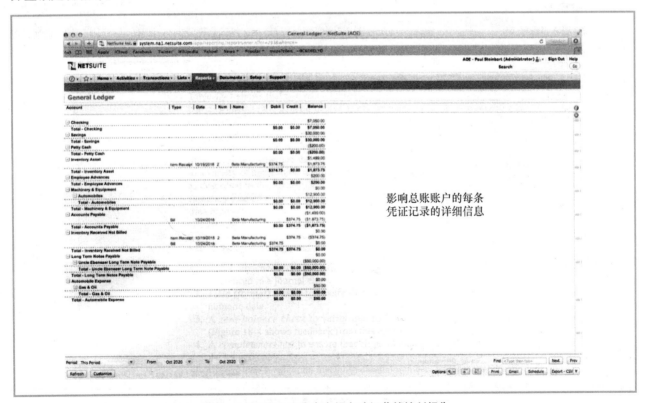

影响总账账户的每条凭证记录的详细信息

图9-6　提供总账账户余额变动细节的控制报告

资料来源：2010 © NetSuite Inc.

审计线索

正如第 2 章所述，审计线索是一条可追踪的路径，该路径显示一项交易是如何通过信息系统来影响总账账户余额的（见图 2-2）。它是一项重要的检测控制，能为总账账户余额发生变化的原因提供证据。

设计合理的审计线索能够执行下列任务：

1. 追踪任何交易，从初始原始凭证（不论是纸质还是电子版）到更新总账的记账凭证以及任何使用该数据的报告或其他文件。帮助确认所有经授权的交易都已经记录。

2. 逆向追踪报告中出现的条目，即从总账到原始凭证（不论是纸质还是电子版）。帮助确认所有记录的交易的确都经过审核并且正确记录。

在传统的会计系统中，记账凭证文件是重要的审计线索，它提供了用于更新总账的所有分录的来源信息。在企业资源计划系统中，业务工作流提供了相同的功能，这些功能简化了对已执行交易处理的每个过程的追踪。审计线索的有用性取决于它的完整性。因此，定期备份所有的审计线索，并控制对审计线索的访问以确保它们不被篡改，是很重要的。所以，如图 9-7 所示，通常只有管理者才有机会接触到审计线索。另外，企业资源计划系统提供自带工具来保证审计线索的完整性。例如，SAP 创建了预先编号的记录（称作文件）对应每个被执行的活动。这些文件不能删除，因此，这个自带功能保证 SAP 生成并保留了安全的审计线索。

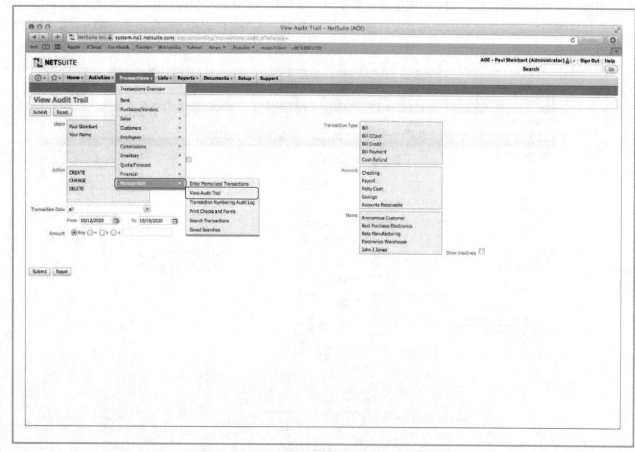

图 9-7 如何将审计线索的访问权限定于管理者

9.4　过入调整分录

总账系统的第二项活动是过入各种调整分录（见图 9-2 中加工 2.0）。

9.4.1　流程

初始试算平衡表编制完成后，由财务主管编制调整分录。调整分录有五个基本的分类：

1. 应计项目是在会计期末编制的、用以反映已经发生但是尚未发生实际现金收支的事项分录。例如，应计利息和应付职工薪酬。

2. 递延项目是在会计期末编制的、用以反映早于事项发生的现金收支分录。例如，确认为负债的客户预付款，以及预付费用（如租金、利息或保险费）。

3. 估计项是反映预期会发生在多个会计期间的费用分录。例如，折旧和坏账损失。

4. 重估是用以反映一项资产实际价值和记录价值之间的差异或者会计准则变动前后差异的分录。例如，存货计价方法的改变，因折旧导致的存货减值或者存货盘点导致的存货记录调整。

5. 更正是总账错误的抵销分录。

如图 9-3 所示，这些调整分录的信息也存储在记账凭证文件中。所有的调整分录过账后，编制调整后的试算平衡表。经调整的试算平衡表作为输入信息进入总账和财务报告循环的下一阶段，即编制财务报表。

9.4.2　风险和控制

如表 9-1 所示，不准确的和未经审核的调整分录是本阶段需要解决的风险，因为它们可能会生成错误的财务报表从而导致不明智的决策。为了减少错误输入的风险，前面讨论过的用来防止司库生成错误记账凭证的数据录入处理的完整性控制（控制 6.1）也能应用到财务主管编制的调整会计分录上。然而，通常调整分录是在电子数据表中进行计算的。因此，使用预防性控制（控制 6.2）来最小化各种电子数据表错误也很重要。另一个控制流程是建立调整分录模板文件来处理每期重复编制的调整分录（控制 6.3），例如折旧费用。调整分录模板文件能够通过取消重复键入相同的分录来提高录入的准确性。它还能够减少遗漏或编制重复性调整分录的风险，从而确保输入的完整性。

严密的访问控制（控制 7.1）减少了存在未经审核的调整分录的风险。除了之前提及的预防性控制，定期对账（控制 6.4 和控制 7.2）和审计线索（控制 6.5 和控制 7.3）也是发现未经审核的或不准确的调整分录的方法。

9.5　编制财务报表

总账和报告系统的第三项活动是编制财务报表（见图 9-2 中加工 3.0）。

□ 9.5.1 流程

大多数的组织在编制月度和年度财务报表之前需要"结账"。结账分录将试算平衡表上的所有收入和费用账户清零，并且将净收益（损失）结转至留存收益。利润表汇总了一段时间（通常是一个月或是一年）内的业绩。资产负债表提供了组织某一时点的资产、负债和所有者权益信息。现金流量表反映了组织的运营、投资和融资活动如何影响它的现金余额。我们现在讨论近年来两个重要的规章和技术发展。它们可能会对财务报表的生成过程产生重大影响：即将到来的国际财务报告准则（IFRS）取代美国公认会计原则（GAAP）以及强制使用 XBRL 向证券交易委员会（SEC）提交报告。

从 GAAP 到 IFRS 的转换

虽然一直在推后，但是 SEC 重申了其承诺，即要求美国公司的财务报表编制基础由 GAAP 转换为 IFRS。因此公司现在就要开始为此做准备，因为公司的总账和报告系统可能需要做很大的改动。

IFRS 和 GAAP 在几个方面存在差异，而这些差异会影响公司总账和报告系统的设计。第一个主要的差异是对固定资产的核算。在 GAAP 下，大多数固定资产在综合基础上进行记录和折旧。例如，新建成的公司总部大楼被记录为一项资产并且在其使用期内进行折旧，对于建筑物来说一般是 40 年。相反，IFRS 认为不同组成部分（部件）可能存在不同的经济寿命，所以通常要求固定资产部件化。对于公司总部大楼来说，这意味着屋顶的成本以及供暖和空调设备的成本将会与建筑物分开记录，因为它们的寿命不可能持续 40 年的时间。对很多固定资产来说，部件化要求公司挖掘企业数据库来识别并分解固定资产的成本。对于拥有成千上万件固定资产的大型企业来说，部件化将是一项冒着分类和记录错误风险的大工程，因为它改变了总账的结构。

第二个差异是对研发成本的核算。IFRS 允许开发费用资本化的时间早于 GAAP。因此，美国的公司有可能需要改进收集和记录研发成本的方法，以便能够恰当地决定哪些成本必须费用化而哪些可以资本化。至少，这个过程将要求在数据记录中再创建一个字段以获取研发阶段发生的成本。反过来，这又需要对现有程序进行仔细修改和测试，以保证它们正确地处理了重新设计的交易记录。

第三个差异是 IFRS 不允许使用后进先出（LIFO）法核算存货。因此，使用后进先出法的公司需要调整它们的成本会计系统以及存货计价方法。这些改变需要仔细地复核并进行测试以最小化错误风险。

XBRL：报告流程的革命

XBRL 是可扩展商业报告语言（eXtensible Business Reporting Language）的缩写；它是一种特殊的程序语言，专门设计用来促进商业信息的交换。要了解 XBRL 革新性的本质，请仔细研读图 9－8。图上端表明在使用 XBRL 以前，报表编制人员需要手工为不同的使用者创建不同格式的报告。虽然这些报告随后以电子形式报送给使用者，但是接收者不得不在他们自己的系统中重新录入数据，以便对其进行操作和管理。整个过程低效且容易出错。

图 9－8 下端显示了 XBRL 是如何改进报告流程的。报表编制人员将数据进行编码，并且通过电子形式（包括文本、HTML、PDF 等）以多种格式报送给使用者，使用者可以直接对它们进行分析。因此，XBRL 节省了时间并减少了数据录入错误的可能。

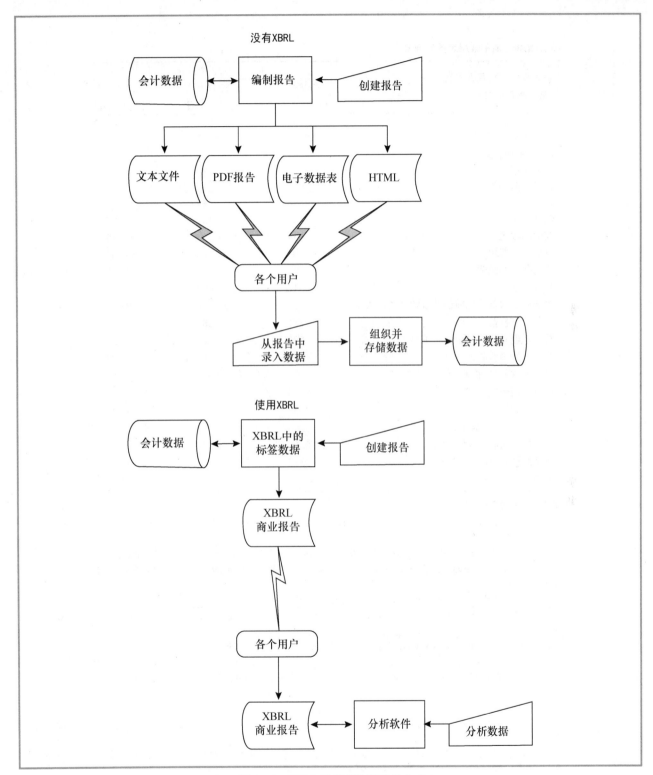

图 9-8　XBRL 改变报告流程的方式

举例说明，图 9-9 展示了当编制基础是 GAAP 并且以美元计价时，XBRL 如何在电子数据表中标识某一数字以代表某一特定期间的销售收入。图 9-9 的上端显示了大多数使用者都会看到的电子数据表；其下端的 XBRL 代码是供软件使用的，虽然程序员、审计人员和其他任何需要或想要看到代码的人都能查看。

图 A：XBRL 电子数据表的一部分

利润表（单位：百万美元） （每股数据除外）	12 个月止		
	2008 年 12 月 31 日	2007 年 12 月 31 日	2006 年 12 月 31 日
销售（收入）	26 901	29 280	28 950
销售成本（不含下列费用）	22 175	22 803	21 955
销售、管理和其他费用	1 167	1 444	1 372
研发费用	246	238	201
计提折旧、损耗和摊销	1 234	1 244	1 252
重组和其他费用	939	268	507
利息费用	407	401	384
其他净收入	−59	−1 920	−236
总成本和费用	26 109	24 478	25 435
税前持续性经营收入	792	4 802	3 515
计提税金	342	1 623	853
少数股东权益分配前的持续性经营收入	450	3 179	2 662
少数股东权益	221	365	436
持续性经营收入（报表[行项]）	229	2 814	2 226
非持续性经营收入（损失）	−303	−250	22
净收入（损失）（报表[行项]）	−74	2 564	2 248
持续性经营收入（基本的）	0.28	3.27	2.56
非持续性经营收入（损失）	−0.37	−0.29	0.03
净收入（损失）（基本的）	−0.09	2.98	2.59
持续性经营收入（稀释的）	0.28	3.23	2.54
非持续性经营收入（损失）（稀释的）	−0.37	−0.28	0.03
净收入（损失）（稀释的）	−0.09	2.95	2.57

图 B：XBRL 代码部分

```
<us-gaap：ResearchAndDevelopementExpense contexRef="eo1_0001193125-09-029469_STD_p12m_
20061231_0"
  decimals="−6" unitRef="USD">201000000</us-gaap：ResearchAndDevelopmentExpense>
<us-gaap：RestructuringCharges contextRef="eo1_0001193125-09-029469_STD_p12m_20061231_0" deci-
mals="−6"
unitRef="USD">507000000</us-gaap：RestructuringCharges>
<us-gaap：SalesRevenueGoodsNet contextRef="eo1_0001193125-09-029469_STD_p12m_20061231_0"
decimals="−6"
  uniRef="USD">28950000000</us-gaap：SalesRevenueGoodsNet>
<us-gaap：SellingGeneralAndAdministrativeExpense contextRef="eo1_0001193125-09-029469_STD_
p12m_20061231_0" decimals="−6" unitRef="USD">1372000000</us-gaap：SellingGeneralAdministra-
tiveExpense>
```

说明：

电子数据表展示了该公司截至 2018 年 12 月 31 日这一年的销售额为 28 950 000 000 美元。XBRL 代码揭示了：

- 出现在电子数据表中的数字 28 950 是基于公认会计原则的（该元素由 "<us-gaap：Sales Revenue Goods Net" 开始，至 "</us-gaap：Sales Revenue Goods Net>" 止）。
- 背景为终止于 2018 年 12 月 31 日的为期 12 个月的美国证券交易委员会的 EDGAR 在线申报。
- 电子数据表中的数字均四舍五入至百万美元。（小数=−6，原始值=28 950 000 000）
- 所有值均以美元计（"USD"）。

图 9-9　XBRL 报告示例

图 9-10 显示了美国证券交易委员会 EDGAR 数据库存储的麦当劳公司文档。点击位于 10-K 这一行的"交互式数据"按钮，就会在图 9-10 底端显示出麦当劳公司合并损益表。值得注意的是，最下方的可读数据看起来就像是从 Excel 电子数据表中提取出来的。的确，如果阅读者点击红色字体"查询 Excel 文件"，浏览器将下载标注为 XBRL 文件名的电子数据表；如果点击黑色字体"打印文件"，浏览器将打印 PDF 格式的损益表。

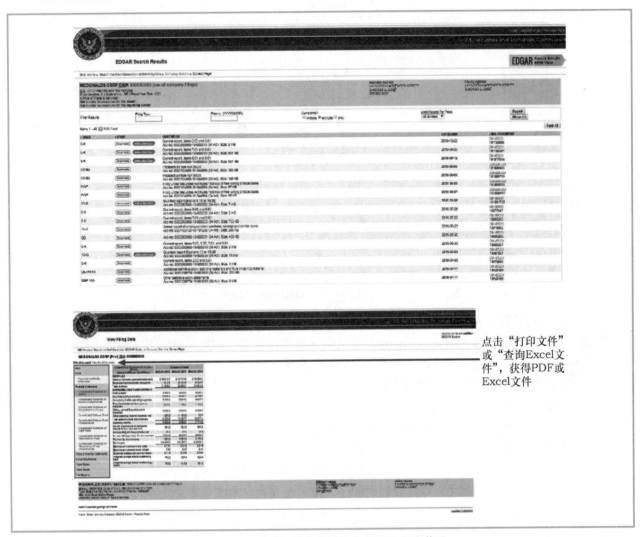

点击"打印文件"或"查询Excel文件"，获得PDF或Excel文件

图 9-10　美国证券交易委员会 iXBRL 视窗截图

XBRL 流程和术语

图 9-11 提供了编制并提交 XBRL 报告的基本步骤的抽象视图（从这里开始，我们讨论的都是 iXBRL，因为美国证券交易委员会要求上市公司使用 iXBRL；但是，我们所描述的流程同样也适用于 XBRL）。包含报送给使用者的带标签数据的 iXBRL 文档叫作**实例文档**（instance document）。实例文档包含财务报表的具体项目，包括它们的价值和背景信息（例如，计量单位为美元、欧元、人民币等）以及这些价值是属于某一特定时点的（例如，资产负债表项目）还是时期的（例如，利润表项目）。iXBRL 文档中的数据项称作**元素**（element）。元素的具体取值显示在标签之间的实例文档中。尖角括号用来识别标签。每个元素使用两个标签。第一个标签是位于一对尖角括号里面的元素名称；第二个标签也使用一对尖角括号，但在元素名字之前有一个斜线。还需要额外信息来恰当地说明元素的值，例如衡量净销售额的货

币单位以及销售发生的时间区间。背景信息也显示在标签之间的实例文档中。图 9 - 9 的图 B 提供了"净销售额"元素的详细举例。

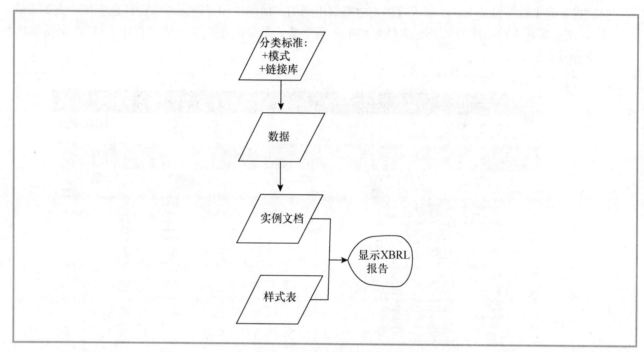

图 9 - 11　XBRL 电子报告

实例文档是将分类标准运用于一组数据而创建得来。**分类标准**（taxonomy）是定义各种元素以及它们之间关系的一组文件。**模式**（schema）是分类标准的构件之一，它是对实例文档中出现的每个元素进行定义的文件。下面是用来定义每个元素的一些基本属性：

- 软件所使用的可以唯一识别的名称。
- 可以用于准确解释元素的说明。
- 元素的数据类型（货币单位、文本、日期等）。
- 正常情况下元素的余额性质（借方或贷方）。
- 元素的期间类型（某一时间点（称作时点），或是某一时期（称作期间））。

属性信息被嵌入标签中。继续我们的例子，模式包含销售净额元素定义的如下部分：

　　＜element name＝"netsales" description＝"sales net of returns and allowances" type＝monetaryItemType balance＝"credit" periodType＝"duration"＜/element＞

一组称为**链接库**（linkbases）的文件也是分类标准的一个构件。链接库定义了元素之间的关系。重要的链接库文件包括以下几类：

- 参考链接库：引用与元素相关的权威陈述（例如，GAAP 或 IFRS）。
- 计算链接库：详细说明如何计算元素（例如，"流动资产"等于现金、应收账款和存货之和）。
- 定义链接库：指出元素间的层级关系（例如，"流动资产"是"资产"的子集）。
- 列报链接库：描述如何将元素分组（例如，资产、负债以及所有者权益）。
- 标签链接库：定义元素的个性化标签。

如图 9 - 11 所示，XBRL 分类标准中的信息是用来标记数据并创建实例文档的。在每一个报告年度，相同的分类标准被用来创建一组不同的实例文档。然而，实例文档仅包含数据信息。另一个文件——**样式表**（style sheet）指导如何在计算机屏幕或者打印报告中恰当地显示实例文档内容。图 9 - 12 的上端显示美国证券交易委员会 EDGAR 数据库的可访问文件（见数据文件视窗的 XBRL 文件）。中间是麦当劳模式文档的局部图，下端是公司实例文档的局部图。

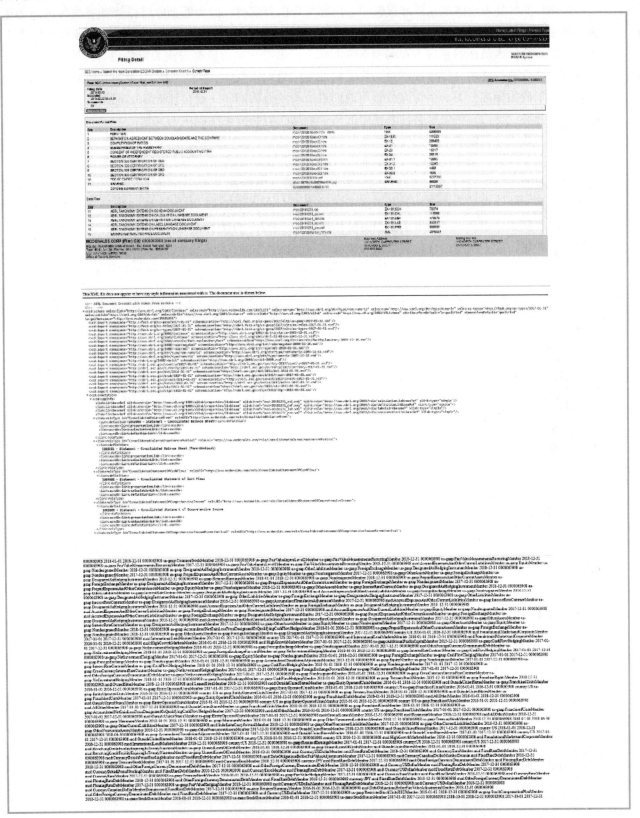

图 9-12　美国证券交易委员会 EDGAR 数据库的 XBRL 文档

会计人员的角色

XBRL 的好处不仅体现在外部报告中，内部报告也会获益，因为数据能够以管理者在各种应用程序中输入的格式从企业资源计划系统中输出，不仅节省了时间，而且避免了人工重新录入数据可能产生的错误。因此，会计人员能够且应该在编制 XBRL 报告的所有重要阶段都扮演关键角色。会计人员的工作应该从选择一个合适的通用分类标准开始。为了保证不同组织编制的 XBRL 报告具有可比性，许多国家和行业都开发出了通用标准分类。会计人员利用他们对公司业务活动和一般会计准则的理解来选择最适合组织的通用标准分类。然后，将组织会计系统中的每个数据映射到分类标准中的元素。

然而，通用分类标准不可能考虑到每一种可能的情形。有时，组织需要用不同的方式或者不同的详略程度记录财务信息，以便反映其独特的业务执行方式。这种情况下，会计人员必须创建新的标签来更准确地反映企业业务活动的信息。这些新的标签称为**扩展分类标准**（extension taxonomy）。这种修改 XBRL 的能力也是为什么它被称作可扩展的语言。阅读者通过点击 iXBRL 实例文档的数据元素查看企业使用的分类标准。例如，图 9-13 展示了麦当劳使用标准的 GAAP 分类标准来定义收入元素（上端），占用费和其他经营费用元素则使用个性化的扩展分类标准（下端）。

—定义：
销售货物、提供服务、保费或其他盈利活动中确认的收入。包括但不限于确认为收入组成部分的投资和扣除利息费用前的利息收入，以及销售和交易收益（亏损）。
—参照：
参照 1：https://www.xbrl.org/2003/role/presentationRef
— FASB
—会计准则汇编
—大标题 225
—小标题 10
—章节 S99
—段落 2
—分段落（SX 201.5-03.1）
—URL https://asc.fasb.org/extlink&oid=63488584&loc=d3e20235-122688
—细节：
命名：us-gaap_Revenues
命名空间前缀：us-gaap_
数据类型：xbrli:monetaryItemType
余额性质：贷方
时期类型：期间

—定义：
地租成本和对第三方业主的接续租赁，这些业主拥有企业直营餐厅所在的土地和/或建筑物，以及有形资产的折旧（如设备、指示牌、座位、装饰以及租赁物的改良），企业直营餐厅建筑物/租赁物和重新取得的特许经营权的摊销，以及广告、促销、经营用品成本，维护和维修、保险、税收和许可证、信用卡/借记卡手续费等。
—参照：
无
—细节：
命名：mcd_OccupancyAndOtherOperatingExpenses
命名空间前缀：mcd_
数据类型：xbrli:monetaryItemType
余额性质：借方
时期类型：期间

图 9-13 iXBRL 实例文档元素的分类标准信息

会计人员也应该使用软件来应用分类标准（和任何扩展），以便标记组织数据和创建实例文档，然后在提交之前校验这些实例文档。会计人员通常也会参与样式表的创建过程以保证正确地显示了信息。

不仅会计人员使用 XBRL，会计专家在 XBRL 的创建过程中也扮演了重要的角色。你应该收藏并经常访问 xbrl.org 和 sec.gov 两个网站来跟进这个重要的报告工具的持续发展。

9.5.2 风险和控制

这个阶段的常见风险是生成不准确的财务报表（见表 9-1 中风险 8）。前面述及的记账凭证的数据处理完整性控制（控制 8.1）和生成财务报表的封装式软件（控制 8.2）相结合可以最大限度地降低数据错误。然而，因为 IFRS 和 XBRL 在信息分类方面有很多评判方法，所以财务报表可能会被发现没有准确地反映（组织）经营成果。例如，固定资产分析的错误会导致 IFRS 财务报表中的折旧费用不准确。XBRL 的通用分类标准提供了很多细粒度的选择（例如，用超过 20 个元素来定义"现金和现金等价物"概念），这有可能会导致不合适的标签被选中，除非做这项工作的员工在组织业务和 XBRL 分类标准两方面都有广博的知识。另一个潜在的问题是创建过多的扩展分类标准而不是应用标准标签，这样做将丧失 XBRL 的主要优势（标准化，使不同企业间的自动比较成为可能）。培训（控制 8.3）以及经验（积累）可能会减少出现这种错误的风险。另外，由独立的外部审计人员执行检测性控制也是有必要的。

虚假的财务报表（风险 9）是另一个潜在的问题。财务报表欺诈通常涉及高层管理者编制的调整分录。这些分录导致财务报表高估收入或者低估负债。因为高层管理者能够凌驾于大部分内部控制制度之上，这使得这类调整分录的风险难以防范。因此，降低这类风险的最好控制方法（控制 9.1）就是由独立的审计人员复核总账中所有的特殊调整分录（例如，第 5 章到第 8 章所述的由循环自动生成汇总分录之外的所有分录）。虽然第 99 号审计准则公告要求外部审计人员承担"测试总账所记录的所有调整分录和其他的调整数的恰当性"，内部审计人员也应该复核总账所有的调整数。然而，需要恰当地设置会计系统来提高这类测试的效率，以便总账账户中的每一个变动都被捕捉到并作为审计线索记录下来。

9.6 生成管理报告

总账和报告系统的最后一项活动是生成包括预算在内的多种管理报告（见图 9-2 中加工 4.0）。

9.6.1 流程

如图 9-3 所示，企业资源计划系统能够生成诸多预算（报告）来帮助管理者生成绩效计划和评估绩效。经营预算描述了组织中每一个部门预计的收入和费用。资本支出预算展示了每个投资项目预计的现金流入和流出。现金流量预算将估计的经营活动现金流入和流出相比较，用来决定融资需要。

除了预算，企业资源计划系统的查询处理能力使得管理者可以很方便地创建众多的绩效报告。例如，根据产品、销售人员和顾客维度对销售额进行分解。用图表展示这些数据能够帮助管理者迅速地发现重要的趋势和关联以及需要更仔细分析的地方。会计人员应该了解企业资源计划系统灵活的报告和制图能力的使用方法，提出不同的方法管理和分析业务活动数据，以增加企业价值。

9.6.2 风险和控制

晦涩难懂的报告和图表（表 9-1 中风险 10）可能会造成管理者做出有失偏颇或错误的决策。下面讨论减少这类风险的三个重要控制：使用责任会计和弹性预算设计绩效报告（控制 10.1），平衡计分卡（控制 10.2），以及恰当的图表设计原则（控制 10.3）。

责任会计和弹性预算

为了恰当地评价绩效，报告需要着重对职员或者部门直接控制的利润进行绩效评价。如图 9 - 14 所示，**责任会计**（responsibility accounting）生成一组相关报告，这些报告根据具体的子部门分解组织整体的绩效，这些子部门大部分能直接控制相应的组织活动。注意，每一份报告都显示了实际成本，以及实际成本与本月预算数、年初至今的累计预算数的差异，但是预算数只涉及子部门可控的项目预算数。也要注意报告的层级：每一个独立子部门的总成本在上一级的报告中单独列示。

预算设计也很重要，预算内容应该匹配被评估的部门属性。例如，图 9 - 14 的绩效报告关注成本，因为生产部门通常被视为成本中心。相反，销售部门通常作为收入中心来评估。因此，它们的绩效报告应该对比实际销售收入和预期销售收入，并根据恰当的产品和地区对销售收入进行分解。同样，被视为利润中心的部门的报告应该既包括收入也包括成本。

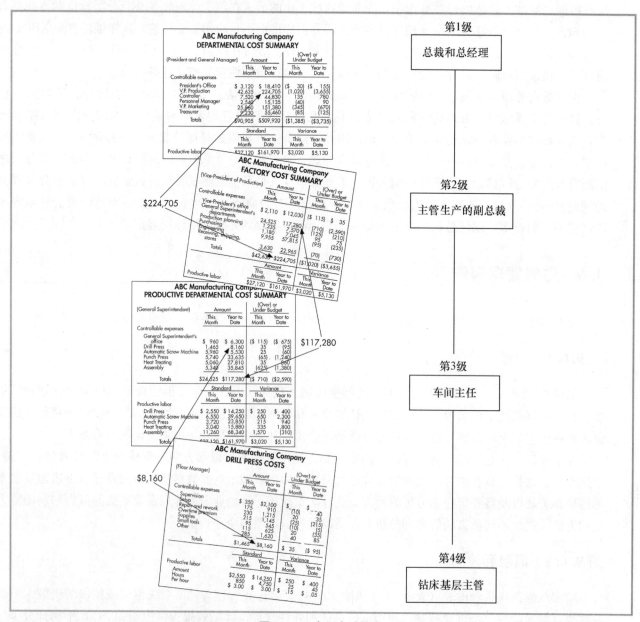

图 9 - 14　责任会计报告

不论编制部门预算绩效报告的基础是什么，用来计算预算标准的方法都是很重要的。最简单的方法是为每个部门建立固定的目标，并将这些目标数字存储在数据库中，然后将实际绩效和这些预先设定好的值进行比较。这种方法的主要缺点是预算数字是静态的，没有考虑到不可预见的经营环境的改变。因此，部门经理有可能因为不可控的因素而受到奖励或处罚。例如，在图 9-14 中，假设车间主任预计的产量为 2 000 单位。然而，如果因为实际产量是 2 200 单位，高于预计的产量，那么高出的成本并不是低效率所导致的，而是产量的增加所致。

弹性预算（flexible budget），即预算数字会随着组织活动的改变而变化，弹性预算能够减轻上述问题。就我们前面的例子而言，弹性预算需要将生产车间每条生产线的预算细分为固定成本和变动成本两个组成部分。通过这种方法，预算标准可以自动对任何未在计划内的产量增加（减少）进行调整。因此，可以更合理地解释调整后的标准和实际成本之间的差异。

平衡计分卡 [①]

正如本章开篇的例子中所谈到的，很多会计系统生成的报告均存在一个问题，即报告的重点只局限于绩效的一个维度：财务报表维度。平衡计分卡试图解决这个问题。**平衡计分卡**（balanced scorecard）提供了组织绩效的多维视角。如表 9-2 所示，平衡计分卡包含反映组织愿景的四个维度：财务、客户、内部流程以及创新和学习。财务维度提供的是过去绩效的滞后指标，其他三个维度提供的是未来绩效的先行指标。对于每个维度来说，平衡计分卡显示了组织目标以及实现这些目标的过程中组织绩效的具体衡量标准。较之单纯的财务指标，平衡计分卡的这四个维度能够更加全面地评价组织绩效。现在研究表 9-2，来看看平衡计分卡的四个维度如何反映组织的关键战略以及几种评估指标之间重要的因果联系。

表 9-2 平衡计分卡

目标维度	指标	目标	2021 年	2020 年	2019 年
财务					
新增收入流	销售新产品（千）	104	103	100	98
提高利润率	权益回报（%）	12.5	12.6	12.2	12.1
正向现金流	营运现金（千）	156	185	143	164
客户					
提高满意度	评分（0～100）	95	93	92	90
成为优先供应商	关键客户所采购的电子设备中本企业产品所占比例（%）	20	20	18	17
内部流程					
服务质量	正确填写订单（%）	98	97	95	94
交付速度	订单周期时间（天）	10.4	10.5	11.2	11.5
加工效率	缺陷率（%）	1.0	1.1	1.05	1.02
创新和学习					
新产品	新产品数量	4	4	3	3
员工学习	参加高级培训课程的员工（%）	10	25	9	5

[①] This section is based on two articles by Robert S. Kaplan and David P. Norton："The Balanced Scorecard—Measures That Drive Performance," *Harvard Business Review* (January-February 1992)：71-79；and "Using the Balanced Scorecard as a Strategic Management System," *Harvard Business Review* (January-February 1996)：75-85. Additional information about the balanced scorecard can be found at www.balancedscorecard.org.

像其他公司一样，AOE 公司的高层管理者均认同三个重要的财务目标：销售新产品所实现的现金流增长，权益回报率所反映的盈利能力，为偿还债务所维持的充足现金流。如表 9-2 所示，人们设计了具体的指标和目标来跟踪这些目标的实现。这些关键指标的选择和目标值的设定都是很重要的管理决策。很多组织将目标错误地设定为行业基准值。这种方法的问题在于将组织的愿景和之后的绩效限制在其竞争者的绩效水平。虽然行业基准可以提供有用的参考，但是管理者在设定目标时还应该考虑组织独特的优势和劣势。

对于每个组织来说，客户是实现财务目标的重要因素。因此，AOE 公司的平衡计分卡客户指标包含两个关键目标：提高客户满意度和成为关键客户的优先供应商。反过来，要实现以客户为导向的目标，要求有效且高效地执行内部业务流程。因此，AOE 公司的平衡计分卡内部流程指标关注的是那些能够直接影响客户感受的活动：服务质量、送货速度以及流程效率。最后，AOE 公司的高级管理层承认开发新产品和培训员工以便持续改善服务质量都很重要。因此，这两个目标都包含在 AOE 公司平衡计分卡的创新和学习维度中。

注意：之前的讨论暗含了很多有相关因果关系的假设。例如，增加员工培训会提高服务质量，这会在执行客户订单的准确率上得到体现。反过来，服务质量的提高会提高客户满意度以及增加关键客户采购量。最终，客户满意度的提高会提升盈利能力以及现金流水平。因此，在组织战略中，平衡计分卡中的创新和学习、内部流程和客户评价指标可以作为财务评价指标的先行指标。通过分析每一个实际指标值的趋势，AOE 公司的管理层可以检验那些假设的正确性。如果某个指标的提高在随后的时间段内没有如预期一样提高其他指标，高级管理层就必须重新评估并且有可能修改决定组织成功的假设。事实上，检测和重新制定战略的能力是平衡计分卡的主要优点之一。

会计人员和系统专家应该参与平衡计分卡的设计。高层管理者的作用是详细说明每一个维度需要实现的目标。会计人员和信息系统专家可以帮助管理者选择最合适的指标来跟踪这些目标的实现情况。另外，他们还要提交数据收集的可行性分析报告，这些数据是执行各种评估指标所需要的。

虽然设计平衡计分卡的最初目的是作为战略管理工具，但是在各个维度中加入适当的风险目标和衡量指标之后，平衡计分卡也能够成为更好的管理企业风险的工具。例如，组织希望提高员工信息安全意识。激励大家关注这个目标的一种方法是，将增强安全意识作为平衡计分卡创新和学习维度的目标之一并明确地列示出来，然后评估员工对于最佳安全策略的了解程度。同样，将降低存货损耗作为内部流程的目标之一，并且对它进行评估，可以帮助管理者将注意力集中在减少员工偷盗的风险上。外部风险，例如市场份额的缩减，同样可以通过在平衡计分卡的客户和财务维度中添加合适的指标（例如，回头客的销售量、新顾客的数量）来应对。因此，平衡计分卡可以用作管理和评估组织控制和风险管理的工具。

平衡计分卡，像所有计分卡一样，定期创建并为管理者提供评价过去绩效的方法。但是，正如开篇案例提到的，管理者也需要实时报告来及时地采取纠错行动。**仪表盘**（dashboards）可以提供这类信息。通常，经营绩效关键指标的实时测度能通过仪表盘交互呈现。

最后，虽然计分卡、仪表盘和其他形式的报告能够对管理层提供必要的支持，但是组织也应该关注报告的数量和生成报告的成本。例如，一个有用的判定尺度是将报告数量除以雇员人数。高分值意味着企业产生了太多的报告，因此应该减少一些报告以降低成本。另一个有用的判定尺度是报告数量除以总账账户数量。低分值意味着存在过多的账户，减少账户可以加快结账过程，从而提供更及时的财务报表。

本章习题

1. 通常由谁提供调整分录？_____

a. 司库　　　　　　　　　　　　　　b. 财务主管

c. 各种会计循环子系统，如销售订单录入　　d. 部门经理

2. 绩效报告仅包含组织部门所能控制的项目数据，下面哪个是编制绩效报告的例子？＿＿＿＿＿

a. 弹性预算系统　　　　　　　　　　b. 责任会计系统

c. 结账　　　　　　　　　　　　　　d. 例外管理

3. XBRL 元素的定义，例如，定义账户余额是借方余额还是贷方余额，可以在下列哪项中实现？＿＿＿＿＿

a. 链接库　　　　　　　　　　　　　b. 实例文档

c. 模式　　　　　　　　　　　　　　d. 样式表

4. 下列哪项展示了平衡计分卡中各部分的内在联系？＿＿＿＿＿

a. 财务→内部流程→创新和学习→客户　　b. 创新和学习→内部流程→客户→财务

c. 客户→财务→内部流程→创新和学习　　d. 内部流程→客户→创新和学习→财务

5. 下列哪个 XBRL 文件包含一家公司年净收入的真实数据值？＿＿＿＿＿

a. 样式表　　　　　　　　　　　　　b. 模式

c. 链接库　　　　　　　　　　　　　d. 实例文档

6. 仓库工人每天装运的订单数量最有可能是平衡计分卡中哪一维度的指标？＿＿＿＿＿

a. 创新和学习　　　　　　　　　　　b. 客户

c. 内部流程　　　　　　　　　　　　d. 财务

7. 以下哪一项是重要的审计线索？＿＿＿＿＿

a. 记账凭证　　　　　　　　　　　　b. 弹性预算

c. 试算表　　　　　　　　　　　　　d. 数据库

8. 利用调整分录记录应计利息收入是以下哪个选项的例子？＿＿＿＿＿

a. 应计　　　　　　　　　　　　　　b. 递延

c. 估价　　　　　　　　　　　　　　d. 重新估价

9. 以下哪一项主要用于提升财务报告的效率？＿＿＿＿＿

a. XML　　　　　　　　　　　　　　b. XBRL

c. IFRS　　　　　　　　　　　　　　d. 平衡计分卡

10. 以下哪项提供经营绩效关键指标的实时数据？＿＿＿＿＿

a. XBRL　　　　　　　　　　　　　　b. 平衡计分卡

c. 仪表盘　　　　　　　　　　　　　d. 灵活的预算

问题讨论

1. 尽管 XBRL 促进了财务信息的电子交换，但一些外部用户认为这仍然不够。他们希望访问整个总分类账簿，而不仅仅是汇总总账账户的 XBRL 财务报告。公司是否应当将访问权限赋予外部用户？为什么？

2. 责任会计和弹性预算如何提升士气？

3. 为什么说审计线索是一项重要的控制？

4. 平衡计分卡从四个维度衡量了组织的绩效。如果财务这一维度不做任何的积极调整，其余三个维度（客户、内部流程、创新和学习）的绩效可能提高吗？如果是的话，这一模式的意义是什么？

5. XBRL（包括 iXBRL）中"X"代表可扩展性，这意味着企业能够为财务报表元素创建标签。这种能力允许企业呈报能够反映出本企业独特业务活动的财务信息。然而，一些批评者认为许多企业滥用这种特权，创

建了不必要的扩展并破坏了 XBRL 的优势（结构化机读数据），因为使用扩展人为干涉了不同企业之间的对比。会计专家如何回应这种批评？

习题答案

1. 正确选项 b，调整账户是在试算表编制完成后由财务主管录入的。选项 a 错误，调整账户是在试算表编制完成后由财务主管录入的。司库定期编制分录以记录财务活动，例如发债或回购债券。选项 c 错误，子系统向总账系统提供定期的汇总分录而不是调整分录。选项 d 错误，部门经理不应该编制任何分录。

2. 正确选项 b，这是责任会计的基础和目的。选项 a 错误，弹性预算根据实际投入调整目标。选项 c 错误，结账是在每一个会计年度终了时执行的，目的是为财务报表的编制做准备。选项 d 错误，例外管理是一项关注非正常偏差的报告技术。

3. 正确选项 c，分类标准中的模式文件包含 XBRL 中元素的释义。选项 a 错误，分类标准中的链接库文件提供元素之间的关联信息。选项 b 错误，实例文档包含元素取值和背景信息，但不是它的完整释义。选项 d 错误，样式表关注的是在计算机屏幕或打印报告中如何表示实例文档。

4. 正确选项 b，平衡计分卡认为学习和创新会提高内部绩效，而这反过来会提高客户满意度，最后反映在更好的财务绩效上。同理，选项 a，c，d 错误。

5. 正确选项 d，实例文档包含财务报表元素的特定值。选项 a 错误，样式表提供的是关于如何在一个实例文档中展示信息。选项 b 错误，模式定义了财务报表中的元素，例如净收益，但是没有提供这些元素的实际数据。选项 c 错误，链接库描述了分类标准元素之间的联系。

6. 正确选项 c。选项 a 错误，目标指标是测量处理效率的量度，所以会出现在平衡计分卡的内部流程维度中。同理，选项 b，d 错误。

7. 正确选项 a，记账凭证提供了调整总账变动来源的信息。选项 b 错误，弹性预算是绩效评价工具。选项 c 错误，试算表是编制财务报表的步骤。选项 d 错误，数据仓库用于商业智能。

8. 正确选项 a。选项 b 错误，递延（项目）是现金已收支但是业务还未进行的延期确认。选项 c 错误，估值是用来记录判断分析结果的分录。选项 d 错误，重新估价分录是用来改正先前错误的分录。

9. 正确选项 b，可扩展性商业报告语言是会计人员开发的用来辅助商业报告的语言。选项 c 错误，IFRS 是 GAAP 的一个替代。选项 a 错误，XML 是一种多用途的语言，但不是用来设计财务报告的。选项 d 错误，平衡计分卡是一种多维度的绩效报告。

10. 正确选项 c，仪表盘提供了关键经营绩效数据的实时测度。选项 a 错误，XBRL 是编制会计报表的工具。选项 b 错误，平衡计分卡定期报告一定期间的总括绩效。选项 d 错误，灵活预算有助于管理者更准确地解释计划与实际的差异。然而，像平衡计分卡一样，灵活预算报告的是定期的、总括的绩效，而不是实时数据。

第三部分

REA 数据模型

第 10 章

基于 REA 数据模型的数据库设计

学习目标

通过学习本章，你应该能够：

1. 讨论设计和实施数据库系统的步骤。
2. 理解实体-联系（E-R）图的特征和用途。
3. 理解 REA 数据模型的内容和用途。
4. 运用 REA 数据模型设计会计信息系统数据库。
5. 读懂 REA 图，并解释 REA 图所揭示的组织业务活动和经营策略。

综合案例

弗雷德的商店

弗雷德·史密斯（Fred Smith）很懊恼。虽然他的火车模型商店生意越来越兴隆，但是经营业务所使用的会计软件十分简单，软件的报告能力有限，他不得不经常手工检查编制自定义报表所需要的交易数据。这个过程十分耗时而且容易出错。例如，弗雷德花了一个周末的时间仔细研究过去三个月的销售记录，确认哪些商品组合销售最好。他打算利用这些信息为客户提供特别的促销活动，但为分析结果的质量担心。

午饭时，弗雷德向会计师保罗·斯通（Paul Stone）诉说了他的苦恼。保罗提到他刚刚结束的数据库设计的培训课程。他建议为弗雷德建立一个关系数据库，这个数据库将兼容现有的会计软件，使弗雷德能够轻松设计报告以实现业务分析。弗雷德很欣赏这个创意，他请保罗为商店设计关系数据库。

10.1　引　言

第 4 章阐述了关系数据库的基本原理。从本章到第 12 章讲授如何为会计信息系统设计和记录关系数据库文档。虽然不是所有人都将成为如保罗·斯通一样的顾问去为客户设计数据库，但是每个会计专业人员都需要理解如何记录数据库，并使用这些记录作为日后检索信息的指南。审计人员（包括外审和内审）经常需要从关系数据库中获得审计证据，企业会计人员也需要查询本企业数据库以获得与成本分析和税收筹划相关的数据和编制有价值的管理报告。

本章的主题是数据建模：说明如何利用 REA（资源、事件、参与者）数据模型设计和记录会计信息系统；解释 REA 数据模型如何向审计人员提供有关组织业务活动和政策的有用信息。第 11 章阐述如何在数据库管理系统中实施 REA 数据模型，以及如何使用 REA 数据模型查询生成的数据库以获得管理者和审计人员的相关信息。第 12 章通过审视高级数据建模和数据库设计问题，对这三章内容进行总结。

10.2　数据库设计流程

图 10-1 展示了数据库设计的五个基本阶段。第一个阶段（系统分析）包括确定开发新系统的需求以及可行性的初步调查。这个步骤包括对该项目的技术可行性以及经济可行性的初步判断。它也涵盖了确认信息使用者的需求，定义新系统的范围，以及根据预期系统使用人数和交易量方面的信息对硬件和软件要

求做出初步决策的过程。第二个阶段（概念设计）包括从概念层、外层和内层为新系统设计不同的模式。第三个阶段（物理设计）包括将内模式转化成新系统能够实施的真实的数据库结构。该阶段也是开发新应用软件的阶段。第四个阶段（实施和转换）包括将数据从现有系统转换至新系统的数据库，测试新系统，以及培训员工如何使用新系统的所有相关活动。最后一个阶段是运行和维护新系统。这一阶段包括密切关注系统的运行情况和用户满意度，对系统进行修改和完善。最后，经营策略和经营活动的改变以及新信息技术的重大变革都将促使公司着手调查新系统开发的可行性，整个过程将再次开始（如图中的箭头所示，会重新回到系统分析阶段）。

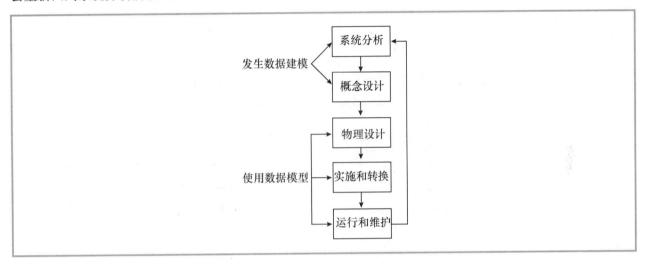

图 10 - 1 数据库设计流程中的数据建模

　　会计人员能够而且应该参与数据库设计过程的每个阶段，尽管他们在每个阶段的参与程度不同。在系统分析阶段，会计人员帮助评价项目的可行性以及定义用户的信息需求。在概念设计阶段，会计人员参与开发逻辑模式，设计数据字典，详细说明重要的控制。在物理设计阶段，有良好数据库知识的会计人员可以直接参与数据模型的实现。在实施和转换阶段，会计人员应该参与测试新数据库和应用软件程序的准确性，以及评估控制流程的适当性。最后，许多会计人员是数据库的日常使用者，有时甚至负责数据库管理。

　　会计人员通过参与数据建模来为组织做出最大贡献。**数据建模**（data modeling）是定义数据库的过程，数据库的定义需要如实体现组织的每一个方面，包括和外部环境的关联。如图 10 - 1 所示，数据建模发生在数据库设计的系统分析和概念设计阶段。下面我们讨论会计人员进行数据建模的两种重要工具：实体-联系图和 REA 数据模型。

10.3　实体-联系图 [①]

　　实体-联系（E-R）图（entity-relationship（E-R）diagram）是绘制数据库模型的图形方法。之所以称为 E-R 图，是因为它揭示了不同的实体以及实体之间的重要关系。**实体**（entity）是与组织收集和存储信息相关的任何事物。例如，弗雷德商店数据库包括的实体有员工、客户、供应商、存货和业务事件（如对客户销售以及供应商交货）。在关系数据库中，不同实体的信息存储在不同的表格中；在文件导向数据库

---

　　① 　The material in this section is based on P. Chen, "The Entity Relationship Model—Toward a Unified View of Data," *Transactions on Database Systems*（1：1，March 1976）：9–36.

中，不同实体的信息存储在不同的类中。

在 E-R 图中，实体以矩形表示。但是，E-R 图中其他要素的图形表示不存在行业标准。用菱形（如图 10-2（A））或其他图形（如图 10-2（B））来表示联系。与每个实体相联系的属性使用被命名的且与矩形相连的椭圆形表示（如图 10-2（C））或者列示于单独的表格中（如图 10-2（D））。本书创建的 E-R 图包含大量的实体和联系。因此，为了减少混淆和提高可读性，我们将与每个实体相联系的属性列示于单独的表格中，而且省略了关联的菱形表示。因此，图形外观类似于图 10-2（B）和图 10-2（D）。

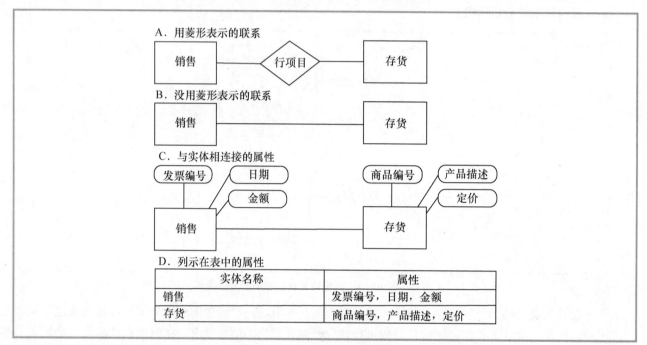

图 10-2　E-R 图的不同表现形式

E-R 图可以用于表示任何数据库内容。例如，校内运动会数据库的 E-R 图可能包括学生、团队和社团等实体，然而学校 E-R 图可能包括学生、老师和课程等实体。本书关注为组织业务活动提供支持的数据库。因此，我们将展示 E-R 图如何既用于数据库设计，又用于记录和理解现有数据库，以及重新设计业务流程。业务流程管理在第四部分论述，本章关注设计数据库和理解现有数据库的 E-R 图的使用。

如前面提到的，E-R 图包括不同类型的实体和实体之间的关系。数据库设计的一个重要步骤是决定建模过程中需要包括哪些实体。REA 模型有助于该决策的制定。

10.4　REA 数据模型①

REA 数据模型（REA data model）是专门开发用于会计信息系统设计的。REA 数据模型关注作为组织价值链活动基础的业务语义。它通过确认在会计信息系统数据库中应该包含哪些实体，规定如何构建实

---

　① 　The material in this section is adapted from William E. McCarthy, "An Entity-Relationship View of Accounting Models," *The Accounting Review* (October 1979)：667-686；William E. McCarthy, "The REA Accounting Mode：A Generalized Framework for Accounting Systems in a Shared Data Environment," *The Accounting Review* (July 1982)：554-578；and Guido L. Geerts and W. E. McCarthy, "An Ontological Analysis of the Primitives of the Extended-REA Enterprise Information Architecture," *International Journal of Accounting Information Systems* (3, March 2002)：1-16.

体之间的关系来指导数据库设计。REA 数据模型通常以 E-R 图的形式来描述。所以，在本章余下部分以及全书中，我们将根据 REA 数据模型开发的 E-R 图称为 REA 图。

10.4.1　实体的三种基本类型

REA 数据模型的得名缘于其将实体分为三种不同类型：R（resources）代表组织获取并使用的资源；E（events）代表组织从事的事件（业务活动）；A（agents）代表这些事件的参与者。[①] 实体的这三种类型的举例见图 10-3。

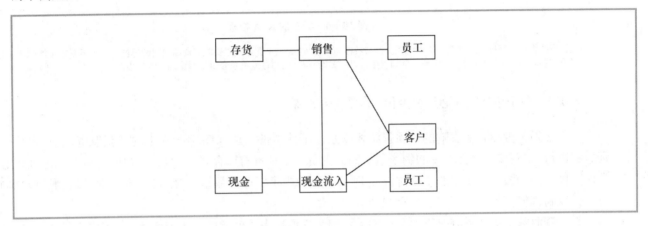

图 10-3　REA 图的基本要素

资源（resources）是对组织有经济价值的事物。图 10-3 包含两种资源实体：现金和存货。**事件**（events）是管理层基于计划和控制目的而需要收集信息的各项业务活动。[②] 图 10-3 包含两种事件实体：销售和现金流入。**参与者**（agents）是参与事件的人和组织，收集与他们相关的数据可以更好地计划、控制和评估其业务活动。

10.4.2　关系构建：基本的 REA 图

REA 模型规定了三种实体（资源、事件和参与者）如何相互联系的基本模式。图 10-4 描述了这种基本模式。该模式的基本特征如下：

1. 每个事件至少和它所影响的一项资源相联系。
2. 每个事件至少和另外一个事件相联系。
3. 每个事件至少和两个参与者相联系。

---

① 一些 REA 数据建模者提出了第四种类型的实体，即"位置"。商店和仓库是这种实体类型的实例。然而，这种"位置"通常也是组织控制下的资源。因此，本书的作者认为创建第四种实体类型是站不住脚的，并将"位置"视为一种资源。如果组织不希望或者不需要存储"位置"信息（除非需要识别事件发生的地点），"位置"可以作为事件的属性。

② The discussion of events in this section is based on the work of Julie Smith David, "Three 'Events' That Define an REA Methodology for Systems Analysis, Design, and Implementation," Working Paper, Arizona State University, August 1997; and Guido L. Geerts and W. E. McCarthy, "An Ontological Analysis of the Primitives of the Extended-REA Enterprise Information Architecture," *International Journal of Accounting Information Systems* (3, March 2002): 1-16.

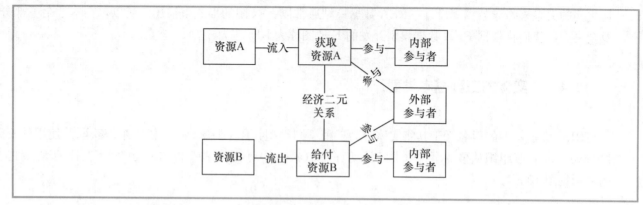

图 10 - 4　标准的 REA 模板

说明：直线上的文字描述了联系的基本特征。参与者参与事件。"给付"资源和"获取"资源之间的经济二元关系反映了组织为获取某项资源（例如存货），必须放弃另一种资源（例如现金）。事件和资源之间的存流关系表示资源流入或者流出。

规则 1：每个事件实体必须至少和一项资源相联系

事件必须至少和它所影响的一项资源相联系。某些事件，例如图 10 - 4 中的"获取资源 A"，增加了资源的数量。"获取"事件常见的例子包括商品到货（增加现有库存量）、收到客户的支付款（增加现金）。其他事件，例如图 10 - 4 中的"给付资源 B"，直接减少了资源的数量。"给付"事件常见的例子包括向供应商付款和销售商品，分别减少现金和现有库存量。

影响资源数量的联系有时称为存流关系，因为它们代表了资源的流入或者流出。但并不是每个事件都会直接改变资源的数量。例如，客户订单是未来商品销售的承诺，正如供应商订单是未来存货采购承诺。为简单起见，图 10 - 4 不包含这样的承诺事件。然而，为了提供更好的服务和规划目标，组织需要追踪这些承诺的影响。例如，客户订单减少了被订购商品的可供货数量。销售人员需要了解这些信息以正确响应后续客户的查询和订货。制造企业根据客户订单信息来计划生产。在本章后面部分，我们将学习如何将承诺事件加入图 10 - 4 的基本模式中。

规则 2：每个事件必须至少和另外一个事件相联系

图 10 - 4 显示了"获取资源 A"事件和"给付资源 B"事件之间的联系是经济二元关系。这种供求的二元关系反映了基本的业务原理，即组织消耗资源是为了获取作为交换的其他资源。例如，销售事件与现金收款事件相联系，销售需要放弃（减少）存货，现金流入将获得（增加）现金。图 10 - 5 显示每个会计循环都可以用供求的经济二元关系方式来描述。图 10 - 5 下端表明，有时一个事件可以和其他几个事件相联系。

规则 3：每个事件必须至少和两个参与者相联系

为了明确经济责任，组织需要追踪员工的行为。组织也需要监督签订的协议与外部发生的经济二元关系的状态。因此，图 10 - 4 显示了与两个参与者实体相联系的每个事件：对于涉及外部实体的交易事件，内部参与者是员工，员工对受这个事件影响的资源负责，外部参与者指参与交易的组织之外的合作伙伴。对于内部事件，例如原材料从仓储环节转移至生产环节，内部参与者是放弃保管资源责任的员工，外部参与者是指承担保管资源责任的员工。

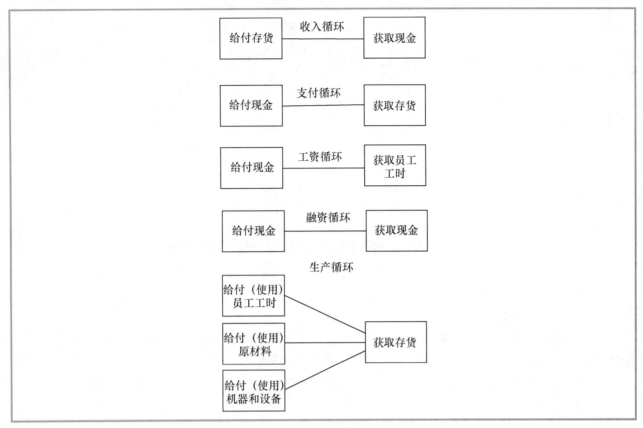

图 10-5　一组供求互换

10.5　设计 REA 图

本章的重点是设计单项业务循环的 REA 图。下一章学习如何集成单项业务循环的 REA 图，形成企业层级的 REA 图。

设计一项特定业务循环的 REA 图包括以下三个步骤：

1. 识别管理层要采集的事件信息。
2. 识别事件影响的资源以及这些事件的参与者。
3. 识别每项联系的基数。

让我们根据这三个步骤，看看在图 10-6 中，保罗是如何为弗雷德商店的收入循环建模的。

□ 10.5.1　步骤 1：识别相关事件

设计单项业务循环 REA 模型的第一步是识别管理层感兴趣的事件。每个 REA 模型必须包含至少两个事件，即特定业务循环中供求的基本经济交换事件（见图 10-5）。通常，其他事件，如管理层感兴趣的计划、控制和监管事件，也需要包含在 REA 模型中。

要充分理解每个业务循环（见第 5～9 章）中的业务活动，需要识别哪些事件包含供求经济二元关系。例如，第 5 章解释了收入循环包括四项连续的活动：

1. 接收客户订单；

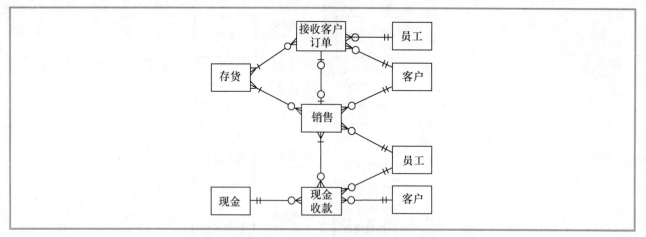

图 10 - 6　弗雷德火车模型商店收入循环的部分 REA 图

2. 执行客户订单；

3. 开单；

4. 向客户收取款项。

经分析，第一项活动"接收客户订单"不包含从外部获取资源或者向外部提供资源。它仅仅是未来活动的一项承诺。第二项活动"执行客户订单"通过向外部伙伴（客户）的送货减少了组织有经济价值（存货）的资源储备，因此，它是图 10 - 4 描述的给付资源事件的原型。第三项活动"开单"包括与外部伙伴的信息交换但不直接增加或减少组织的经济资源。最后，第四项活动"向客户收取款项"由于收到外部伙伴（客户）的款项导致了组织经济资源的增加（见图 10 - 6 中的"现金"），因此，它是图 10 - 4 描述的获取资源事件的原型。所以，收入循环基本业务活动的分析表明了基本的供求经济交换包含两个事件：供货（通常是指销售事件）和向客户收取款项（通常是指现金收款事件）。

在绘制单个业务循环的 REA 图时，有效的绘制方法通常是把图纸划分为三栏，每栏对应一个实体。通常左栏对应资源，中间一栏对应事件，右栏对应参与者。事件实体按照其发生的先后顺序从上到下绘制，更便于理解。因此，保罗在绘制图 10 - 6 的中间一栏时，将销售事件置于现金收款事件的上面。[①]

识别经济交换事件后，必须识别其他需要在 REA 模型中出现的业务活动。这同样要求理解每项活动的实质，因为只有那些与收集新信息相关的活动才需要囊括在模型中。回到我们的例子，保罗注意到销售和现金流入的经济二元关系准确地体现了大多数店内销售交易的属性，即客户挑选物品并支付价款。但是有时，客户会向商店打电话询问能否预留他们需要的商品，待他们晚些时候来取。为了确保能够及时追加订购畅销商品，弗雷德不仅要预留那些物品，还要在系统中记录这些订单。因此，保罗决定在 REA 图中添加承诺事件"接收客户订单"，并放置于销售事件之上，因为客户订单早于销售事件发生。

然后，保罗考虑其他收入循环业务活动——向客户开单。他明白店内销售是即时支付的，因此，不包含单独的开单步骤。但是弗雷德也向购物中心、旅馆和其他想设置季节性陈列的机构销售火车模型。这些销售通常采用信用方式，需要弗雷德随后寄送发票给客户。然而，打印和寄送发票并不直接增加或减少任何经济资源。开单行为不是未来经济交换的承诺：客户法定支付义务由递送商品产生，而不是发票。因此，正如第 5 章和第 6 章提到的，许多组织开始意识到开单是可以完全被取消的非增值活动。此外，打印发票并不给数据库增加新信息。被售商品的价格和数量在销售时会被记录下来，而付款的时间条款也是在这个时候达成一致的。因此，开单只是信息处理事件：从数据库中采集信息，就像写查询语句或打印内部

---

① 放置规则，例如分栏和事件的依次排序，并不是使用 REA 图设计数据库所必须遵循的。我们提出这些规则只是因为它们通常可以简化 REA 图的绘制过程，并且使得 REA 图易懂。

报告一样。这样的信息获取事件不改变数据库的内容，它们不需要以事件的形式编入 REA 模型。基于以上原因，保罗意识到无须在弗雷德商店的收入循环 REA 图中加入开单事件。

那么应收账款呢？如果没有开单事件，弗雷德商店如何监控资产负债表中应收账款项目呢？应收账款只是收入循环基本经济交换中两项业务事件（销售和现金流入）发生的时差造成的。换句话说，应收账款可以通过收集销售和现金收款事件信息进行计算和监控。下一章将会举例说明从数据库中采集应收账款信息的几种不同方法。

最后，值得注意的是没有数据输入事件。原因是 REA 数据模型是用来设计交易处理数据库的。目的是为组织基本价值链业务活动建模：产生何种收入，如何使用现金和其他资源。与之相关的事件、资源、参与者的数据输入通常认为不是基本价值链活动。因此，就像写查询语句和打印报告一样，收集详细数据的数据输入活动不被认为是重要的事件。此外，正如前面 5 章讨论的，运用技术减少员工日常的信息处理活动，包括数据录入，已经成为一种发展趋势。因此，可以设想业务事件（例如商品销售）不需要任何单独的数据录入。当然，许多数据录入活动已经成为 REA 图中业务事件执行的副产品。例如，无论销售、采购、现金收款或付款活动何时发生，相关信息都要输入数据库。因此，REA 图中包含的应该是各种业务事件（如销售交易）以及管理层想要收集的事件信息，而不是数据输入。

□ 10.5.2　步骤 2：识别资源和参与者

一旦指定相关事件，就需要识别受事件影响的资源。这需要回答三个问题：

1．"给付事件"减少了哪些经济资源？
2．"获取事件"获得了哪些经济资源？
3．承诺事件影响了哪些资源？

同样，熟悉业务流程的话，就很容易回答这些问题。继续我们的例子，保罗注意到销售事件包含向客户交付存货，现金收款事件包括向客户收取货款（无论是以现金、支票、信用卡还是借记卡的形式）。因此，他在 REA 图中加入存货资源实体，该实体与销售事件实体相联系。存货实体存储了弗雷德销售的每件产品的信息。接着，保罗在图中加入了现金资源实体。尽管组织通常使用多个账户来反映现金及现金等价物（例如支票账户、小额收支现金账户和短期投资等），但是它们均被汇总至资产负债表的现金账户。同样，现金资源包括每个个人现金账户的信息。因此，在关系数据库中，现金表格中的每一行对应一个账户（例如小额收支现金账户、支票账户等）。然后，保罗将现金资源实体与现金收款事件实体建立关联。最后，接收客户订单事件包含为特定客户预留商品。为了保证准确的存货记录并方便及时再订货以避免存货不足，每个接收客户订单事件都会减少该种存货的可供货数量。因此，保罗在弗雷德商店收入循环的 REA 图中，为存货资源实体和接收客户订单事件实体之间建立关联。

除了明确每个事件影响的资源，也有必要识别这些事件的参与者。在多数事件中，每个事件至少有一个内部参与者（员工）和一个外部参与者（客户或供应商）。在弗雷德商店收入循环中，每个销售事件中各有一名客户和一名销售人员参与。每个现金资源事件中各有一名客户和一名结账员。销售人员和出纳都是弗雷德的雇员。因此，这两个收入循环经济交换事件都包括相同的两类参与者：雇员（内部）和客户（外部）。接收客户订单事件也包括客户和雇员。因此，保罗将这两类参与者加入图中，并且绘制联系来表示参与者与事件的对应关系。他有时会复制个别事件以便和两个相邻事件实体相联系，以化繁为简。①

---

①　在 REA 图中复制多少个一模一样的实体取决于个人习惯。若包括过多，会因多余的矩形（表示实体的图形）而显得凌乱；若过少，会导致实体之间的连线杂乱。

□ 10.5.3　步骤3：识别关系基数

　　绘制交易循环REA图的最后一步是添加关系基数的信息。**基数**（cardinalities）指两个实体之间联系的基本特征，即一个实体中的一个实例与另一个实体中的多少个实例相联系。考虑到客户参与者实体和销售事件实体之间的联系，REA图中每个实体代表一个集。例如，客户实体代表组织的客户集，销售事件代表当前会计期间发生的单个销售交易的集。每个客户或销售交易代表了该实体的具体实例。因此，在关系数据库中，客户表格的每行存储一条具体的客户信息，销售表格的每行存储一条具体的交易信息。基数定义了与每个客户（客户实例）相关联的销售交易（销售实例）的数量。反之，是与每个销售事件相关联的客户数量。

　　目前尚不存在REA图基数的通用标准。本书使用"鸦爪"图形符号来表示基数信息，因为这种方法越来越流行且被许多软件设计工具使用。表10-1解释了表示基数信息的符号的含义。

表10-1　基数的图形表示

符号	基数	例子	含义
─○┼	最小基数=0 最大基数=1	实体A ─○┤ 实体B	实体A的每个实例与实体B的某个实例存在或不存在联系，且至多与实体B的一个实例相联系
─┼┼	最小基数=1 最大基数=1	实体A ─┼┤ 实体B	实体A的每个实例与实体B的某个实例必然存在联系，且至多与实体B的一个实例相联系
─○<	最小基数=0 最大基数=多	实体A ─○< 实体B	实体A的每个实例与实体B的某个实例存在或不存在联系，且可能与实体B的多个实例相联系
─┼<	最小基数=1 最大基数=多	实体A ─┼< 实体B	实体A的每个实例与实体B的某个实例必然存在联系，且可能与实体B的多个实例相联系

　　正如表10-1所示，基数用实体旁边的一对符号代表。表10-1描述了基数最大值和最小值的四种可能的结合。**最小基数**（minimum cardinality）是0还是1，取决于两个实体之间的联系是可选择的（最小基数为0）还是强制的（最小基数是1）。**最大基数**（maximum cardinality）是1还是多（鸦爪符号），取决于实体A中的每个实例是与实体B中的至多一个实例相联系（如前两行）还是多个实例相联系（如后两行）。

　　我们利用表10-1的信息来解释图10-6中的基数。首先看销售-客户联系。客户实体旁边的最小和最大基数都为1。这种模式和表10-1中第2行的模式相同。因此，图10-6中客户实体旁边的最小基数1表明每项销售交易（实体A）必须和一名客户（实体B）相联系。最大基数1表明每项销售交易至多与一名客户实体相联系。这体现了正常的业务行为：只有可合法识别的客户（可以是个人或企业）才对销售和付款行为负责。现在看看销售实体旁边的基数对：表10-1第3行，最小基数为0，最大基数是N（代表许多）。最小基数0意味着联系是可选择的：客户不一定要与一项销售交易相关联。这使得弗雷德商店可以在客户购买商品之前，输入这些潜在客户的信息。最大基数N表示一名客户可能与多项销售业务相关联（例如，成为不断在弗雷德商店消费的忠实客户）。图10-6中存货实体旁边的基数对的最小值为1，最大值为N。这与表10-1中第4行模式相同。这意味着，每项客户订货或销售交易必须包含至少一种存货（销售不为0），但是存货的种类可以是多样的（例如，在同一个交易中，这名客户会同时购买火车头和轨道车）。最后再看看与接收客户订单实体相联系的销售实体旁边的基数对。与表10-1中第1行模式相似。最小基数为0表明订单可能仍然没有转化为真实的销售交易。最大基数为1表示弗雷德商店整体执行客户订单而不是部分执行。

按照同样的方法，即将每个实体旁边的基数对与表 10-1 中的四种模式相比对，就不难解释图 10-6 中的其余部分。我们现在看看不同类型的联系是什么含义，以及联系揭示了怎样的组织业务活动。

三种实体联系

实体之间的联系由与每个实体相关联的最大基数（不是最小基数）决定。

1. 一对一（1∶1）关系：每个实体的最大关系基数为 1（见图 10-7（A））。

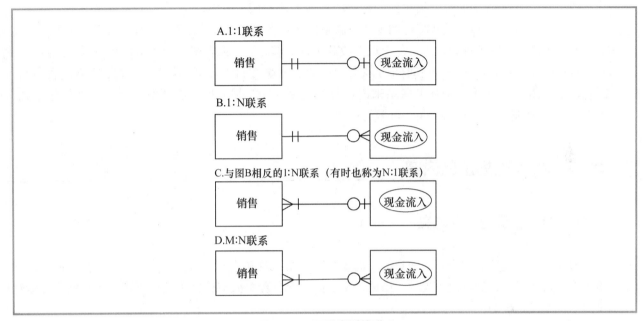

图 10-7 不同类型的联系

2. 一对多（1∶N）关系。一个实体的最大关系基数为 1，另一个实体的最大关系基数为多（见图 10-7（B）和（C））。

3. 多对多（M∶N）关系。两个实体的最大关系基数都为多（见图 10-7（D））。

图 10-7 显示了销售和现金收款事件之间三种可能的联系。在描述不同的联系时，数据建模者或者数据库设计人员不能随意地确定联系的类型。相反，基数必须反映组织的业务行为。我们来研究图 10-7 所描述的几种联系是什么含义。图 10-7（A）描述了销售和现金收款事件之间一对一（1∶1）的联系。现金流入实体的最大基数为 1，表示每个销售事件（交易）能够和至多一个现金收款事件相联系。这适用于不允许客户分期付款的企业。同时，销售事件的最大基数为 1 表示每名客户的付款和至多一个销售事件相联系。这适用于要求客户分别支付每笔交易款的企业。因此，图 10-7（A）所描述的 1∶1 关系代表企业-消费者（B2C）零售业的典型收入关系；客户必须全额付款后才能带走所购商品。值得注意的是，客户的付款方式（如现金、支票、信用卡和借记卡）不会对联系的类型产生影响。无论哪种付款方式，一项付款仅与一个销售事件相联系；反之，每项销售交易只能和一项付款相联系（借记卡和信用卡支付也涉及发卡机构，为简便起见，图 10-6 中未包含支付代理人）。如果管理层对客户付款方式感兴趣，付款方式可以作为现金收款事件的属性加以记录。

图 10-7（B）和（C）描述了两种一对多（1∶N）联系。图 10-7（B）显示了每个销售事件能够和多个现金收款事件相联系。这表明企业允许分期付款。如果客户使用第三方信贷来源，销售企业从第三方收取某项销售交易的全额货款；客户可以向信贷机构进行分期付款，但是这些支付不会包含在销售企业的 REA 图中（考虑到销售企业无法跟踪客户何时支付信用卡账单或者按月偿还银行贷款）。但是，图

10 - 7（B）描述的情况不表示每次销售交易都是分期付款，最大基数 N 只表示有些交易是分期付款。图 10 - 7（B）也显示了每个现金收款事件与至多一个销售事件相联系。这表明企业要求客户分别支付每笔交易款，不允许将一段时间内的交易额累计支付。因此，图 10 - 7（B）可能代表了企业的大额商品销售的收入循环。假若回头客购买其他商品，建立独立的一组分期付款能够分别追踪每笔交易的付款情况。

图 10 - 7（C）显示了销售和现金收款事件之间另一种一对多联系。在这个案例中，每个销售事件和至多一个现金收款事件相联系，这表示企业不允许分期付款。图 10 - 7（C）也显示了每个现金收款事件可以和多个销售事件相联系，这表示企业允许客户在一段时间内（如 1 个月）多次购买，然后一次性付款。图 10 - 7（C）描述的情况很常见，尤其是 B2B 的非耐用品销售。

图 10 - 7（D）描述了销售事件和现金收款事件多对多（M：N）联系。它表示每个销售事件能够与一个或者多个现金收款事件相联系，每个现金收款事件能够和一个或者多个销售事件相联系。这反映了企业允许客户分期付款，也允许一段时间内多次购买然后一次性付款。但是，最大基数 N 不代表强制行为。因此，对于图 10 - 7（D）描述的联系来说，有些交易可能是累积后一次性付清，有些可能是单独付清。图 10 - 7（D）描述的这种情况是十分常见的。

10.6　REA 图揭示的内容

□ 10.6.1　基数的商业意义

如前所述，基数的选择不是随意的，而是反映了组织及其业务活动。基数的确定是在数据库设计过程的系统分析和概念设计阶段实现的。因此，保罗必须充分理解弗雷德火车模型商店如何开展业务活动以确保图 10 - 6 是正确的。

我们现在来看看图 10 - 6 揭示了弗雷德商店的收入循环过程的哪些情况。首先，注意所有参与者-事件联系是 1：N。这对于很多企业是很常见的：一个参与者经常会参与许多事件。例如，企业希望某名员工在一段时间内重复操作一项具体任务。企业也希望客户能够重复下单和采购，正如它常向同一个供应商下订单一样。然而，出于问责制考虑，事件通常与一个具体的内部参与者和一个具体的外部参与者相联系，因此，图 10 - 6 中参与者-事件联系中参与者一侧的最大基数总是为 1。然而，如果一个事件需要一组员工的协作，参与者一侧关系的最大基数将为 N。

图 10 - 6 中参与者-事件联系的最小基数反映了许多组织的典型业务流程。数字表明每个事件必须与一个参与者相联系（一项销售必须包含一名客户，一项支付一定来自一名客户等）。因此参与者一侧最小基数为 1。相反，图 10 - 6 中显示参与者-事件联系的事件一侧最小基数是 0。有多种原因可以解释为何一个具体的参与者不需要参与任何事件：组织可能希望存储潜在客户信息并替换没有业务往来的供应商信息。组织会在新员工第一天上班前就在数据库中存储他们的信息。最后，参与者实体和事件实体之间在本质上有根本的区别。虽然组织通常希望无限期地保留参与者信息，但是通常只存储当前会计年度发生的事件信息。因此，参与者实体就好比主文件，而事件实体就好比交易文件。在会计年度末，事件实体的内容一般会被存档，而下一年度就没有该事件的实例。因此，在新会计年度期初，参与者不与任何当期事件相联系。

图 10 - 6 绘制了存货资源和影响它的各种事件之间的 M：N 联系。像弗雷德商店一样，商店通常销售大规模生产的商品。许多商店通过标识符来追踪这些存货，如零件编号、商品编号或者库存单位（SKU）编号，但不试图去追踪每件商品实物。当销售行为发生时，系统会记录哪种编号的商品已售。因此，同样的存货商品可以与许多不同的销售事件相联系。例如，弗雷德商店使用 15734 产品编号指代蒸汽火车车头

模型。在一个特定的时点，它可能拥有 5 个这样的火车头现货。如果在周末，有 5 名客户每人购买一个火车头，系统会将编号 15734 与 5 个销售事件相联系。因此，事件一侧的最大基数是 N。当然，像大多数企业一样，弗雷德商店允许（并希望）客户一次购买多种产品。例如，购买一件蒸汽火车车头（产品编号 15734）的客户还可能买一盒曲线轨道产品（产品编号 3265）。因此，系统会将一个销售事件与多个存货相联系。所以，存货一侧的最大基数也是 N。

如果商店销售的是一件独一无二的存货（如艺术品原件），该怎么办？这样的商品一次只能卖一个。因此，存货-销售联系中事件一侧的最大基数是 1。存货一侧的最大基数仍是 N，因为只要客户喜欢并有能力购买，大多数组织会很乐意出售尽可能多的独一无二的产品。

图 10-6 描述的存货-事件联系中任何一侧的最小基数也反映了典型的业务活动。像许多零售商店一样，弗雷德商店只卖实物存货。因此，每个订单或销售事件必须和至少一件存货相联系。所以，存货-事件联系中存货一侧最小基数是 1，然而，事件一侧最小基数是 0，基于同样的原因，参与者-事件联系也是 0。

现在考虑现金资源与现金收款事件之间的联系。图 10-6 描述这种关系为 1：N，反映了大多数有良好内部控制的组织所实行的最好模式。从客户那里收到的现金存入现金账户（通常是组织的一般活期存款账户），在必要时出纳将现金从该账户转入其他现金账户（例如，工资、活期存款、投资等）。这种关系每一侧的最小基数也是很常见的。每个客户支付的货款必须存入某个账户。因此，资源一侧的最小基数是 1。相反，事件一侧的最小基数是 0，原因和之前讨论的参与者-事件以及存货-事件联系相同。

最后，让我们来看看图 10-6 描述的事件-事件联系。弗雷德商店等到订单中所订商品全部在库才执行订单，并将每个业务客户订单单独装运。因此，每个订单只对应一项销售交易，每个销售交易只对应一个订单。所以，保罗将接收客户订单和销售事件之间的联系定义为 1：1。联系中销售一侧的最小基数是 0，意味着可能存在与销售无关的订单。这反映了两个事件的时间序列：订单早于销售，所以在既定的时点，弗雷德商店可能存在没有执行的订单。然而，弗雷德商店没有要求每笔订单都要早于销售。事实上，虽然许多对企业客户的销售是晚于订单的，但未经预约的销售并不是这样的。所以，保罗建模将销售-接收客户订单联系中接收订单一侧的最小基数定义为 0。

保罗也了解到弗雷德商店向客户提供赊销并每月向他们邮寄未付款结算单。他还发现许多企业客户在给定期间内寄来支票以支付所有采购款。所以，一个现金收款事件可以与许多不同的销售事件相联系。然而，弗雷德商店也允许它的企业客户在大笔采购上采取分期付款。因此，某个订单有可能与多于一个现金收款事件相联系。这就是为什么保罗建模时，销售事件和现金收款事件之间的联系是多对多。

因为弗雷德商店向部分客户提供赊销，在任何时点上，可能存在销售事件与现金收款事件没有建立联系的情况。所以，图 10-6 显示现金流入一侧的最小基数为 0。保罗也发现弗雷德商店没有要求客户预付订单款。所以，每个现金收款事件必须和一个已发生的销售事件相联系。因此，图 10-6 显示了销售-现金流入联系中销售一侧最小基数是 1。

10.6.2　REA 图的唯一性

前面的讨论说明每个组织都有自己唯一的 REA 图。不同企业的业务活动不同，联系基数也不同。事实上，组织的 REA 图必须随现有业务活动的改变做出相应的调整。例如，如果弗雷德火车模型商店决定分批交货，那么图 10-6 就必须做出更改以反映接收客户订单事件和销售事件之间 1：N 的联系，而非现在的 1：1。同样，如果弗雷德商店决定将一个客户的几张订单合并成一张订单进行交货，那么也需要修改图 10-6 以反映两个事件之间的 M：N 联系。有时，业务活动的差别会影响模型中的实体。如果弗雷德火车模型商店只向进店购买的消费者销售，不接收企业订单，那么图 10-6 不需要接收客户订单这个事件。

弗雷德商店收入循环的 REA 图设计看似相对简单和直观，但数据建模通常是一个复杂且反复的过程。

通常，建模者设计出一个初步的 REA 图来反映其对业务流程的理解，结果却被用户频频发现忽略了关键因素或者误解了一些作业流程。所以，在最后得出可接受的模型之前，删除和重绘部分 REA 图是十分常见的。产生误解的一个常见根源是不同目标的用户群使用了不同的术语。

本章习题

1. 在 REA 图中，应收账款属于哪种实体？　　　　　　

a. 资源　　　　　　　　b. 事件　　　　　　　　c. 参与者　　　　　　　　d. 以上都不是

2. 下列哪项不可能作为实体出现在 REA 数据模型中？　　　　　　

a. 客户　　　　　　　　b. 销售　　　　　　　　c. 发票　　　　　　　　d. 运货卡车

3. 在大多数例子中，参与者实体和事件实体之间的联系是哪项？　　　　　　

a. 1：1　　　　　　　　b. 1：N　　　　　　　　c. M：N　　　　　　　　d. 0：N

4. 如果每次交易客户都以支票付款，且任何交易都不允许客户分期付款，那么销售事件和现金收款事件的联系应该为哪项？　　　　　　

a. 1：1　　　　　　　　b. 1：N　　　　　　　　c. M：N　　　　　　　　d. 0：N

5. 以下哪个模型最恰当地反映了零售商店的销售行为？该商店所销售的是低成本和大规模生产的商品。　　　　　　

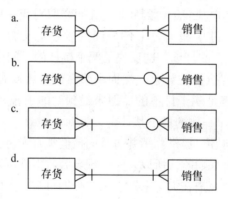

6. 数据建模发生在数据库设计的哪个阶段？　　　　　　

a. 系统分析与物理设计

b. 系统分析与概念设计

c. 概念设计与实施和转换

d. 物理设计与实施和转换

7. 企业有五个不同的现金账户（支票、金融市场、小额收支现金、工资和投资）。收取的客户支付款全部存入支票账户。下面对现金实体和现金收款事件之间的联系表述正确的是哪项？　　　　　　

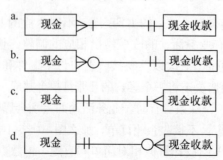

8. EZ 建筑公司修建居民住房。该公司仅销售本公司建设的住房。大多数住房向个人销售，但是有时一个投资者会购买几套住房，并持有以待出售。下面哪个模型正确地构建了 EZ 建筑公司销售和存货之间的联系？_____

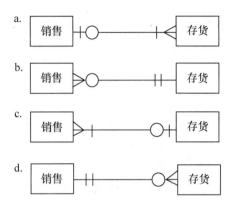

9. 下列关于 REA 数据模型的表述正确的是哪项？_____

a. 每个事件至少与两个参与者相联系

b. 每项资源至少与一个参与者相联系

c. 每个事件至少与两项资源相联系

d. 每个参与者至少与两个事件相联系

10. 企业总是向客户预收全部货款，然后向供应商订购商品，当订购商品到货后再将全部商品交付客户。下面对该公司销售和现金收款事件之间联系的表述正确的是哪项？_____

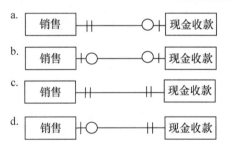

问题讨论

1. 为什么没有必要将一些活动作为事件纳入 REA 图，例如输入客户或供应商信息，向客户寄送发票，记录采购发票？

2. 基本的 REA 图包括两个事件之间的联系、事件与资源之间的联系以及事件与参与者之间的联系。为什么 REA 图不包含两种资源、两种参与者，或者资源与参与者之间的直接联系？

3. REA 图如何帮助审计师理解客户的业务流程？

4. 图 10-6 中哪部分可以准确地描述几乎所有组织类型的收入循环？如果组织类型不同，哪些部分需要改变？

5. REA 图中的资源和资产负债表中不同类别的资产有什么联系？（提示：存在不能作为资源纳入模型的资产吗？在 REA 图中，有没有不能作为资产列示于资产负债表的资源？）

6. 在 REA 图中如何表示应付账款？为什么？

7. 数据库设计过程的五个阶段是什么？会计人员应参与哪个阶段？为什么？

8. 实体-联系（E-R）图和 REA 图有什么区别？

习题答案

1. 正确选项 d，应收账款不作为实体出现在 REA 图中，因为它代表两个事件之间的时间差。选项 a 错误，应收账款不是 REA 图中定义的资源，仅代表销售事件和现金收款事件之间的时间差。选项 b 错误，应收账款不是事件。选项 c 错误，参与者是人或组织。

2. 正确选项 c，发票是数据库的纸质输出，它不满足资源、事件或者参与者的定义。因此，不是 REA 图中的实体。选项 a 错误，客户是参与者实体。选项 b 错误，销售是事件实体。选项 d 错误，运货卡车是一项经济资源实体。

3. 正确选项 b，一段时间内，参与者通常参与许多事件。基于问责制的考虑，通常一个事件只和一个内部参与者以及一个外部参与者相联系。偶尔，一项复杂任务可能和一个内部参与者团队相联系，但不常见。选项 a 错误，一段时间内，参与者可以参与许多事件。选项 c 错误，这种模式可能偶尔出现，但不常见。选项 d 错误，没有 0∶N 这种联系。

4. 正确选项 a，每笔销售交易只和一项支付相联系（没有分期付款，每笔支付仅与一项销售交易相联系）。选项 b 错误，该选项表明每笔交易事件可以和多个现金收款事件相联系，即分期付款。选项 c 错误，不仅表示分期付款的可能性，也表示可以用一张支票付清多项销售。选项 d 错误，没有 0∶N 这种联系。

5. 正确选项 c，每项销售至少包括一种或者更多存货；反之，一项存货可能不与任何一个销售交易相对应，但是某项存货可能与许多销售事件相对应。选项 a 错误，该选项表明一项存货必须至少与一项销售相联系，但是一项销售交易可能不包含任何品种的存货。选项 b 错误，该选项表明一项销售交易不包含任何品种的存货。选项 d 错误，该选项表明一件存货必须至少与一项销售交易相联系，这排除了新会计年度年初以及销售之前存入新存货信息这两种情况。

6. 正确选项 b。选项 a 错误，数据建模发生在数据设计过程的系统分析和概念设计阶段。同理，选项 c，d 错误。

7. 正确选项 d，该选项认为某个现金账户可能不与任何一个现金收款事件相联系，然而，其他现金账户可能与多个现金收款事件相联系；反之，每个现金收款事件必须与一个且仅有一个现金账户相联系。选项 a 错误，该选项认为每个现金账户必须至少与一项现金流入相联系，一个现金收款事件可能与多个现金账户相联系。同理，选项 b 错误。选项 c 错误，该选项认为现金账户必须至少与一个现金收款事件相联系，这是不正确的：在新会计年度的年初并没有现金收款事件；该企业五个现金账户中的其中四个并不直接存入客户款项。

8. 正确选项 a，每项销售必须对应至少一套或多套住房；反之，每套住房可能销售，也可能不销售，但是至多只能销售一次。选项 b 错误，该选项表明一项销售仅对应一套住房，一套住房能销售多次。选项 c 错误，该选项表明一项销售可能不对应任何一套或者至多一套住房，每套住房一定会被销售且可能被销售多次。选项 d 错误，该选项表明每套住房一定会被销售，一个销售可能不对应任何住房。

9. 正确选项 a。选项 b 错误，资源和参与者通常不直接对应。选项 c 错误，每个事件必须至少与一项资源相联系。选项 d 错误，某些参与者可能只需要与一个事件相联系。

10. 正确选项 d，该选项表明每个销售事件必须与前期的现金收款事件相联系，但是现金收款事件可能不与任何销售事件相联系。选项 a 错误，该选项表明一个销售事件可能不与任何现金收款事件相联系，这意味着商品的交货发生在客户支付之前。同理，选项 b 错误。选项 c 错误，该选项表明每个现金收款事件必须与一个销售事件相联系，但这是错误的，因为企业是先收取现金再装运交付商品。

第 11 章

REA 模型在关系数据库中的运用

学习目标

通过学习本章，你应该能够：

1. 整合各业务循环的 REA 图，形成组织层级的 REA 图。
2. 建立一组表以便在关系数据库中运用会计信息系统的 REA 模型。
3. 解释如何利用 REA 数据模型编写查询语句，以从会计信息系统关系数据库中检索信息。

综合案例

弗雷德的火车模型商店

保罗·斯通向弗雷德展示了他设计的收入、支出和工资循环等业务活动 REA 图。弗雷德认为保罗的模型准确地表达了企业的业务流程。另外，虽然这张图看起来很不错，但是弗雷德想知道为什么保罗要花费这么长时间来设计 REA 图，而不是按他们的约定直接设计数据库。保罗回答，之所以花费时间来透彻理解弗雷德商店的业务流程，是因为这对开发出能满足弗雷德需要的数据库十分必要。

保罗询问弗雷德是否有数据库程序。弗雷德回答，他购买的办公室效率软件包中"商业应用程序"就包含关系数据库。尽管弗雷德知道如何使用程序，但他并不知道如何在会计信息系统中输入和存储商店业务活动分析所需要的数据。保罗说他可以按照以下三步来完成这些处理。

首先，将独立的 REA 图整合成一个全面的企业数据模型。

其次，利用整合后的数据模型设计一组关系数据库表。

最后，保罗向弗雷德展示如何查询数据库以编制传统的财务报表以及自定义的绩效报告。

11.1 引 言

上一章介绍了 REA 数据建模以及如何设计单个业务流程的 REA 图。本章讲述如何在数据库中运用 REA 图。我们关注关系数据库是因为它是支持交易流程系统的常用模式，也为大多数商科学生所熟悉。尽管这样，REA 数据建模并不局限于开发关系数据库，还可用于开发面向对象数据库。

首先，本章讲述如何将单个业务流程 REA 模型整合成一个全面的企业数据模型。接着，解释如何在关系数据库中运用该模型。最后，描述如何使用 REA 图查询数据库，以生成传统的财务报表以及各种管理报告。

11.2 整合各业务循环的 REA 图

图 11-1、图 11-2 和图 11-3 分别展示了弗雷德商店的收入、支出和工资循环的 REA 图。这些独立的图可以整合成一个全面的企业层级模型。完成这项工作的前提是理解每张图的基数所揭示的组织经营策略和业务活动。我们已经在第 10 章中解释过类似图 11-1 和图 11-2 所示的内容，所以本章主要关注图 11-3。

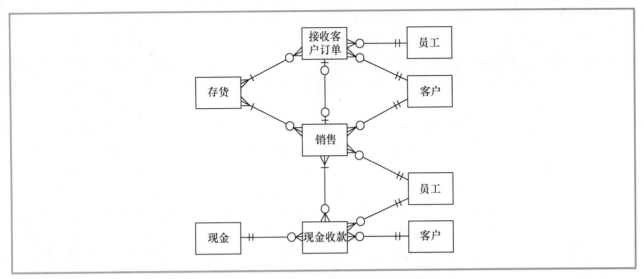

图 11-1 弗雷德火车模型商店的收入循环

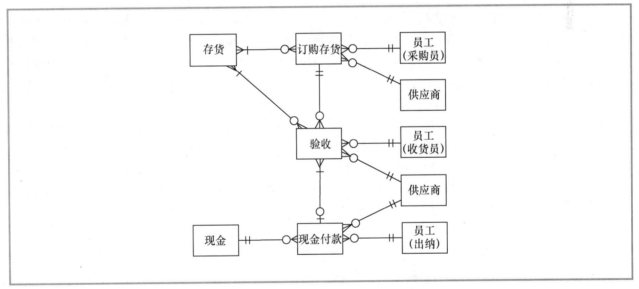

图 11-2 弗雷德火车模型商店的支出循环

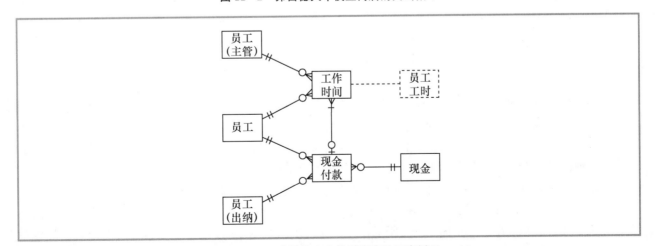

图 11-3 弗雷德火车模型商店的工资循环

图 11-3 描述了弗雷德商店人力资源管理/工资循环活动。基本的经济交换包括员工工时和技能与薪酬的交换。像许多小型企业一样，弗雷德商店使用电子钟记录每名员工每天工作的时间。因此，每个工作时间事件记录了一名员工在特定一天内开始工作和结束工作的时间。每个这样的事件必须和一名具体的员工及其领导相联系。每名员工或领导可以和许多不同事件相联系。同样，一张工资支票支付给一名员工，并由一名出纳签发，但是一段时间内，每名员工和出纳可能与许多不同的现金付款事件相联系。因此，图 11-3 中参与者和事件之间的联系为 1：N。这些联系中，参与者的最小基数总是为 1，因为每个事件必须和一名员工相联系（例如，弗雷德不会开出一张工资支票却不指明支付给谁）。事件的最小基数总是为 0，原因是在新员工开始工作前需要存储该员工数据，并且在每个会计年度的年初，事件实体为空。

工作时间事件和现金付款事件之间的关系反映了占用员工的时间并为此支付工资的基本经济交换。在图 11-3 中，这两种事件之间的联系为 1：N。这是因为像大多数企业一样，弗雷德商店定期支付员工工资，但是每天都需要记录员工的工作时间。所以，每个现金付款事件与许多每日工作时间事件相联系。和大多数企业一样，弗雷德商店不会把一天分成两个支付时间段，也不会分期支付员工。所以，每个工作时间事件仅与一个现金付款事件相联系。该联系中每个事件的最小基数体现了正常的业务活动：在员工工作后而非工作前支付工资。

员工工时实体代表了特定的一段时间内，工作时间事件占用的资源是员工的技能和知识。时间不同于存货、现金和其他有形资源，以及无形资源（诸如商业秘密或其他形式的智力资产），因为时间不能储存。而且，员工工时的属性有限，仅包括工作时间和时间的利用方式。每个组织为了计算工资，需要监督每名员工的工作时间。工作时间事件属于"给付"资源事件。第 12 章将讨论一些企业，如制造商和专业性服务公司（如律师事务所、咨询公司和会计师事务所）也需要收集员工工作成果（"给付"资源事件）的详细信息，以便恰当地给客户接受的服务定价。这两个事件（工作时间和时间分配）会采集所有与员工时间相关的信息。因此，现实的数据库中几乎从不出现员工工时资源实体。所以，该实体在图 11-3 中以虚线表示。

最后，现金付款事件和现金资源事件之间的关系基数与支出循环中的关系基数相同（见图 11-2）。每张支票或电子转账只能和一个现金账户相联系。然而，同一个现金账户可以和多个现金付款事件相联系。

既然我们已经了解了图 11-1、图 11-2 和图 11-3 的经营策略，现在试着将它们纳入一张整合的 REA 图中。你可能注意到图 11-1、图 11-2 和图 11-3 都包含一些相同的实体。例如，出现在图 11-1、图 11-2 中的存货资源，图 11-2、图 11-3 中的现金付款事件，出现在所有三张图中的员工参与者和现金资源。这些重复出现的部分是构成整合的企业 REA 模型的基础。图 11-4 展示了合并后的弗雷德商店模型。值得注意的是，图 11-4 合并了重复的资源和事件，却保留了重复的参与者实体。其目的是增强集成 REA 图的可读性，避免联系线的相互交叉。现在，让我们学习如何合并重复的资源和事件实体。

11.2.1 合并重复的资源实体

回想一下，单个 REA 图是围绕基本的供求经济交换建立的。这种经济二元关系解释了一项资源获取或处置的原因。然而，不足之处是它只包含每种资源的部分内容。例如，图 11-1 显示了存货的减少（销售事件）是用于交换现金（现金收款事件）。但图 11-1 没有显示存货最初是如何获取的，也没有显示组织如何使用从客户那里收取的现金。反之，图 11-2 显示了存货的获取（验收事件）与现金的减少（现金付款事件），但没有显示组织如何处理存货以及支付给供应商的货款是如何获得的。

所以，单个业务循环的 REA 图仅仅提供了组织控制资源的部分信息。完整的图示应该显示出每项资源是怎样获取和使用的。如图 11-4 所示，可以通过重新绘制 REA 图，把受事件共同影响的资源放置在这些事件之间。这体现了另一种也需要包含在组织完整 REA 模型中的重要的二元关系：每项资源必须至少和使它增加的一个事件相联系，并且至少和使它减少的一个事件相联系。

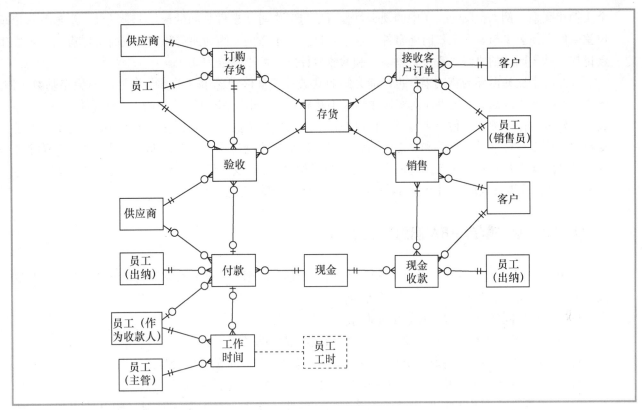

图 11-4　弗雷德商店的集成 REA 图

11.2.2　合并重复的事件实体

单个业务循环的 REA 图可能包括出现在其他业务循环 REA 图中的一些事件。例如，图 11-2 和图 11-3 都包含现金付款事件实体。与资源实体的例子相同，合并出现在不同图中的同一事件可以增强整合 REA 图的可读性。因此，图 11-4 显示了与获取存货事件和工作时间事件相联系的现金付款事件。

认真观察图 11-4，可以发现合并重复事件和合并重复资源存在重要的差异：合并重复资源不影响任何基数，但是合并事件改变了与之相联系的其他事件的最小基数。因此，在图 11-4 中，存货资源和与之相关的四个事件之间的基数都与图 11-1 和图 11-2 相同。反之，图 11-4 中现金付款事件和与之相联系的其他事件之间的基数与图 11-1 和图 11-2 不同。

这一差异缘于被合并事件实体与其他实体之间联系的潜在语义。资源实体的实例通常和多个事件相联系。例如，弗雷德商店的某一件存货不仅会在到货时与验收事件相联系，也会在销售给客户时与销售事件相联系。换句话说，资源实体在一个业务循环中可以和多个事件实体相联系，在另一个业务循环中也可以和多个事件实体相联系。两种联系都是可能的，所以单个 REA 图中的基数不需要改变。

当对不同业务循环合并事件实体时，情况就不同了。出现在单个业务循环 REA 图中的事件可能与一个业务循环的一个事件相联系，也可能与另一个业务循环的另一个事件相联系，但不能同时与这两个事件相联系。例如，图 11-4 中，一个现金付款事件（例如，一张支票或 EFT 交易）可以与验收，或者某名员工的工作时间相联系。但同一张支票（或者 EFT 交易）不能同时与支付供应商货款或者支付员工上周工作报酬相联系。因此，在集成 REA 图中，无论该事件位于单个交易循环 REA 图中的哪部分，它与其他事件相联系的最小基数必定是 0，因为最小值为 1 意味着实体中的每个实例必须与其他实体中的至少一个实例相联系。例如，图 11-4 中的现金付款事件与工作时间事件之间的最小基数为 1，意味着每个现金付款事件必须至少与一个工作时间事件相联系，这明显不正确，因为弗雷德向供应商支付现金也会发生现金付款。基于同样的原因，现金付款事件和验收事件之间最小基数为 0。

合并两个交易循环的相同事件也可能会影响到被合并事件和该事件的参与者之间的最小基数。例如，图 11-4 中现金付款事件与供应商实体之间最小基数为 0，而不是图 11-2 中的 1。原因是某一张支票（现金支付）可能作为货款支付给供应商，也可能作为工资支付给员工，但是一张支票不能同时支付给这两个参与者。这就是现金付款事件和员工参与者之间的最小基数也为 0 的原因。所以，无论何时对单个业务循环的事件实体进行合并（该实体与两个不同参与者相联系），该事件与其参与者之间的最小基数将会从 1 变为 0，因为该事件只能与两个参与者中的一个而不是全部相联系。

□ 11.2.3　检验整合 REA 图的正确性

第 10 章提出了绘制单个业务循环 REA 图的三个基本原则，之前对合并的讨论又增加了两个规则。所以，要准确地绘制一个整合 REA 图必须满足以下五个原则。

1. 每个事件必须与至少一项资源相联系。
2. 每个事件必须与参与这个事件的至少两个参与者相联系。
3. 消耗资源事件必须与获取资源事件相联系（这体现了供求的经济交换）。
4. 每项资源必须至少和一个增加资源事件和一个减少资源事件相联系。
5. 如果事件 A 可以和其他若干（多于一个）事件相联系，但不能同时与这些事件相联系，那么在 REA 图中，事件 A 与这些事件中的每一个之间的最小基数为 0。
6. 如果事件可以和一组参与者中的任何一个相联系，但不能同时与所有参与者相联系，那么在 REA 图中，事件与这些参与者中的每一个之间的最小基数为 0。

值得注意的是，这六个原则不仅可用于开发整合 REA 图，也可以通过"核对数字"来检验 REA 图的准确性。技术上，图 11-4 并不完全正确，表现在员工工时资源上。我们将在第 12 章对此进行修改。现在，让我们忽略这个错误并继续数据库设计流程的下一步。

11.3　REA 图在关系数据库中的运用

一旦 REA 图被设计出来，可以用它开发出一个规范的关系数据库。事实上，在 REA 图中自动创建的一组表会生成一个规范的关系数据库，这个数据库不会出现如第 4 章所讨论的更新异常、插入异常和删除异常等问题。

REA 图在关系数据库中的运用有三个步骤：

1. 在图表中为每个不同的实体和多对多关系创建表格。
2. 为表格分配适当的属性。
3. 使用外键实现一对一和一对多关系。

尽管不同组织的 REA 图可能包括相同的实体，但是经营策略差异可能导致关系基数的不同。例如，一个组织的 REA 图显示销售事件和现金收款事件之间的联系为一对一，然而在另一个组织中同样的联系可能是 M∶N。因此，数据库设计（表的数量、属性设置）是针对特定组织而言的。

□ 11.3.1　步骤 1：为每个不同实体和 M∶N 关系创建表格

在 REA 图中，设计合理的关系数据库要为每个不同实体和每个多对多关系创建一张表。图 11-4 中有 13 个不同的实体，但正如之前所述，员工时间不会出现在数据库中。图 11-4 中其余的 12 个实体都需要以表的形式在关系数据库中执行。七张表分别对应图中的七个实体：订购存货、验收、现金付款、工作时间、接收客户订单、销售和现金付款。两张表对应资源实体：存货和现金。三张表对应不同的参与者实体：员工、客户和供应商（领导者单独列示于图中以便于理解，但他们本身就是员工）。

图 11-4 描述了五种 M∶N 关系。三种来自收入循环：接收客户订单-存货，销售-存货，销售-现金收款。另外两种来自支出循环：存货-订购存货和存货-验收。因此，必须创建表 11-1 列示的这 17 张表，以正确执行图 11-4 的关系数据库。值得注意的是，表 11-1 的表名要么与 REA 图的实体名一致，要么（以 M∶N 关系表为例）用连字符连接关系中的实体。这更有利于检验所需图表是否都已经创建，而且更容易利用 REA 图实现数据库查询。

表 11-1　与图 11-4 对应的表名和属性

表名	属性		
	主键	外键	其他属性
订购存货	采购订单号	供应商编号，员工编号	日期，时间，原因
验收	验收单号	供应商编号，员工编号，采购订单编号，支票编号	日期，时间，备注，卖方发票编号
现金收款	支票编号	供应商编号，员工编号（收款人），员工编号（签发人），会计科目编码	数量，产品描述，日期
接收客户订单	销售订单编号	客户编号，员工编号	日期，时间，附注
销售	发票编号	客户编号，员工编号，销售订单号	日期，时间，寄出发票（Y/N）
现金付款	汇款单号	客户编号，员工编号，会计科目编码	日期，时间，支付方式
工作时间	考勤卡编号	员工编号，主管编号，工资支票编号	日期，开始时间，结束时间
存货	产品编号		产品描述，定价，标准成本，期初在库库存，期初可用库存，再订货数量，再订货点
现金	会计科目编码		期初余额，科目类别
员工	员工编号		姓名，雇佣日期，出生日期，工资率，职位名称
客户	客户编号		姓名，地址[a]，期初科目余额，信用额度
供应商	供应商编号		姓名，地址[a]，期初科目余额，绩效评价
订购存货-存货	采购订单号，产品编号		订购数量，实际单位成本
验收-存货	验收单号，产品编号		验收数量，状况
接收客户订单-存货	销售订单编号，产品编号		订购数量
销售-存货	发票编号，产品编号		销售数量，实际销售价格
销售-现金收款	发票编号，汇款单号		开票金额

a. 事实上，这两张表只存放街道地址和邮政编码，且邮政编码是外键，邮政编码同时还是"地址表"的主键。另外，城市和州也是该表的属性之一。

□ 11.3.2 步骤2：为每张表分配属性①

下一步是确定每张表应该包含哪些属性。数据库设计者需要访谈使用者和管理层，以识别数据库应该包含哪些客观事实。数据库设计者使用 REA 图来帮助判定哪些表需要加入这些客观事实，这取决于这些事实是主键还是描述性属性。

识别主键

正如第4章所述，关系数据库中的每张表必须拥有一个主键，主键由一个属性或属性组合构成，主键唯一标识表的每一行。企业经常用数字标识符指代具体的资源、事件和参与者。这些数字标识符非常适合作为主键的候选键。例如，表11-1显示弗雷德商店使用发票编号作为销售表的主键，使用客户编号作为客户表的主键。

实体表的主键通常是单值属性。M：N 关系表的主键通常包括两个属性，分别是关系中相联系的两个实体的主键。例如，销售-存货表的主键由发票编号（销售实体主键）和产品编号（存货主键）构成。这种多值属性的主键叫作组合键。

为表分配其他合适的属性

为了满足交易流程需求和管理层的信息需要，每张表除了主键还要包含其他属性。正如第4章所述，关系数据库表的属性描述了主键或者外键所识别的对象的事实。因此，客户信息，例如姓名和地址，包含在客户表中。因为这些属性描述了客户表的主键（客户编号）所识别的对象的事实。但是，这些属性不包含在销售表中，因为它们没有描述销售表的主键（发票编号）所识别的对象的一些属性。

表11-1显示了保罗分配给各种表的一些属性，这些表的创建是为了执行图11-4的关系数据库。有一些属性，例如销售日期和销售折扣，对于反映完整和准确的交易流程以及生成财务报表和管理报告是十分必要的。还需要加入其他一些属性，因为这些属性有助于管理层对资源、事件和参与者的有效管理。例如，弗雷德使用销售交易跨时数据设计员工工作日程。

表11-1也包含 M：N 关系表的其他属性。我们检查一些 M：N 关系表的属性设置，以了解为什么这些属性要存储在这些表中。首先看销售-现金收款表。弗雷德商店允许客户赊购多种产品，并可以分期付款。因此，一项客户支付款可能对应几张不同的发票（销售交易）。所以，"开票金额"属性不能放置在现金收款表中，因为它可以取多个值（1代表每笔已付款发票），这与关系数据库的基本原则（每行中的每个属性值均为单个值）相违背（例如，要求每张表是二维表）。"开票金额"属性也不能放置在销售表中，因为分期付款可能使得属性的取值大于1（例如与具体销售相关的每个分期付款实体）。业务流程的分析表明"开票金额"可以作为某个客户支付款（汇款）或者某个销售交易的事实，因此，可以作为连接上述两个事件的多对多关系表属性。

现在我们来看看销售-存货表。这张表的每一行对应着发票的一条行信息。尽管弗雷德商店的许多客户只购买同类商品，但有一些客户是进行大量购买的。例如，一家百货商场可能购买五个相同的燃煤火车（产品编号31125）作为橱窗展示。结果，弗雷德商店必须记录每类产品的销售数量。每个销售事件可能不止售出一件存货。因此，"销售数量"属性在一张发票上可能取多个值，每个值分别代表卖出不同的产品（产品编号）。这样，"销售数量"属性不能放在销售表中，因为一张发票上可能有多个"销售数量"值。另外，弗雷德商店和大多数商店一样，根据存货种类记录存货，每件存货用产品编号而非特定的标

---

① 正如第10章所述，一些设计者更愿意将这些属性绘制在 REA 图中。我们将这些属性列示在一张单独的表中，以减少图表的杂乱。

识来记录。因此，某一件商品，例如一件橘黄色的柴油机火车头（产品编号 14887），可能只占多个销售交易的一部分。"销售数量"也不能是存货表属性，因为它可以取多个值。之前的分析阐明了"销售数量"属性从属于某张销售发票上的某个产品编号。因此，它可以作为存货和销售实体的 M：N 关系表的属性。

价格和成本数据

注意，在表 11 - 1 中，价格和成本信息作为属性存储在许多张不同的表中。例如，存货表存储了商品的建议零售价，它在一个财务年度中保持不变。销售表存储了实际的销售价格，它在一年中根据销售情况而改变。类似地，每件商品的标准和实际采购成本存储在不同表中。一般的规则是不随时间变动的数据应该作为资源或参与者属性来存储，但是随时间变动的数据应该与事件或者事件与资源的 M：N 关系同时存储。

累加的、可计算得到的数据

注意：表 11 - 1 不包括累加的数据（例如存货表中"在库数量"）或者可计算得到的数据，例如销售表中的"销售总额"。原因是这些值可以从所存储的其他属性中获取，所以无须存在。例如，某个存货的"在库数量"等于年初"在库数量"（存货表属性）加上本期购买的全部数量（加总验收-存货表中"到货数量"属性）减去卖出的全部数量（加总销售-存货表中"销售数量"属性）。同样，销售交易的全部金额可以通过销售数量乘以每件售出商品的实际销售价格，然后把销售-存货表中发票编号相同的每行结果进行加总。

□ 11.3.3　步骤 3：使用外键实现 1：1 关系和 1：N 关系

尽管 1：1 关系和 1：N 关系可以采用独立表的方式实现，但是使用外键通常会更有效。回顾第 4 章的知识点，外键是一个实体的属性，同时也是另一个实体的主键。例如，客户编号会出现在客户表和销售表中，它是客户表的主键，又是销售表的外键。

使用外键实现 1：1 关系

在关系数据库中，实体之间的 1：1 关系可以通过在一个实体的表中将另一个实体的主键作为外键来实现。要设计一个结构清晰的数据库，选择哪一张表的主键作为外键是任意的，不过，最小关系基数分析有助于判断哪种选择更有效。

考虑销售和客户付款之间的 1：1 关系（见图 10 - 7（A））。现金收款事件的最小基数是 0 说明存在赊销，销售事件的最小基数是 1 说明客户在销售后付款（例如，没有预付款）。在这个例子中，发票编号（销售事件的主键）作为现金收款事件的外键可能更有效，因为在处理客户付款时，只有后者对应的表是必须被访问和更新的。而且，对于两个连续事件之间的 1：1 关系，加入先发生事件的主键作为后发生事件的外键，可以改善内部控制。因为员工访问了存储后发生事件信息且已更新的表，就不需要访问存储先发生事件信息的表。不过，改善内部控制的代价是可能增加了查询数据库的困难。

使用外键实现 1：N 关系

如同 1：1 关系，在关系数据库中实现 1：N 关系也要使用外键。而且只能通过一种方法实现：与另一个实体的多个实例相联系的实体的主键，必须是前者的外键。因此，在图 11 - 1 中，销售人员和客户表的主键是销售表的外键。类似地，现金、客户和出纳表的主键是现金收款表的外键。颠倒这个过程就会违背关系数据库设计的基本原则。例如，在客户表中将发票编号作为外键就不会起作用，因为它可能取多个值（例如，一个具体的客户可能与多个发票编号联系，因为他可以参与多项销售交易）。

值得注意的是，为什么 M∶N 关系必须采用独立表的方式实现？因为在 M∶N 关系中，一个实体会与另一个实体的多个实例相联系，将其中一个实体的主键作为另一个实体的外键是不合适的。考虑销售事件和存货资源的 M∶N 关系。每个销售事件可以与许多不同的存货品种相联系。因此，产品编号不能作为销售表的外键，因为它可以取多个值。相反，每种产品可以包含在多个销售交易中。因此，基于同样的原因，发票编号也不能作为存货表的外键。所以，联系销售和存货表的唯一方式是建立一张新的表格，发票编号和产品编号分作两列，分别记录每次销售和产品的情况。注意，在 M∶N 表中，某一个发票编号（例如787923）可以出现在多行，每行记录一项存货交易情况。反之，某一个产品编号（例如12345）也可以出现在多行，每行记录一笔销售交易。因此，没有一个属性能够唯一标识某一行。然而，某个发票编号和产品编号（例如，发票编号787923，产品编号12345）的组合只会出现在一行中。因此，两种属性的组合可以作为 M∶N 表的主键。

□ 11.3.4 完整性检查

使用者和管理层希望数据库的属性列表提供检查和验证实现过程的方法。列表中的每种属性作为主键或其他属性应该出现在至少一张表中。

核对属性和表的列名不但可以揭示出没有适当分配数据库表属性的情况，而且可以指出 REA 图自身需要修改的地方。例如，保罗反复检查属性列表，他发现任何表中都没有设置"上门促销产品"这一属性。在这种情况下，数据库设计者要回访用户和管理层以理解该属性设置的目的。在这个例子中，弗雷德解释说，他计划让一名员工拜访公司客户以展示样品。弗雷德希望收集演示信息来评估其成效。

保罗意识到必须再创建一个事件实体——拜访客户（连接客户表和员工表、存货表、接收客户订单表）（见图 12-1）。这个新事件的主键是"预约编号"。员工编号和客户编号是这张表的外键，此外还包含演示日期和时间，以及注释（文本字段）等属性。因为每次演示涉及多种产品，并且每种产品可以在多次不同的上门促销中进行演示，所以拜访客户事件和存货表之间存在 M∶N 关系。相同预约编号在表中识别在某个上门促销期间演示的产品。一些上门促销会生成订单，另一些则不会。此外，一些订单可能与上门促销无关（例如，广告招揽的客户）。因此，拜访客户以及接收客户订单事件之间联系的每侧最小基数是0，最大基数为1（以简化追踪销售上门促销的成效）。

保罗需要完善 REA 图以应对异常情况。的确，即使是在 REA 图最后完工前，创建表和分配属性通常也是很有帮助的。它有助于澄清每个实体代表什么，解决各种关系基数问题。数据库设计者然后会修改和改善 REA 图，以加入新增的实体和联系，这些实体和联系能够将本应该存在但并未包含在现有表中的事实容纳进来。

一旦所有的表都被分配属性，就可以运用第 4 章阐述的关系数据库设计的基本要求进行最终的准确性检查。

1. 每张表必须拥有一个主键。
2. 每张表的非码属性要么必须是主键所识别的有关事实，要么必须是用以连接另一张表的外键。
3. 每张表的每个属性必须是单值（例如，每张表是一个二维文件）。

请注意：表 11-1 中列出的一组关系表是如何满足这三个基本要求的。而且，它们也和图 11-4 相对应，因此，体现了弗雷德商店的经营策略。这种对应方便了利用 REA 图实现查询和报告设计，以便检索和显示组织业务活动信息。

11.4　利用 REA 图检索数据库信息

到目前为止，我们已经阐述了如何使用 REA 数据模型指导会计信息系统开发，会计信息系统能够有效存储组织业务活动信息。本节我们对照图 11-4 和表 11-1，阐释整合的 REA 图如何有助于信息检索，这些信息可用于评估绩效。

11.4.1　创建日记账和总账

乍一看，传统会计信息系统中许多要素（例如日记账、总账和应收、应付信息）看似都不存在了。我们将会看到可以通过适当的查询来获得这些信息，尽管没有对应的实体出现在 REA 图中。这些查询只需要创建一次，存储后就可以在需要的时候重新运行。

通过查询获取日记账

日记账按交易发生的时间顺序列示。根据 REA 数据模型开发的关系数据库中，事件实体存储交易信息。因此，在正常情况下，记录事件数据的表会包含日记账信息。例如，销售和销售-存货表包含某个交易的信息。所以，通过编写一个查询语句，引用上述两张表计算出特定时间内的销售额，就可以生成销售收入日记账。

然而，这样做未必能创建传统的销售收入日记账，因为它会给出所有销售交易的清单，包括赊销和现金销售。传统上，销售收入日记账只记录赊销。在 REA 关系数据库中，例如图 11-4，客户付款情况记录在现金收款事件表中。因此，生成销售收入日记账（例如，仅显示所有赊销记录）的查询必须包含现金收款事件和销售-现金收款表。基于 REA 模型的数据库可以在销售表中创建一行以记录每件销售给客户的商品，在现金收款表中创建一行以记录收到的客户付款。对于现金销售，这两行的日期和客户编号取值相同。因此，生成传统销售收入日记账的查询逻辑会限制只输出不存在关联客户付款事件（例如，两张表中客户编号相同且现金收款事件的总额等于销售总额）的销售额。（现金收款表中现金收款时间晚于赊销交易发生的时间）。通过编写查询也完成相似的处理，以生成特种日记账，例如所有赊购或者与薪水无关的支出项目。

总账

总账是包含特定账户汇总信息的主文件。在 REA 关系数据库中，资源实体包含需要从上一个年度传递到下一个年度的永久信息。因此，通常记录在总账中的资产信息大部分存储在基于 REA 关系数据库的资源表中。例如，设备资源表的每行会包含某件或某类设备信息，如采购成本、使用年限、折旧方法和预计残值。同样，现金资源表中每行包含现金及现金等价物账户的信息，存货资源表中每行存储某件存货的信息。

每个资源账户都会受增量和减量事件的影响：购买和使用设备，现金流入和流出，购买和卖出存货。因此，显示这些账户当前累计余额的查询不仅必须引用资源实体表，而且要引用影响余额的事件表。例如，显示某银行账户本期余额的查询不仅要引用现金资源表，以确认账户号和当前会计期间期初余额，而且要引用现金流入和现金付款表，以发现本期影响该账户的现金流入和流出。

□ 11.4.2 生成财务报表

可以使用整合 REA 图指导查询语句的编写，以生成财务报表的相关信息。许多财务报表账户，例如现金、存货和固定资产，是作为资源出现在 REA 模型中的。不过，一个重要的例外是债权债务，图 11-4 不包含应收账款实体和应付账款实体。正如第 10 章所解释的，原因是这两个账户只代表两个相关事件之间的失衡。应收账款代表客户的账款还没有收到的销售交易，应付账款代表还没有支付给供应商货款的采购。因此，应收账款账户和应付账款账户都不需要以独立表的形式存储在 REA 数据库中。相反，这些债权债务可以通过一组对相关参与者和事件表的查询来获取。例如，使用三个查询就可以计算出应收账款总额。第一步，加总所有应收账款账户的期初余额。第二步，编写销售-存货 M∶N 关系表的查询，计算出本期新发生的销售量，并将所有卖出的产品数量乘以单价所得的金额加总。第三步，通过加总现金收款表的金额计算出本期从客户收到的所有现金之和。应收账款总额等于期初应收账款（查询 1）加上新发生的销售收入（查询 2）减去收到的现金（查询 3）。通过这些步骤计算出应收账款总额。应付账款总额的计算程序与之类似。

□ 11.4.3 创建管理报告

REA 数据模型有助于生成不同类型的管理报告，因为它整合了财务数据和非财务数据。例如，表 11-1 显示图 11-4 中的销售表存储了一个记录销售发生时间的属性。弗雷德可以使用这个数据追踪一天中不同时间的销售活动，更好地规划商店的人员配给。其他表也存储其他有用的非财务属性。例如，在客户表中加入一个属性，用来确认客户是需要将火车模型用于室内陈列还是室外陈列。如果弗雷德可以从客户那里收集到这类信息，他就可以更好地定位广告目标客户群，以满足每个客户的需求。另外，可以修改表 11-1，使其能够集成外部资源的数据。修改操作很简单。例如，为了更好地评估客户的信用等级，弗雷德决定从信用评级机构收集信息，例如邓白氏（Dun & Bradstreet）咨询公司。通过在客户表中创建新的一列存储客户的信用等级，就可以将这个信息添进数据库中。可以用同样的方法存储供应商信息，这些信息将用于供应商选择。

本章习题

1. 下列哪个实体必须在关系数据库中作为独立表存在？_____
a. 资源   b. 事件   c. 参与者   d. 以上所有

2. 在一个关系数据库中，实现一个包括七个不同实体，三个 M∶N 关系，五个 1∶N 关系的 REA 模型需要建立多少张表？_____
a. 7   b. 10   c. 12   d. 15

3. 在下列关系数据中，哪种类型的关系基数必须以独立表的形式来实现？_____
a. 1∶1 关系   b. 1∶N 关系   c. M∶N 关系   d. 以上所有

4. 整合两张 REA 图一般不需要合并以下哪种实体？_____
a. 资源   b. 事件   c. 参与者   d. 以上所有

5. 传统会计信息系统的哪个要素可以通过 REA 数据库查询获得？_____
a. 日记账   b. 总账
c. 某些账户（应收账款和应付账款）   d. 以上所有

6. 以下哪张表最可能存在组合键？_____

a. 存货

b. 销售

c. 存货-销售

d. 以上都不是

7. REA 图包含员工实体的四个实例，这要求在关系数据库中建立多少张表？_____

a. 1　　　　　　　b. 2　　　　　　　c. 3　　　　　　　d. 4

8. 一家企业在全年中频繁地订购，导致商品的大宗生产，属性"订购数量"应该出现在哪张表中？_____

a. 订货

b. 存货

c. 订货-存货

d. 以上都不是

9. 仅就整合 REA 数据模型来说，下列哪项描述是正确的？_____

a. 每个事件必须和至少两个参与者相联系

b. 每个增量（获取）事件必须和一个减量（给付）事件相联系

c. 每项资源必须和至少一个增量事件、一个减量事件相联系

d. 每项资源必须和至少一个参与者相联系

10. 在基于 REA 模型开发的关系数据库中，通常存储在总账中的信息可以通过以下哪项查询获得？_____

a. 资源

b. 事件

c. 资源和事件之间的 M∶N 关系表

d. 以上所有

问题讨论

1. 从 REA 数据模型（见图 11-4 和表 11-1）生成现金付款日记账，与创建销售收入日记账有什么不同？

2. 如果最终目标是将业务循环整合成一个企业层级的数据模型，为什么要花费时间开发每个业务循环的 REA 图？为什么不从一开始就考虑整合模型？

3. 为每种关系（1∶1，1∶N，M∶N）建立独立的表不违背任何建立结构清晰的数据库的原则。为什么 REA 模型的建模者推荐只对 M∶N 关系建立单独的表和使用外键实现 1∶1 关系和 1∶N 关系？

4. 假设验收和现金付款事件之间存在 1∶1 关系，这两个事件之间关系的实现方式（例如，外键设置在哪张表中）如何影响记录供应商支付流程？

5. 考虑图 11-4 和表 11-1，你如何确定弗雷德商店在任何时点上的现金金额？

6. 如果弗雷德商店使用一个一般经营支票账户用于存货、物料和营业费用（如租金）的结算，而且使用一个独立的支票账户用于工资结算，为什么图 11-4 只显示一个现金付款实体？

7. 观察图 11-4 和表 11-1。为什么存货、客户和供应商表都存在一个用于记录本期期初余额数据的属性？

习题答案

1. 正确选项 d。因为这三种类型的实体都应作为独立的表。

2. 正确选项 b。因为必须有 10 张表，分别对应不同的实体和 M∶N 关系。

3. 正确选项 c。因为只有 M∶N 关系在关系数据库中必须以独立的表实现，外键可以用于 1∶N 和 1∶1 关系中。

4. 正确选项 c。整合两个 REA 图经常需要合并重复出现在这两个图中的资源和事件实体，但是允许参与

者实体多次出现，以最小化互相交错的连线数量。选项 a 错误，整合两个 REA 图经常需要合并重复出现在这两个图中的资源实体。选项 b 错误，整合两个 REA 图经常需要合并重复出现在这两个图中的事件实体。选项 d 错误，整合两个 REA 图经常需要合并重复出现在这两个图中的资源和事件实体，但是不合并参与者实体。

5. 正确选项 d。日记账、总账和某些账户都可以通过 REA 数据库查询来获取。

6. 正确选项 c。尽管每个实体都可能有一个组合键，但除了 M：N 关系要求必须存在组合键之外，一般很少有实体具有组合键。

7. 正确选项 a。同种实体在 REA 图中多次出现增强了可理解性，但每个不同的实体只需要建立一张表。

8. 正确选项 c。因为"订购数量"是具体商品订单的属性。它不可能出现在订货表中，因为采购订单包含多种存货的信息。它不能包含在存货表中，因为一个特定商品可以被订购多次。

9. 正确选项 c。这是整合 REA 图的特征。a 错误，因为这对于每个 REA 模型都成立。b 错误，因为这对于每个 REA 模型都成立。d 错误，因为这对于每个 REA 模型都不成立。

10. 正确选项 d。要获取总账信息，需要查询资源表和事件表，以及这两个实体之间的 M：N 关系。

第 12 章

REA 建模专题

学习目标

通过学习本章，你应该能够：

1. 创建包括零售业在内的其他组织类型的收入和支出循环 REA 数据模型。
2. 在 REA 图加入员工信息、参与者-事件之间 M：N 关系、地点以及资源和参与者联系。
3. 理解和创建生产循环 REA 图。
4. 理解和创建人力资源管理/工资循环 REA 图。
5. 理解和创建筹资循环 REA 图。

综合案例

保罗·斯通的咨询

保罗·斯通非常享受为弗雷德火车模型商店设计数据库的工作过程，他希望能为当地其他企业做同样的工作。但是，他首先意识到自己需要掌握更多的技能。虽然保罗对自己为零售行业（例如弗雷德火车模型商店）建模的能力颇为自信，但是他知道他需要学习更多为其他类型企业建模的相关知识，例如制造企业和服务企业。

保罗开始从互联网上搜寻数据建模和数据库设计的知识。他发现了美国会计学会（AAA）提供的 REA 数据建模专题研讨会的链接。在阅读之后，保罗明白自己所需要的知识可以从这里获得。他报名参加了这个专题研讨会。然后，他列举出关于如何建模的问题：

1. 如何为服务企业的收入循环活动建模，例如计算机或汽车修理企业？如果这个企业是租赁而不是销售商品，又该如何建模？
2. 如何为制造企业的生产循环建模？
3. 如何实现工资活动与其他人力资源流程（例如雇佣和培训员工）的整合？
4. 如何为融资交易（例如股票发行或借债）建模？

12.1 引　言

前两章介绍了 REA 数据建模，解释了如何在关系数据库中运用 REA 模型，并且主要关注典型零售企业的收入和支出循环活动。本章扩展到其他类型行业及其业务循环。我们以更为复杂的收入和支出循环模型为例展开研究，包括通常由制造商和经销商等实施的活动。然后，讨论基本 REA 模型的几点补充。接着，解释在生产、人力资源和融资循环中如何为基本业务流程建模。最后，讨论如何生成全面的整合 REA 图。

12.2 其他收入和支出循环建模

图 12-1 和图 12-2 中的 REA 图各自加入了收入和支出循环的新增事件。表 12-1 和表 12-2 展示了在关系数据库中如何实施这些模型。

□ 12.2.1 收入循环事件和属性分配

图 12-1 中描述的许多实体和联系已经在前两章进行了论述，所以我们仅关注新增的部分。图 12-1 将执行订单的仓储活动从装运或交货活动中分离出来。因此，执行客户订单事件的每个实例表示仓库员工分拣和打包商品。应该在前两章论述的基础上理解事件、存货资源以及参与者之间的基数含义。接收客户订单和执行客户订单事件之间是一对多（1：N）关系。最小基数反映了两个事件是顺序发生的。最大基数反映有时订购的商品会发生一件或多件的缺货。因此，完全执行某个订单可能需要多个仓储活动的参与。但是，每个客户订单必须被单独分拣和包装。执行客户订单和装运事件之间是 1：1 关系。最小基数反映出两个事件是连续的。最大基数通常是大多数公司认可的最佳做法。一旦所有被订购并在库的商品被分拣和包装，整个包装被原封不动地装运给客户。值得注意的是，当商品交给客户时（例如，这是一个销售事件），装运事件发生。因此，如果生成正式的销售发票，每个已执行的订单都对应一张单独的发票。出于恰当的问责制的考虑，每个装运事件与一个且仅与一个执行客户订单事件相联系。的确，许多不同订单的货物常会装运在同一列卡车或者车厢中。然而，正确的财务记录需要分别追踪整车货物中每个独立的发货（销售）。

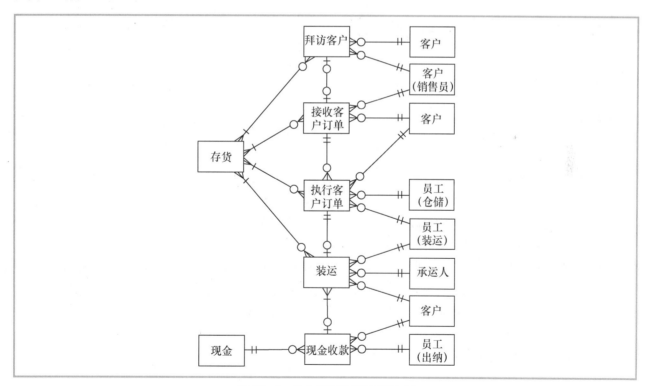

图 12-1 收入循环的扩展 REA 图

表 12-1 展示了装运事件的主键是装运编号。提货单编号是另一个属性，但不会是主键，因为如果公司使用自己的卡车交付货物，提货单编号为空值。销售发票编号也是装运事件的属性。正如第 5 章和第 6 章所述，许多公司逐渐取消打印纸质发票甚至是电子发票，所以销售发票编号不能为主键。即使仍旧使用发票，它也可能随商品装运的发生而同时生成。因此，如果将发票编号作为主键，装运信息可能得在发票生成之后才能记录下来。但是，对于仍旧使用发票的公司来说，发票编号属性可以承担一项重要的内部控制职能：通过检查该属性值能够较容易地验证所有的装运是否确实已经开单并记录（空值意味着还没有生成发票）。

表 12-1　图 12-1 中关系表属性

表名	主键	外键	其他属性
存货	产品编号		产品描述，单位标准成本，单位定价，重量，再订货点，期初库存
现金	总账科目编码		姓名，期初余额
拜访客户	拜访编号	客户编号，销售员编号	日期，时间，用途
接收客户订单	销售订单号	客户编号，销售员编号，拜访编号	日期，时间，条款，预期交货日期
执行客户订单	提货单编号	销售订单编号，客户编号，仓储员工编号，装运员工编号	日期，时间，注释
装运	装运编号	提货单编号，客户编号，装运员工编号，承运人编号，汇款编号	日期，时间，提单编号，发票编号
现金收款	汇款账号	客户编号，员工编号，现金科目编码	日期，时间，到款金额
员工	员工编号		姓名，雇佣日期，出生日期，家庭成员数量，工资率，其他税/扣缴信息，职位
客户	客户编号		姓名，地址，信用额度，期初余额
承运人	承运人编号		姓名，联系电话
存货-拜访客户	产品编号，拜访编号		注释
存货-接收客户订单	产品编号，销售订单号		订购数量，单位价格
存货-执行客户订单	产品编号，提货单编号		打包数量
存货-装运	产品编号，装运编号		装运数量

还要注意的是，表 12-1 展示了存储在多张表中的价格和成本信息。存货表包含每件商品的标准价格（清单）和标准成本信息，这些标准值通常在整个会计年度保持不变。存货-接收客户订单表不仅包含订货数量，而且包含每件商品的实际价格和实际核算成本。这说明公司可能在同一个会计年度内多次调整价格。因此，虽然价格清单是不变的，但实际价格是销售发生时的数据。同样，虽然每件商品的标准成本在同一个会计年度是不变的，但是已售商品的成本（根据先进先出、后进先出、加权平均或者个别计价法计算得出）在同一个会计年度是不断变化的，尤其是在使用永续盘存制的情况下。

□ 12.2.2　支出循环事件和属性分配

图 12-2 中的大多数实体和联系已经在前两章解释过了。新增的实体是请购事件。许多大型企业需要正式批准采购请求；请购事件是对这些活动的数据进行收集。这些事件的每个实例就是一个采购请求，请购内容包含一件或多件商品。请购存货和订货事件之间存在 M：N 联系，且事件两侧最小基数均为 0。订货事件一侧的 0 基数反映出请购发生在真实订单之前；此外，一些请购会被拒绝，因此不与任何订单相联系。请购事件一侧的 0 基数反映出一些订单由存货控制系统自动生成，与请购无关。订货事件一侧的最大基数为多，因为一些请购单包含几种不同的商品，每种商品通常可以从不同的来源获得。不同的供应商需要对应不同的采购订单。因此，经批准的请购可能会与几个不同的订单相联系。请购事件一侧的最大基数为多，如果不同的请购商品都是由同一个供应商提供，那么可以将这些请购需求合并成一张较大的订单以

获得更优惠的采购条件。

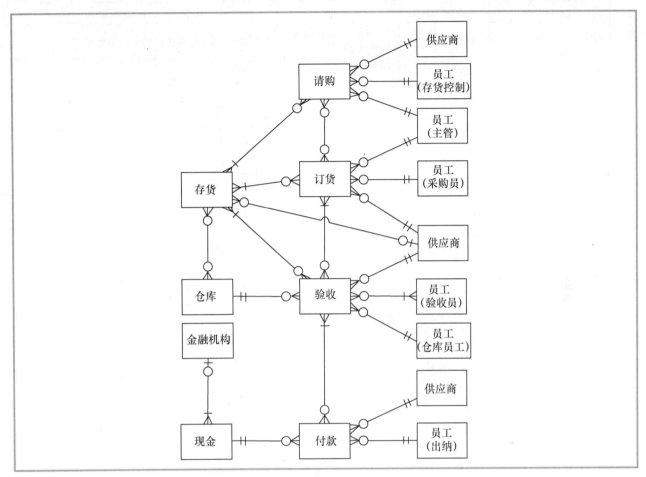

图 12 - 2　支出循环的扩展 REA 图

表 12 - 2 展示了存储在多张表上的成本信息。标准成本是存货表的属性，因为一个会计年度内同一种存货的标准成本都相同。与此相对应，实际成本存储在存货-订货表中，这表明采购价格随时间变化。系统存储了每张订单的采购单价和采购数量，根据存货计价方法（先进先出、后进先出、加权平均或个别计价法）计算出期末存货的实际成本和销售成本。此外，如果将实际成本作为存货表的属性，就必须使用加权平均法，因为给定品种的所有存货需要拥有相同的成本。而且，成本数据只能以这种格式来获取；不可能计算出存货的其他值，因为数据库没有存储每次采购成本的详细数据。

表 12 - 2　图 12 - 2 中关系表属性

表名	主键	外键	其他属性
存货	产品编号		产品描述，单位标准成本，单位定价，重量，再订货点，期初库存
仓库	仓库编号		姓名，地址，容量
金融机构	机构编号		姓名，联系电话
现金	总账科目编码	金融机构编号	姓名，期初余额
请购	请购单编号	供应商编号，存货控制员工编号，主管编号	日期，原因
订货	采购订单编号	供应商编号，采购员工编号，主管编号	日期，注释

续表

表名	主键	外键	其他属性
验收	验收报告编号	仓库编号，供应商编号，仓库员工编号	日期，时间，附注，卖方发票编号
现金付款	支票编号	供应商编号，员工编号，现金科目编码	日期，金额，备注
供应商	供应商编号		姓名，联系电话，评级，期初余额
员工	员工编号		姓名，雇佣日期，出生日期，家庭成员数量，工资率，其他税/扣缴信息，职位
存货-请购	产品编号，请购单编号		请购数量
存货-订货	产品编号，采购订单编号		订购数量，单位成本
存货-验收	产品编号，验收报告编号		验收数量，状况
存货-仓库	产品编号，仓库编号		库存数量
请购-订货	请购单编号，采购订单编号		
订货-验收	采购订单编号，验收报告编号		
验收-现金付款	验收报告编号，支票编号		发票金额
验收-员工	验收报告编号，员工编号		
存货-供应商	产品编号，供应商编号		类型（首选，备选）

☐ 12. 2. 3　销售服务

　　到目前为止，所有的建模示例只关注销售有形商品的行业。然而，像修理店这样的企业从销售产品和提供服务来获取收入。图 12-3 列示了这种行业收入循环的局部 REA 模型。

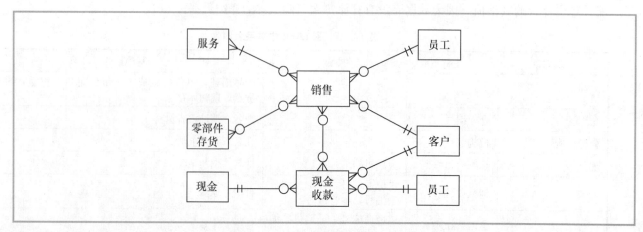

图 12-3　销售服务的部分收入循环

图 12 - 3 中的服务实体包含企业创收活动的信息。每行识别企业所提供的特定类型的服务。例如,汽车修理店的服务表可能包含更换机油和修理刹车的各行信息。每行包括完成该项修理服务的标准时间和标准收费。

图 12 - 3 包括销售事件、服务和零部件存货资源实体之间的联系。这些联系的基数取决于具体的行业,但是通常为 M:N 关系,因为大多数企业使用标准大批量生产的零部件向许多不同客户提供相同类型的服务。对于汽车和家电维修企业来说,图 12 - 3 中的最小和最大基数是典型的。对于这些企业,每项销售交易必须涉及至少一种特定的服务类型,也可能包含几种服务(例如,客户可能要求更换机油和修理刹车)。然而,一些修理服务(例如,修理漏气的轮胎)可能不涉及任何库存零件,只需要人力。

12. 2. 4 购买无形服务

除了购买存货、设备和建筑物,组织也需要购买各种无形服务,例如互联网接入、电话服务和公用事业。图 12 - 4 展示了这些活动如何建模。

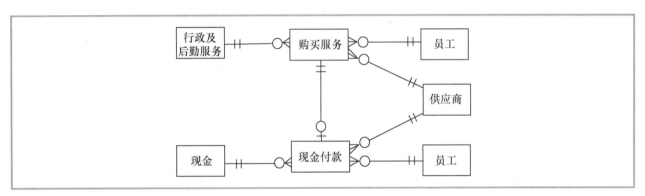

图 12 - 4 购买服务的部分支出循环

基本的供求经济交换涉及购买各种服务并支付账款。这些服务的支付款包括在现金付款表中。购买服务事件收集了与购买这些活动相关的数据。购买服务事件实体存储所消费的服务的真实数目和收费。图 12 - 4 中,这个事件与"行政及后勤服务"资源相联系,后者反映了服务的财务核算处理。该资源实体包括无形资源信息,例如合同期限,如果可能的话,还包括起始时间、服务的预算成本、每个期间提供的预算金额或标准金额,以及与其使用相关的任何限制或特殊要求的说明。

图 12 - 4 的购买服务事件和资源实体之间为 1:N 关系,因为在大多数情况下,服务(例如电话、电力等)通常是从不同的供应商那里分别购买。购买服务事件和现金付款事件之间是 1:1 关系,这反映了常见的情况,即企业获得某一特定时间内服务的使用权并每月支付使用费。

12. 2. 5 数字资产

什么是数字资产?在网络上销售软件、音乐或数码照片的企业转移了这些资源的数字拷贝,但并未失去现实资源的所有权。这将如何影响收入和支出循环的 REA 模型?这些公司仍然需要收集这些数字资产的采购和付款信息,追踪这些数字资产的订单和交付情况,以及收到客户付款的信息。这些公司也需要存货表,以便客户能够看到在售的数字产品有哪些。存货表的结构与大批量生产的商品的结构一致,唯一的区别在于销售只涉及资源的数字拷贝,不需要在库量、可用数量、再订货点和标准再订货量等属性。然而,存货表仍包括每件商品的标准价格清单和品名。

□ 12.2.6 租赁交易

一些企业通过租赁而不是销售交易产生收入。因此，基本的供求经济交换涉及资源的临时使用以换取现金流入和随后收回被租出的资源。图 12-5 展示了这些交易是如何建模的。

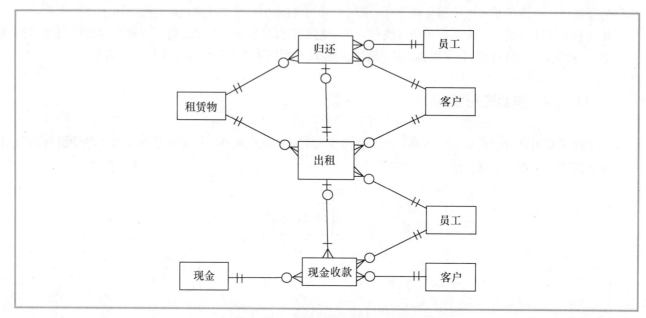

图 12-5 租赁交易的部分收入循环

租赁设备或其他资源的企业希望分别追踪每件实物。因此，租赁存货表的主键是唯一的序列号，而不是零件编号。每个租赁商品事件记录特定商品的租赁信息，例如租赁日期和时间点、租赁价格和协议的具体条款。如果客户租入多件商品，系统将租赁活动视为一组租赁事件，每个事件对应一件特定存货物品。这便于追踪租赁存货的状态。例如，查询以确定商品是否仍未付款，仅需要参照租赁事件和归还事件；相反，如果在一个事件中记录五件商品的租赁活动，那么前面的查询必须包括连接租赁事件和租赁存货实体的 M：N 关系表。（值得注意的是：客户是不需要了解这些的。客户只需要完成文书记录并支付指定金额，他们不需要知道或者关心系统在数据库中创建了多行而不是一行用来记录交易活动。）

图 12-5 展示了出租事件与现金收款和归还事件的联系。观察出租事件和现金收款事件之间的联系。现金收款事件一侧的最小基数为 1，反映了通常客户是预付租金的。最大基数为多是因为当商品被归还时，还有可能发生额外的支付。出租事件一侧的最小和最大基数分别为 0 和 1，因为现金收款事件先发生，并且与一个且仅与一个特定的出租事件相联系。出租事件和归还事件之间的联系是 1：1，反映了可以独立地追踪到每件被出租商品的归还，而且被出租商品最多仅能被归还一次。这两个事件各自一侧的最小基数反映了两个事件的时间顺序（例如，商品的出租时间早于归还时间）。

有时，组织租入而不是采购资源。例如，许多组织租入办公场地和仓库。基本的供求交换涉及付款给供应商以换取在特定时间内使用资源的权力。现金付款表记录了付款事件的信息。创建一个独立的租赁资源事件来代表资源的获取，其属性不同于验收的属性。虽然商品是租入而不是自有的，但是资源也应该作为一个独立的实体包含在模型中，因为组织希望保留的租入资源信息中的大部分是与组织自有资源信息相同的（例如，位置、产品描述等）。不过，租入和自有资源也可以用不同的实体来表示，因为两者的许多属性是彼此不相关的（例如，租赁合同条款、购置成本、产品描述方法等）。而且，如果租入资源需要归还（例如，设备租入），那么需要在 REA 图中包括另一个事件以记录这项活动。在这种情况下，租赁资源事件将与两个事件相联系：现金付款和归还事件。这与之前讨论过的租赁组织的收入循环活动的 REA 模型恰恰相反。

12.3 REA 图的其他特征

图 12-1 和图 12-2 描述了 REA 数据模型的几个新增元素，它们并没有在前两个章节中涉及，包括：员工角色、参与者-事件关系、地点以及资源和参与者之间的联系。

12.3.1 员工角色

图 12-1 和图 12-2 识别了员工（例如销售员、仓储员）的作用。这些信息丰富了 REA 图，能够用于核实是否恰当地分离工作职能。然而，表 12-1 和表 12-2 仍旧只包括一个员工实体。工作角色信息只不过是员工表的一个属性（职位）。

12.3.2 参与者-事件关系

在图 12-2 中，验收事件和员工之间的联系被描述为 M：N。这反映出很多时间送货量都很大，需要多个员工一起工作来完成卸货和仓储工作。当一项活动由多个员工执行时，就产生了多对多的参与者-事件关系。管理层仍然希望能够监督每个员工的绩效。

12.3.3 地点

图 12-2 引入了两个新实体：仓库和金融机构。这些实体存储了资源存放地点和某个事件发生地点的信息。许多企业拥有众多仓库。仓库和存货实体联系反映了几个常见的情况：仓库偶尔会是空仓，但是通常会存放许多不同的存货；同样的存货可能存放在多个仓库里。有时，企业也希望保存企业通常不持有的存货的信息。

还要注意到，验收事件与仓库实体的联系使得评价不同地点的绩效成为可能。有些事件，例如验收事件，只能在一个特殊的地点发生；相反，许多事件可以在相同地点发生。因此，图 12-1 将仓库和验收之间的关系描述为 1：N。

表 12-2 显示，金融机构阐明了现金实体的性质。现金表的每行对应一个具体的总账账户，该账户计入资产负债表的"现金及现金等价物"。金融机构和现金实体的关系基数反映了常见的商业行为。一个现金账户只能在一家金融机构开立；有些账户，如备用金，可以不存入任何金融机构。企业通常只保留开户金融机构的信息，但是可能在同一个金融机构拥有一个以上的账户。

12.3.4 资源和参与者之间的联系

图 12-2 也包括存货实体（资源）和供应商实体（参与者）之间的 M：N 关系。它体现了确定某些存货首选和替代供应商的常用方法。资源和员工之间类似的关系能运用于责任制和问责制的建模。

12.4 生产循环 REA 建模

图 12-6 是制造企业基本生产循环活动的数据模型，表 12-3 列示了关系数据库中模型实施所需要的表和各种属性。准确的生产成本管理和绩效评价要求收集的详细信息包括原材料使用和生产成品的机器。因此，典型的生产循环 REA 图应该包括四个重要事件：

1. 原材料发放；
2. 生产过程中的人工使用；
3. 生产过程中的机器和设备使用；
4. 生产新的完工产品，用在产品事件表示。

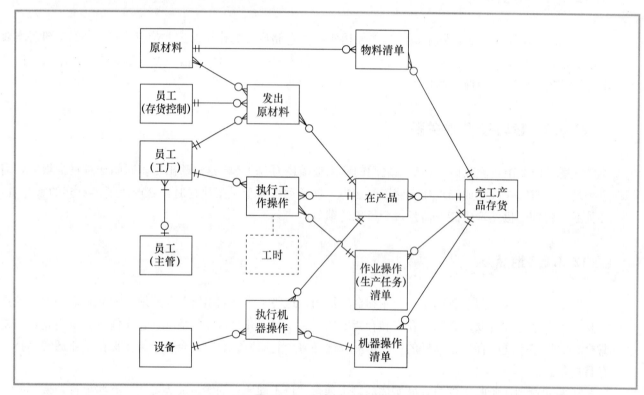

图 12-6 生产循环 REA 图

表 12-3 图 12-6 中关系表属性

表名（实体）	主键	外键	其他属性
原材料	原材料编码		描述、标准单位成本、再订货点、期初库存数量
员工	员工编码		姓名、雇佣日期、出生日期，家庭成员数量，工资率，其他税/扣缴信息，职位
设备	设备 ID 编码		描述、购置成本、折旧方法、折旧年限、残值
发出原材料	原材料发出编码	存货控制员工编码，工厂员工编码，在产品作业编码	日期、时间、注释

续表

表名（实体）	主键	外键	其他属性
执行作业操作	作业操作编码	员工编码，在产品作业编码，作业操作清单编码	日期、开始时间、完成时间
执行机器操作	机器操作编码	设备 ID 编码，在产品作业编码，机器操作清单编码	日期、开始时间、完成时间
物料清单	物料清单编码	完工产品编码，原材料编码	所需的标准数量
在产品	在产品作业编码	完工产品编码	开始日期/时间、完成日期/时间、目标完成日期、订购数量、生产数量、生产订单编号
作业操作清单	作业操作清单编码	完工产品编码	操作说明，标准操作时间
机器操作清单	机器操作清单编码	完工产品编码	操作说明，标准操作时间
完工产品存货	产品编码		说明、单位标准成本、单位市场价、重量、期初库存数量
原材料-发出原材料	原材料编码，原材料发出编码		发出数量

12.4.1　其他实体——知识产权

图 12-6 包含三种特殊的实体类型：物料清单、作业操作清单和机器操作清单，它们存储了制造企业知识产权的重要内容。物料清单实体包含生产完工产品需要的原材料信息。如表 12-3 所示，物料清单反映了生产完工产品所需的每件原材料的标准数量。因此，物料清单被看作"食谱的配料表"。然而，制造产品不仅需要物料清单，还需要如何组合这些部件（包括恰当的步骤顺序）的使用说明。作业操作清单和机器操作清单分别存储了人员行动说明和各种设备操作说明。这两个实体也都存储了操作实施的标准工时。

图 12-6 显示物料清单实体和原材料实体以及产成品库存实体之间均为 1∶N 关系。物料清单实体的每一行具体说明生产特定的产成品需要多少原材料。这表明相同的原材料可以使用在五种不同产品上，只不过每件产品需要的原材料数量不同。原材料实体和发出原材料事件之间的关系为 M∶N，因为相同的原材料与多个不同的发出原材料事件相联系；反过来，生产产品所需的所有原材料往往同时发出。因此，一个发出原材料事件与原材料表的多个行数据相联系。

产成品库存资源和作业操作清单实体以及机器操作清单实体之间均存在 1∶N 关系。清单实体的每一行代表生产特定的产成品所要求的生产活动信息。例如，内部成分含有黄铜配件的产品都有一行专门用于存放抛光黄铜的信息；其信息包括抛光黄铜的标准工时。通常，产品制造是多步骤生产。因此，一件完工产品对应多行作业操作清单以及机器操作清单。

图 12-6 也包括员工工时实体。正如第 11 章所述，该实体几乎不作为关系数据库表的实例，因此，在图 12-6 中以虚线表示且不出现在表 12-3 中。

12.4.2　生产循环事件

原材料实际耗用的数据存储于原材料发出实体。类似地，实际人工和机器运行信息（包括每项生产活动耗费的实际工时）分别存放于执行作业操作和执行机器操作实体中。将上述三个事件实体与存放标准信息的对应实体（即物料清单、作业操作清单和机器操作清单）的数据相比较，以实现绩效评价。

执行作业操作事件实体是"给付事件"的一个实例：它记录了使用的员工工时。表中每一行对应一名员工在一项具体作业上耗费的工时。每名员工对应一张表，因此每天该表会形成多行记录。例如，7 月 7日，工号 727 的员工在作业编号为 2234、2235 和 2236 的未完工产品生产中分别耗费 3 个工时、2 个工时和 3 个工时。通过收集每个员工如何使用工时的详细信息，制造企业能够准确地将人工成本分配至不同产品批次和生产线。

执行机器作业事件与执行作业操作事件相类似，不同之处仅在于前者记录的是机器和设备的使用信息。该信息可用于生产成本分配和安排修理。值得注意的是，执行机器作业事件不记录折旧。折旧费用很少与设备的实际使用情况相符。因为折旧是一个会计概念，其目的是将资源（固定资产）成本分摊至不同会计期间，所以折旧不会出现在 REA 图中。定期折旧根据折旧公式和一组假设（预期使用寿命、残值等）计算得到。计算定期折旧的公式和假设存放于资源实体中，但是计算过程本身并不是事件，而只是计算特定销售交易总额或工资总额的过程。

在图 12-6 中，执行作业操作事件和作业操作清单事件之间，以及执行机器作业事件和机器作业事件清单之间的关系均为 1∶N。清单实体存储了执行每项可独立识别的活动的标准工时；执行事件记录了执行该项活动所使用的实际工时。因此，每个实际事件只能与标准表的一个项目相关联，但是标准表的每个项目可以与该项活动的多个实际绩效相关联。

在产品实体用于收集和汇总生产一批商品所使用的原材料、人工和机器操作数据。在产品和三个事件实体之间的联系均为 1∶N，这表明每次生产运行会涉及大量的原材料发放、人工操作和机器操作。然而，每个活动都与一个具体的生产运行相关联。这些联系反映了生产循环中内部供求本质：原材料、人工和设备都用于生产完工产品。因此，三个给付资源事件与一个获取资源事件相关联。

□ 12.4.3　REA 图的新特征

值得注意的是，图 12-6 区别于以前的 REA 图，后者仅有一个事件与执行作业操作（和执行机器操作）事件相联系。这些内部事件不涉及资源交换和转移，因此不同于本书通篇讨论的其他事件。相反，它们代表了单个资源的消耗或使用，例如特定员工工时或特定设备的使用。因此，该事件与参与者（员工或机器）相联系，管理层希望收集这些信息以计算产品成本和评价绩效。

图 12-6 将员工和主管之间的联系描述为 1∶N。这反映出每名员工被具体指定了一个主管，但是每个主管负责众多员工。相比之下，在矩阵式组织中，每名员工向多个主管报告，其员工和主管之间的联系为 M∶N。可以创建内部参与者之间的联系以实现责任制建模。也会发生内部和外部参与者之间的联系。例如，一些提供服务的组织（银行或保险公司）会为客户指定具体的员工，以便员工对正在进行的客户服务进行有效管理。外部参与者之间的联系很少，但是为了满足结构化数据库的需求，这种联系有时也会存在。例如，一家保险公司需要收集和维护每位客户家属的详细信息，保险公司可以创建一个名为"家属"的独立实体并在该实体和客户实体之间建立 1∶N 的联系。

12.5　整合人力资源管理/工资数据模型

图 12-7 集成了工资和人力资源活动。工时事件是计算工资的必要事件。工时分配事件用于核算成本，以恰当地分配人工费用（在制造企业，该事件实体通常称为"作业操作"）。其他所有的事件代表着重要的人力资源活动。

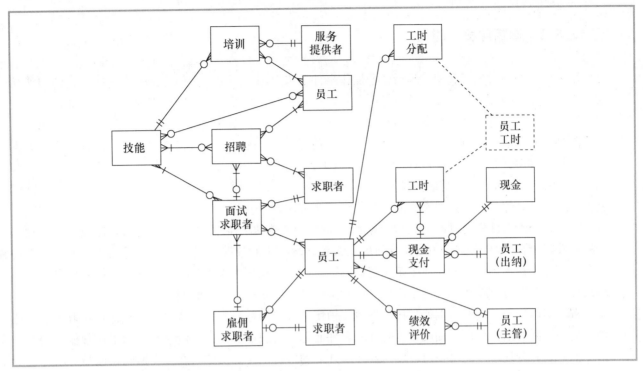

图 12 - 7　人力资源管理/工资活动数据模型

□ 12.5.1　人力资源循环实体

值得注意的是，在图 12 - 7 中，员工实体与图中几乎所有的其他实体相联系，这反映了员工对组织的重要性。员工实体存储的大部分数据通常都能在员工（工资）主文件中找到：姓名、雇佣日期、出生日期、工资率、职位、主管、家属人数、扣缴津贴和自愿扣减项，例如 401（k）计划。

技能实体包括组织感兴趣的工作技能数据。在该表中，每一行对应一项主要工作技能。例如，对于研发人员，该表会列示出其掌握的不同的编程语言和应用程序。技能和员工之间是 M：N 关系，因为每位员工可以拥有多项工作技能（例如，一个程序员可能精通几种不同的语言），相反，多个员工可能拥有同一项技能。

培训活动实体代表了为员工提供的各种研习班、培训计划和其他机会，以发展和保持他们的技能。因此，该实体存储的数据可用于评估培训和开发工作的效果和成本。员工和培训实体之间存在 M：N 关系，因为随着时间的推移，一名员工会参加大量的培训课程，相反，一项课程会有多个员工参与。技能和培训之间的关系是 1：N，因为每个课程都被设计用来开发特殊的技能，但是每项技能需要培训多次。

招聘事件实体存储公开招聘职位空缺的相关活动信息。该实体记录的数据有助于记录就业法律遵循的情况以及评估岗位招聘措施的效果。招聘和技能之间的 M：N 关系表明，每个广告对应多项特殊技能招聘，而且随着时间的推移，会有多个广告招聘寻求某项技能。招聘事件和求职者之间的关系被建模为 M：N，因为通常情况下每个职位空缺会面对许多求职者，但是一名求职者也可以向多个招聘事件发出申请。此外，每个招聘事件都可能有不止一名员工参加，而且随着时间的推移，一名员工可以参加许多这样的活动。

面试事件存储了每次面试的详细数据。面试事件与雇佣员工事件是 1：N 关系，这反映了雇佣事件只发生一次，但可以是一个或多个面试后的结果。

□ 12.5.2　追踪雇员工时

生产循环章节讨论了利用"执行作业操作事件"来追踪工厂工人如何分配工作时间，以便向产品分配人工成本。专业服务公司，如律师事务所、咨询机构和会计师事务所，同样需要追踪员工如何使用工作时间，以便准确地向每个客户收费。在图 12 - 7 中，工时分配事件就是为了实现此项目的。该表的结构类似于此前描述的"执行作业操作表"（这里，我们使用了不同的名称，因为执行作业操作具有制造业的特点）。因此，该表的每一行都包含以下属性：员工、计费工作（客户）、所执行任务的描述（例如，撰写遗嘱、电话咨询、出庭），以及该任务开始和结束的时间。需要收集任务性质的信息，以便进行绩效评估，因为有时针对具体员工的计费率可能会随着任务执行而发生变化。

将工时分配事件所提供的信息与业务事件-执行任务的员工联系所提供的信息相比较，很有意义。常规的事件-参与者联系（例如销售业务与员工联系）所收集的数据可以回答"本周某销售人员的销售数量是多少"或"每个销售人员完成了多少销售额"等问题。相比之下，工时分配事件提供的信息回答了"与电话提供客户服务支持相比，某个销售人员在拜访客户上花费了多长时间"之类的问题。

常规实体的每个实例（例如拜访客户表、销售表或提供客户服务支持表的每一行）获取了诸如特定的销售交易等离散活动数据。相反，工时分配事件的每一行获取员工在一定时间内的工作数据。因此，通常情况下，工时分配事件的每一行可以与业务事件表的多行链接。例如，在某个期间，雇员 007 花费 5 小时给客户打销售电话，并拜访了 5 个客户。这些数据分别对应追踪工时分配表的一行记录和拜访客户表的五行记录。因此，这两类事件之间存在 1∶N 关系。虽然没有必要将工时分配实体和具体业务事件联系起来，但是这样做为细致地评估绩效提供了便利（例如，回答了诸如"在一周的哪一天和哪个时间段里某个销售员工作最有效率"等问题）。

对比"工时分配"和"工时"实体很重要。前者回答"员工如何利用工作时间"，从而帮助管理者评估绩效；后者仅仅记录员工付薪时间，用于工资处理。

并不是每个组织都收集员工时间使用的详细信息，在这种情况下就不需要工时分配实体。而且，即使包含该事件，员工时间这项资源也很少作为数据库表使用，因为没有任何有意义的属性来描述它。因此，图 12 - 7 以虚线表述资源实体"员工时间"。

12.6　融资活动数据模型

大多数组织通过发行股票和借款来筹集营运资金。图 12 - 8 是这两种筹资活动的 REA 图。

发行债券是一种特殊的现金收款，因此，它与现金资源实体相关联。在建模过程中，发行债券通常作为独立的事件实体，有别于现金收款，因为它包含与销售事件产生的现金收款所不同的属性，例如债券面值、债券发行总额、发行日、到期日和利率。通常，大多数公司不直接向个人借款，而是通过金融中介（在图 12 - 8 中表述为"承销代理"）出售债务。承销代理维护债权人的必要信息，以帮助债务人定期付息和最终偿还本金。因此，每次发生的债券发行事件都包含一组债务工具发行所带来的合计金额。例如，发行年利率为 5％的 1 000 万美元债券，最终有数千人购买，金额合计 995.4 万美元，这些信息构成了一次债券发行事件。

与债务有关的支付（无论是定期付息还是到期偿还本金）都是现金付款。通常情况下，债务人为债券或票据所欠利息总额开具一张支票并交给承销代理，然后由其向每个债权人开出支票支付利息。继续上一个例子，债务人付给承销代理 125 000 美元，以支付 1 000 万美元债券的第一季度利息。资金转账为现金付

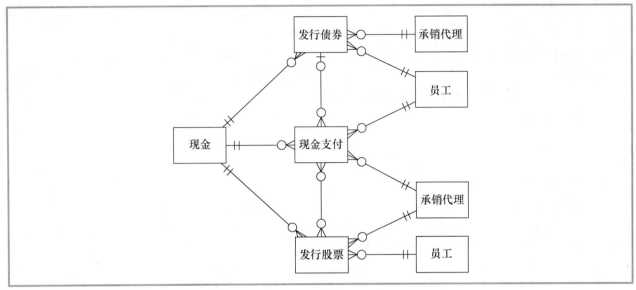

图 12 - 8　融资活动数据模型

款表的一行记录。请注意，如果一家公司在不同的时点发行了不同类型的债券，它通常会向承销代理分别支付每次发行债券相关的款项。因此，图 12 - 8 显示每个现金付款事件最多与一个债券发行事件相关联。

本章习题

1. 一家公司出租设备和机器，以下哪项是基本供求经济交换中"获取"一侧的实体？ _____

　a. 租赁设备 　　　　　　　　　　　　　b. 现金收款

　c. 收回出租的设备 　　　　　　　　　　d. 收回出租的设备和现金收款

2. 以下哪项很少出现在人力资源管理/工资循环数据库中？ _____

　a. 技能 　　　　　　　　　　　　　　　b. 员工时间

　c. 申请者 　　　　　　　　　　　　　　d. 现金付款

3. 乔（Joe）的计算机公司通过拨打服务电话来提供计算机设备维修服务。一些电话仅涉及人工费用，其他电话则涉及人工和零部件。下面哪个选项正确地反映了服务电话和零部件存货之间的联系？ _____

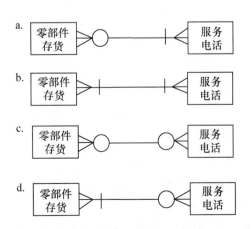

4. 哪个实体包含某件商品生产所需的零部件信息？ _____

　a. 存货 　　　　　　　　　　　　　　　b. 作业操作清单

c. 物料清单　　　　　　　　　　　　　　d. 机器操作清单

5. 以下哪个生产循环事件涉及资源获取（是一个获取事件）？_____

a. 执行机器操作　　　　　　　　　　　　b. 执行作业操作

c. 在产品　　　　　　　　　　　　　　　d. 发出原材料

6. 哪个生产循环事件收集了计算工资所需的数据？_____

a. 执行工作操作　　　　　　　　　　　　b. 工时

c. 工时分配　　　　　　　　　　　　　　d. 现金发放

7. 债务融资的供求经济交换涉及哪两个事件？_____

a. 债券发行和现金收款　　　　　　　　　b. 债券发行和现金付款

c. 现金收取和现金付款　　　　　　　　　d. 以上都不是

8. 一家制造企业关注销售代表拜访客户的信息。虽然许多拜访只是介绍产品，一些纯粹是联络与客户的感情。哪项是存货和拜访客户事件联系的正确建模？_____

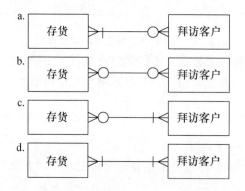

9. Acme 制造企业希望通过收集客服电话信息来跟踪客户售后服务：谁拨打、何时拨打、由哪位客服代表接听电话、电话持续时间，涉及哪项销售交易和存货。销售和售后服务事件之间的关系最可能表示为_____。

a. 1∶1　　　　　　b. 1∶N　　　　　　c. M∶N　　　　　　d. 0∶N

10. 基本 REA 模板有时需要加入哪些其他内容？_____

a. 两个资源之间的联系　　　　　　　　　b. 两个参与者之间的联系

c. 资源和参与者之间的联系　　　　　　　d. 以上都是

问题讨论

1. 通常，为了获取一名新客户的第一笔订单，要拨打多个销售电话。那么，为什么图 12-1 中拜访客户和接收客户订单事件之间的联系是 1∶1？

2. 汽车分销商如何为汽车出借业务建模：无论何时客户的汽车需要进行一天以上的维修，分销商就可以免费提供给客户这项服务。

3. 您在什么情况下会为参与者与资源之间的关系建模？

4. 为什么折旧不作为事件出现在 REA 数据模型中？

5. 如何对数字资产购买进行建模，例如在线购买软件（软件被下载，然后安装在购买者的电脑上）？

6. 购买服务（如电话服务）和购买原材料之间的异同如何反映在 REA 数据模型中？

7. 如何修改图 12-4 中的支出循环 REA 图，反映在赊销业务中将有缺陷的产品退还给供应商？

习题答案

1. 正确选项 d。给付事件（租赁设备）与两个获取事件相联系：归还租赁设备和现金付款。选项 a，b，c 错误，原因同上。

2. 正确选项 b。员工时间代表了员工使用时间的权利，但时间是一种不可列入存货的资产，在获取时就会消耗掉，因此这种资源很少作为数据库表。选项 a 错误，记录技能信息很重要。选项 c 错误，申请者是参与者，有关他们的信息必须被记录。选项 d 错误，现金付款是必须记录的事件。

3. 正确选项 c，这表明一些零部件不与任何服务电话相关，但其他零部件与多个服务电话相关联。也表明一些服务电话不涉及任何零部件使用，但是其他服务电话会涉及多个零部件的使用。选项 a 错误，每个零部件必须与至少一个服务电话相联系。选项 b 错误，每个零部件必须与至少一个服务电话相联系，而且每个服务电话必须涉及至少一个零部件的使用。选项 d 错误，每个零部件必须与至少一个服务电话相联系。

4. 正确选项 c，物料清单实体存储产品生产的组件清单。选项 a 错误，物料清单实体存储产品制造的配件（部件）清单。选项 b 错误，作业操作清单实体识别产品生产所需的步骤，但组件构成情况存储在物料清单实体中。选项 d 错误，机器操作清单实体存储产品制造涉及的机器生产步骤和流程。

5. 正确选项 c，在产品事件收集和汇总归集最终产品的相关成本。选项 a 错误，执行机器操作事件记录机器和设备的使用信息，这是一个给付事件。选项 b 错误，执行作业操作事件记录了生产产品的工时分配，这是一个给付事件。选项 d 错误，原材料发出事件记录产品制造耗用的原材料信息，是一个给付事件。

6. 正确选项 b，这个事件获取员工工时，作为回报，员工获得薪酬。选项 a 错误，执行作业操作事件收集人工使用数据，这些数据用于计算产品成本。选项 c 错误，这个事件收集人工使用数据，这些数据用于计算产品成本。选项 d 错误，这个事件记录工资支付，而不是工资计算。

7. 正确选项 b，发行债券导致现金收款和之后的债务偿还。选项 a 错误，发行债券是特殊的现金收款事件的实例。选项 c 错误，发行债券事件用于记录负债交易，它不同于记录销售实现的现金收款。选项 d 错误。

8. 正确选项 b，表明电话可能不涉及任何产品演示，尽管它具备这项功能。同时，一些产品与任何销售电话没有关联，然而另一些产品会与许多不同的销售电话相关。选项 a 错误，表明每个电话与至少一个产品演示存在关联。选项 c 错误，表明每件产品与一个销售电话相关。选项 d 错误，表明每件产品与一个销售电话相关，以及每个销售电话一定会涉及至少一个产品演示。

9. 正确选项 c，一些客户可能拨打至少一个涉及具体销售交易的电话，他们也可能在同一个服务电话中讨论多笔销售交易。选项 a 和 b 错误，解释同上。选项 d 错误，不存在 0：N 关系。

10. 正确选项 d。选项 a，b，c 在本章都有实例介绍。

第四部分

系统开发过程

第 13 章

系统开发和系统分析介绍

◈▷ **学习目标**

通过学习本章，你应该能够：

1. 解释系统开发生命周期的五个阶段，讨论系统开发涉及的人员及其作用。
2. 解释系统规划的重要性，描述系统类型和系统规划工具。
3. 讨论不同类型的可行性分析，使用资本预算技术计算经济可行性。
4. 解释系统变革引发相应的行为反应的原因，抵制变革的形式，以及如何避免或最小化随之带来的问题。
5. 讨论系统分析的关键问题和步骤。

综合案例

购物商场

安·克里斯蒂（Ann Christy）是购物商场（Shoppers Mart）的新主管，这个商场是一个正在快速发展的连锁折扣店。为了评估如何提供更好的购物商场服务，她召开了高级管理层会议，拜访了商店经理和员工。安有如下发现：

1. 商店经理除了得到定期的格式化报告之外，无法获得其他信息。如果商店经理需要多个业务部门的信息，系统无法满足这一需求。
2. 因为无法获得商品销售的实时信息，畅销商品无法及时上架，储存了过多客户不会购买的商品。
3. 管理层担心无法与产品价格更加合理、款式更加新颖的对手竞争，从而失去市场份额。现有系统无法为管理层提供所需的信息以解决问题。

安相信购物商场需要一个灵活、有效和响应用户需求的新信息系统。安知道没有管理层的充分支持，新系统是不会成功的。在寻求对新系统的支持和筹集开发资金之前，安针对系统开发提出了以下问题：

1. 开发和实施新系统需要哪些过程？
2. 要保证系统成功，哪些计划是必需的？谁要参与进来，如何参与？要成立专门的委员会吗？需要哪些资源？如何以文档的形式将计划书面化？
3. 员工对于新系统有什么反应？系统的变革会引起怎样的问题？如何使问题最小化？
4. 如何说服高级管理层使用新系统？在保证系统符合成本效益原则的前提下，预期的成本和收益是多少？

13.1 引 言

因为我们处于一个竞争激烈而且时刻变化的世界，大多数组织需要完善或修改信息系统。据统计，每年美国公司在超过20万个软件项目上花费超过3 000亿美元。公司基于以下原因改变它们的系统：

● **用户或业务需求改变**。竞争加剧、业务增长或兼并、削减规模、并购、多元化、新规则的出台都会改变组织的结构和目标。要保持对变化响应的有效性，系统必须随之改变。

● **技术革新**。随着技术更新和技术成本的下降，组织开始采用新技术。例如，纽约公用事业部门削减主机和客户机/服务机系统规模，减少了100个工作岗位。新系统比旧系统拥有更多功能，包括处理工作流程管理、用户联系、数据库查询、自动化现金处理和声音/数据集成。

- **改善业务流程**。许多企业改变系统来改进低效率的业务流程。因为要使用三个独立的系统，纳舒厄的一家办公用品制造商处理一个电话订单要花费两天时间。而新系统只需要三分钟。

- **竞争优势**。公司大规模投资于新技术，以提高信息的质量、数量和传输速度，改进产品或服务，降低成本，以及提供其他竞争优势。

- **生产力提高**。信息系统能够自动化职员的工作，减少工作耗费的时间，向员工提供专业知识。卡罗来纳电力和照明公司（Carolina Power and Light）使用新系统后，与旧系统相比，效率显著提高，同时减少了 27% 的信息系统员工。

- **系统集成**。组织集成不兼容系统以避免不兼容性并整合数据库。美国国防部努力集成超过 700 个独立的系统。

- **系统使用时间过长，需要更换**。随着系统的使用时间变长，修改次数增多，稳定性降低，最终将被新系统取代。

开发高质量、没有错误的软件是一项困难、昂贵和耗时的任务。许多软件开发项目收益甚微，花费较高，且耗时超过预期。斯坦迪什集团（Standish Group）的研究表明，70% 的软件开发项目是过时的，54% 超过预算，66% 不成功，30% 在完成前被取消。美国管理系统公司（American Management Systems）的一项研究表明，所有大型系统中有 75% 的系统无法使用，或者无法达到预期使用目的，或者生成错误的报告和数据。耐克公司的预测系统无法工作，损失高达数百万美元。系统告知耐克订购 9 000 万美元的鞋，但这些鞋却无法售出，与此同时有 1 亿美元的畅销商品缺货。

对系统开发过程的忽视导致耗费时间和金钱的同时却完全不能达到预期效果，正如以下的例子一样：

- 太平洋煤气电力公司（Pacific Gas & Electric）中止了耗时五年的系统开发，该系统没有发挥作用，白白耗费财力。

- 当珠宝商肖恩公司（Shane）升级企业资源计划系统时，成本和时间均超支，成本从 10 万美元增至 36 万美元的同时还引发了存货问题，加上经济不景气，最终导致公司破产。

- 加利福尼亚机动车辆管理局（California's Department of Motor Vehicles）试图革新其系统，该系统开发于 1965 年。为了向驾照和摩托车注册系统中添加社会保障号码，计划由 18 名程序员耗时一年来完成开发工作。7 年后，花费了 4 400 万美元却没有开发出一个有用的程序，这项系统开发最终被取消。

本章讨论五个主题。一是系统开发生命周期，即获得和实施新会计信息系统（AIS）的过程。二是开发过程中的规划活动。三是可行性分析。四是新系统实施必须应对的行为方面的变化。五是系统分析，这是系统开发生命周期中的第一步。

13.2　系统开发

本节讨论系统开发生命周期和参与系统开发的人员。

13.2.1　系统开发生命周期

安·克里斯蒂让系统开发管理员解释购物商场新系统设计和实施的过程。管理员概述了**系统开发生命周期**（systems development life，SDLC）的五个步骤（见图 13-1），并进行了简要解释。

系统分析

系统开发的第一步是**系统分析**（systems analysis），这个步骤要收集购买、开发和修改系统需要的信

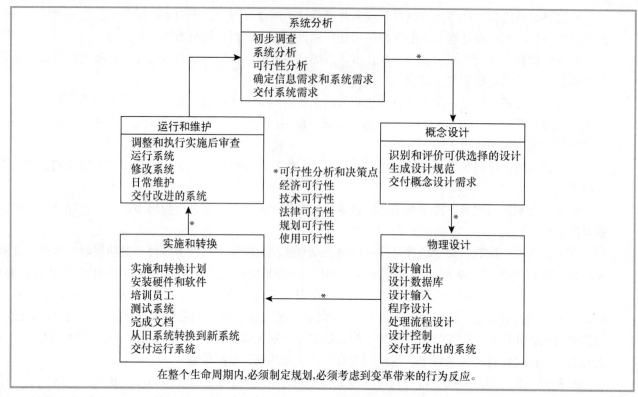

图 13－1　系统开发生命周期

息。为了更好地利用有限的资源，需要审查系统开发的需求和分配优先权。如果决定继续开发，就要确认待开发项目的内容和范围，调查现有系统来确认它的优点和缺点，同时确定待开发项目的可行性。如果项目是可行的，需要识别系统用户和管理者的信息需求并写入文档。这些需求可以形成选择或开发系统的需求。需要生成系统分析报告并提交信息系统指导委员会。

概念设计

概念设计（conceptual design）阶段确定如何满足上述需求。首要任务是确认和评估合适的设计方案，例如购买软件、自行开发或者系统开发外包。生成描述系统要做什么的详细说明书。当概念设计需求提交给信息系统指导委员会时，本阶段完成。

物理设计

物理设计（physical design）阶段将概括的、面向用户的概念设计需求转化为详细说明书，用于编写计算机程序代码和测试计算机程序，设计输入和输出文件，创建文件和数据库，设计程序，在新系统中建立控制。最后将物理系统设计结果提交信息系统指导委员会。

实施和转换

实施和转换（implementation and conversion）阶段集合了系统的所有要素和活动。制定并执行实施和转换计划，安装测试新硬件和软件，雇用和培训员工，重新分配现有的员工岗位，测试和修改处理程序。建立新系统的标准和控制，完成系统文档。组织（用户）转换新系统，放弃旧系统，做出必要的调整，在实施后执行事后审查以发现和纠正设计缺陷。交付操作系统标志着系统开发的完成。最后要编制总结报告并提交给信息系统指导委员会。

运行和维护

运行和维护（operations and maintenance）阶段主要是定期检查新系统，当出现问题或新需求时，做出调整。

除了这五个步骤，还有另外三项活动在整个生命周期中贯穿始终（规划，管理变革带来的行为反应，评估正在进行的项目的可行性）。本章论述这三项活动以及系统分析。获取会计信息系统的不同方式在第14 章论述。最后四个系统开发生命周期阶段将在第 15 章进行说明。

□ 13.2.2　参与者

成功开发和实施会计信息系统离不开众人的协作。

管理层

管理层在系统开发中最重要的作用是强调用户参与过程的重要性，为开发项目提供支持，使系统与企业战略一致。其他关键的作用包括：确立系统目标，选择系统部门领导并对其业绩进行考核，确定项目选择和组织结构策略，以及参与制定重大的系统决策。用户管理层确定信息需求，协助分析人员进行成本和效益评估，分配员工开发项目任务，拨付开发和运行经费。

用户

会计信息系统的用户向系统开发者传递他们的信息需求。作为项目开发团队或指导委员会成员，他们协助管理系统开发。根据需要，会计人员协助设计、测试和审计控制流程，以确保数据处理的准确和完整。

信息系统指导委员会

执行层面的**信息系统指导委员会**（information systems steering committee）计划和监督信息系统功能。它由高级管理人员组成，例如财务主管、系统和用户部门管理者。委员会制定会计信息系统政策，保证高级管理层的参与、指导、控制以及促进系统活动的协作和集成。

项目开发团队

每个开发项目都拥有一个由系统分析员、专家、管理者、会计人员和用户构成的团队，为系统开发提供指导。团队成员规划每个项目，监测项目以保证及时完成开发，使开发符合成本效益原则，并恰当地考虑到人为因素，向高级管理层和信息系统指导委员会报告项目的进展情况。他们应该经常与用户沟通并举行定期会议来交换意见和讨论进展情况，以确保项目完成不出现意外。团队工作通常更有助于项目的开发工作并帮助用户接受系统。

系统分析员和编程人员

系统分析员（systems analysts）研究现有系统，设计新系统，准备计算机编程人员使用的详细说明书。分析员通过和用户内部员工的交流来避免用户和技术之间的隔阂。分析员负责确保系统能够满足用户需求。

程序员（computer programmers）使用分析员提供的详细说明来编写程序，他们也修改和维护现有系统程序。

外部用户

客户、供应商、外部审计师和政府机构也影响系统的开发。例如，沃尔玛的供应商被要求执行和使用电子数据交换（EDI）。

13.3 系统开发规划

本节论述系统开发生命周期的规划方法（见图 13-1）。

假设你建造了一栋有两间卧室的房子。几年来，你又先后多次整修住房，增加了两间卧室、一间卫生间、一间客厅、一间娱乐室、一个阳台、一个两车位的车库，并扩大厨房。没有一个长期计划，你的房子会变成一个结构不合理、花费昂贵、东拼西凑而成的住宅。这个例子也同样适用于会计信息系统，其后果将是一个难以运行和维护、花费昂贵且拙劣的系统。

规划具有明显的优势。它使系统的目标和组织的战略规划相一致。系统更加有效，子系统更加协同，为选择新的开发应用程序提供可靠的基础。为了避免重复建设、事倍功半及成本和时间超支，企业需要跟上信息技术不断变化的节奏。这样，系统维护将变得更加低廉和容易。最后，管理层要对资源需求做好准备，员工要对即将发生的变革做好准备。

如果规划很草率，公司必须经常返回前一个阶段，以更正错误和弥补缺陷，如图 13-2 所示。返工不但费用昂贵，而且会导致延期，影响员工士气。

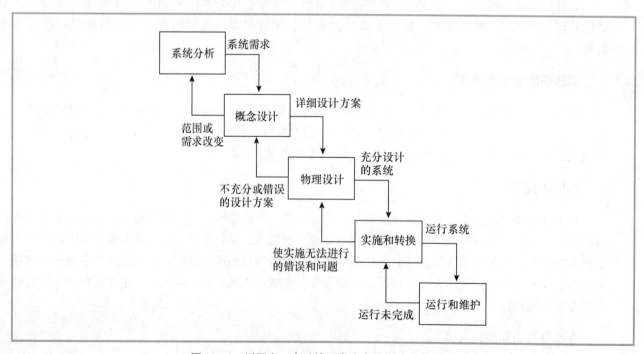

图 13-2　返回上一个系统开发生命周期阶段的原因

有两种系统开发规划是必要的：

1. **系统开发规划**。由项目团队制定**系统开发规划**（project development plan），包括成本效益分析、开发和运行需求（人员、硬件、软件以及财务），开发和运行新程序所需的活动日程安排。

2. **主计划**。长期的**主计划**（master plan）由信息系统指导委员会制定，详细说明系统的构成，系统应该如何开发，谁来开发，所需的资源如何获得，以及谁将领导会计信息系统开发。它还描述了项目开发进展，优先考虑已规划的项目，确认优先顺序的标准，提供开发时间表。最高优先级的项目最先开发。三年规划期较为常见，而且规划期需要进行月度或季度更新。表 13-1 显示了购物商场主计划的内容。

表 13-1 购物商场主计划的组成

组织目标和目的	待开发系统的状况
公司宗旨和目标 信息系统战略计划和目标 组织约束 会计信息系统的组织方式 组织和会计信息系统的优先级	目标系统优先级 核准的系统开发 正在审议的方案 开发时间表和计划
清查和评估	**未来发展的预测**
当前系统 核准的系统 现有的硬件 现有的软件 现有的会计信息系统员工 优势和劣势评估	信息需求预测 技术预测 环境/监管预测 审计和控制要求 外部用户需求

□ 13.3.1 规划技术

计划评审技术和甘特图是规划和监督系统开发活动的工具。**计划评审技术**（program evaluation and review technique，PERT）要求识别所有的活动以及前后活动之间的关系。这些活动和关系用来绘制 PERT 图，它是由箭线和节点组成的网络图，箭线和节点代表需要花费时间和资源的项目活动以及活动的起始和结束。在 PERT 图中，需要估计项目完成时间，确定**关键路径**（critical path），关键路径是花费时间最长的路线。如果关键路径上的任何活动被延误，那么整个项目就将被延误。如果可能，可以将资源转移到关键路径的活动中以缩短项目的完成时间。

甘特图（Gantt chart）（见图 13-3）是一种条形图，纵轴表示项目活动，横轴表示时间单位。线条起始于计划开始日期，终止于计划结束日期，由此计算出预计项目完成时间。随着活动完成，它们以填充长

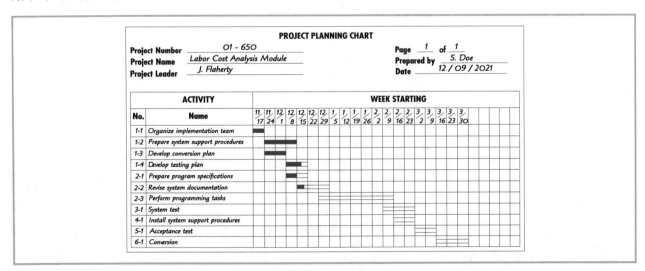

图 13-3 甘特图

条的方式被记录在甘特图中。所以，任何时候都可以判断出一项活动是正常进行还是滞后。甘特图的主要优势是以图形显示出一个大型、复杂项目的所有日程，包括进展日期和状态。它的缺点在于没有展现出项目活动之间的关系。

13.4 可行性分析

如图 13-1 所示，**可行性分析**（feasibility study）完成于系统分析阶段，在系统开发生命周期中根据需要进行更新。可行性分析的范围不一：对于大型系统，一般范围较广；反之，台式系统的可行性分析可以是非正式的。可行性分析由管理层、会计人员、员工和用户完成。

在主要决策点上，指导委员会重新评估可行性来决定是终止一个项目，还是无条件地开发，抑或是待特定问题解决后再继续开发。早期的开发或不开发决策非常重要，因为随后的每个系统开发生命周期阶段都需要更多的时间和资金投入。如果进行和更新了恰当的可行性分析，那么该项目会进展得更加顺利，越不可能被取消。

尽管不常见，但仍可能出现系统因为无法工作或无法满足组织需求而崩溃。例如，美洲银行（American Bank）雇用了一家软件公司开发新系统，以取代一个使用了 20 年的旧系统，旧系统用于管理数十亿美元的机构信托账户。经过两年的开发，在没有经过充分测试的情况下，美洲银行运行了新系统。10 个月后，系统崩溃。高管被辞退，首席执行官被迫辞职，美洲银行的损失高达 6 000 万美元，银行流失了高达 40 亿美元资产价值的共计 100 个机构客户账户。

可行性分析包括五个方面：

1. **经济可行性**。用系统收益衡量所投入的时间、金钱和资源，这些投入是值得的吗？
2. **技术可行性**。使用现有技术能够开发和实施系统吗？
3. **法律可行性**。系统遵守了联邦法律和州法律、行政机构法规和合同义务吗？
4. **规划可行性**。系统能在规定的时间内开发和实施吗？
5. **使用可行性**。组织能否召集到设计、实施和运行目标系统的人员？这些人员会使用这个系统吗？

我们将进一步深入讨论经济可行性。

☐ 13.4.1 资金预算：计算经济可行性

系统设计阶段要设计出能够满足系统需求的可选方案。公司经常在技术上超支，这是因为信息技术成本和薪酬不像公司其他投资那样容易测量和评估。为了实施信息技术支出的投资回报计划，美林公司（Merill Lynch）克服了重重障碍。美林公司要求 5 年内股权投资的现金回报率达到 15%，所有的信息技术采购由业务、财务和信息技术专业人员共同执行。

许多组织利用资本预算投资回报技术来评价可选方案的经济价值。在**资本预算模型**（capital budgeting model）中，评估和比较收益和成本以确定系统是否符合成本效益原则。不容易量化的收益和成本也要进行评估并包括在内。如果它们无法准确估计，需要列出，并且对可能的影响进行评估。有形和无形收益包括：成本节约，客户服务改善，生产力提高，数据处理能力提升，更好的决策制定，更强的管理控制，工作满意度提高，员工士气提升。表 13-2 中列出了各项可能的初始费用和运行成本，65%～75% 的系统年度开支用于维护当前系统。

表 13 - 2 初始费用和营运成本

硬件	维护/备份
中央处理器	硬件/软件维护
外围设备	备份和恢复操作
通信设备	电源保护
输入/输出设备	文档
重置、升级和扩容成本	系统文档
软件	培训软件
应用程序，系统，通用、实用软件和通信软件	操作标准和程序
软件的更新版本	现场准备
应用软件设计、编程、修改、测试和文档	空调系统、湿度、防尘
员工	物理安全（存取）
主管	防火、防水
分析员和程序员	布线、接线和排水口
计算机操作员	工具及固定装置
输入（数据转换）员工	安装
雇用、培训和调动员工	运费及交货费用
顾问	安装和连接费用
物料和间接费用	转换
预印表格	系统测试
数据存储设备	文件和数据转换
物料（纸张、碳粉）	并行操作
公用事业和电力	财务
	财务费用
	法律费用
	保险

以下是常用的资本预算技术：

1．**回收期**。回收期（payback period）指净收益等于初始投资成本所需的年限。通常会选择回收期最短的项目。

2．**净现值**。使用反映货币时间价值的折现率对所有预期的未来现金流进行折现，折现现金流扣除初始投资额后得到**净现值**（net present value，NPV）。NPV 为正表示方案在经济上是可行的，通常选择NPV 最高的项目。

3．**内含报酬率**。内含报酬率（internal rate of return，IRR）是 NPV 为 0 的折现率。项目的 IRR 通常与最低的必要报酬率相比较以决定项目的取舍。通常选择 IRR 最高的项目。

13.5 变革带来的行为反应

参与系统开发的个人是变革推动者，他会不断地遭受对变革的抵制。**变革的行为反应**（behavioral aspects of change）很关键，因为没有系统所服务人群的支持，最好的系统也难免失败。400 年前尼科洛·马基雅维利（Nicolo Machiavelli）就谈及了抵制变革的问题[1]：

> 必须考虑到没有任何事物比新事物更难以执行，对成功存在更多的质疑，有更多的危险要处理。因为改革者是所有旧事物既得利益者的敌人，在所有既得利益者中只有抵制情绪较弱的人才能从新事物中获益。他们的抵制情绪部分来自对掌权者（改革者）的恐惧，部分来自不实际经历过就不会真正

---

[1]　Niccolo Machiavelli, *The Prince*, translated by Luigi Rice, revised by E. R. P. Vincent (New York: New American Library, 1952).

相信任何新事物的人类本性。

组织必须谨慎看待受变革影响的人的感受和反应。本节讨论变革所导致的行为问题。

13.5.1 为什么会产生行为问题

个人对变革的态度通常取决于变革带给他怎样的影响。如果变革可以提高收益或降低成本，那么管理层视变革为正面的。如果同样的变革会使员工失业或工作境况变差，那么员工视其为负面的。

为了最小化负面行为反应，必须理解抵制发生的原因。以下是一些比较重要的因素：

● **担心**。人们担心变革所带来的未知数，失业，失去尊重或社会地位，失败，技术和自动化，以及随之而来的不确定性。

● **高级管理层的支持**。如果员工意识到管理层不支持变革，那么他们为什么要支持？

● **以前遭遇变革的经历**。在此之前曾对变革有不良印象的员工会更加不愿合作。

● **沟通**。除非解释清楚变革的原因，否则员工不会情愿支持变革。

● **破坏性**。信息需求和面谈会分散员工的注意力，给他们带来了额外的负担，导致员工对变革产生消极情绪。

● **引入变革的方式**。抵制通常是针对执行变革的方式而不是变革本身。那些为推销系统而向高管解释的变革理由可能并不适合下层员工。对员工来说，取消琐碎任务、发展和成长的能力通常比增加收益、减少成本更重要。

● **偏见和情感**。对工作和同事有情感依赖的员工，如果变革会影响到其工作或同事，可能不希望变革。

● **个人性格和背景**。通常越年轻、越高学历的人群越容易接受变革。同样，对技术有兴趣的人更容易接受变革。

13.5.2 人们如何抵制变革

当人们发现变革开始时，行为问题就出现了。初始的抵制通常是微妙的，表现为不向开发人员提供信息，工作拖拉，或者表现欠佳。当新系统开始实施，变革成为现实时，严重的行为问题开始出现。

抵制通常以三种形式出现：攻击、反对或逃避。

● **攻击**。攻击（aggression）是破坏、削弱、降低系统效率的行为，如增加犯错概率，中断或者蓄意破坏。当组织引入联机会计信息系统后，数据输入设备会遭到不同形式的破坏：被倒蜂蜜，被叉车碾压，卡纸。员工也会向系统输入错误数据。来看看一家公司的情况，在一个不受欢迎的上司手下工作的员工会做出与本职工作无关的事情来发泄不满，或做其他部门的工作。这会对上司的业绩评价产生不利的影响，因为他要对怠工负责。

● **反对**。反对（projection）是指将所有的问题都归咎于新系统。系统成了所有实际和假想问题的批评对象。如果这些问题不能很好地解决，系统就会面临毁坏和崩溃。

● **逃避**。逃避（avoidance）是指忽视新的会计信息系统，寄希望于问题（系统）最终能够消失。戴维斯公司（Davis）是一个身处困境的制造商，用电子邮件处理订单，但相关信息总是丢失或遗漏。戴维斯公司在软件上投资了30万美元，该软件能够实现以下功能：准确记录客户信息，正确处理采购订单，帮助管理者更好地制定日常决策，实现四倍的交易处理量。一些员工对新系统持逃避态度，尽管首席执行官解释了系统的好处，并告知公司的生存状况和他们的工作前景堪忧，他们仍然如此。最后，首席执行官禁用了不合作员工的电子邮件账户，并解雇了那些继续漠视系统的员工。

□ 13.5.3 预防行为问题

人的因素是企业在系统实施中遇到的最重要问题，以下是为解决这个问题提供的指导方针：

- **获得管理层的支持**。任命一个能够提供资源和激发其他人热情的领军人物，辅助和配合系统开发。
- **满足用户需要**。系统的本质就是满足用户的需求。
- **让用户参与进来**。受系统影响的人应该通过提出建议和帮助制定决策的方式参与系统的开发。为了避免产生误解，用户应该被告知哪些建议可以采纳，如何采纳，哪些不能采纳以及为什么。参与能够增强参与者的自尊心，并具有挑战性，能让参与者从内心得到满足。参与开发的用户能够得到更多的锻炼，对系统的使用会更加认同。
- **消除恐惧，强调新机会**。用户十分在意系统变革对自身产生的影响。倾听用户的想法和（尽最大努力）保证其不会丢失工作和转岗（例如重新安置、裁员和提前退休）。如果员工被解雇，要提供遣散费和再就业服务。要强调系统可以提供晋升的机会和更高的工作满意度，因为工作会变得更有趣，更有挑战性。
- **避免感情用事**。当理智和情感出现矛盾时，变革几乎是不可容忍的。冷静处理情感问题，要以非对抗或采取回避的方式解决。
- **提供培训**。如果用户不理解系统，就无法有效使用和支持系统。用户的培训需求通常被低估。
- **重新审视业绩评价**。应当重新评价业绩衡量标准和准则，以确保它们和新系统一致。
- **保持沟通渠道畅通**。每个受系统开发影响的人都应该有信任和合作的态度。如果员工是对立的，那么改变他们的态度和实施新系统将会困难重重。应该尽快向员工解释正在进行的变革，为什么变革，以及新系统可以给他们带来的好处。这可以帮助员工感受到公司的努力，感受到他们是公司未来目标和计划的关键人物。这也有助于防止误解的产生。应该告知员工如果有疑问或关注的事情，可以与谁沟通。
- **测试系统**。系统在实施之前应该进行适当的测试，以把最初的负面印象降到最低。
- **保持系统的简便性和人性化**。避免会导致激进式变革的复杂系统。尽可能使变化简单，符合现有的组织程序。如果员工认为他们受制于计算机或者他们的职位会被计算机取代，那么新系统就不可能被员工接受。
- **控制用户预期**。如果用户对系统能力和性能有着不切实际的预期，系统会卖得出乎意料的好。在介绍系统优点时要实事求是。

这些指导方针耗时耗财，工作人员可能会跳过这些步骤以加快系统开发和安装。然而，预防这些问题要比发现问题后再整治省时省力得多。

13.6 系统分析

当需要一个新的或更完善的系统，就要准备一份**系统开发需求**（request for systems development）。需求描述现存问题、变革原因、期望目标、预期收益和成本。图 13-4 展示了分析阶段的五个步骤和目标，本节将对此进行论述。

□ 13.6.1 初步调查

进行**初步调查**（initial investigation）以筛选系统开发请求。必须找出问题的确切本质。在一些情况下，感知的问题不是真实的问题。一名政府会计曾经要求咨询员开发一个会计信息系统提供资金支出和可用资金的信息。调查显示系统提供了相关信息，但该会计并不理解所获取的系统报告的内容。

要确定项目的范围（应该和不应该做什么）。范围蔓延（已被接受的范围又被添加额外的需求）是一个现实问题。例如，因为范围蔓延，一项让人口普查局员工汇编并通过手提电脑向总部传送 2010 年人口普查信息的计划经过两年的运作后终告失败。耗资 5.95 亿美元后，人口普查局回归到用笔和纸记录调查信息。

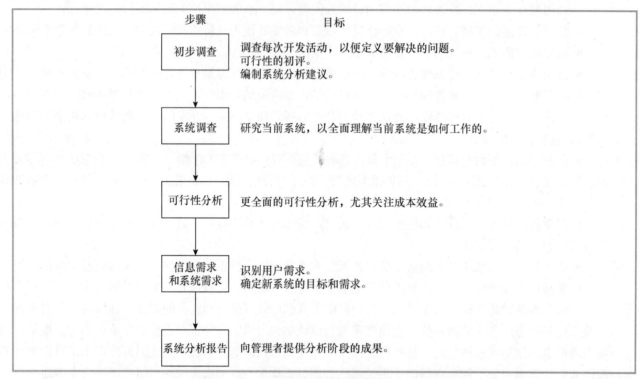

图 13 - 4　系统分析步骤

会计信息系统能够解决信息缺失、数据无法获得和无效的数据处理问题。但会计信息系统并不能解决组织问题。同样，新的会计信息系统无法解决因为管理者缺乏组织技能，或者无法执行现有的组织程序引起的控制问题。初步调查也要确定项目的可行性、初始成本和收益，还要判断项目是否可以被开发或者需要被修改，抑或被放弃。

系统分析建议（proposal to conduct systems analysis）是为可以继续开发的项目准备的。这些项目被赋予优先权并加入主文件。表 13 - 3 显示了可行性项目建议书的内容。

表 13 - 3　购物商场系统分析阶段编制的报告内容

系统分析建议	系统调查报告	系统分析报告
1. 概述 2. 系统的问题和机遇 3. 目标系统的目标和目的 4. 项目范围 5. 预期成本和收益 6. 开发项目的参与者 7. 系统开发任务和工作计划 8. 建议	1. 概述 2. 系统目标和目的 3. 系统的问题和机遇 4. 当前系统运行 (1) 影响系统的政策、程序和措施 (2) 系统设计和运行（预期的和实际的） (3) 系统用户及其职责 (4) 系统输出、输入和数据存储 (5) 系统控制 (6) 系统的优点、缺点和限制条件 (7) 运行系统的成本 (8) 确定用户需求	1. 概述 2. 系统目标和目的 3. 系统的问题和机遇 4. 项目范围 5. 项目与总体战略信息系统计划的联系 6. 当前系统运行 7. 用户需求 8. 可行性分析 9. 系统限制条件 10. 新系统建议 11. 目标项目参与者和工作计划 12. 小结 13. 批准 14. 附录（文档、表、图、词汇表）

□ 13.6.2 系统调查

系统调查（systems survey）是对现有会计信息系统的广泛调查，目标如下：
- 理解公司经营、政策、程序、信息流，会计信息系统优缺点，可用硬件、软件和员工。
- 初步评估当前和未来的处理需求，判断变革的范围和性质。
- 与用户建立工作关系，建立对会计信息系统的支持。
- 收集数据并识别用户需求，执行可行性分析，向管理层提出建议。

从员工和文件（例如组织图表、操作手册）那里收集当前会计信息系统的数据。外部资源包括顾问、客户、供应商、行业协会和政府机构。收集信息的四种常见方法的优缺点如表 13-4 所示。

表 13-4 数据收集方法的优缺点

	优点	缺点
面谈	回答"为什么" 访问员能够调查和跟进 问题能够被阐明 与受访者建立积极的联系 对新系统进行验收和支持	耗时 昂贵 个人偏见或自利可能生成不准确的信息
问卷调查	可以匿名 节约时间 便宜 回答问题的思考时间更加充裕	无法深入提问或获得深入的答案 无法跟进响应 无法对问题进行阐明 无人情味；不能建立联系 难以设计 通常无人理会或草草完成问卷
观察	验证系统事实上是如何工作而不是应该如何工作 更深入地理解系统	耗时 昂贵 难以正确解释 被观察者可能改变行为
系统文档	描述系统应该做什么 书面形式有利于复核、分析	耗时 可能无法使用或不容易找到

面谈可以收集"为什么"的答案。必须小心确保个人的偏见、自利和欲望不会引导受访者的言论。因为采用了恰当的方法并事先做足了准备，所以安对购物商场的面谈很成功。每次面谈之前，安采用约见的形式并事先解释面谈意图，指出面谈需要的时间并按时到达面谈地点。在面谈前，安会调查受访者的职责，列出想面谈的内容。安的友好、谦虚、机智使受访者很放松。问题涉及每个人的职责，如何与会计信息系统相互配合，如何改善系统，以及个人的信息需求。安把更多的说话机会让给受访者，自己多数时候是在倾听。安特别注意受访者的肢体语言，因为微妙的暗示和肢体语言会起到和回答问题同样的效果。安不但做记录，还在面谈之后立即整理记录以加强印象，也请求对重要的面谈录音。

当收集的信息量小且容易定义时，可以采用问卷调查形式。问卷调查可以来自众多的受访者，也可以来自不同分布的人群，还可以通过验证其他来源的数据以获得所需的信息。开展问卷调查需要的时间相对较少，但是设计出一份高质量的问卷是有难度的，需要大量的时间和努力。

观察可以用来验证以其他方式收集的信息，通过"观察"来判断系统事实上如何工作而不是应该如何工作。解释观察的结果是不容易的，因为当人们知道自己正在被观察时，可能改变自己的正常行为或犯错误。确认要观察什么，判断要花费多长时间，获得许可，解释要做什么和为什么，可以最大化观察的有效影响。观察员不能掺杂自己的判断，应尽可能地记录所看所感。

系统文档（systems documentation）描述了会计信息系统如何工作。在调查的整个过程中，项目团队应该时刻注意目标系统和真实系统的运行差异，差异是洞察问题和缺陷的重要信息。

在项目开发的整个过程中需要使用系统分析工作文档。文档包括问卷副本、面谈记录、备忘录、文件副本和模型。通过描述文件流，所执行的计算机处理和执行处理的人，所使用的设备，**物理模型**（physical models）可以阐述系统是如何运行的。**逻辑模型**（logical models）关注基本活动（做了什么）和信息流，而不是关注数据转换和存储的物理过程。表 13-5 列出了建立会计信息系统的分析和设计工具及其所在的章节。

表 13-5　系统分析、设计工具及技术

敏捷方法（第 14 章）	表单设计检查表（第 15 章）
业务流程图（第 3 章）	甘特图（第 13 章）
CASE（第 14 章）	PERT 图（第 13 章）
数据字典（第 4 章）	原型法（第 14 章）
数据流程图（第 3 章）	REA 数据模型（第 10 章）
E-R 图（第 10 章）	记录结构（第 4 章）
流程图（第 3 章）	

一旦数据收集完成，团队评价会计信息系统的优点和缺点来找出设计和构建新会计信息系统的想法。在恰当的时候，保留优点，修正缺点。

系统调查报告（systems survey report）的生成标志着系统调查的结束。表 13-3 显示了购物商场系统调查报告的内容。报告所需文档有：备忘录，面谈和观察记录，问卷调查数据，文件与记录的格式和描述，输入输出描述，文件副本，E-R 图，流程图和数据流程图。

13.6.3　可行性分析

本章前面所讲述的完整的可行性分析决定了项目的可行性，随着项目进展以及成本收益的明晰，要不断修正可行性分析。

13.6.4　信息需求和系统需求

一旦认定项目具有可行性，公司就需要确定用户需求和文件系统的需求。表 13-6 是系统需求的一个案例。

表 13-6　系统需求的内容

流程	业务流程描述，包括做什么、由谁做
数据元素	名称、大小、格式、来源，所需数据元素的重要性
数据结构	如何将数据元素组织成逻辑记录
输出	描述系统输出的用途、频率以及分布
输入	内容、来源、责任人
文档	新系统及其各个子系统运行的方式
约束	期限、时间表、安全要求、人员限制、法律法规要求
控制	确保输入、输出和处理的安全性和可靠性
重组	满足用户信息需求的组织重组，例如，增加员工，增加新的工作职能

确定信息需求是一项具有挑战性的工作，因为必须详细说明大量不同的信息。此外，让员工清晰地表达他们的信息需求并不容易，他们可能会表述错误。根据 *CIO* 杂志，70％的项目失败都源于不充足的、不准确的或者过时的系统需求。图 13-5 幽默地展现了与这个过程相关的沟通问题。

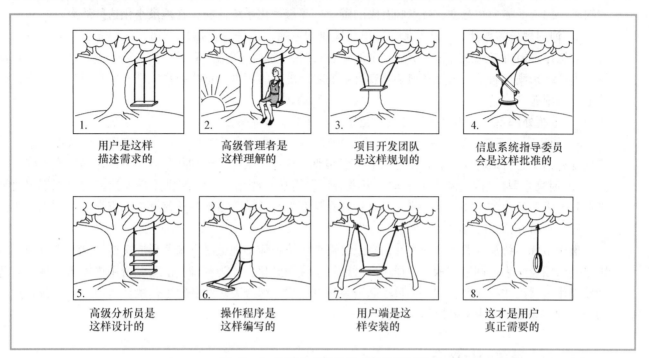

图 13-5　系统分析和设计中的沟通问题

当康宁公司（Corning Corporation）调查它制造的眼用压力计时，发现起草的文档中有 35％存在错误。如果在之后的制造阶段更正文档错误，代价会越来越高，例如，在工匠切割工具前为 250 美元，生产前为 2 万美元，工具卖出后为 10 万美元。通过几项更正措施可以将错误率从 35％降低到 0.2％。同样的成本关系也存在于系统开发之中：在整个系统开发生命周期中，更正错误的代价会随着开发的推进而增加。

系统目标，如表 13-7 所示，是会计信息系统成功非常重要的因素。让系统满足每个目标是难以做到的。例如，设计完善的内部控制需要在经济性目标和可靠性目标之间进行权衡。

表 13-7　会计信息系统目标

有用性	信息输出应该有助于管理层和用户的决策制定。
经济性	系统收益应该大于成本。
可靠性	系统应该正确和完整地处理数据。
可用性	用户应该能够方便地访问系统。
及时性	首先生成重要信息，较不重要信息的生成要视时间许可而定。
客户服务	必须礼貌和高效地对待客户服务。
容量	系统容量必须能充分应对高峰期的处理和未来的增长。
易用性	系统应该是用户友好的。
灵活性	系统应该能满足合理的需求改变。
易处理性	系统是容易理解的，并便于问题处理和未来发展。
可审计性	从一开始就应该包含审计功能。
安全性	只有经授权的用户能够存取或更改系统数据。

组织约束使得同时开发出所有的会计信息系统功能很困难。需要划分系统模块以便独立开发和安装。当需要修改系统时，只需要修改受影响的模块。模块必须被恰当地整合成一个可以运行的系统。

系统的成功经常取决于应对组织约束的能力。一般的约束包括政府机构需求、管理政策、高技能员工的缺乏、用户的能力和态度、技术和有限的资金。要最大化系统性能，必须最小化这些约束。

1. **询问用户需要什么**。这是最为简单和快速的策略，但是许多用户不知道他们需要什么。用户了解自己的工作，但可能无法将其分解成单个的信息元素。最好询问用户制定什么决策，参与什么过程，然后设计出系统来满足需求。用户必须了解现有系统之外更多的信息，这样新系统就不单是以改进的方式来简单地复制现有系统。

2. **分析外部系统**。如果一项措施已经存在，就不要另辟蹊径。

3. **检查现有系统**。判断现有模块是否像预期一样可用，手工作业可能会增强现有模块的功能，也可能在现有模块运行的时候，需要完全杜绝手工作业。这种方法有助于判断是修正系统还是取代系统。

4. **创建原型**。当需求难以识别时，开发者可以迅速草绘出一个系统供用户评论。用户识别出对系统满意和不满意的地方并要求做出修改。这种查看开发内容并完善系统的迭代过程一直会持续到用户满意为止，原型法将在第14章论述。

准确解释系统需要做什么的会计信息系统需求应该被详细地记录下来并形成文档。这些需求由输入和输出表格以及图表示例来表示，这样用户可以将系统概念化。要为管理层准备一份用户需求文件以及每日开发工作进展的非技术性总结。项目团队需要约见用户，解释要求并获得他们的认可。一旦协议达成，由用户经理签署系统需求文件以示认可。

□ 13.6.5　系统分析报告

系统分析的最后阶段是编制**系统分析报告**（systems analysis report）来汇总和记录分析活动。购物商场分析报告如表13-3所示，显示了应该包含在报告中的有代表性的信息。

在系统分析阶段，三次做出继续开发或不继续开发的决策。首先，在初步调查中，决定是否进行系统调查。其次，在可行性分析结束时，决定是否继续进入信息需求阶段。最后，在分析阶段终了，决定是否进行概念系统设计。系统开发生命周期剩余的阶段将在下两章介绍。

本章习题

1. 以下哪项不是公司改变其会计信息系统的原因？ _____
a. 获得竞争优势
b. 提高生产力
c. 跟上业务发展
d. 缩小公司运营规模
e. 以上都是公司改变会计信息系统的原因

2. 以下哪项规划技术符合下列要求：确定执行的活动及其关系，构建箭线和节点组成的网络图，然后判断网络中的关键路径？ _____

a. 甘特图　　　　　　　　　　　　　b. PERT图
c. 物理模型　　　　　　　　　　　　d. 数据流程图

3. 采购部门正在设计一个新的会计信息系统，确定部门信息需求的最佳人选是谁？ _____

a. 指导委员会　　　　　　　　　　　b. 高管

c. 财务主管   d. 采购部门

4. 下列哪项是系统分析步骤的正确顺序？_____

a. 初步调查，确定信息需求和系统需求，可行性分析，系统调查

b. 确定信息需求和系统需求，系统调查，可行性分析，初步调查

c. 系统调查，初步调查，确定信息需求和系统需求，可行性分析

d. 初步调查，系统调查，可行性分析，确定信息需求和系统需求

5. 下列哪项是长期计划：详细说明系统由什么组成，如何开发，由谁开发，如何获取需要的资源，以及整体目标的总体设想？_____

a. 指导委员会   b. 主计划

c. 系统开发生命周期   d. 项目开发计划

6. 抵制通常是针对执行变革的方式而不是变革本身。_____

a. 正确   b. 不正确

7. 增加犯错概率，中断或者蓄意破坏是下列哪项的例子？_____

a. 攻击   b. 逃避   c. 反对   d. 投资回报

8. 哪项是公司在设计、开发和实施系统中最常见的问题？_____

a. 人的因素   b. 技术

c. 法律问题   d. 新系统规划

9. 以下哪项能确定组织能否召集到设计、执行和运行目标系统的人员？_____

a. 技术可行性   b. 操作可行性

c. 法律可行性   d. 规划可行性

e. 经济可行性

10. 以下哪项不是公司可以从新系统中获取的有形以及无形收益？_____

a. 节约成本   b. 改善客户服务和提高生产力

c. 提高数据处理能力   d. 以上都是新系统带来的收益

问题讨论

1. 本章描述的长期会计信息系统规划方法对于大量投资于计算机设施的大型企业来说非常重要。那么拥有较少信息系统员工的小型企业是否也应该执行规划程序？为什么？

2. 你是为一家公司新系统设计和实施献计献策的咨询人员。管理层已经决定在实施新系统之后辞退一些员工。这些员工已经在公司工作了很长时间。你会建议管理层如何把这项决定告诉包括要辞退的员工在内的全体员工？

3. 在对计算机供应商方案的收益清单进行审查时，你发现有一项是"提升管理决策制定水平——每年5万美元"。你如何理解它？它对经济可行性以及计算机购置决策有怎样的影响？

4. 针对下列目标，讨论哪些数据收集方法最合适？为什么？

a. 在采购申请程序中，检查内部控制的充分性。

b. 确定财务主管的信息需求。

c. 判断现金付款流程实际上是如何执行的。

d. 调查员工对于采纳全面质量管理程序的反应。

e. 对坏账增加进行调查。

5. 制造公司发生如下问题，你应该提出哪些询问来理解每个问题？

- 顾客抱怨产品质量问题事件增加。
- 会计人员发现坏账冲销的数量和金额在增加。
- 闲置、超时和返工导致了高于预期的产品成本，过去的4年中，营业毛利逐年下降。

6. 以下每项都是系统分析决策需要权衡的目标，对于每个选项请给出示例：

a. 经济性和有用性；

b. 经济性和可靠性；

c. 经济性和客户服务；

d. 简便性和有用性；

e. 简便性和可靠性；

f. 经济性和能力；

g. 经济性和灵活性。

7. 几年来，杰瑞·金格（Jerry Jingle）的牛奶生产设备在这个州的销量领先，但是最近销量的下降让他很担心。顾客对他的产品很满意，但对递送服务和订单的不完整十分不满意。生产人员（不是奶牛）担心蹩脚的作业调度、混乱的客户订单、错误的产品标识会导致牛奶瓶的巴氏杀菌和均质化出现问题。杰瑞应该如何解决这个问题？在此阶段初期，哪种数据收集技术是有帮助的？

8. 一家制造公司需要一个专门化的软件程序来识别和监督成本超支。在广泛分析后，公司购买了事先打包好的软件，并让三个程序员修改它，使其满足企业的环境和程序。6个月后，在最后测试阶段，公司告诉程序员停止工作等待通知。当制造公司经理翻阅软件供应商销售协议时，他发现一项条款声明软件不可以在没有供应商许可的情况下被修改。公司不得不支付给软件供应商额外的费用，以便能够在制造过程中使用修改后的软件。在购买软件前，制造公司少考虑了哪项可行性？

9. 阿贾克斯制造公司（Ajax Manufacturing）在仓库安装了一个新的基于条形码的存货跟踪系统。为了每月及时核对订单，在仓库工作的6名员工必须在36小时内扫描所有产品，同时要兼顾日常工作。在特定月份，为了满足季节需要所增加的存货数量，扫描工作要花费30小时。此外，员工无法准确扫描要求低温储存的物品。近来的一项审计结果引起了管理层的注意：存货数量并不准确。在安装存货跟踪系统前，该公司没考虑可行性的哪些方面？

习题答案

1. 正确选项e。选项a错误，会计信息系统变革帮助公司提高信息的质量、数量以及速度，这能够改善决策制定和获取更大的竞争优势。选项b错误，在会计信息系统中使用计算机可以自动完成重复性的工作，在同样的时间内可以完成更多的工作，提高了生产力。选项c错误，随着公司的发展，旧系统可能无法应对增加的需求，因此，会计信息系统要适应发展的需要，就要做出改变。选项d错误，一个较小的公司需要一个较小的会计信息系统，例如，运营规模的减小可能促使公司从集中决策转变为分散决策。结果，会计信息系统非常可能从使用大型机转变为使用一组网络化工作站。

2. 正确选项b。选项a错误，甘特图是一个条形图，呈现每个项目的完成日期和进度，见图13-3。选项c错误，物理模型阐明了系统如何运行。它描述了文件流、计算机程序、使用的设备和其他系统要素。选项d错误，数据流程图用四种符号（例如，正方形、圆形、平行线和箭线）来形成系统文档。

3. 正确选项d，实际使用新系统的人是决定系统信息需求的最好人选。选项a错误，指导委员会是一个高层的执行委员会，执行信息系统监管功能，他们可能不知道采购部门的信息需要。选项b错误，财务主管是会计部门的经理，很可能不知道采购部门的信息需求。选项c错误，本案例中高层管理者要提供资源和开发方向，但不具体分析采购部门的信息需求。

4. 正确选项 d，见图 13-4。同理，选项 a，b，c 错误。

5. 正确选项 b。选项 a 错误，指导委员会日志包括所讨论的信息系统的方方面面，不仅是系统开发。选项 c 错误，系统开发生命周期不是一个长期的计划文档，而是一个应用于系统开发的概念框架。选项 d 错误，项目开发计划用于单个项目。它包括成本效益分析，开发和实施需要，开发和实施新系统活动的时间表等。

6. 正确选项 a，变革通常是困难的，变革方式既可能会促成变革，也可能会阻碍变革的进行。

7. 正确选项 a，这些是应对变革的传统攻击方式。选项 b 错误，例如，如果一个员工不想使用新系统，可能会选择辞职。选项 c 错误，反对是把所有问题都归咎于新系统。选项 d 错误，投资回报是经济可行性指标。

8. 正确选项 a。系统会因没有用户的支持而失败，得不到用户支持的原因有很多，包括对变革的担心，沟通和培训不到位，工作中断，得不到高层的支持。选项 b 错误，在实施新系统前要对系统使用的技术进行测试。选项 c 错误，合理规划和设计的系统能满足所有法律和法规的要求。选项 d 错误，合理规划可以防止问题的出现。

9. 正确选项 b，操作可行性指组织及其员工能否实际设计、实施和操作系统。选项 a 错误，技术可行性指利用现有技术能否开发和实施系统。选项 c 错误，法律可行性是指系统是否遵守法律和法规。选项 d 错误，规划可行性指系统能否在规定时间内实现分析、计划、设计和实施。选项 e 错误，经济可行性指系统的收益能否超过成本。

10. 正确选项 d。选项 a 虽然正确，但是不全面。自动化系统可以减少员工成本和其他相关成本。选项 b 虽然正确，但是不全面。新系统可以整合不同来源的数据，提供及时、可信赖的数据。这可以帮助客户决策和提高生产力。选项 c 虽然正确，但是不全面。使用更新后的技术设计出更为完善的系统，能够提高数据处理能力，降低人为错误发生的概率。

第 14 章

AIS 开发战略

学习目标

通过学习本章，你应该能够：

1. 描述组织如何购买应用软件、供应商服务和硬件。
2. 解释信息系统部门如何开发定制软件。
3. 解释组织将信息系统外包的原因，并评价这项战略的收益和风险。
4. 解释业务流程管理、原型法、敏捷开发和计算机辅助软件工程如何帮助改进系统开发。

综合案例

购物商场

安·克里斯蒂很高兴，如此急需的购物商场系统得到批准，她和她的团队已经准确地估计了公司的需求。现在，安需要决定是购买软件还是自行开发，抑或是外包系统开发和运行。此外，她需要得到以下问题的答案：

1. 可以买到需要的软件吗？如果可以，应该如何购买硬件和软件，如何选择供应商？
2. 公司如何自行开发软件？对于购物商场来说，这是最好的方法吗？
3. 购物商场应该在多大程度上使用终端用户开发的软件？
4. 购物商场应该改善现有系统，还是重新设计业务流程并开发新系统来支持新业务流程？
5. 以外包方式开发新信息系统可行吗？外包的收益是否大于风险？
6. 如果购物商场决定自行开发系统，它应该采用业务流程管理、敏捷开发、原型法还是计算机辅助软件工程？

安决定调查备选的设计方案，以便为购物商场选择最好的方案。

14.1　引　言

公司在开发会计信息系统（AIS）的过程中，会出现以下问题：

- 开发需求太多以至于方案搁置数年。
- 用户发现新的 AIS 无法满足他们的需求。因为用户很难通过审查设计文档来想象 AIS 会如何运行，也因为不了解业务或用户需求的开发人员很难提出有价值的改进建议。
- 开发的时间过长以至于已经无法满足用户现在的需要。房利美（Fannie Mae）耗费 8 年时间和 1 亿美元开发了世界上最大的贷款核算系统。遗憾的是，等它开发出来时已经无法满足房利美的需求。
- 用户无法明确表述他们的需求，因为他们不知道需要什么，或者无法将其需求传达给系统开发人员。
- 如果需求被固化，变革就难以发生。如果用户不断改变需求，AIS 开发就永远难以完成。

在本章，你可以了解三种获取信息系统的方式：购买软件、自行开发软件以及雇用公司开发和运行系统。你也可以学到四种改进开发进程的方式：业务流程重组、原型法、敏捷开发技术和计算机辅助软件工程工具。

14.2　购买软件

在计算机发展的早期，购买软件难以满足用户需求。现在情况有所不同。德勤的一项调查表明，大多

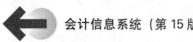
数首席信息官期望利用市场上可以买到的软件包来取代现有系统。考虑以下例子：

- 硬石咖啡馆（Hard Rock Cafe）购买了客户关系软件，向22.5万名顾客邮寄优惠信息。一年后，节约的交通成本已经超过了新系统成本。
- 康典健康网络（WellPoint Health Networks）安装了工资、福利和人力资源软件，员工可以管理他们的福利，每年节省40万美元。
- 太平洋煤气电力公司为了应对加利福尼亚州放松电力管制的措施，花费3年时间和2.04亿美元，安装了公共设施行业最大的客户信息系统。

定型软件（canned software）卖给有相似需要的用户。**转钥系统**（turnkey systems）是打包销售的硬件和软件。供应商安装系统后，用户随时可以启用。许多转钥系统由专门从事特殊行业（例如医院、汽车维修店、饭店和零售商店）的供应商编写。

定型软件的一个主要问题是它无法满足所有公司的信息需求。这可以通过修改软件来克服。陶氏化学公司（Dow Chemical）大约90%的软件可以通过修改来匹配业务流程。其余部分由自行开发来实现。因为未授权的修改可能得不到供应商的支持并使得软件不可靠，所以由供应商修改软件更为合适。

公司可以从通过网络交付软件的**应用服务提供商**（application service providers，ASP）那里租赁软件。这使得公司有能力提供可扩展的服务来适应业务发展和全球信息获取。软件升级自动化，允许公司关注核心财务能力而非信息技术问题，也能够减少软件成本和间接管理费用。

购买AIS软件的公司要遵循正常的系统开发生命周期，但以下除外：

- 在概念设计阶段，公司判断满足AIS需要的软件是否可用，如果可以，是购买还是自行开发。
- 一些物理设计、实施和转换步骤可以忽略。例如，公司通常不需要设计、编码以及测试程序模块或记录计算机程序。

☐ 14.2.1　选择供应商

硬件、服务、维护和其他AIS资源的决策制定可以独立于开发或购买软件决策，尽管它们以软件决策为基础。

推荐、会议、行业杂志、网络或者电话簿都可以提供备选的供应商。必须谨慎做出选择，因为供应商会由于经验不足、资金不足或者产品质量差而退出市场，客户和产品会因此得不到技术支持和追索补偿。即使选择好的供应商也会有问题。例如，得克萨斯州选择IBM来统一州际数据，结果是：服务水平明显下降，日常工作要花费很长时间完成。问题源于糟糕的项目需求，选择了报价最低的供应商。在发生无法备份重要系统的事件后，IBM差点失去了这份合同。

☐ 14.2.2　采购硬件和软件

购买大型或复杂系统的公司向供应商发出**需求建议书**（request for proposal，RFP），要求后者在规定的时间内提出满足用户需求的系统方案。然后，调查其中最好的方案，以验证是否满足了用户需求。需求建议书的使用非常重要，因为：

1. **节约时间**。可以将相同的信息提交给所有供应商，免去了重复的访谈和询问。
2. **简化决策制定过程**。所有供应商方案的格式均相同，且都是基于相同的信息制定出来的。
3. **减少错误**。遗漏重要因素的概率降低。
4. **避免可能的分歧**。供求双方均有相同的预期，并以书面形式收集相关信息。

需求建议书提出对硬件和软件规格的确切要求，其总成本更低，准备时间和评估时间也更少，但是不允许供应商推荐替代技术。相反，只提出系统需要满足的具体性能目标和需求，将技术难题留给供应商解决，但是效果难以评估，而且经常招致供应商的更高要价。

公司提供给供应商的信息越多，开发出的系统满足其需求的概率就越大。供应商需要详细的性能规范，包括所需的应用程序，输入和输出，文件和数据库，文件更新，查询频率和方法。区分强制性需求和期望功能是非常必要的。

14.2.3 评价方案和选择系统

缺乏重要信息、不能满足最低要求或含糊不清的方案应该剔除。将通过初选的方案和系统需求相核对，以判断是否满足了所有的强制性需求，以及实现了多少期望要求。邀请排名靠前的供应商利用企业所提供的数据演示其系统，以便衡量系统性能和证实供应商宣称的功能。表 14-1 展示了硬件、软件和供应商评价标准。

表 14-1 硬件、软件和供应商评价标准

硬件评价	在考虑功能和特性的基础上，硬件成本是否合理？
	处理速度和处理能力是否满足使用意图？
	是否有足够的二级存储能力？
	是否有足够的输入和输出速度和能力？
	系统是可扩展的吗？
	硬件所采用的技术是否很快就会被淘汰？
	硬件现在可用吗？如果不是，什么时候可用？
	硬件是否与现有的硬件、软件和外部设备兼容？
	与竞争对手相比，绩效评估水平如何？
	支持和维护的可行性和成本如何？
	系统有什么保障？
	可获得融资吗？
软件评价	软件满足强制性规范吗？
	软件在多大程度上满足期望的规范？
	是否需要对程序进行修改以满足公司需求？
	性能（速度、准确性和可靠性）是否足够？
	有多少公司在使用这个软件？它们对软件满意吗？
	有充分的文档吗？
	是否与现有软件兼容？
	是否有充分的软件演示和测试？
	软件有充分的保障吗？
	软件是否灵活、易于维护和用户友好？
	是否可以在线查询文件和记录？
	供应商会更新软件吗？

供应商评价	供应商从业多久了？
	供应商的财务状况是否稳定和安全？
	硬件和软件供应商的经验如何？
	供应商是否对其产品提供支持？它的保障水平如何？
	供应商是否定期更新产品？
	供应商是否提供商业信用？
	存在供应商合同承诺条款吗？
	供应商是否会提供可供参考的清单？
	供应商是不是可靠的、可信任的？
	供应商是否能够提供及时的支持和维护？
	供应商是否拥有高质量、响应迅速和经验丰富的员工？
	供应商提供培训吗？

　　有几种方式可以用来比较系统性能。**基准问题**（benchmark problem）是典型 AIS 执行的输入、加工和输出任务。**积分法**（point scoring）对每个评价标准按照重要性分配权重。根据供应商方案在多大程度上满足需求，按其评价标准进行打分并比较加权得分。在表 14－2 中，供应商 3 提供了最好的系统，因为它的系统得分比供应商 2 高出 190 分。

表 14－2　积分法示例

标准	权重	供应商 1		供应商 2		供应商 3	
		得分	加权得分	得分	加权得分	得分	加权得分
硬件兼容性	60	6	360	7	420	8	480
硬件速度	30	6	180	10	300	5	150
内存扩展	60	5	300	7	420	8	480
硬件通用性	30	9	270	9	270	6	180
软件兼容性	90	7	630	7	630	9	810
在线查询功能	40	9	360	10	400	8	320
控制器	50	7	350	6	300	9	450
（对供应商）正面推荐	40	10	400	8	320	6	240
文档	30	9	270	8	240	7	210
维护难度和更新频率	50	7	350	8	400	9	450
网络能力	50	8	400	7	350	8	400
供应商支持	70	6	420	9	630	10	700
合计			4 290		4 680		4 870

　　需求成本核算（requirement costing）用来估算购买成本或开发新功能的成本。AIS 的总成本（即取得系统的成本和开发新功能的成本）为比较系统提供了基础。

　　因为积分法和需求成本核算不是完全客观的，所以供应商方案的最终选择可能也存在不客观性。积分法的权重和得分是主观赋予的，但成本和收益的经济衡量不包括在内。需求成本核算忽略了无形因素，例如可靠性和供应商支持。

　　一旦确认了最佳的 AIS，软件就进入全面测试阶段，联系其他用户判断他们对系统的满意度，评价供应商员工，确认方案细节，以验证图纸上最佳的 AIS 在实践中也是最好的。Geophysical Systems 公司从供应商选择中获取的经验教训就是，要十分注重供应商全面评估的重要性。

14.3　内部信息系统部门开发

组织开发**定制软件**（custom software）可以带来很大的竞争优势。虽然工资和应收账款系统自定义没有什么优势可言，但是对于复杂的准时制存货管理或者产品制造软件来说，优势可能很明显。

开发高质量软件必须克服的障碍包括：时间长，系统复杂，需求说明差，规划不充分，沟通及协作不足，高质量员工短缺，高级管理层的支持不够。

定制软件可以由公司自己开发、雇用外部公司编写软件或者集成已有程序模块的方式来开发。使用外部开发人员时，公司在开发程序过程中的控制措施如下：

- 仔细挑选具有本行业经验并深入理解公司运营业务的开发人员。
- 签署一份严格定义公司和开发人员之间关系的合同，规定开发人员的职责是满足系统需求，允许在关键问题出现错误时中断项目。
- 详细规划项目，时常监督开发的每个阶段。
- 频繁和有效的沟通。
- 控制所有的成本和最小化现金支出，直到项目被接受为止。

对于购买还是自行开发不存在唯一的正确答案。不同公司的结论不同。在自行开发软件后，吉列公司（Gillette）决定在可能的情况下还是购买商业软件，因为吉列认为考虑如何使用软件，而不是判定应该使用什么软件后再开发它，可以获得更大的竞争优势。如果商业软件无法满足吉列的需求，吉列会利用高级开发工具来修改软件。

百事公司（Pepsi）的做法恰恰相反。在转向客户机/服务器体系结构后，大型软件中的大部分是购买而来，但软件不能满足需要。虽然百事在发现软件有问题时仍旧会购买软件，但是目前大部分软件是由百事自行开发的。

第 13 章深入讨论了开发定制软件的过程。

14.3.1　终端用户开发的软件

汽车问世后不久，一位著名的社会学家预言，市场上的汽车数量将不超过 200 万辆，因为愿意当司机的人只有这么多。也有预测说，电话系统会最终崩溃，因为通话数量呈几何级数增长，只有每个人都成为话务员才能完成接线工作。然而，具有自动接线功能的设备被发明出来了。

计算机问世后，一位专家说对信息系统的需求会以天文数字增长，几乎每个人都要成为编程员。这种说法听起来耳熟吗？解决方法是帮助终端用户满足自身信息需求。正如电话一样，技术也在发展，大部分处理过程已经实现自动化。正如大多数人已经学会驾驶汽车一样，便宜的个人电脑，大量功能强大且价格低廉的软件，不断增长的计算机知识，易于使用的编程工具，以及互联网可以满足大多数组织和人员的信息需求。

终端用户自建（end-user computing，EUC）是指用户自行开发、使用和控制的基于计算机的信息系统。通过这一方法，人们使用信息技术来满足自身信息需求，而不是依赖系统专业人员。例如，加利福尼亚州的一家从事存贷款业务的银行希望系统能追踪贷款准备金需求。信息系统部门说系统开发要花费 18个月，但贷款部门使用个人电脑和数据库程序一天就开发出了一个功能程序，又用了几天时间来增强程序功能。贷款部门不但将开发时间从 18 个月缩短到几天，而且得到了所需的准确信息，因为这是用户自己开发的系统。以下是 EUC 的例子：

- 从公司数据库获取信息来生成简单的报告或者回答一次性查询。
- 执行"what-if"分析、敏感性分析或统计分析。
- 使用软件（例如电子数据表）或者数据库系统开发应用程序。
- 编制计划，例如折旧计划和贷款安排。

对于复杂系统（例如处理大量交易或更新数据库数据记录的复杂系统）来说，终端用户开发并不合适。因此，EUC 不适于开发工资、应收账款和应付账款、总账以及存货系统。

在终端用户满足自身信息需求的过程中，他们发现可以使用电脑来满足越来越多的信息需求。存取数据的增加也引发了许多新的使用和信息需求。其结果是 EUC 大量、持续地增加。

EUC 的增长改变了信息系统员工的角色。除了继续开发和维护交易处理系统和公司层级数据库，他们还要向用户提供技术建议和运行支持，尽可能将更多的信息提供给最终用户。虽然这增加了信息系统员工的工作量，但是传统服务需求的减少起到了抵消的作用。EUC 增长趋势将继续，并将在下一个十年结束时，占据 75%～95% 的信息处理量。

□ 14.3.2　EUC 的优势和劣势

EUC 带来了以下优势：

- **用户创建、控制和实施**。用户而非信息系统部门控制开发过程。用户决定系统是否应该开发，哪些信息是重要的。这些有助于用户开发出更好的系统。
- **满足用户需求的系统**。由终端用户开发出的系统更能满足用户需求。用户可以发现信息系统人员发现不了的缺陷，可以避免传统开发中出现的许多用户、分析员和程序员之间的沟通问题。
- **及时性**。大多数传统系统开发所固有的冗长延误可以被避免，例如，耗时的成本和效益分析，详细的需求定义，以及审批过程的延迟和繁文缛节。
- **系统资源的释放**。用户的信息需求越多地得到满足，信息系统部门就能够在其他活动的开发和维护上花越多时间。这减少了系统开发项目有形的和无形的积压。
- **用途广泛和使用便捷**。大多数 EUC 易于理解和使用。用户能够更改生成的信息或修正应用程序来适应随时的需求变化。有了手提电脑，员工可以在家里、飞机上——几乎是任何地方完成工作。

然而，EUC 以及在开发过程中排除分析员和程序员的参与，存在明显的缺陷。

- **逻辑和开发错误**。终端用户几乎没有系统开发经验，更可能犯错误，不太可能意识到错误的发生以及错误何时发生。他们可能会错误地解决问题，拙劣地定义系统需求，使用不适当的分析方法、错误的软件和不完整或过时的信息，使用错误的逻辑、错误的规则以及错误的指令。例如，一家石油和天然气公司所开发的一个复杂的电子数据表显示一项收购是盈利的。其会计师事务所测试并通过了这个模型，董事会开会打算提出这项收购计划。在会议快要开始时，一位收购计划的发言人测试了模型，以便理解模型工作原理并且为回答问题做准备。他发现了与这项计划矛盾的计算结果，于是他叫来了电子数据表创建者和会计师。修正后的模型结果却显示收购存在重大损失。最终，会议被取消，电子数据表创建者和会计师事务所被解雇。
- **应用程序测试不足**。用户不可能严格地测试他们的应用软件，或许是因为他们不知道这样做的必要，或许是因为困难、时间不够。一家会计师事务所的研究发现，在它测试的电子数据表模型中，90% 至少存在一处计算错误。
- **系统无效**。大多数终端用户不是编程员，也没有接受过系统开发训练。结果，他们的系统不总是有效的。一个银行职员花三周时间开发出一个程序用以检查电子数据表中的每个单元格，并且如果单元格是负数，就将它的值更改为 0。当运行 60 页的程序时，返回"太多嵌套"的错误信息，职员叫来了咨询员。5 分钟内，咨询员利用建立内置的电子数据表功能开发了一个成品应用软件。

- **控制和文件系统有限**。许多终端用户不执行控制来保护系统。通常，用户创建的系统在文档的创建方面很不完善，因为用户认为这项工作无聊或不重要。用户没有意识到，没有文档，其他人无法理解系统是如何工作的。
- **系统不兼容**。添加终端用户设备的公司没有考虑到技术上很难支持各种类型的硬件和软件的存在，也无法建立网络。安泰人寿意外险公司（Aetna Life & Casualty）在信息技术上耗资超过 10 亿美元，其结果是，来自众多制造商品牌的 5 万台个人计算机、2 000 名服务人员、19 个不兼容的电子邮件系统和 36 个不同的网络一起工作。安泰最终意识到需要将建设重点从拥有最先进的技术转向有效地使用技术。安泰标准化其系统，减少个人计算机的品牌数量，使用微软软件、2 个电子邮件系统和 1 个网络。其结果是不同系统之间形成兼容和明显更低的成本。
- **系统重复开发和数据、资源浪费**。终端用户一般不清楚其他用户会有相似的信息需求，从而导致了系统的重复开发。没有经验的用户可能会承担超出自己能力的开发任务。这些问题都以时间和资源的浪费而告终。
- **成本增加**。购买一台电脑很便宜，但购买成百上千台电脑很昂贵。每隔几年更新硬件和软件也是如此。EUC 如果转移了用户在主要工作上的注意力，会产生很高的机会成本。它也增加了企业信息系统对时间和数据的需求。

可以通过以下途径适当平衡终端用户系统的收益和风险：培训用户，聘请系统分析员作顾问，要求用户创建的系统在使用前经过复查并形成文档。

14.3.3　管理和控制 EUC

组织必须管理和控制 EUC，虽然对信息系统部门的控制会限制 EUC，并且减少收益。然而，如果组织对终端用户不进行控制（例如购买哪些 EUC 工具或如何使用 EUC），可能会导致更大的问题。最好是提供足够的指导方针和标准来控制系统，也要给用户所需的灵活性。

服务台（help desk）能够支持和控制终端用户的活动。先灵葆雅公司（Schering Plough）的 60 名服务台分析员和技术员一个月处理了 9 000 个电话。一线分析师利用专家系统软件来寻求问题答案。二线分析员处理更复杂的查询。其他公司使用带动画或视频的多媒体软件帮助职员应对复杂的程序。

服务台的任务包括解决问题，发布信息，评估新硬件和软件产品，培训终端用户使用新硬件和软件，辅助应用软件开发，提供技术维护和支持。服务台也设计和执行硬件和软件的采购标准、文档、应用程序测试和安全。最后，服务台控制终端用户对公司数据的访问和共享，同时确保不出现重复数据和限制访问机密数据。

14.4　外包系统

外包（outsourcing）就是雇用外部公司处理组织全部或者部分数据加工活动。在大型机外包协议中，外包商购买客户端计算机，雇用客户端的信息系统员工，运行和管理客户端站点上的系统，或者将系统转移到外包商的电脑上。许多外包合同有效期长达 10 年，每年花费数百万美元。在客户机/服务器或者个人计算机外包协议中，可以将服务、功能或者部分业务外包。大多数《财富》500 强公司外包了它们的个人计算机支持功能。荷兰皇家壳牌公司是一家国际石油公司，在全球有 8 万台电脑，外包了安装、维护、培训、服务台和技术支持。

外包最初用于标准化应用程序（例如工资、财务），或者是那些希望借助硬件销售获得现金的公司所采用。1989 年，柯达公司（Kodak）震惊了业界：柯达雇用 IBM 来运行数据处理操作，雇用 DEC 来运行电视传讯功能，雇用商业地带公司（Businessland）来运行个人计算机操作。柯达保留了信息系统战略规划和开发的角色，但由外包商负责实施和操作。结果是明显的：计算机支出降低了 90%，经营费用降低了 10%～20%，在为期 10 年的协议内，每年信息系统节约成本预计 1.3 亿美元。几年后，施乐（Xerox）签下了当时历史上最大的外包协议，一项 32 亿美元、为期 10 年的合同，由 EDS 公司外包计算机、电信和分散在 19 个国家的软件管理。

柯达和施乐的成功激励了其他公司外包它们的系统。在一项调查中，大约 73% 的公司将一部分或全部信息系统进行外包。大多数外包给了好几家公司以提高灵活性、促进竞争并降低成本。然而，大多数公司不会将战略信息技术部门、业务流程管理或者信息技术架构进行外包。

许多小型公司也从事外包。比如，一个年收入 100 万美元的公司把所有会计职能外包给一个当地的会计师事务所。无论何时需要，公司都可以在会计师事务所网站上查看所有的交易，生成一系列报告。它们也外包所有的信息技术处理，包括网站设计和维护。

□ 14.4.1 外包的优点和缺点

外包有很多显著的优点：

● **业务解决方案**。外包是可行的战略性和经济性的业务解决方案，它允许公司关注核心竞争力。柯达关注其核心竞争力，将数据处理外包给高质量的计算机公司。柯达将外包商视为合作者并与其紧密合作，以实现战略和经营目标。

● **资产利用**。通过向外包商销售资产，组织改善现金头寸并削减费用。健维公司（Health Dimension）将四个医院的数据处理外包，这样它能够利用有限资金创造收入。

● **获得更多的专业知识和更好的技术**。德尔蒙食品公司（Del Monte Foods）为了保证前沿技术，耗费的成本和时间显著增加，因此求助于外包。

● **更低的成本**。IBM 将编程外包给中国公司，中国的劳动力成本仅为美国的 30%。外包商可以通过标准化用户应用程序，以批发价购买硬件，划分项目之间的开发和维护成本，通过更大规模运行来降低成本。大陆银行（Continental Bank）在为期 10 年的合同中将节约 1 亿美元。然而，西方石油公司（Occidental Petroleum）反对外包，因为其外包成本会高于内部开发和运行成本。

● **更短的开发时间**。相对于内部员工，经验丰富的行业专家能够更快、更有效地开发和实施系统。外包也有助于减少系统开发过程中的政治性问题。

● **平抑低谷-高峰使用**。季节性企业需要在一年的部分时间内占用大量的电脑资源，其余时间则很少占用。博皮公司（W. Atlee Burpee）在 1—3 月间处理种子和园艺订单的计算机利用率达到 80%，其余月份是 20%。外包使得博皮公司可以按电脑使用量进行支付，削减了一半的成本。

● **有利于精简企业**。要缩减规模的公司通常有一个过大且没有必要存在的 AIS 功能。通用动力公司（General Dynamics）因为国防开支的减少而大幅缩减规模。尽管通用动力公司的信息系统功能在航空行业排名第一，它仍旧签订了一项 30 亿美元、为期 10 年的外包合同。它以 2 亿美元将数据中心卖给 CSC 公司，2 600 名员工调到 CSC 工作。

然而，不是所有外包案例都是成功的，25%～50% 的外包是不成功的或让人很失望。在一项调查中，公司管理层认为 17% 的外包彻底失败，50% 的外包任务重新选择自行开发。有很多外包不成功的例子，包括 EDS 和美国海军的合同问题。另一个例子是摩根大通取消了与 IBM 签订的为期 7 年、价值 50 亿美元的协议。

外包失败的原因有：准备不充分，公司购买不热情，对竞争者盲目地模仿，认为外包会解决深层次问题，将对错误程序应负的自身责任转嫁给他人，签订了未达到预期目标的界定不清的协议。最后，许多公司没有意识到，当由外部人进行系统开发时，系统开发是一个更为复杂的管理挑战。

公司外包经常存在以下问题：

- **缺乏灵活性**。许多合同以 10 年为期。如果公司不满意或发生结构性变化，要结束合同是很难的或者成本太高。Integra Financial 公司和 Equimark 公司在合并前与不同的外包商签有合同。取消其中一个合同要 450 万美元。

- **失去控制**。公司要冒着对系统和数据失去控制的风险。基于这个原因，福特的外包协议禁止 CSC 公司和其他汽车制造商合作。

- **减少竞争优势**。公司可能会忽视 AIS 是如何产生竞争优势的。外包商不会像它们的客户一样有动力去接受竞争挑战。通过外包标准化业务流程（工资、现金付款等）和定制能够提供竞争优势的软件，企业能够减轻这个问题。

- **锁定系统**。改变外包不仅困难，而且代价高昂。公司可能不得不以高成本购买新设备和雇用新数据处理员工。当加利福尼亚的蓝十字公司（Blue Cross）决定终止协议时，它实际上对自己的系统一无所知，也支付不起履行电子数据转换的费用。相比之下，LSI 逻辑服务公司（LSI Logic）在安装了企业资源计划系统后，又耗费大量人力和财力来重新自行开发。

- **无法实现的目标**。批评家声称一些外包的收益（如提高效率）是无法实现的。USF&G 公司在与信诺信息服务公司（Cigna Information Services）签署协议的 18 个月后，发现后者不能使系统正常工作，于是取消了与后者之间 1 亿美元的合同。

- **服务质量不高**。常见的抱怨有：对不断变化的业务环境反应过慢或者无反应，对新技术的使用没有良好规划。

- **风险增加**。外包业务流程会使公司暴露在大量经营、财务、技术、战略、员工、法律和监管风险之下。

14.5 改善系统开发的方法

自 20 世纪 50 年代开始使用机器语言或汇编语言编写程序以来，系统分析和设计过程已经有了长足的发展。20 世纪 60 年代引入了第三代语言，70 年代引入了数据库管理系统，80 年代引入了第四代语言，90 年代带来了可视化开发技术和集成的企业资源计划系统（ERP）。到了 21 世纪初，基于互联网的网络系统、移动设备、云计算和资源共享系统的发展如火如荼。毫无疑问，未来几年将出现更多的改进和变化。

信息系统开发是一个复杂而困难的过程，充满了许多失败。随着时间的推移，软件行业已经开发出许多技术来简化、改进和加速开发进程。本节讨论一些较为重要的内容，包括业务流程管理、原型设计、敏捷方法和计算机辅助软件工程。

14.5.1 业务流程管理

随着组织寻求改善其信息系统并遵守法律和监管，它们将更多的注意力放在了业务流程上。**业务流程再造**（business process reengineering，BPR）是一种极端的、一次性完工的方法，用于改进和自动化业务流程。然而，其成功率较低。BPR 进一步改进并逐渐发展为**业务流程管理**（business process management，BPM），一种持续改善和优化组织业务流程的系统性方法。BPM 是由技术支持的、更为循序渐进和持续的业务流程改进。所以，它是一种向组织引入人员和技术变革能力的好方法。

- **业务流程可以带来竞争优势**。创新的流程能够帮助企业比竞争者更快地应对消费者、市场和监管要求的改变，这为企业带来竞争优势。好的业务流程设计对于组织成功十分重要。例如，如果投标流程时间紧急且需要多个功能之间的协调，设计不完善的招标流程会非常不利于流程功能的发挥，以至于无法做出有效和有利可图的投标。

- **业务流程必须由终端到终端进行管理**。BPM 将业务流程视为应该被理解、管理和改善的战略组织资产。即使多功能业务流程的每个部分都独立运作良好，整个流程也可能因为职能部门（销售、生产等）之间缺乏充分的沟通和协作而达不到最优。从开始到结束的业务流程管理可以控制这些问题：指定流程管理者，设置业绩标准，建立控制和监管流程。

- **业务流程应该灵活**。组织必须不断地改进业务流程，并使业务流程适应竞争。这需要灵活性和能够支持快速修改的业务流程自动化技术。

- **业务流程必须与组织战略和需求保持一致**。要保持有效和高效，公司必须使业务流程与企业战略协调一致。

业务流程管理系统（business process management systems，BPMS）自动化业务流程并促进业务流程改进。BPMS 能够改善沟通和合作，自动化活动，实现与其他系统和价值链上其他伙伴的集成。一些人断言 BPMS 是信息技术和企业之间的桥梁。世界上许多公司已经成功实施了基于 BPMS 的流程。

像企业资源计划系统一样，BPMS 是支持公司活动的企业层级系统。然而，企业资源计划系统是以数据为中心，BPMS 是以流程为中心。大多数企业资源计划系统制造商正在将 BPMS 整合进企业资源计划系统中。

BPMS 有以下四个主要组成部分：
- 建模和执行包括业务规则在内的应用程序的流程引擎。
- 帮助识别并对业务问题、趋势和机会做出反应的业务分析。
- 消除交流障碍的协同作业工具。
- 存储与保护电子文件、图像和其他文件的内容管理器。

业务流程管理系统的内部控制

BPMS 能够改善内部控制。在基于事件（相对于基于流程）的系统中，用户被授权只能访问特定的活动类型。当使用其他参数（例如美元金额）授权时，系统开发人员必须加入复杂且昂贵的授权限制。BPMS 使用组织业务流程规则来确定执行任务的正确人选，并对其进行授权。

职责分离在 BPMS 中也得到了加强。在许多基于事件的系统中，管理层审批程序延长了业务流程并增加了额外成本。BPMS 通过即时向管理者传送需要得到其审批的项目减少延迟和成本。该管理者几分钟内就能够完成对电子表格的检查和审批，并传递到流程的下一步。BPMS 还有其他一些创新的授权机制，例如把权力委托给副经办人，建立授权管理者人才库，以便当管理者负担太重或者缺位时，流程的执行仍然可以继续。

BPMS 也加强了应用程序控制。在基于事件的系统中，用户识别哪些行为应该做，例如，当商品装船后向客户开单。如果不采取行动，就会出现错误（例如重复做一件事情，根本不做，或是做错）。BPMS 采用了积极主动的流程管理方法，可以避免这些问题。用户不需要确定是否采取行动，不需要确定哪项行动是正确的。BPMS 运用公司的业务规则，判断哪项活动必须发生，并把任务加入合适的人员任务列表，直至执行后该任务才被删除。以电子邮件通知员工等待处理的任务。这个流程能够预防错误，防止遗漏执行程序以及用户执行不同的行动，防止任务完成前从任务列表中被清除，发送附加的提示短信直至任务完成。

BPMS 的另一个控制优势是它内置的审计线索。这个过程监督和追踪系统，按照流程日志中的发生顺序，记录和链接所有行动与流程步骤，可以很容易地追踪发生的每件事。这允许审计师连续审计现行和之后的业务流程。

□ 14.5.2　原型法

原型法（prototyping）是简化系统工作模型的系统设计方法。使用原型法的开发人员仍然要经历第 13 章所述的系统开发生命周期全过程，但是原型法能够压缩和加速一些分析和设计任务。原型法有助于获取用户需求，帮助开发人员和用户制定概念设计和物理设计决策。

UNUM 人寿保险公司打算利用图像处理来连接系统和用户。当高层管理者发现难以向中层管理者解释系统如何工作以及变革所带来的问题时，他们建立了一个系统原型。在使用原型后，管理层理解了问题所在及问题出现的可能性。直到这个时候，他们才认为图像处理能取代文件柜的作用。

如图 14-1 所示，原型法要遵循四个步骤。第一步，与用户商议，确定系统的规模和范围，判断系统应该和不应该包括什么。开发人员和用户确定决策制定和交易处理输出，生成输出所需的输入和数据。重点是输出的内容，而不是输出的方式。开发人员必须确保用户的期望是实际可行的，确保能够满足用户的基本信息需求。设计人员使用信息需求对 AIS 的备选方案进行成本估计、时间估计和可行性估计。

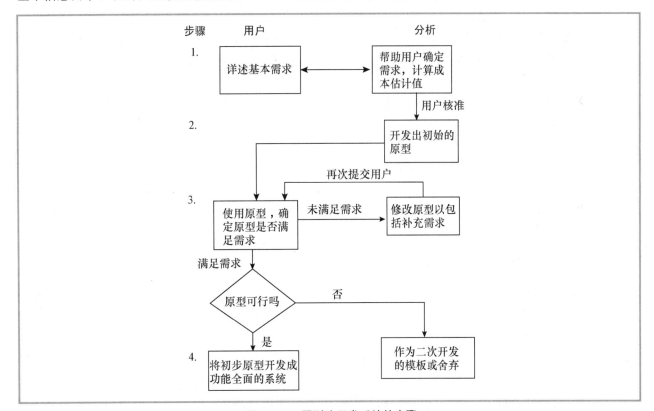

图 14-1　原型法开发系统的步骤

第二步，开发出一个初始原型。这个阶段强调低成本和快速开发。为了实现简便性、灵活性和易用性，可以忽略不必要的功能、控制、异常处理、输入验证和处理速度。用户需要查看和使用初始数据输入界面、菜单、原始凭证；需要响应提示；查询系统；判断响应时间和发出指令。开发人员展示完成的原型并要求用户反馈使用意见，对于用户来说，提供反馈比要求他们描述系统的功能需求更为容易。即使一个功能不全的简单系统也能比图表、图纸或口头解释更好地演示功能。

第三步，开发人员利用反馈来修改系统，然后将修改后的系统返还给用户。试用和修改一直持续到用户对系统满意为止。典型的原型法要经过 4～6 次反复。

第四步，使用系统。经认可的原型通常用于下述两种方式之一。半数的原型转为功能全面的系统，称为**操作原型**（operational prototypes）。为了使原型具有可操作性，开发人员加入了第一步忽略的内容，提供备份和还原，整合原型和其他系统。**非操作原型**（抛弃原型）（nonoperational（throwaway）prototypes）有几种用途。新系统是根据原型设计过程中所识别的系统需求开发出来的。以非操作原型为初始模板设计出一个扩展的系统来满足众多不同用户的需求。当放弃一个毫无修改价值的非操作原型时，公司避免了传统的系统开发生命周期过程，可能节省数年的开发时间和大量资金。

何时使用原型法

原型法适用于不确定性程度很高的情况：不清楚要问什么问题，AIS 无法清晰地可视化，或者失败的概率很高。原型的热门候选方法有：决策支持系统、经理信息系统、专家系统和信息检索系统。原型法不适合服务于重要组织部门或者跨组织部门的大型或者复杂系统，也不适合标准化 AIS 组件的开发，例如应收账款和存货管理。

原型法的优点

原型法有以下优点：

- **更好的用户需求定义**。原型法通常要求终端用户的紧密参与，这样能够更好地定义用户需求。
- **更高的用户参与度和满意度**。因为用户的要求得到了满足，AIS 被弃置的风险更小。用户的早期参与有助于提高接受（而非怀疑和批评）程度。
- **更短的开发时间**。原型通常在几天或几周后就设计完成，允许用户立即评估系统。恒康互惠人寿保险公司（John Hancock Mutual）一个月内开发出了一个经理信息系统原型。
- **更少的错误**。用户测试原型的每个版本，能够在初期就发现和避免错误，也较容易在大量时间和费用发生前，识别和终止不可行的系统。
- **更多的修改机会**。用户能够提出修改建议直至对系统满意为止。
- **更低的成本**。原型系统开发成本仅占传统成本的 20%。一家公用事业公司声称，用原型法开发 10 个重要的应用软件时，其开发时间与传统方法相比为 1：13。

原型法的缺点

原型法有以下缺点：

- **花费用户大量时间**。用户必须花大量的时间参与原型开发和提供反馈。它对用户参与度的要求或许会超过用户愿意参与的程度。
- **系统资源使用效率较低**。原型开发不总能实现资源有效性，有时会导致性能不佳、可信赖度不高、高维护成本和支持成本。
- **不充分的测试和文档**。用户会在开发阶段对原型进行测试，开发人员可能会因此而减少测试和文档。
- **消极的行为反应**。当没有提出改进要求，太多迭代（反复），或者用户投资的原型被丢弃时，可能导致消极的行为反应。
- **无休止的开发**。原型法没有得到恰当的管理，或者由于一次次反复和修改请求，原型无法完成。这些情况会造成开发无法结束。

□ 14.5.3　敏捷方法

传统 SDLC 方法（通常称为瀑布方法）的问题在于，它假定需求不会随着系统的设计而改变。图 13-2 显示了这个开发顺阶而下的特征，以及开发人员为什么返回上一个 SDLC 阶段。然而，现实情况是，在许多系统开发项目中，需求确实会发生变化，因为用户常常不理解他们希望软件能够实现的所有目标。也就是说，随着软件开发过程的进行，他们会发现更多不同的需求。此外，由于技术变化如此之快，更多的事情可以用技术完成。需求和技术的快速变化产生了缩短产品生命周期的需求，这通常与传统的软件开发方法不兼容。

许多系统开发人员需要的是一种更加迭代化的开发方法——一种接受需求变化而不是限制需求变化的方法，并且能够更好地处理软件开发中缺乏可预测性的问题。他们希望开发过程能频繁生成工作系统的不同版本，每个后续的迭代纳入更多用户想要在系统中实现的内容子集。换言之，他们希望接受较小的、增量的软件修改，而不是一次性的、大规模的变动。这就要求用户和开发人员紧密合作，并通过彼此之间频繁地反馈，生成所需的系统。

2001 年，迭代式开发过程的支持者提出了**敏捷开发**（agile development），敏捷开发是用于在未知的、快速变化的环境中开发信息系统的一种指导思想和一组原则。根据敏捷开发的理念，更为重要的是：

1. 响应变化，而不是遵循计划或预设的时间表。
2. 强调个体和交互，而不是流程、工具和开发控制。
3. 强调客户协作，而不是合同谈判。
4. 产出高质量的软件，而不是产出好的软件文档。

许多开发方法都使用敏捷开发原则。这里讨论三个最重要的问题：scrum、极限编程和统一建模过程。

SCRUM

scrum 的名字来源于英式橄榄球比赛。在罚球后，两队球员以密集的队形面对面排好，球被扔到两队之间。接下来两队为了控球而进行激烈且相对短暂的争夺。类似于橄榄球并列争球，**scrum 方法论**（scrum methodology）中，软件开发团队一同在紧张但相对短暂的过程中工作，从而实现共同的开发目标。不断重复迭代式增量开发过程，团队成员每日当面交流直至开发完成。

scrum 认识到这样一个事实：目标用户，也就是所谓的委托人或客户，会频繁地改变主意，变更他们的需求。scrum 接受因客户不完全理解或不能定义系统需求而导致的不可预见的需求变化。scrum 关注灵活性，关注如何响应新需求和适应技术、市场条件的不断发展变化并快速推出客户可以评估的系统。

在 scrum 开发过程中存在三个主要角色：产品负责人、团队成员和 scrum 主管。**产品负责人**（product owner）负责确保 scrum 团队开发出所需要的产品。产品负责人与系统用户一起工作，并编写**用户故事**（user stories）（用户对渴望得到的系统功能的描述），将它们放入**产品列表**（product backlog）（等待开发的事项），并对产品列表进行优先级排序，以便团队知道下一步要开发什么。产品负责人花费大量时间关注开发项目的业务内容，与用户一起确定他们的业务需求，并充当用户和 scrum 团队之间的沟通桥梁。

scrum 团队（scrum team）是由至多 9 名跨职能的开发人员组成的小团队，负责开发、测试和在 scrum 冲刺期间结束时交付软件。"**冲刺**"（sprint）是团队在一段预先确定的期间（通常在 1～4 周时间）处理一个或多个产品列表中的高优先级项目。冲刺期间的需求是被冻结的，任何期望变更必须由产品负责人添加到产品列表中。冲刺以确定目标和可交付成果的计划活动开始，以检查是否实现这些目标和决定如何改进下一个冲刺的审查结束。冲刺期间开发的增量软件都会向客户进行展示。

scrum 主管（scrum master）是 scrum 的推进者，确保 scrum 实践活动得以遵循，并帮助团队自我组织。通过避免那些影响团队目标实现和成果交付的障碍，scrum 主管对任何分散团队注意力的影响起到缓解作用。scrum 主管协助产品负责人的工作，以确保正确创建了产品列表。scrum 主管每日组织一个简短的 scrum 会议，所有团队成员都会参与，汇报前一天取得的进展、当天要做的工作，以及需要 scrum 主管提供的帮助。

极限编程

极限编程（extreme programming，XP）是一种更富成效的生成高质量软件的软件开发方法，旨在将传统软件开发中的有益元素和最佳实践发挥到极致。XP 更为重要的特征包括：

- 使用两人开发团队。
- 承认系统需求的变化是软件开发中不可避免的，也是应该欣然接受的现象，随着时间的推移和对系统需求更好的理解，应该对系统需求的变动进行预期和计划。XP 支持变更并放弃了在开发的初始规划阶段就定义好稳定需求的想法。
- 较短的开发周期和极尽所能地频繁发布软件，就存在许多允许加入新的客户需求的检查点。进行许多小增量的变更，而不是数个大的变更，允许客户对软件开发过程进行更多的控制。它减少了变动成本，提高了开发效率。
- 从最简单的解决方案开始，只在需要时添加补充功能。对不确定或复杂的未来需求进行设计和编码的努力可能会延误关键功能或是承受风险（将资源花费在不需要或不想要的功能上）。
- 使用代码来交流复杂或难以理解的编程问题。通常，清晰简洁的代码比书面或口头的问题描述更能解释问题。其他程序员可以用编码的方式反馈他们对问题的看法。
- 要求程序员倾听客户的需求并理解客户的业务流程，以便从技术方面向客户提供问题是否能够解决的反馈。
- 在开发补充功能之前，对编写的每一段代码进行广泛的测试，以尽可能地避免编码漏洞。程序员尽可能创建自动化测试来尝试打破僵局。**单元测试**（unit tests）有助于确定既定的功能是否按预期工作。**验收测试**（acceptance tests）用于验证代码是否满足客户的实际需求。全系统的**集成测试**（integration tests）用于检查代码段之间的不兼容接口。
- 客户、开发人员和测试人员之间频繁和及时的沟通和反馈。客户表达他们的需求，并协助每隔几周进行一次验收测试，这样可以轻松地纠正设计缺陷并驾驭开发。开发人员估计实现新需求所需的成本和时间，并与客户进行沟通。开发人员需要从测试人员那里得到反馈，以纠正测试过程中发现的错误或薄弱环节。
- 构建系统逻辑以防止系统依赖，以免对系统的局部更改影响到系统的其他部分。

统一过程

统一过程（unified process）是由初始阶段、细化阶段、构造阶段和提交阶段这四个阶段组成的软件开发框架。后三个阶段被划分为一系列具有预定长度的迭代。每次增量迭代都包含对上一个开发版本的增加或改进功能。统一过程包括几种模式，即 RUP（Rational Unified Process）、openUP 和应用最为广泛的 AUP（Agile Unified Process）过程。

初始阶段是耗时最短的阶段；如果花费的时间太长，通常表明存在过多或过细的前期规范。在初始阶段，分析人员定义项目的范围，初步识别关键需求和风险，确定项目的可行性，并为开发项目编制业务案例。

细化阶段是耗时第二长的阶段，也被有些人认为是最重要的阶段。分析人员在这个阶段完成大部分的项目分析和设计活动。包括：详细定义用户需求，确定如何化解已知的风险因素，首先考虑的是最高风险；建立系统架构，通过**可执行架构基线**（executable architecture baseline）证明架构的可实现性，该基线部分实现了系统所有重要架构组件，演示了架构支持的关键系统功能，并在可接受的成本范围内生成期望的性能和可扩展性；最后生成构造阶段计划。

构造阶段是最长的阶段，是在细化阶段的基础之上对系统进行编码和构建的阶段。系统是在一系列短迭代中构建和实现的，每次迭代都生成一个可执行的软件版本。每个新的迭代都基于一个用例。构造阶段开发出一个测试版软件，为产品在提交阶段的最终部署做好准备。

提交阶段将软件交付给系统用户。系统转换和用户培训也发生于该阶段。初始阶段通常要实现多次迭代并获得用户反馈，用户反馈将用于后期的系统完善。当系统满足用户期望并且符合验收测试标准时，提交阶段就完成了。

14.6　计算机辅助软件工程

计算机辅助软件（或系统）工程（computer-aided software（or systems）engineering，CASE）是工具的集合软件包，熟练的设计人员用它来帮助规划、分析、设计、编程和维护信息系统。CASE 软件一般拥有战略规划、项目和系统管理、数据库设计、屏幕和报告格式以及自动编码生成等工具。许多公司使用 CASE 工具。佛罗里达电力公司耗资 8 600 万美元的客户信息系统就是使用埃森哲的 CASE 工具开发出来的。

CASE 工具具有一些重要的优点：

● **提高生产力**。CASE 能够从系统说明书中生成零错误的程序代码，使重复的任务自动化。Baptist 医疗系统公司的程序员使用 CASE 在一个星期内开发出一个预计 4 个月才能完成的系统。索尼宣称 CASE 使其生产力提高了 600%。

● **提高程序质量**。CASE 工具能够简化结构化开发标准的执行，能够检查设计的内部准确性并检测不一致的地方。

● **节约成本**。节约 80%～90% 的成本。杜邦公司（DuPont）预计应用软件需要 27 个月、27 万美元才能完成，但应用 CASE 最终只花费 4 个月、3 万美元就完成了。超过 90% 的编码直接由设计说明书生成。

● **改善控制流程**。在设计的初期，CASE 工具可改善系统控制、安全措施、系统可审计性和错误处理程序。

● **简化文档**。CASE 随开发程序自动生成系统文档。

CASE 技术存在的一些较为严重的问题有：

● **不兼容**。一些 CASE 工具不能有效地与其他系统相互配合。

● **成本**。CASE 技术费用昂贵，很多小型公司无法使用。

● **无法达到预期**。德勤的调查显示，在使用 CASE 的首席信息官中，只有 37% 认为实现了预期的收益。

本章习题

1. 下列哪项不是会计人员在传统系统开发生命周期中遇到的问题？_____

a. AIS 开发项目被推迟数年

b. 需求被固化后，变革通常难以发生

c. 开发的 AIS 可能不满足需求

d. 以上均是

2. 购买而不是开发 AIS 的公司也必须经历系统开发生命周期。_____

a. 正确　　　　　　　　　　　　　　　　b. 错误

3. 下列哪项表述是错误的？_____

a. 一般说来，公司如果能够找到满足需求的软件包，就应该购买而不是开发软件

b. 随着 AIS 规模和复杂性增加，找到满足需求的商业软件的可能性增强

c. 除非拥有有经验的内部程序员而且能够在公司内部以较少的成本完成工作，否则公司就不应该尝试自己开发定制软件

d. 通常情况下，仅当定制软件能够带来显著的竞争优势时，公司才应该开发它

4. 当一家公司购买大型复杂的系统时，会邀请供应商来展示系统。这种请求称为以下哪项？_____

a. 报价　　　　　　　　　　　　　　　　b. 系统请求

c. 征询方案　　　　　　　　　　　　　　d. 诚信评估

5. 为了比较系统性能，公司创建了拥有输入、加工和输出功能的数据处理任务。在试用版系统中执行任务并比较任务的处理时间。用时最短的 AIS 是最有效的。这个过程叫作什么？_____

a. 基准　　　　　　　　　　　　　　　　b. 需求成本核算

c. 积分法　　　　　　　　　　　　　　　d. 性能测试

6. 下列哪项描述是正确的？_____

a. 因为 AIS 非常重要，公司从不外包 AIS 组件

b. 大部分大型机外包合同都是为期 2～3 年，而且每年花费数千美元

c. 通常由外包商购买客户端计算机，雇用信息系统全部或大部分员工

d. 只有生存堪忧并且希望通过销售硬件获取快速现金注入的公司才使用外包

7. 下列哪项不是外包的优势？_____

a. 它提供了很大的灵活性，因为更换外包商相对容易

b. 获取外包商所提供的专业技能和专门服务

c. 它允许公司以合理成本将计算机信息处理提到更高水平

d. 它是符合成本效益的应对季节性行业高峰—低谷的方式

8. 下列哪项对于原型法的描述是正确的？_____

a. 在原型法开发初期，考虑到简便性、灵活性和易用性，可能会忽略系统控制和异常处理

b. 原型是一个按比例缩小的最简单的模型，它能快速、低成本地建立并交付给用户评估

c. 原型法的第一步是识别系统需求

d. 以上均是

9. 下列哪项不是原型法的优势？_____

a. 更好地定义用户需求　　　　　　　　　b. 充分测试和形成系统文档

c. 更高的用户参与度和用户满意度　　　　d. 更短的开发时间

10. 什么时候使用原型法最为合适？_____

a. AIS 的不确定性很小

b. 用户需求明确

c. 因为不清楚决策过程，无法清楚地观察到最终的 AIS

d. 失败的可能性很低

问题讨论

1. 在计算机购买过程中，会计人员的作用是什么？会计人员应该扮演积极的角色还是应该把所有工作都

留给专家？会计人员在计算机购买过程中哪些方面可以提供有用的贡献？

2.　拥有 45 000 人口的中西部某城市购买了电脑并由内部程序员开发程序。4 年后，只开发出一个未完工且运行糟糕的应用程序，所有软件都不能满足用户的最低需求，硬件和软件频频出问题。你认为这个城市为什么不能开发出高质量、能够使用的软件？如果购买软件，情况会改善吗？能找到满足需要的软件吗？为什么？

3.　你们是安永、普华和德勤的系统顾问。在国家俱乐部年度高尔夫球比赛上，汽车经销商弗兰克·凡德（Frank Fender）描述了转钥系统并且征求你们的意见。这个系统能够处理存货、应收账款、工资、应付账款和总分类账业务。开发转钥系统的员工负责安装价值 4 万美元的系统，培训凡德的员工。判断回复凡德询问时将谈及的主要内容。识别使用转钥系统运行组织会计系统的优点和缺点。

4.　莎拉·琼斯（Sara Jones）拥有一个快速成长的零售商店，因为欠佳的顾客服务质量、延迟且错误频繁的账单和无效的存货控制，商店在竞争中有落后的危险。公司若要持续增长，必须升级 AIS。但是莎拉不确定公司希望 AIS 实现什么功能。莎拉听说了原型法，但不知道原型法的具体内容和原型法是否有用。你将怎样向莎拉解释原型法？解释要包含优点、缺点和何时使用是恰当的等内容。

5.　克林特·格雷斯（Clint Grace）已经从业 30 多年，对于如何运营旗下 10 家零售店有明确的想法。他财务上保守，不愿意投资没有明确财务回报的项目。商店的收益已经严重下降，客户多有抱怨。商店经理不清楚库存水平和需要采购的时间，直到货架空了才执行采购。克林特·格雷斯要求你判断收益下降的原因并且提出解决措施的建议。你判断当前的 AIS 效率低下且不可靠，公司流程和程序已经过时。你认为需要运用 BPM 对系统和业务流程重新设计。重新设计系统会遇到哪些挑战？你将怎样向克林特提出你的建议？

习题答案

1.　正确选项 d。选项 a，b，c 都是会计人员使用传统系统开发生命周期遇到的问题，但不全面。

2.　正确选项 a，购买系统仍然要求公司按照系统开发生命周期（系统分析、概念设计和物理设计、实施）来开发新系统。否则，公司所购买的系统可能会不满足需求。

3.　正确选项 b，描述不正确。大型复杂的系统比小型系统需要更多的个性化选择，因此不太可能采用一个适合所有规模企业的商业软件。选项 a 描述正确，因此不符合要求。购买软件一般比自行开发软件便宜。选项 c 描述正确，因此不符合要求。如果公司决定开发定制软件，熟练的内部程序员和降低成本的承诺是必要的条件。选项 d 描述正确，因此不符合要求。公司应该只在定制软件能够提供竞争优势时开发。

4.　正确选项 c，征询方案要求供应商提出解决方案以满足公司需求。选项 a 不正确。报价征求目标系统或系统组件的金额报价。选项 b 不正确，系统请求不是指请求供应商展示系统以供考虑。选项 d 不正确，诚信评估是供应商基于信任程度对方案成本的最佳估计。

5.　正确选项 a。基准通过比较处理时间来测量系统性能。选项 b 错误，需求成本核算估计购买成本或者开发 AIS 新功能的成本。选项 c 错误，积分法基于加权标准比较每个系统，以此来测量系统性能。选项 d 错误，业绩测试是不同类型的比较测试的一般术语。

6.　正确选项 c，许多大型机外包协议包括购买客户端硬件，雇用客户端员工。选项 a 错误，AIS 功能经常被外包。选项 b 错误，大多数大型机外包合同期限较长（平均为 10 年），花费几十万到几百万美元。选项 d 错误，许多大型的和财务状况良好的公司将外包视为降低成本、获得更大收益的方式。

7.　正确选项 a，这不是外包的优势。在长期合同下，外包会非常不灵活，改变的困难很大，成本很高。选项 b 错误，这是外包的优势。许多公司负担不起信息系统专家的薪酬，因此外包是获得专业知识的较为便宜的方式。选项 c 错误，这是外包的优势。许多公司没有能力维护最有效和复杂的硬件，因此外包是获取硬件的较为便宜的方式。选项 d 错误，这是外包的优势。对处于周期性行业的公司，外包能够在繁忙时段有效满足公司需求，在业务清闲时段有效降低成本。

8. 正确选项 d。选项 a 错误，描述正确，原型法的简便性、灵活性和易用性是以牺牲控制和异常处理为代价的，然而该选项不是唯一正确的描述。选项 b 错误，描述正确，原型本质上是模型初稿，但该选项不是唯一正确的描述。选项 c 错误，描述正确，原型法第一步是识别系统需求，然而该选项不是唯一正确的描述。

9. 正确选项 b，这不是原型法的优势，因为原型能被快速地开发，开发人员通常在系统使用前忽略文档和全面测试。选项 a 不正确，这是原型法的优势。因为用户能够试用模型，他们能够向开发人员反馈用户需求和要求。选项 c 不正确，这是原型法的优势。原型法的成功取决于用户的高度参与，这会导致更高的满意度。选项 d 错误，这是原型法的优势。原型开发只要数天或者数周，而传统方式要一年或者更长。

10. 正确选项 c，当 AIS 存在大量不确定性时，原型法最为有效。选项 a 错误，当对 AIS 的工作方式存在大量不确定性时，原型法更为有效。选项 b 错误，当用户不确定其需求和构建模型的收益时，原型法能更有效帮助用户确认和固化其需求。选项 d 错误，当对新 AIS 的工作方式存在大量不确定性时，原型法最为有效。

第15章

系统设计、实施和运行

➤ 学习目标

通过学习本章，你应该能够：

1. 详述概念系统设计过程以及这个阶段的活动。
2. 详述物理系统设计过程以及这个阶段的活动。
3. 详述系统实施过程以及这个阶段的活动。
4. 详述系统转换过程以及这个阶段的活动
5. 详述系统运行和维护过程以及这个阶段的活动。

综合案例

购物商场

安·克里斯蒂获准为购物商场开发新的会计信息系统。令安担忧的是，在设计和实施阶段许多项目开发会停滞不前。她不希望出现失控的项目。安打算对系统未完工的部分进行规划，以便项目能够按时完工。她首要的任务是确定满足购物商场需求的系统类型，她计划召集系统开发负责人开会来讨论以下问题：

1. 她的团队应该设计出他们所认为的能满足购物商场需求的最佳方法，还是应该设计出几种备选方法？

2. 她如何确保系统输出能够满足用户需求？何时以及如何采集输入，谁负责采集输入？会计信息系统数据应存储在哪里，应该如何被组织和访问？

3. 如何将购物商场当前会计信息系统转换为新会计信息系统？维护新会计信息系统需要投入多少时间和精力？安的会计人员应参与哪些环节？

■ 15.1　引　言

有效的系统分析和设计有助于开发人员正确定义业务问题，并创建系统以解决这些问题。正如第13章所述，系统需求在系统分析阶段确定。本章讨论另外四个系统开发生命周期阶段（见图13-1）：概念系统设计、物理系统设计、系统实施和转换、运行和维护。第14章讨论了如何缩短系统开发生命周期阶段或更有效地完成系统开发生命周期阶段。

■ 15.2　概念系统设计

在概念系统设计阶段，为满足用户需求和解决分析阶段所发现的问题，开发人员创建了一个总体框架。图15-1显示了概念系统设计阶段：评价备选设计方案，生成设计说明书，生成概念系统设计报告。

□ 15.2.1　评价备选设计方案

存在多种设计会计信息系统的方法，因此系统设计者必须制定许多设计决策。例如，安的购物商场应该邮寄采购订单的磁盘拷贝，还是使用EDI，或者通过互联网输入订单？购物商场应该拥有大型的集成主

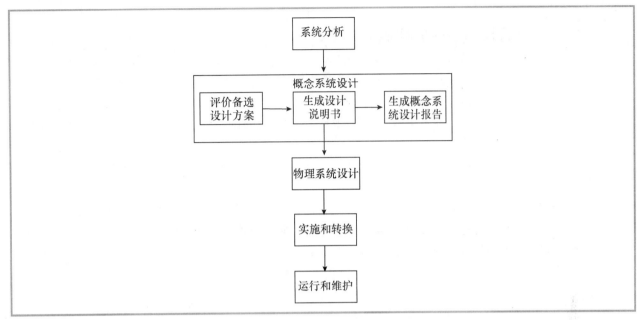

图 15 - 1　概念系统设计活动

机和数据库还是使用网络服务器和个人电脑网络来存储信息？数据输入是应该通过键盘、光学字符识别、销售点装置、条形码、RFID 标签、互联网还是上述的结合？

购物商场有许多方法实现系统开发过程。它可以购买、自行开发或者外包。公司可以修改现有软件，或者重新设计业务流程并开发出软件来支持这些新流程。第 14 章已经讨论过这些概念设计的方法。

备选设计方案的评价标准如下：（1）满足组织和系统目标的程度；（2）满足用户需求的程度；（3）经济上是否可行；（4）如何权衡优势和劣势。指导委员会评价这些备选方案并选择出最能满足组织需要的一个方案。

表 15 - 1 总结了需要考虑的因素和备选方案。

表 15 - 1　考虑因素和备选方案

考虑因素	备选方案
沟通渠道	电话、互联网、电缆、光纤或卫星
沟通网络	集中式、分布式、分散式或局域
数据存储介质	磁带、磁盘、硬盘、CD 或纸张
数据存储结构	文件或数据库
文件组织和存取	随机、顺序、索引顺序存取
输入介质	键入、OCR、MICR、POS 终端、EDI 或声音
输入格式	原始凭证、周转文件、源数据自动化或屏幕
操作	自行或外包
输出和更新频率	实时、每小时、每天、每周或每月
输出介质	纸张、屏幕、声音、CD 或微缩胶片
输出时间	预定时间或按需
输出格式	文字叙述、表、图、文件或电子
打印输出格式	预打印表格或系统生成的表格
处理方式	手工、批处理或实时
处理器	个人电脑、服务器或主机
软件需求	现成的、定制的或修改的
交易处理	批处理或在线

□ 15.2.2　编制设计说明书和报告

一旦选择好了设计方案，就应该编制**概念设计说明书**（conceptual design specifications），内容如下：

1. **输出**。因为系统设计要满足用户信息需求，所以应该首先编写输出说明书。为了评价销售情况，购物商场必须确定：（1）销售分析报告的编制频率；（2）报告的内容；（3）报告是磁盘拷贝还是屏幕输出（或是两者皆有）。

2. **数据存储**。数据存储决策包括生成销售报告必须存储哪些数据元素，存储的方式，使用的文件或数据库类型。

3. **输入**。输入设计包括输入销售日期、销售地点和金额以及何时、何地和如何收集这些数据。

4. **处理程序和操作**。设计包括如何处理输入和存储的数据以生成销售报告，以及处理执行的顺序。

概念系统设计报告（conceptual systems design report）概括了概念设计活动，为物理设计活动提供指导，描述满足所有信息需求的方式，以及帮助指导委员会评估可行性。主要的内容包括一个或多个备选方案的系统设计描述。

15.3　物理系统设计

物理系统设计（physical systems design）的目的在于对拟开发的系统进行详细的说明，既要满足系统分析阶段已明确的系统需求，也要与概念设计保持一致。图 15－2 详细地展示了物理系统设计阶段。

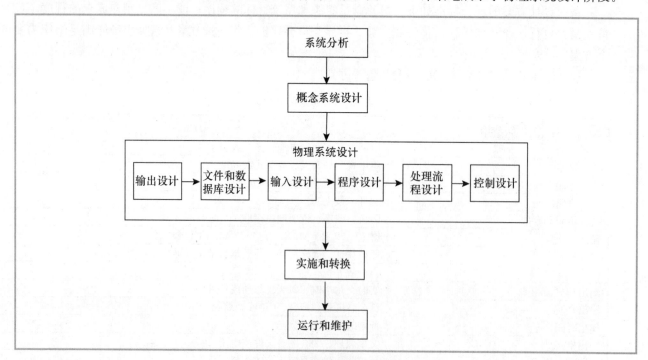

图 15－2　物理系统设计活动

未充分考虑概念设计和物理设计可能会导致问题。Overstock.com 匆忙实施 Oracle ERP 导致了早期的设计问题——满是错误的软件实施。ERP 软件与会计软件运行不同步，导致订单跟踪系统宕机一周。最终，不得不重述 5 年内的收益，结果收入减少了 1 290 万美元，亏损增加了 1 030 万美元。

□ 15.3.1　输出设计

输出设计的目标是确定报告、文档和屏幕显示的性质、格式、内容和时间选择。根据用户需求定制输出，需要在用户和设计者之间实现协同合作。表 15-2 总结了输出设计应考虑的关键因素。

表 15-2　输出设计的考虑因素

考虑因素	关注
使用	谁使用输出，用户为什么以及何时需要输出，用户需要输出来制定什么决策？
介质	使用纸张、屏幕、声音、电子邮件或上述的组合？
格式	文字描述、表格还是图形最有利于传递信息？
预打印	使用预打印表格还是周转文件？
地点	输出的地点在哪里？
存取	谁可以获得硬拷贝和屏幕输出？
详情	输出中应该包含总结或表格内容吗？应该用标题来组织数据和强调重要项目吗？细节信息应该放在附录中吗？
及时性	输出频率如何？

输出通常属于以下四类之一：

1. **预定报告**（scheduled reports）有预先指定的内容和格式，并定期编制。例如，月度绩效报告、每周销售分析和年度财务报表。

2. **特殊目的分析报告**（special-purpose analysis reports）没有预先规定的内容或格式，也不是定期编制的。它是根据管理人员评估某一问题的要求而编制的，例如，三种新产品中哪一种能提供最高的利润。

3. **触发异常报告**（triggered exception reports）具有预先指定的内容和格式，但只在响应异常情况时编制。过多的缺勤，成本超支，库存短缺，以及需要立即采取纠正措施的情况，都会触发这类报告的编制。

4. **需求报告**（demand reports）有预先指定的内容和格式，但只在需要时才编制。触发异常报告和需求报告都可以有效地为管理流程提供便利。

设计者通常要求用户评估输出样本的完整性、相关性和有用性。对不合格的输出进行修改，并在必要时进行多次复审，以使其符合要求。为了避免在系统开发生命周期的后期出现昂贵的时间延误，许多组织要求用户签署一份认可输出形式和内容的文件声明。

□ 15.3.2　文件和数据库设计

公司各个部门的数据应该以兼容的格式存储，以避免出现 AT&T 面临的问题：23 个业务部门，一堆不兼容的系统和数据格式，以及无法与其他部门交流和共享数据。AT&T 花了 5 年时间为每个客户创建一个"单一视图"，以便客户数据可以跨部门共享。

第 4 章讨论了文件和数据库，以及如何设计文件和数据库。表 15-3 总结了关键文件和数据库设计应该考虑的因素。

表 15 - 3　文件和数据库设计的考虑因素

考虑因素	关注
介质	在硬盘、磁盘、CD、磁带还是纸张上存储数据？
处理方式	使用手工、批处理还是实时处理？
维护	需要什么处理流程来有效地维护数据？
规模	在数据库中存储多少记录？记录的规模如何？记录数量增长的速度如何？
处理量	每年更新、增加或删除的记录占比为多少？

□ 15.3.3　输入设计

输入设计需要考虑的因素包括输入数据类型以及最佳的输入方法。输入设计的考虑因素如表 15 - 4 所示。

表 15 - 4　输入设计的考虑因素

考虑因素	关注
介质	使用键盘、OCR、MICR、POS 终端、条形码、RFID、EDI 还是声音输入？
来源	数据的来源是哪里？数据来源是如何影响数据输入的？
格式	在最省力和成本最小化的前提下，以什么格式有效地获取数据？
类型	数据的性质是怎样的？
输入量	输入的数据量如何？
人员	数据输入操作员的能力、职能和经验如何？额外培训是必要的吗？
频率	数据的输入频率如何？
成本	在不影响效率和准确性的前提下，如何最小化成本？
错误检测和纠正	可能存在什么错误？如何检测和纠正？

表单设计

虽然系统放弃使用纸质文档，转而实现源数据自动化，但表单设计仍是一个重要的议题。表 15 - 5 总结了表单设计的原则。

表 15 - 5　表单设计的原则

总体考虑
- 尽可能使用预打印数据吗？
- 纸张的重量和等级符合计划用途吗？
- 使用黑体字、下划线还是底纹来区分表单的不同部分？
- 表单是标准的尺寸吗？
- 表单大小满足填写、装订或邮寄的需要吗？
- 如果表单要邮寄，地址会显示在信封上吗？
- 资料是否以不同的颜色打印，以便正确地分发？
- 有表单填写的详细步骤说明吗？

引言
- 表单名称是以黑体字出现在顶端吗？
- 表单是连续编号吗？
- 寄送给外部实体的表单上有预先打印好的公司名称和地址吗？

主体

- 汇集了相关信息（如客户姓名、地址）吗？
- 有足够的空间记录每个数据项吗？
- 数据输入与数据采集顺序一致吗？
- 如果使用代码或记号，而不是文字，那么它们是否进行了详细解释？

结论

- 是否有留空以记录表单的最终归属？
- 是否有表明交易已核准的签名留空？
- 是否有留空以记录已核准的数据？
- 是否有留空以记录金额和数量合计数？
- 每份表格的分发是否有清楚的标识？

电脑屏幕设计

相比将数据记录在纸上以待后续输入，直接在计算机中输入数据的效率更高。遵循以下步骤以实现最有效的电脑屏幕输入方式：

（1）规划屏幕以便数据能够快速、准确、完整地输入。通过系统检索提供尽可能多的数据来最小化数据输入。例如，输入客户编号启动系统对客户的姓名、地址和其他关键信息的检索。

（2）按照纸质表单，以相同的顺序输入数据。

（3）将逻辑相关的数据进行分组。按照从左到右、从上到下的顺序组织屏幕。

（4）设计屏幕，用户可以从一个数据输入位置跳转到另一个数据输入位置，或者使用单键直接跳转到某个屏幕位置。

（5）简化错误修改。错误提示在所有屏幕中保持一致且清晰明确是至关重要的。存在帮助功能以提供在线帮助。

（6）限制单屏显示的数据或菜单选项的数量，以避免混乱。

15.3.4　程序设计

程序开发是最为耗时的系统开发生命周期活动之一，发生在如下所示的 8 个步骤中。步骤 1 是系统分析阶段的组成部分。步骤 2 始于概念系统设计，并可能贯穿物理设计阶段始终。步骤 3 和步骤 4 大部分发生于系统设计，并在系统实施阶段完成。步骤 5 和步骤 6 始于系统设计，但部分工作在系统实施阶段完成。步骤 7 完成于系统实施和转换阶段。步骤 8 是运行和维护的组成部分。

1. **确定用户需求**。系统分析员与用户交换意见，并确定用户需求和软件需求。

2. **制定和记录开发计划**。

3. **编写程序指令（程序代码）**。这个时间可能从几天到几年不等，取决于程序的复杂性。编程标准（编写程序的规则）有助于程序的一致性，易于阅读和维护。应该将计算机程序划分为小的、容易定义的模块以减少复杂性，增强可读性和可修改性。这个过程称为**结构化编程**（structured programming）。模块应该与控制模块交互，而不是彼此交互。为了方便测试和修改，每个模块应该只有一个入口和出口。

4. **测试程序**。调试（debugging）是发现和排除程序错误的过程。使用测试数据检测出程序的逻辑错误。测试数据应尽可能地模拟真实处理情况和输入数据组合。大型程序通常分三个阶段来测试：独立程序模块，模块与控制模块之间，与其他应用程序的接口。

在开发阶段尽可能发现错误是非常重要的。高德纳咨询公司（Gartner Group）估计，在系统开发生命周期后期发现错误要比早期发现多耗费 80%～1 000%的成本。

5. **记录程序**。文档解释了程序如何工作，并用于修正错误。程序文档包括流程图、数据流程图、E-R 图、数据模型、记录格式和叙述性描述。这些都记录在文档手册中。

6. **培训程序用户**。程序文档通常用于培训用户。

7. **安装系统**。组装所有的系统组件，包括程序和硬件，并且公司开始使用系统。

8. **使用和修改系统**。修改现有系统（通常称为系统维护）的需求包括：新的或修订后的报告；输入的变化，文件内容或诸如税率等数值调整；错误检测；转换为新的硬件。

□ 15.3.5 处理流程和控制设计

每个与系统交互的人都需要程序回答与信息系统活动相关的问题，包括何人、何事、何时、何地、为什么以及如何。程序应该包括输入准备、交易处理、错误检测和纠正、控制、余额核对、数据库访问、输出准备和分布以及计算机操作指令。程序文档和培训可以采取系统手册、用户指导课程、培训材料或在线帮助屏幕的形式。开发人员、用户或以上两类人员的团队代表都可以编写程序。

"垃圾进，垃圾出"这句谚语强调对输入、处理和数据存储功能的控制不当会产生不可靠的信息。必须将控制内置到 AIS 中，以确保其效率、效果和准确性。控制应该尽量减少错误，并在错误发生时检测和纠正它们。会计在这个领域发挥着至关重要的作用。表 15 - 6 概述了重要的控制问题。

表 15 - 6　控制设计的考虑因素

考虑因素	关注
合法性	系统的相互作用是有效的吗（例如，所有的现金付款支付给了合法的供应商吗）？
授权	输入、处理、存储和输出都经过恰当的管理者授权吗？
准确性	输入经过验证吗？数据处理和存储是正确的吗？
安全性	系统可以阻止未授权的逻辑和物理访问吗？可以防止系统资源被窃吗？
数字控制	对文档预先编号了吗？
可用性	在服务水平协议中说明了提供系统服务的时间吗？在约定的时间内，用户能输入、更新和检索数据吗？
可维护性	在不影响系统可用性、安全性和完整性的情况下，系统可以修改吗？仅有经授权、经测试和经记录的修改才是允许的吗？是否有可用的资源来管理、计划、记录和沟通变动？
完整性	数据处理是完整、准确、及时和经授权的吗？存在未经授权或无意为之的数据处理吗？
审计线索	能够追踪从原始凭证到最终输出的交易路径吗？

未能制定出良好的政策及程序并实施控制，可能会造成毁灭性的后果。治理缺失使得恺撒肾移植中心未能制定出好的政策和程序。数百名患者因此无法接受拯救生命的移植手术，移植中心在开业两年后被迫关闭。由于哈特兰支付系统公司控制不当，黑客得以从 1 亿多个信用卡账户中窃取敏感信息。

物理系统设计报告（physical systems design report）总结本阶段的工作，是管理层做出是否进入实施阶段决策的基础。表 15 - 8 展示了为购物商场编制的报告内容。

■ 15.4　系统实施

系统实施（systems implementation）是安装硬件和软件，并运行会计信息系统的过程。图 15 - 3 展示了实施过程。

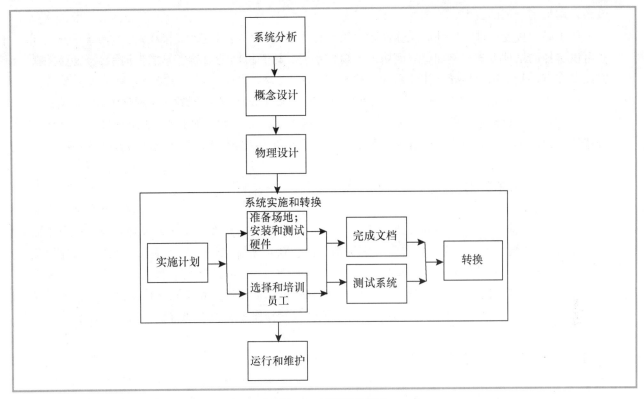

图 15 - 3   系统实施活动

☐ 15. 4. 1   实施计划和场地准备

实施计划（implementation plan）的内容包括实施任务、预期完成日期、成本估计以及每个任务的负责人。该计划详细说明工程项目何时完成以及 AIS 何时开始运行。实施团队要识别出影响成功实施概率的负面因素，计划中包含这些因素的应对策略。

AIS 的改变可能需要对公司现有的组织结构进行调整。新的部门可能设立，现有的部门可能取消或缩小规模，或者 IS 部门自身也可能发生变化。威斯康星州蓝十字和蓝盾公司的技术人员在不了解公司的业务或愿景的情况下，签订了一份价值 2 亿美元的系统合同。该系统并不能正常工作，它给一个根本不存在的小镇发送了支票，造成 6 000 万美元的额外支出，导致 3.5 万名客户流失。该系统失败的原因之一是组织重构未纳入系统实施中。

现场准备是一个漫长的过程，应该在安装日期之前就开始进行。大型计算机可能需要做出大的调整，例如额外的电源插座、数据通信设施、架空地板、湿度控制、特殊照明、空调、消防和应急电源。设备放置、储存和办公室也需要空间。

☐ 15. 4. 2   选拔和培训人员

员工可以从公司外部聘请，或是从公司内部调派，后者通常成本较低，因为内部员工对公司的业务和运作有所了解。因为新系统的使用而起用被解雇的员工可以提高员工的忠诚度和士气。

当用户没有得到充分的培训时，公司将无法实现预期的收益和投资回报。因为培训既费时又昂贵，所以公司没有提供充分的培训。培训不足的隐性成本是用户求助于已经掌握系统的同事，降低了同事的工作效率，增加了公司的成本。

员工必须接受硬件、软件以及任何新政策和程序的培训。培训应该安排在系统测试和转换之前。有许多可供选择的培训方式，例如供应商培训、自学手册、计算机辅助教学、录像带演示、角色扮演、案例研究以及在有经验的用户指导下体验系统。

拥有 1 000 多家门店的英国连锁药店博姿（Boots the Chemists）开发了一种新的培训方法，培训对象是那些对新系统感到紧张的员工。他们被邀请去一家安装了新 POS 系统的商店参加聚会。允许他们通过按错按钮或破坏交易的方式来试着破坏系统。员工很快发现系统没有受到影响，而且很容易使用。

15.4.3　完成文档

新系统必须具备三种类型的文档：

1. **开发文档**。该文档描述新的会计信息系统。包括：系统描述；输入输出、文件和数据库结构的备份；程序流程图；测试结果；用户验收表。

2. **运行文档**。包括运行计划；被访问的文件和数据库；设备、安全和文档留存的要求。

3. **用户文档**。教用户如何运行会计信息系统。包括操作手册和培训材料。

15.4.4　测试系统

不充分的系统测试是蓝十字和蓝盾公司系统失败的另一个原因。开发人员低估了系统的复杂性，并承诺了不现实的 18 个月的交付时间。他们在截止日期前采取的"捷径"是交付一个未测试的系统。文件和报告、用户输入、控制、操作和处理程序、容量限制、恢复程序和计算机程序都应该在真实的环境中进行测试。以下是三种测试形式：

1. **穿行**（walk-through）是逐步复核流程或程序逻辑，以发现不正确的逻辑、错误，遗漏或其他问题。在系统设计初期，开发团队和系统用户需要加入穿行测试，测试的重点在于输入、文件、输出和数据流。随后的穿行测试中，程序员需要加入，以解决程序代码的逻辑和结构问题。

2. **处理测试数据**（processing test data）。执行所有有效的交易和所有可能的错误情况，以确定程序的操作是否按照设计进行；也就是说，恰当地处理了有效的交易，发现并恰当地处理了错误。为了评价测试结果，必须预先详细说明每个测试交易应该得出的正确处理结果。

3. **验收测试**（acceptance tests）。该测试使用真实而非假设的交易和文件的备份。用户设计出验收标准，并最终决定是否接受会计信息系统。

化学银行（Chemical Bank）没有对 ATM 的升级进行充分的测试。结果：客户在支取现金时，其账户被借记两次。超过 150 000 笔、金额达 800 万美元的提款被错误地过账两次。成千上万个小额账户被透支或清空。这些惹恼或激怒了客户。化学银行因为技术故障失去了大量客户的信任。

即使从外部供应商那里购买的软件，也必须在安装前进行全面的测试。凯恩地毯公司（Kane Carpets）安装了为地面铺装行业量身定制的会计信息系统，当产品在库时，会计信息系统的存货控制系统却告知销售人员订单无法执行，反之亦然。结果，凯恩公司失去了许多客户。

15.5　系统转换

转换（conversion）是由旧的会计信息系统过渡到新的会计信息系统，许多组成元件需要转换：硬件、软件、数据文件和程序。当新的会计信息系统运行正常后，整个过程结束。有四种转换方法：

1. **直接转换**。当新的会计信息系统引入时，即终止旧的会计信息系统。例如，购物商场在周六晚上终止旧的会计信息系统，并在周一早晨启用新的会计信息系统。如果新系统与旧系统之间存在巨大差异，那么两者之间的比较毫无意义，在这种情况下，直接转换是适当的。直接转换成本较低，但是无法备份会计信息系统。除非新系统的开发和测试非常小心谨慎，否则，直接转换存在巨大的失败风险。

2. **并行转换**。新、旧系统同时存在一段时间。例如，购物商场用两个系统处理交易，比较输出，调整差异，修正问题。在新系统运行正常后，再终止旧系统的运行。并行处理测试可以使公司避免错误，但成本较高，并且压力较大（处理交易两次）。公司在转换期间经常遇到问题，因此并行处理的运用非常广泛。

3. **分阶段转换**。新会计信息系统逐步取代旧会计信息系统的组件。例如，购物商场先实施存货系统，然后实施应付款系统，之后是销售收款等，直至整个系统功能。逐步转换有利于在此期间的数据处理资源的获取。不利的地方是在新、旧系统创建临时数据接口的成本和所需要的时间。

4. **试点转换**。在组织的某一区块实施系统，如分支机构。例如，购物商场运用直接、并行或分阶段的方法，在某一分店安装新会计信息系统。当系统问题解决后，新系统就可以在其余的组织机构中运行。这能够将转换问题局部化，并进行实战演练。不利之处是转换时间较长，并需要新、旧系统的数据接口。这种新、旧系统的共存要持续到组织所有机构都进行了转换。欧文斯-科宁玻璃纤维公司（Owens-Corning Fiberglass）先是在一家工厂实施应付款、差旅费和工资系统，接着扩大到其他工厂。

数据转换是耗时、冗长且昂贵的；数据转换的难度和规模易被低估，可以按三种方式对数据文件进行修改。第一，文件可以被移至另一个存储介质，例如，从磁带到磁盘。第二，改变数据内容，例如，增加或删除字段和记录。第三，改变文件或数据库格式。

数据转换的第一步是决定需要转换的数据文件。然后，检查数据完整性，删除不一致的数据。接着，验证新文件以确保数据在转换过程中没有丢失，如果数据转换是漫长的，新文件必须根据数据转换过程中发生的交易进行更新。一旦完成了文件和数据库转换，并测试了正确性，新系统就可以运行了。系统应该被监控一段时间，以确保运行正常和准确。最后一步是记录转换活动。

15.6　运行和维护

系数开发生命周期的最后一个阶段是运行和维护新系统。**实施后审查**（post-implementation review）可以确定系统是否满足计划目标。表 15 - 7 是需要考虑的重要因素。在复核期间发现的问题将引起管理层注意，并做出必要的调整。表 15 - 8 阐述了**实施后审查报告**（post-implementation review report）应该包括的内容。用户验收报告是系统开发过程的最后一项活动。

表 15 - 7　实施后审查期间需要调查的因素

因素	问题
目标和目的	系统能够帮助组织实现其目标、目的和使命吗？
满意度	用户满意吗？他们喜欢这种改变或改进吗？
效益	用户如何受益？预期的效益实现了吗？
成本	实际成本与预期成本一致吗？
可靠性	系统是可靠的吗？它是不是失败了？如果失败了，原因是什么？

续表

因素	问题
正确性	系统能够生成真实和完整的信息吗？
及时性	系统能够生成实时信息吗？
兼容性	硬件、软件、数据和处理流程与现有系统兼容吗？
控制和安全	系统能规避错误、欺诈和入侵吗？
错误	存在能充分应对错误的处理流程吗？
培训	系统员工和用户接受过使用和支持系统的培训吗？
沟通	通信系统是充分的吗？
组织的变革	组织的变革是有益的还是有害的？如果有害，如何解决？
文档	系统文档是否完整和正确？

表 15-8　购物商场报告的内容

概念系统设计报告	物理系统设计报告	实施后审查报告
1. 概念系统设计概述 2. 项目目标概述以及截至目前的调查结果小结 3. 推荐的概念设计 （1）推荐设计概述 （2）设计要实现的目标 （3）设计对信息系统和组织的影响 （4）预期的设计成本和收益 （5）审计、控制和安全流程及处理 （6）硬件、软件和其他资源需求 （7）处理流程：程序、数据库、输入和输出的联系 （8）系统组件的描述（程序、数据库、输入和输出） 4. 设想和未解决的问题 5. 小结 6. 附录、词汇表	1. 物理系统设计概述 2. 项目目标概述以及截至目前的调查结果小结 3. 物理设计建议 （1）输入设计 （2）输出设计 （3）数据库设计 （4）软件设计 （5）硬件设计 （6）控制设计 （7）处理流程设计 4. 设想和未解决的问题 5. 小结 6. 附录、词汇表	1. 实施后审查概述 2. 开发项目概述 3. 开发评估 （1）系统目标的实现程度 （2）实际及预期的成本和收益的对比分析 （3）用户反应和满意度 4. 项目开发团队评估 5. 建议 （1）改进新系统的建议 （2）改进系统开发过程的建议 6. 小结

　　会计信息系统的控制交由数据处理部门负责。但新系统的工作并未完成。在典型的系统生命周期中，30% 的工作发生在开发阶段，70% 发生在软件修改和更新上。在哈特福德保险集团（Hartford Insurance Group），70% 的人工用于维护有着 340 000 个程序模块、24 000 万行程序代码的存货系统。因为保险法规和业务战略的改变压缩了代码的结构并增加了结构复杂性，所以这项工作更加困难了。

本章习题

　　1. 你公司新系统的开发人员提出两个不同的会计信息系统设计方案，并要求你来评价这两个方案。这种评价过程最可能发生于系统开发生命周期的哪个阶段？_____

　　a. 系统分析　　　　　　　　　　　　b. 概念设计

　　c. 物理设计　　　　　　　　　　　　d. 实施和转换

　　e. 运行和维护

　　2. 概念系统设计报告的目的是什么？_____

a. 指导物理系统设计活动

b. 表达满足管理层和用户需求的方式

c. 帮助指导委员会评估系统可行性

d. a 和 b

e. a，b，c

3. 以下哪项是物理系统设计阶段的正确顺序？_____

a. 输入、文件和数据库、输出、控制、处理流程、程序

b. 文件和数据库、输出、输入、处理流程、程序、控制

c. 输出、输入、文件和数据库、处理流程、程序、控制

d. 输出、文件和数据库、输入、程序、处理流程、控制

4. 月工资登记簿列示了所有的钟点工及其工作小时数、扣减项和实发工资，这个文件最有可能是以下哪项？_____

a. 预定报告　　　　　　　　　　b. 特殊用途分析

c. 触发异常报告　　　　　　　　d. 需求报告

5. 下列哪项不是输入设计应该考虑的因素？_____

a. 可能存在哪些错误，如何发现和修正这些错误

b. 如何输入数据（键盘、OCR 或 POS 终端）

c. 哪种格式能以最省力和最小成本的方式有效地获取数据

d. 系统生成报告的频率

6. 以下哪项最可能改善程序开发？_____

a. 物理模型　　　　　　　　　　b. 信息技术战略计划

c. 穿行　　　　　　　　　　　　d. 记录格式

7. 以下哪项陈述是正确的？_____

a. 高德纳咨询公司估计如果在系统开发生命周期后期发现编程错误要比在系统开发生命周期早期发现多 25%～30% 的成本

b. 直接系统转换是风险最小的系统转换方法

c. 许多软件开发人员声称 5%～10% 的软件开发成本产生于测试、调试和重新编写软件

d. 在系统生命周期中，信息系统中仅有 30% 的工作投入发生于开发期，而剩余 70% 花费在维护系统阶段

8. 下面哪项系统测试方法使用了真实而非假设的交易和文件？_____

a. 穿行测试　　　　　　　　　　b. 处理测试数据

c. 验收测试　　　　　　　　　　d. 并行转换测试

9. 新会计信息系统引入的同时，旧系统即终止，这是下列哪种方法？_____

a. 直接转换　　　　　　　　　　b. 并行转换

c. 分阶段转换　　　　　　　　　d. 试点转换

10. 下列哪一项描述了从自上而下到更细层次的程序设计？_____

a. 分层程序设计　　　　　　　　b. 自上而下程序设计

c. 并行程序设计　　　　　　　　d. 非结构化程序设计

问题讨论

1. 棱镜玻璃公司（Prism Glass）正在进行新系统的转换。为加快实施步伐，首席执行官要求顾问团队推

迟建立标准和控制，直至系统完全运行后再建立。你应该如何回应首席执行官的要求？

2. 当公司从一个系统转换成另一个系统时，组织内部许多部门会受到影响，解释系统转换将会如何影响（无论是单独还是共同）以下各项。

a. 员工

b. 数据存储

c. 运行

d. 政策和流程

e. 实体设备

3. 任务 a 到 m 分别在五个系统开发生命周期阶段中的哪个阶段执行？答案可能有多个。

　　　　　1. 系统分析

　　　　　2. 概念（总体）系统设计

　　　　　3. 物理（详细）系统设计

　　　　　4. 实施和转换

　　　　　5. 运行和维护

a. 编写操作手册

b. 开发程序和流程控制

c. 确定系统设计的备选方案

d. 开发系统逻辑模型

e. 确定外部和管理层控制

f. 测试系统

g. 培训员工

h. 评价现有系统

i. 分析系统效益的取得

j. 修改和变更程序

k. 分析全面质量管理（TQM）绩效指标

l. 可行性分析

m. 会计信息系统开发规划与业务目标协调一致

4. 下述职位最可能在系统开发循环的哪个阶段被涉及？证明你的答案。

a. 管理会计师

b. 信息系统管理员

c. 程序员

d. 系统分析员

e. 内部审计人员

f. 财务副总裁

习题答案

1. 正确选项 b，在概念设计阶段，用户设计和评价合适的备选方案。选项 a 错误，在系统分析阶段，分析员识别用户需求，确立目标，完成系统开发生命周期设计阶段的详细说明书。选项 c 错误，在物理设计阶段，公司用详细说明书描述概念设计，该说明书用于开发和测试计算机程序。选项 d 错误，在实施和转换阶段，公司安装并测试硬件、软件和处理流程，以及从旧系统转换为新系统。选项 e 错误，在运行和维护阶段，公司运行系统并进行持续的维护和小的修改。

2. 正确选项 e。选项 a，b，c，d 不全面。

3. 正确选项 d。见图 15-2。

4. 正确选项 a，计划报告具有指定的内容、格式和交付时间。月工资登记簿就具有这些特点。选项 b 错误，特殊用途分析没有特定的内容、格式或交付计划。选项 c 错误，触发异常报告具有指定的内容和格式，但仅在特定事件发生时才生成该报告。选项 d 错误，需求报告有明确的内容和格式，但仅在需要时才生成。

5．正确选项 d 选项。选项 a，b，c 错误，这些任务是在输入设计阶段应该考虑的因素，见表 15 - 4。

6．正确选项 c，在穿行阶段，与设计项目有关的人员逐步复核项目，因此可以识别和修正错误。选项 a 错误，物理模型最常用于描述数据库的物理特征。选项 b 错误，实体的战略规划为实现长期目标提供了指导。选项 d 错误，记录格式说明了数据项如何存储于文件中。

7．正确选项 d。选项 a 错误，应该是 80％～1 000％。选项 b 错误，直接转换是风险最大的转换方法。选项 c 错误，应是 20％～30％。

8．正确选项 c。验收测试使用真实的交易数据来监测新系统。选项 a 错误，穿行测试逐步复核流程和程序，因此能识别和修正错误。选项 b 错误，处理测试数据涉及新旧系统的并行运行，直至用户接受新系统为止。选项 d 错误，并行转换是一种系统转换方法，而非测试方法。

9．正确选项 a，在直接转换中，新系统一旦引入，立即终止旧系统。选项 b 错误，并行转换中，新旧系统同时运行一段时间，直至用户接受新系统为止。选项 c 错误，分阶段转换逐渐用新系统取代旧系统。选项 d 错误，试点转换是在一个或一些指定地区运行和测试新系统。

10．正确选项 a，分层程序设计是从一般到详细的程序设计过程。选项 b，c，d 错误，均不是本书描述的程序设计方法。

术语表

A

验收测试（acceptance tests）　使用真实交易来测试新系统；测试结果用于判定是否满足用户制定的验收标准。

访问权限（access rights）　授予创建、读取、更新和删除数据、数据库记录或数据文件的权限。

核算（accounting）　对组织财务交易进行系统和全面的记录，包括汇总、分析和向所有用户报告这些交易。

会计信息系统（accounting information system，AIS）用于收集、记录、存储以及加工数据以生成信息供决策者使用的系统；会计信息系统包括：人员、流程和说明、数据、软件、信息技术基础设施和内部控制及安全措施。

应收账款账龄分析表（accounts receivable aging schedule）　按照应收账款形成时间的长短列示应收账款账户余额；该报告为评价现行信用政策、估计坏账以及决定是否提高特定客户的信用限额提供了有用信息。

作业成本法（activity-based costing，ABC）　旨在将成本追溯到产生成本的作业中的成本系统；成本一经追溯到具体的作业，就会被分配到相应的产品或部门。

参与者（agents）　在 REA 数据模型中，参与事件和需要信息的人员和组织。

汇总数据（aggregate data）　以汇总的形式展示数据。

攻击（aggression）　出于破坏、削弱、降低系统效率的目的而抵制变革；可能有错误率上升、中断或者蓄意破坏等表现形式。

敏捷开发（agile development）　在未知的、快速变化的环境中开发信息系统的一种指导思想和一组原则。

分析性复核（analytical review）　对不同数据组之间关系的审查。

应用控制（application controls）　阻止、检测并更正应用程序中的差错和欺诈行为；该控制关系到数据获取、输入、加工、存储、传递至其他系统以及报告的准确性、完整性、有效性及其认证。与"一般控制"相对照。

存档（archive）　作为历史记录永远保留的数据库、主文件或软件的备份，通常用于满足法律法规的要求。

人工智能（artificial intelligence，AI）　利用计算机系统模拟人类的智能过程，如学习、推理和自我完善。

属性（attributes）　文件或数据库中的字符；不同实体的个体特征，例如员工编号、工资率、姓名和地址。

审计委员会（audit committee）　由外部独立董事会成员构成，负责财务报告、法规遵守、内部控制以及聘请和监督内外部审计师。

审计线索（audit trail）　允许通过从起点（无论是纸质的还是电子的）到最终输出或者反方向从最终输出到起点的数据处理系统来跟踪交易路径。

认证（authentication）　验证试图访问或进入系统的人员或设备的资格。

授权（authorization）　赋予员工执行某些组织职能的职权，比如代表公司采购或销售；无须专门批准就能处理的日常交易事项对应的是一般授权；需要审批才能处理的交易事项对应的是特别授权。

自动化（automation）　机器应用程序自动执行曾经由人类执行的任务。

逃避（avoidance）　通过不使用新系统的方式抵制变革。

B

延期交付订单（back order）　当库存不足无法满足客

户订单时生成的授权采购或者生产的文件。

雇员背景调查（background check） 未来雇主或者现任雇主针对潜在雇员或现任雇员所做的调查；雇员背景调查通常涵盖核实简历中的教育背景和工作经历，与其推荐人交谈，检查犯罪记录、信用记录和其他公开的个人信息审核。

余额结转法（balance-forward method） 客户通常根据月结单余额而非单独的发票金额支付账款的一种应收账款管理方法。

平衡计分卡（balanced scorecard） 考察财务、内部流程、创新和学习以及客户这四个维度的管理报告。

批处理（batch processing） 定期（每天或者每周）将交易记录累积成组或者成批进行处理；这些交易记录通常在处理前按序列进行分类（例如数字序列或者字母序列）。

总批次（batch total） 一批文档的数据项总和；该总和在批处理前计算出来，用于在每一个后续处理步骤中与计算机产生的总数相比对，以确定数据处理的正确性。

变革的行为反应（behavioral aspects of change） 新系统能够改变组织，这可能导致人们改变其行为；组织必须关注和考虑这些变化影响下的人的情绪和反应。

信念体系（belief system） 由公司高级管理层植入的企业态度，将公司核心价值观传达给员工并鼓励他们按此价值观工作；信念体系的设计必须注重公司如何创造价值并帮助员工了解管理层希冀的公司发展方向。

基准问题（benchmark problem） 由不同计算机系统执行的数据处理任务，其结果用于测量系统性能并做出系统间的比较评价。

大数据（big data） 海量、高增长率和多样化的数据集。

提货单（bill of lading） 针对在途货物的法律合同，它界定了承运人、货源、目的地、运输工具以及付款方。

物料清单（bill of materials） 详细说明生产产品所需的零件编号、品名以及组件用量的记录。

块码（block code） 数字序列内的组块代表不同分类，对用户来说每个分类代表不同含义。

区块链（blockchain） 使用密码学方法将块（单个数字记录）相关联在一个称为链的列表中。区块链不是存储在一个单一的位置。相反，它是一个散列文档的分布式账本，其功能相当于一个去中心化的数据库。分布式点对点网络中的每台计算机都保存一个备份，以防止单点故障。

系统边界（boundary system） 系统通过设定限度来促使员工合乎道德地行事；员工只要在规定的限度内行事，就能解决问题并满足顾客需求，比如达到最低绩效要求，避免超出限度的活动，以及避免可能会损害公司声誉的行动方案。

商业智能（business intelligence） 获取并使用战略决策所需数据；联机分析处理（OLAP）和数据挖掘是两种主要的商业智能技术。

业务流程（business process） 为完成某项特定组织目标的一系列具有关联性、协同性和结构化的活动和任务。

业务流程图（business process diagram，BPD） 描述业务流程中不同步骤或活动的可视化方法，为读者提供易于理解的业务流程事件的图形视图。

业务流程管理（business process management，BPM） 持续改进和优化业务流程的系统方法；这种持续渐进的改善是由技术推动的。

业务流程管理系统（business process management system，BPMS） 在整个系统开发生命周期阶段，促进流程优化并实现自动化的系统；业务流程管理系统能够促进沟通与合作，使经营活动自动化，实现与价值链上的其他系统及其他合作伙伴的集成。

业务流程重组（business process reengineering，BPR） 深入分析并且重组业务流程和信息系统，以实现业绩的显著提升。

业务流程或交易循环（business processes or transaction cycles） 频繁发生在多数企业中的重要的供求互换。

C

资本预算模型（capital budgeting model） 为获得资本资产以及进行长期项目投资而做出的资本支出预估；通过比较估计收益与成本来判定是否具有成本节约效应。

基数（cardinality） 数据库的关系属性，用于描述一个实体中的一个实例与另一个实体中多少个实例相联系；三种基数分别为一对一、一对多以及多对多。

现金流量预算（cash flow budget）　显示某一特定时期项目的现金流入及流出，以便企业预测短期融资需求。

分类数据（categorical data）　使用有限数量的赋值来表示不同组的数据项。

变革管理（change management）　确保变革顺利有效地进行，不会对系统产生负面影响。

会计科目表（chart of accounts）　所有资产负债表和损益表的会计科目编码清单。

校验码（check digit）　ID 号码（比如员工编号）包含从其他数位计算而来的校验码。

校验码验证（check digit verification）　重新计算校验码以确保无误；该计算只能用于有校验码的数据项。

闭环验证（closed-loop verification）　利用输入系统的数据检索并显示其他相关信息以便核实输入数据准确性的输入验证方法。

云计算（cloud computing）　使用浏览器远程访问软件、数据存储、硬件和应用程序。

编码（coding）　（1）将数字或者字母系统性地分配到各个项目以便对其分类和组织；（2）编写用于指导计算机完成具体数据处理任务的程序指令。

商业软件（commercial software）　在开放市场上向大量有相似需求的用户出售的程序。

兼容性测试（compatibility test）　判定试图获取信息资源的人是否被授权；计算机通过比对认证证书与访问权限控制机制来判定员工是否有权获取该项资源或执行请求的操作。

完整性测试（或检查）（completeness test（or check））　核实所需数据是否全部输入的编辑检查。

计算机辅助软件（系统）工程（computer-aided software（or systems）engineering，CASE）　熟练掌握技能的设计人员使用的用于帮助计划、分析、设计、编程和维护信息系统的集成工具包。

计算机集成制造（computer-integrated manufacturing，CIM）　大量生产过程由电子化设备执行并监测、部分生产活动通过机器人技术和实时数据采集完成的一种生产方法。

计算机操作员（computer operators）　操作公司计算机的人员；他们应确保数据被正确地输入、处理并且输出需要的结果。

计算机程序员（computer programmers）　开发、编写并测试计算机程序的人员。

组合键（concatenated key）　由其他数据库表中的两个或者两个以上的主键共同构成另外一张表的主键或唯一标识符；多属性主键。

概念系统设计（conceptual systems design）　系统开发生命周期的第二个阶段，确定如何满足用户需求，识别和评估设计方案，并为系统目标以及如何控制系统制定详细的说明书。

概念设计说明书（conceptual design specifications）　系统输出、数据存储、输入、流程处理及操作运行的需求说明书。

概念层模式（conceptual-level schema）　整个数据库的全局视图；它包括所有的数据元素以及数据元素之间的关系；区别于外模式和内模式。

概念系统设计报告（conceptual systems design report）　总结概念设计成果；为物理设计提供指导；沟通如何满足所有的信息需求并帮助指导委员会评估可行性。

顶层数据流程图（context diagram）　最顶层的数据流程图，提供了系统的总体概览，展示了数据处理系统、输入输出系统以及构成输入输出数据来源与去向的外部实体。

控制活动（control activities）　为实现控制目标和应对风险提供合理保证的政策、规程以及法则。

控制环境（control environment）　与控制相关的组织环境，包括管理哲学、审计委员会以及组织结构。

转换（conversion）　从一种计算机系统转变成另一种计算机系统的变换过程。

腐败（corruption）　当权者不诚实的行为，通常包括不合法的、不道德的或与道德标准不相容的行为。例如贿赂和串通投标。

成本动因（cost driver）　任何与成本有因果关系的事物。比如，处理的采购订单数目可以作为采购部门的一个成本动因。

信贷限额（credit limit）　依据信用记录和付款能力制定的每个顾客的最高信贷额度。

贷项通知单（credit memo）　由信用管理经理批准的授予发票部门调减应收账款账户金额的业务单据；主要用于销售退回和受损货物的销售折让或者坏账核销。

关键路径（critical path） 完成项目需要时间最多的路径。活动中的关键路径的延误会导致整个项目的延期。如果有可能，资源应当转移至关键路径活动以减少完成项目所用的时间。

交叉核对余额测试（cross-footing balance test） 将工作表中的数据横向、纵向各自加总，然后将横向加总的数据与纵向加总的数据进行核对，确保其相等。

定制软件（custom software） 自行开发和编写的满足某一公司独特需求的软件。

客户关系管理系统（customer relationship management（CRM）systems） 提高效率并促进个性化服务的管理客户信息的软件。

分期开单（cycle billing） 在不同的时期为相应的子客户群编制月结单，比如每周为其中 1/4 的客户编制月结单。

D

仪表盘（dashboards） 关键经营绩效指标的交互式实时显示。

数据（data） 被信息系统收集、记录、存储并加工用于产生信息的客观事实。

数据分析（data analytics） 利用软件和算法发现和解决问题以及提高业务绩效。

数据一致性（data consistency） 字段中的每个值都应该以相同的方式存储的原则。

数据仪表盘（data dashboard） 经营绩效关键指标交互式实时显示；以易于理解的数据可视化方式显示重要的数据点、度量标准和关键性能指标，如线状图或条形图、表格或计量表。

数据定义语言（data definition language，DDL） 通过逻辑视图和物理视图管理数据的数据库管理系统（DBMS）语言；该语言用于建立数据字典、初始化或创建数据库、为用户和程序员描述逻辑视图、详细说明针对数据记录和字段安全性的限制和约束。

数据终点（data destination） 接收系统生成数据的实体。

数据字典（data dictionary） 数据库结构信息，包括每个数据元素的描述。

数据输入错误（data entry errors） 所有不正确数据输入的错误类型。

数据流（data flow） 加工、存储、来源和终点之间的数据流动。

数据流程图（data flow diagram，DFD） 用图形表述，包括数据来源/终点、数据流、转换过程和数据存储。

数据操作语言（data manipulation language，DML） 更改数据库内容的数据库管理语言，包括数据元素创建、更新、插入和删除。

数据挖掘（data mining） 使用复杂的统计方法"发现"数据间的非假设关系。

数据模型（data model） 对于数据库内容的抽象表示。

数据建模（data modeling） 定义一个数据库，以便其能基本代表组织环境中的所有重要组成部分；其目标是明确获取和存储组织想要计划、控制或者评估的业务活动数据。

数据加工循环（data processing cycle） 四种数据操作（包括输入数据、存储数据、处理数据、输出信息）用以生成有价值的、相关的信息。

数据加工计划（data processing schedule） 执行每个数据加工任务的时间计划表。

数据库查询语言（data query language，DQL） 高级的、类似英语的 DBMS 语言，包含功能强大、易于使用的命令，使用户能够检索、分类、排序和展示数据。

数据源（data source） 向系统发送数据或者接受系统生成数据的实体。

数据存储（data store） 系统数据存放的地点和介质。

数据验证（data validation） 数据分析的过程，以确保数据具有高质量数据的特性：准确、完整、一致、及时和有效。

数据值（data value） 字段中存储的实际值；用于描述实体的特殊属性。例如，如果该公司是客户，那么客户名称字段为"ZYX Company"。

数据仓库（data warehouses） 多年累积的用于分析而非交易处理的详细汇总数据的大型数据库。

数据库（database） 由一系列数据冗余尽可能少的、相互关联的并且被集中管控的数据文件组成；数据库将之前存放在单个文件中的记录集成到一起，并服务于大量用户和数据处理应用。

数据库管理员（database administrator，DBA） 负责协调、控制和管理数据库的人员。

数据库管理系统（database management system，DBMS） 对数据及数据与应用程序接口进行管理和控制的程序。

数据库系统（database system） 数据库、DBMS以及通过DBMS访问数据库的应用程序。

借项通知单（debit memo） 用于调减应付供应商款项余额的记录。

调试（debugging） 检查并纠正计算机系统中的错误。

扣缴款登记簿（deduction register） 列出每位员工各项法定扣除项的报告。

删除异常（delete anomaly） 删除表格中的某一行将导致该实体所有信息的丢失。比如，如果客户地址仅存放在销售发票表中，那么删除了该客户唯一的一笔销售行记录会导致该客户所有信息的丢失。

需求报告（demand reports） 预先设定内容与格式，但仅用于响应管理者和客户需求的报告。

检测控制（detective controls） 为发现遗漏的控制问题而设计的控制，如重复检查计算，编制银行调节表和月度试算平衡表。

数字签名（digital signature） 使用哈希（Hash）算法创建的私钥进行加密的哈希值。

直接转换（direct conversion） 从旧系统转换成新系统，在此过程中旧系统停止运作，之后新系统启用；也称作"过河拆桥"或者"崩溃转换"。

灾难恢复计划（disaster recovery plan，DRP） 导致计算机系统发生故障的紧急事件出现时，尽可能顺利地快速恢复数据处理能力的计划。

付款凭证（disbursement voucher） 标识供应商、未付发票以及扣除适用的折扣及折让后的应付金额的文件。

文档流程图（document flowchart） 说明了组织内各职能部门之间文件和数据流从生成到注销的全过程；展示了每份文档的来源、位置、用途和最终归属。

文档（documentation） 解释系统如何运作的文字叙述、流程图、图表及其他书面材料。

单据（documents） 交易记录或公司其他数据，比如支票、发票、验收报告以及请购单。

E

工资对账单（earnings statement） 分别列示了工资总额、扣减项以及实发工资的本期数和累计数的报表。

经济可行性（economic feasibility） 判定系统收益能否超过实施系统所付出的时间、金钱和资源。

经济订货量（economic order quantity，EOQ） 使订货成本、持有成本和缺货成本总和达到最低时的最优订货批量；订货成本是与采购交易相关的成本，持有成本是与维持库存相关的成本，缺货成本（比如销量损失或生产延误）源于库存短缺。

电子数据交换（electronic data interchange，EDI） 运用计算机通信技术和标准化的编码方案，将业务单据以接收方信息系统能够自动受理的格式进行提交。

电子资金转账（electronic funds transfer，EFT） 利用网上银行软件转账。

电子锁箱（electronic lockbox） 在电子锁箱协议中，银行能够在收到款项的同时将客户账号、付款金额信息以电子形式发送给公司。

元素（element） XBRL实例文档中的具体数据项，比如财务报表项。

加密（encryption） 将普通文本（即明码文本）转换成不可读的乱码（即密码文本）的过程；加密对于远程终端的机密信息传输尤为重要，因为数据传输线会在用户不知情的情况下被电子化操控。

终端用户自建（end-user computing，EUC） 终端用户创建、控制并实施自己的信息系统。

企业资源计划系统（enterprise resource planning（ERP）system） 系统将组织所有经营活动——如会计、财务、市场营销、人力资源、制造、库存管理——整合到一个系统中。ERP系统是模块化的；公司可以购买满足其特定需求的单个模块。ERP促进了信息在公司各个业务职能部门之间的流动，并负责与外部利益相关者进行沟通。

实体（entity） 组织希望收集和存储的信息对象，比如员工、存货或者顾客。

实体完整性规则（entity integrity rule） 关系数据库的设计约束，要求主键是非空值；这确保了具体事物的存在并能被主键识别。

实体-联系图（entity-relationship（E-R）diagram） 用图形描述数据库内容，展示模块中的不同实体及其关系；实体是被收集的信息所描述的任何类别的对象，比如组成 REA 数据模型的资源、事件以及参与者；实体-联系图用矩形代表实体，用线条和菱形代表实体间的联系。

评估验收结算（evaluated receipt settlement，ERS） 一种无发票的应付账款方法，用采购订单和验收报告的双向匹配替代三方匹配（卖方发票、验收报告和采购订单）。

事件（event）（1）在 REA 数据模型中，管理层基于计划或控制意图而收集信息的业务活动；（2）组织内部或外部发生的会影响到战略实施或目标完成的事件或事故。（3）任何可能对 AIS 或组织造成损害的潜在不良事件或不希望发生的事件；也被称为威胁。

可执行架构基线（executable architecture baseline） 部分实施了包括所有重要架构组件在内的系统，用以说明架构支持的关键系统功能，并在可接受的成本范围内生成期望的性能和可扩展性。

预期损失（expected loss） 风险出现时所造成的潜在财产损失（敞口）的数值以及该风险出现的概率（可能性）。

支出循环（expenditure cycle） 与购进产品和服务并支付其款项相关的一组业务活动和相应的数据处理流程。

敞口（exposure/impact） 某项特定风险发生时可能带来的财务损失。

扩展分类标准（extension taxonomy） 一系列自定义的 XBRL 标签；用于定义报告公司独特的、行业普遍采用的分类标准之外的元素。

外模式（external-level schema） 局部数据库的个别用户或应用程序视图；每个个体用户的视图也叫作子模式；区别于概念模式和内模式。

极限编程（extreme programming，XP） 一种更富成效的生成高质量软件的软件开发方法，旨在将传统软件开发中的有益元素和最佳实践发挥到极致。

F

保理（factoring） 以折扣价向专门处理逾期账款收款的公司出售应收账款。

容错性（fault tolerance） 当出现硬件故障时系统的持续运行能力。

可行性研究（feasibility study） 确定新的应用程序或系统的开发是否可行的调查。

字段（field） 数据记录的一部分，包含某项具体属性的数据值。例如，在电子表格中，每一行可能代表一个客户，每一列可能代表客户的一个属性。电子表格中的每个单元格就是一个字段。

字段检查（field check） 编辑检查字段中的字符以确保其被赋予正确的字段类型。

文件（file） 一系列具有逻辑关系的记录，比如所有员工的工资记录。

金融电子数据交换（financial electronic data interchange，FEDI） 通过电子资金转账（EFT）和电子数据交换（EDI）间的集成，将汇款数据和传输指令囊括在同一电子组件中。

筹资循环（financing cycle） 与获取资金用于运营、偿还债权人、向投资者分配利润相关的业务活动。

灵活福利计划（flexible benefits plan） 在此计划下，员工能够得到最低医疗保险和养老金福利以及其他的福利"信贷"，比如获得额外假期或补充医保；该计划有时被称作"自助餐式的福利计划"，因为它提供了一份选项单。

弹性预算（flexible budget） 基于实际业务水平编制的预算，并用一定的公式表示。

流程图（flowchart） 用一套标准化的符号形象地描述信息系统某些组成的分析技术；用于记录业务流程如何执行以及文档如何在组织中流动。

外键（foreign key） 是一张表的属性，同时也是另一张表的主键；外键常用于链接表格。

G

甘特图（Gantt chart） 用来进行项目计划和控制管理的条形图。纵轴表示项目活动，横轴表示时间单位。线条起始于计划开始日期，终止于计划结束日期。

一般授权（general authorization） 赋予正式员工不经特殊批准直接处理交易的权力。

一般控制（general controls） 用以确保组织信息系统和控制环境稳定且管理良好的控制措施，例如安全，IT 基础设施，以及软件获取、开发和维护控制。一般与应用控制相对应。

通用日记账（general journal） 用来记录一些不频繁或非常规的交易事项，诸如偿还贷款及期末调整和结账。

总账（general ledger）　公司各项资产、负债、所有者权益、收入和费用科目的总括账户。

总账和报告系统（general ledger and reporting system）　包括更新总账和编制概括组织运营活动报告的信息处理操作。

供求互换（give-get exchange）　两个不同实体互换项目的过程，例如用现金换取产品或服务等。

目标冲突（goal conflict）　子系统的一项决策或行为与另一个子系统或者整个系统的目标发生冲突。

目标一致性（goal congruence）　子系统在达到自身目标的同时也促进组织总体目标实现。

分组码（group codes）　用来给项目编码的两组或两组以上的数字。分组码通常和块码结合使用。

H

服务台（help desk）　由内部分析师和技术人员组成的专业团队，该团队专门回答员工的疑问以鼓励、支持、协调和控制终端用户的工作。

人力资源管理/工资循环（human resources management (HRM)/payroll cycle）　与有效管理员工劳动相关的一组业务活动和数据处理操作。

人力资源/工资循环（human resources/payroll cycle）　与招聘、培训、补偿、评价、升职和解聘相关的一组业务活动。

I

实施和转换阶段（implementation and conversion phase）　系统开发生命周期的第四个阶段。在这个阶段，公司雇用和培训员工，测试和修改程序，建立标准和控制，完成文档，转换至新系统，并检测和纠正设计缺陷。

实施计划（implementation plan）　关于如何实施新系统的书面计划，详细说明项目何时应该完成并可运行，包括完成时间表、成本估算、任务时间表以及每项活动的负责人。

备用金（imprest fund）　备用金具有两个特征：（1）设有固定的金额，如 100 美元；（2）每笔支出都需要填制凭证。在任何时候，现金总额加上凭证上的金额应当等于预设金额。

增量备份（incremental backup）　复制上次备份后被改变的数据项目的行为。该过程将增加一系列增量备份文件，每个文件都将包含一天交易的结果。

信息（information）　被组织和加工对使用者有意义的数据。

信息超载（information overload）　超过了人类大脑能够吸收和处理的信息量，导致决策质量下降，信息提供成本增加。

信息权限管理（information rights management，IRM）　一种信息系统软件，该软件不仅具有限制使用者使用特定文件的功能，还可以识别被授权使用系统资源的用户的各种行为（阅读、复制、打印、下载等）。一些信息权限管理软件甚至具有在特定时间内限制使用优先权和彻底删除被保护文件的功能。

信息系统（information system）　为实现组织目标而收集、加工、管理和报告信息的组织形式。正式的信息系统具有生成信息的明确职责。非正式的信息系统达不到正式信息系统的要求，也没有明确指定的正式职责。

信息系统指导委员会（information system steering committee）　由计划和监督信息系统运作的高层管理人员组成。该委员会职责包括会计信息系统规章制度的制定，确保高层管理人员对系统的领导和控制，以及对系统活动的相互协调和集成。

信息技术（information technology，IT）　用来存储、检索、传输和操作数据的计算机及其他电子设备。

初步调查（initial investigation）　目标程序是否具有实施的必要性和可行性的基础性调查。

内联 XBRL（inline XBRL，iXBRL）　融合了 HTML 和 XBRL 标记的开放标准，使得同一个文档既可以在浏览器中阅读，包含的结构化数据也可以由机器读取。

插入异常（insert anomaly）　不合理的数据库组织，导致无法向数据库中添加记录。

实例文档（instance document）　含有标签数据的 XBRL 报告。

集成测试（integration tests）　查找代码段之间的不兼容接口。

内部控制流程图（internal control flowchart）　描述、分析和评价内部控制，包括识别系统优势、劣势和低效率。

内部控制（internal controls）　对公司内部信息处理准确性的控制。

内模式（internal-level schema） 描述数据如何被存储和访问的整体数据库概览。包括记录打印格式、定义、地址、索引等过程。不同于外模式和概念模式。

内含报酬率（internal rate of return，IRR） 资金流入现值总额与资金流出现值总额相等，即净现值等于零时的折现率。

J

分批法（job-order costing） 将成本分配到具体生产批次或作业上的成本系统。

工作时间分配表（job-time ticket） 通过记录每项具体的工作任务所花费的时间来收集有关员工劳动信息的文件。

记账凭证文件（journal voucher file） 存储所有用来更新总账的会计分录的文件。

准时制库存系统（just-in-time（JIT）inventory system） 根据实际销售而不是预测销售安排采购和生产商品，从而最大限度地减少或取消库存的一种系统。

K

键盘记录（keylogger） 记录计算机活动的软件，包括用户键盘敲击、邮件收发、浏览网站和参与网聊等信息。

回扣（kickbacks） 供应商给予采购代理人礼物，用以吸引客户购买其商品的手段。

知识管理系统（knowledge management systems） 用于存储和管理员工专业知识的软件，以便其他人可以分享和使用这些知识。

L

截留挪用（lapping） 通过一系列应收账款账户的延迟入账来掩盖现金盗窃。例如，犯罪分子窃取了客户 A 的应收账款。稍后使用从客户 B 收到的资金登记客户 A 的应收账款余额，再使用客户 C 的收款登记 B 的余额，以此类推。

精益生产（lean manufacturing） 将准时制库存系统的原则扩展到整个生产过程，以减少或取消原材料、在产品和产成品的库存。由于产品顺应客户需求而生产，因此精益生产通常称为拉式生产。

法律可行性（legal feasibility） 确定待开发系统是否符合所有适用的联邦和州法律、行政机构法规和合同义务。

可能性（likelihood/risk） 风险发生的可能性。

限额检查（limit check） 确保数据的金额未超出预先规定限额的编辑检查。

链接库（linkbases） 定义具体实例文档中各种元素的关系的一个或一个以上的 XBRL 文件。

锁箱（lockbox） 客户寄送汇款票据的邮政地址。该邮政信箱由合作银行管理，银行必须每天收取支票并将款项存入公司银行账户。银行向公司提供汇票通知、汇款电子清单和所有支票的影印件。

逻辑模型（logical models） 关注基础活动和信息流而不关注该信息流如何实现的系统描述。

逻辑视图（logical view） 如何从概念上组织、阅读和理解数据项之间的联系。不同于物理视图。

M

机器学习（machine learning） 人工智能的一种应用，使计算机系统无须显式编程就能改进和更新预测模型。

机读（machine-readable） 可以由计算机读取和处理的数据格式。

制造费用（manufacturing overhead） 该成本不能直接追溯到具体作业或工作，而是为生产产品和提供服务发生的各项间接成本。

制造资源计划（manufacturing resource planning，MRP-Ⅱ） 物料需求计划的扩展。平衡已有生产能力及原材料需求以满足预期销售计划。制造资源计划也称为推式生产，因为产品的生产由预期的客户需求决定。

多对多关系（many-to-many（M∶N）relationship） 描述两个实体之间的关系，且两个实体的最大基数为多。例如一种存货可以卖给多个客户，一个客户可以预订多种存货。

主文件（master file） 存储公司累计数据的永久性文件。交易发生时，主文件中的单个记录被及时更新以保持信息一致性。

主计划（master plan） 描述系统的组成，包括如何开发，由谁开发，何时开发，如何获得所需的资源，项目进展情况，计划项目的优先级，以及优先级标准。

主生产计划（master production schedule，MPS） 详细说明计划期间要生产多少产品以及何时生产。

物料需求计划（material requirements planning，MRP） 在满足生产需要的前提下，通过提高预测技术的准确性来降低库存水平的存货管理方法。

物料需求（materials requisition） 授权从仓库转移必要的材料。

最大基数（maximum cardinality） 某关系一侧可以出现的最大实体实例数。仅存在两种可能，即 1 或多。

元数据（metadata） 对其他数据进行描述的数据。

最小基数（minimum cardinality） 关系中参与关系实例的最小实体实例数。仅存在两种可能，即 0 或 1。

助记码（mnemonic code） 用以识别单个项目的字母和数字。助记码从项目描述中得来并且易于记忆。

月结单（monthly statement） 概括上个月发生的所有交易并且告知客户现有账户余额的文件。

调拨单（move ticket） 确认内部转移的内容、地点和时间的文件。

多重身份认证（multifactor authentication） 为获得更高的安全系数而设置的两种或两种以上的认证方式。

N

叙述性描述（narrative description） 对系统组件及其交互影响的书面的、循序渐进的解释。

净现值（net present value，NPV） 按基准折现率或其他设定的折现率计算的各年净现金流量现值的代数和，该折现率体现货币的时间价值。

网络管理员（network managers） 确保可用设备都可以连接到公司内外网络且网络连接流畅无阻的人员。

神经网络（neural networks） 模拟人脑学习过程的计算系统，该系统通过使用内部连接网络处理器，可以同时执行多项操作和动态交互。神经网络在识别声音、视觉和文字形态方面比一般计算机和人类更灵敏。

非操作（抛弃）原型（nonoperational (throwaway) prototypes） 被抛弃不用的原型，但是新系统是根据原型构建过程中所确定的系统需求开发出来的。

非凭证系统（nonvoucher system） 处理应付账款的方法。每张授权支付给供应商的发票都会被记录到应付账款文件，然后存储到未结发票文件中。当要为发票付款时，发票会从未结发票文件转移到已付发票文件并标记已付。与凭证系统相对。

规范化（normalization） 按照指导原则合理设计关系数据库的过程，以避免删除异常、插入异常和更新异常。

O

一对多关系（one-to-many (1∶N) relationship） 两个实体之间的关系，其中一个实体的最大基数为 1，但另一个实体的最大基数为多。

一对一关系（one-to-one (1∶1) relationship） 两个实体之间的关系，每个实体的最大基数均为 1。

联机分析处理（online analytical processing，OLAP） 运用查询功能调查假设数据之间的关联；是运用于商业智能的两项主要技术之一。

联机事务处理数据库（online transaction processing database，OLTP） 容纳详尽的当前事务数据的数据库，通常符合第三范式。关注吞吐量、速度、可用性、并发性和可恢复性。经常被数百个用户同时使用。

未付发票法（open-invoice method） 管理应收账款账户的方法。通常，客户根据每张发票付款。

操作可行性（operational feasibility） 确定组织的员工是否能够设计、实施和操作目标系统，以及员工是否会使用该系统。

操作原型（operational prototypes） 可以进一步开发为功能全面的系统的原型。

运行和维护（operations and maintenance） 系统开发生命周期的第五个阶段，定期检查系统，并做出必要的修改和改进。

操作清单（operations list） 详细说明产品生产过程中遵循的步骤顺序、使用的设备以及每个步骤需要多长时间。

外包（outsourcing） 雇用外部公司处理部分或所有数据处理活动。

P

装箱单（packing slip） 列出装运单中每个物品的数量和产品描述的文件。

并行转换（parallel conversion） 新旧系统同时运行直到确保新系统在组织中能够正常运行的系统转换

方法。

回收期（payback period）　投资回报法，用于计算系统净收益等于原始投资的年数。

工资结算账户（payroll clearing account）　用以检查工资成本记录的准确性和完整性及其随后是否被分配到指定成本中心的总账账户。

工资登记簿（payroll register）　每个员工在一个付薪期内的工资数据列表。

薪资服务署（payroll service bureau）　提供收费服务的组织，包括维护每个客户工资主文件和帮助客户处理工资事宜。

分阶段转换（phase-in conversion）　用新系统逐步取代旧系统，直到旧系统被完全取代。

物理设计（physical design）　系统开发生命周期的第三个阶段。在这个阶段，将概括的、面向用户的概念设计需求转化为详细说明书，以用于编写计算机程序代码和测试计算机程序。

物理模型（physical model）　通过描述文件流向、执行的计算机处理、使用者、使用设备来说明系统如何运作。

物理系统设计报告（physical systems design report）　标志着物理设计阶段结束的成果，并用于决定是否进入实施阶段。

物理视图（physical view）　数据在计算机系统中物理分布和存储的方式和地点。不同于逻辑视图。

发货单（picking ticket）　列出客户订货的品种和数量，授权存货控制部门向货运部门发出商品的文件。发货单通常被打印出来，并且产品编号和数量能按先后顺序列示出来，以便高效地从仓库中被挑拣出来。

试点转换（pilot conversion）　在一个区域进行新旧系统的转换，直至新系统的所有问题都得到解决，然后再在组织其他区域实施新旧系统的转换。

纯文本（plaintext）　未加密的普通文本。

积分法（point scoring）　根据每个评估标准的重要性分配权重以综合评价供应商方案。

实施后审查（post-implementation review）　新系统运行一段时间后再审查，其目的是确保新系统符合计划目标要求、确定系统标准的充分性并审查系统控制。

实施后审查报告（post-implementation review report）　分析新交付的系统以确定系统是否达到预期目标并在预算范围内完成的报告。

压力（pressure）　人们实施欺诈行为的动机和原因。

预防性控制（preventive controls）　在问题发生前就进行控制的行为。有效的预防性控制措施包括雇用高质量的会计人才；适当地分离员工职责和有效地控制员工接触资产、设备、信息的机会等。

主要活动（primary activities）　生产、营销、向客户交付产品与服务以及提供售后服务和支持的价值链活动。

主键（primary key）　唯一识别数据库表中某一列的属性或者属性组合，用于区分、排序和引用数据库记录。

私钥（private key）非对称加密系统中使用的密钥之一。它是保密的，仅为公私钥对的拥有者所知。

分步法（process costing）　按照生产循环的每个流程或工作中心归集生产费用，计算产品单位成本的成本系统。

加工（process）　将数据转换成其他数据形式或信息的一系列操作。

加工试验数据（processing test data）　处理有效和错误交易，以确定：程序是否按设计的方式运行，有效交易是否被正确处理，错误交易是否被发现并恰当地处理。

采购卡（procurement card）　员工仅能向指定的供应商购买指定物品的公司信用卡。

产品列表（product backlog）　由产品负责人按优先级排序的待开发项目。

产品负责人（product owner）　对确保 scrum 团队生成客户所需产品负责。编写用户故事并为待定项目设定优先级，这样 scrum 团队就知道下一步该开发什么。

生产循环（production cycle）　与使用劳动力、原材料和设备生产产成品相关的一组业务活动和数据处理操作。又称为转换循环。

生产通知单（production order）　用于下达生产一定数量特定产品的生产任务的文件。它列出了要执行的操作、要生产的数量以及产成品的交付地点。

专业雇主组织（professional employer organization, PEO）　处理薪酬并提供诸如员工福利设计和管理等人力资源管理服务的组织。

计划评审技术（program evaluation and review technique，PERT）　一项运用于计划、协调、控制和安排系统开发活动的技术；所有活动以及活动之间的先后关系都被确定并展示在 PERT 图上。

程序流程图（program flowchart）　对计算机执行程序的逻辑操作顺序的图表表达。程序流程图描述了执行系统流程图上某个程序的具体操作逻辑。

程序维护（program maintenance）　因用户需求变化、错误修正、法律或法规变化或新技术使用而更新计算机程序。

程序员（programmer）　参照系统分析员的设计，编写程序和测试计算机程序的人员。

程序开发计划（program development plan）　阐述项目需求（人员、硬件、软件和财务）、成本效益分析，以及项目如何完成（要执行的模块或任务、由谁执行以及完工日期）的文档。

抵制（projection）　通过批评新系统的所有内容来抗拒变革的方式。新系统会因为真实或臆想的问题以及误差而受到诟病。

系统分析建议（proposal to conduct systems analysis）　要求通过初步调查的项目完成系统分析阶段的工作。

原型法（prototyping）　在简化工作模型或原型中开发信息系统的系统设计方法。用户通过试验决定对系统满意和不满意之处。开发者会对系统做出修正，直到用户满意为止。

采购订单（purchase order）　要求供应商以指定价格销售和交付指定产品的正式文件。它同时也是支付承诺，一旦供应商接受即形成合同。

请购单（purchase requisition）　确认请购者的文档和电子表格，详细说明交付地点和日期，确定商品编号、商品描述、数量和需求价格，也可以推荐供应商。

Q

查询（query）　请求数据库提供处理或回答问题所需的信息。对找到的信息按要求检索、显示或打印、分析。

R

范围检查（range check）　用来验证数据项是否落在预定的上下限内的编辑检查。

REA 数据模型（REA data model）　用来设计会计信息系统数据库的数据模型。它包括三个基本对象：资源、事件和参与者。资源代表对组织有经济价值的可识别对象。事件代表组织的业务活动。参与者代表人或组织，是数据收集的对象。

实时处理（real-time processing）　计算机系统在收集数据后立即处理数据，并及时向使用者提供最新信息。

合理性测试（reasonableness test）　数据项之间关系的逻辑正确性的编辑检查。

验收报告（receiving report）　详细记录发货的文件，包括验收日期、承运人、供应商、验收数量。

记录（record）　描述实体具体属性数据值的字段集，例如某个员工的工资数据。

记录数（record count）　批处理总数的一种类型，它等于给定时间内处理的记录数量。

记录格式（record layout）　显示文件所存储的数据项的文件，包括数据的顺序和长度以及存储的数据类型。

关系数据模型（relational data model）　数据的二维表；每一行代表一个唯一的实体（记录），每一列是存储记录属性的字段。外键可以包含空值。

关系数据库（relational database）　使用关系数据模型的数据库。

汇款通知单（remittance advice）　随顾客支付款返还的销售发票副件，指出了发票、结算单或其他支付项目。

汇款清单（remittance list）　列出邮件收到的所有付款客户的名字和金额的文件。

再订货点（reorder point）　当库存余额降到设定的水平时，下单补充库存。

报告记录器（report writer）　简化报告生成的语言。用户需要具体指出所要打印的数据元素，然后由报告记录器查找数据库，抽取特定的数据元素，并根据用户要求的特定格式进行打印。

报告（report）　以有效方式组织的系统输出。员工得以控制日常活动，管理者得以做出决定和设计战略，投资者和债务人得以理解公司的业务活动。

需求建议书（request for proposal，RFP）　要求供应商投标满足公司的特定需求的系统或提供某些特性的固定资产。组织或部门对供应商提出的关于硬件、软件和服务方面的投标要求。

系统开发需求（request for systems development） 对新的或升级系统的书面要求。描述了现有系统的问题，为什么需要变化，系统目标以及预期的收益和成本。

需求成本核算（requirements costing） 在开发出所有期望功能的基础上估计系统成本；对于软件所不具备的功能，估算其开发成本，并将这些成本计入软件成本中。

资源（resources） 对组织有经济价值的事物，例如现金、存货、物料、厂房和土地。

响应时间（response time） 系统响应所需的时间，例如输入查询和获得响应之间的等待时间。

责任会计（responsibility accounting） 组织内基于管理责任制的财务报告系统。

收入循环（revenue cycle） 与提供产品和服务并收回款项相关的一组业务活动及信息处理操作。

风险容忍度（risk appetite） 公司为实现其目标和目的而愿意承受的风险。为了避免过度风险承担，风险偏好必须与公司战略相一致。

S

销售发票（sales invoice） 告知顾客销售金额以及付款地点的文件。

销售订单（sales order） 在销售过程中生成的记录商品编号、数量、价格和销售条款的文档。

预定报告（scheduled report） 以预先指定的内容和格式定期编制报告。

规划可行性（scheduling feasibility） 确定目标系统能否在规定的时间内设计和实施。

模式（schema） （1）数据库数据元的描述，数据元之间关系和组织数据的结构或逻辑模型的描述。（2）定义出现在具体实例文件中每个要素的 XBRL 文件。

scrum 开发（scrum development） scrum 允许客户经常改变主意，变更他们的需求。scrum 开发关注灵活性，关注如何响应新需求和适应技术、市场条件的不断发展变化，并快速推出客户可以评估的系统。

scrum 主管（scrum master） 确保 scrum 实践活动得以遵循，提升团队自我管理水平。召开团队每日会议，协助产品负责人的工作以确保产品列表的正确

性，避免影响团队目标实现和成果交付的障碍。

scrum 方法论（scrum methodology） 一种软件开发方法，开发团队在紧张但相对短暂的过程中一同工作，以实现共同的开发目标。不断重复迭代式增量开发过程，团队成员每日当面交流直至开发完成。

scrum 团队（scrum team） 由至多 9 名跨职能的开发人员组成的小团队，负责开发、测试并在 scrum 冲刺期间结束时交付软件。团队决定了冲刺的主要目标和可交付成果。

会计职能分离（segregation of accounting duties） 对已授权的会计职能进行分离、监督和记录，以最小化员工舞弊的可能性。

顺序码（sequence codes） 用来连续编号的项目。顺序码的间隔表示遗漏了需要调查的记录。例如，预先编号的支票、发票和采购订单。

符号检查（sign check） 一种编辑检查，用于验证字段中的数据的算术符号是否正确。

智能合约（smart contract） 区块链中包含条款和商定细节的定期合同。运用区块链组织建立起管理区块链与用户交互的规则。组织可以基于外部触发器自动执行智能合约。

源数据自动化（source data automation，SDA） 在交易发生的时间和地点以机读形式收集的交易数据，例如销售终端和自动取款机。

原始凭证（source documents） 在交易发生的源点获取交易数据。例如销售订单、采购订单和员工考勤卡。

特殊目的分析报告（special-purpose analysis reports） 没有预先规定的内容或格式，也不是定期编制的。通常应管理人员要求而编制。

特种日记账（specialized journals） 用来记录重复发生的大量的交易事项的日记账，如赊销、现金收款、采购和现金付款。

专门授权（specific authorization） 员工为了处理交易而需要的特殊许可。

冲刺（sprint） 在一段预先确定的期间处理产品列表中的高优先级项目。冲刺期间需求是被冻结的，期望变更必须添加到产品列表中。冲刺以确定目标和可交付成果的计划活动开始，以检查是否实现这些目标的审查结束。开发的增量软件会向客户进行展示。

指导委员会（steering committee）　计划和监督信息系统运行的执行委员会。这个委员会一般由系统部门经理、财务主管和其他受信息系统影响的部门的经理组成。

战略主计划（strategic master plan）　为实现组织长远目标而必须完成项目的长远计划。

结构化数据（structured data）　高度组织化的数据，适合固定字段。

结构化编程（structured programming）　一种模块化编程方法，其中每个模块执行特定的功能，并由控制模块协调。

结构化查询语言（structured query language，SQL）　为管理关系数据库系统中的数据而设计的标准化商业编程语言。尽管是标准化的，不同的数据库系统之间仍然存在差异。

样式表（style sheet）　指导如何在计算机屏幕或打印报告中恰当地显示实例文档内容的 XBRL 文件。

子模式（subschema）　模式的子集；用户定义数据和数据关系的方式。

明细账户（subsidiary ledger）　用于记录详细数据的账户，统驭账户下一般存在多个明细账户。明细账户通常用于记录应收账款、存货、固定资产和应付账款。

供应链（supply chain）　包括组织价值链及其供应商、经销商和顾客的扩展系统。

辅助活动（support activities）　使得主要活动能够有效实施的价值链活动。例如公司基础设施、技术、管理、采购和人力资源。

系统（system）　（1）由两个及两个以上相互作用以实现系统目标的要素或子系统组成的实体；（2）构成一个完整计算机站的设备和程序；（3）执行特定活动、履行职责、实现目标或解决一个或多个问题的详细方法、程序和惯例。

系统流程图（system flowchart）　描述系统输入、加工、存储和输出之间的联系。

系统绩效考核（system performance measurement）用来评价和评估系统的方法。常用的方法有生产能力（单位时间的产出）、使用率（系统高效率使用的时间比例）和响应时间（系统需要多长时间做出响应）。

系统管理员（systems administrator）　负责确保信息系统顺利有效运行的人员。

系统分析（systems analysis）　SDLC 的第一个步骤，收集购买、开发或修改系统所需的信息。

系统分析报告（systems analysis report）　在系统分析之后生成的概括和记录分析活动成果的综合报告。

系统分析员（system analysts）　帮助用户确定其信息需求、研究现有系统和设计新系统以及编制说明书供计算机程序员使用的人员。

系统开发生命周期（systems development life cycle，SDLC）　设计和实施新系统时要经历的五个阶段：系统分析、概念设计、物理设计、实施和转换、运行和维护。

系统文档（systems documentation）　系统如何为工作提供支持的整体描述，包括问卷副本、访谈笔记、备忘录、文件副本和模型。

系统实施（system implementation）　安装硬件和软件并运转信息系统。

系统集成商（systems integrator）　雇佣来管理公司系统开发工作的外部人员。

系统调查（system survey）　对当前系统的广泛研究。

系统调查报告（systems survey report）　概述系统调查活动的报告，包括所有相关文件，如备忘录，访谈和观察记录，问卷调查数据，文件和记录格式和内容，输入输出内容，以及文件副本、E-R 图、流程图和数据流程图的副本。

T

分类标准（taxonomy）　定义各种元素以及它们之间关系的一组 XBRL 文件。

技术可行性（technical feasibility）　判定目标系统在现有技术下是否能被开发出来。

测试数据（test dataset）　该数据子集并不用于模型开发，而是用于测试模型预测目标结果的好坏。

风险（threat）　任何可能损害 AIS 或组织的潜在负面事件或意外事件。也称为事件。

生产能力（throughput）　（1）给定时间内计算机系统完成的全部有用工作的数量。（2）给定时间内生产的质量合格产品的数量。

考勤卡（time card）　记录员工到达和离开时间的文件。反映了在一个付薪期内员工工作的时间总和。

工作时间记录卡（time sheet） 由专业人员使用的数据输入屏幕（或者纸质文档），以便记录为特定客户执行各种任务所耗费时间的数据。

标记化（tokenization） 用虚假数据代替敏感的个人信息，保护隐私。又称数据屏蔽。

交易（transaction） 两个实体之间交换货物或服务的协议，如出售存货换取现金；其他任何可以用经济术语衡量的事件。

交易文件（transaction file） 记录特定会计期间内发生的业务交易。交易文件在概念上类似于手工 AIS 中的日记账。

交易流程（transaction processing） 该流程获取、加工和存储交易数据以待以后使用，并生成信息输出（如管理报告或财务报表）。

试算平衡表（trial balance） 列示所有总账账户余额的报告。用于核实所有借方科目的余额是否等于所有贷方科目的余额。

触发异常报告（triggered exception reports） 具有预先指定的内容和格式，但只在响应异常情况时编制。

元组（tuple） 关系表中的每一行称作一个元组。例如，存货表中每行包含某一特定存货的所有相关数据（如名称、价格）。

周转文件（turnaround document） 发送给外部组织然后返回系统的公司数据记录。周转文件采用可机读的形式，以方便后期处理。例如水电账单。

转钥系统（turnkey system） 打包出售软件和硬件：供应商安装系统，用户"转动钥匙"；通常由专门从事某一特定行业的供应商编写。

U

统一过程（unified process） 由初始、细化、精化、构造和提交这四个阶段组成的开发框架。最后三个阶段被分成一系列具有预定长度的迭代。每次增量迭代都包含对上一个开发版本的增加或改进功能。

不间断电源（uninterruptible power supply，UPS） 利用电池供电防止电力流失和电力不稳定，保证系统能够工作足够长时间来备份重要数据且安全关闭的一种替代电源设备。

单元测试（unit tests） 有助于确定既定的功能是否按预期工作。

通用付款识别码（universal payment identification code，UPIC） 一个号码，能够让客户在不需要销售方提供银行账户信息的情况下，通过 ACH 转账来完成汇款。

非结构化数据（unstructured data） 没有统一结构的数据。

更新异常（update anomaly） 不正确的数据库组织：非主键被多次存储；数据项在不同地点未同步更新，导致数据不一致。

用户故事（user stories） 由产品负责人编写，描述用户希望在系统中实现的功能。

用户（users） 记录交易、授权数据处理和使用系统输出的人。

使用率（utilization） 系统使用时间的百分比。

V

有效性检查（validity check） 将 ID 代码或账户编号与主文件数据进行对比的编辑测试。

价值链（value chain） 主要活动和辅助活动的集合。产品在价值链中会不断增值。

信息价值（value of information） 信息带来的收益减去产生信息耗费的成本。

供应商管理库存（vendor-managed inventory，VMI） 制造商和经销商利用 EDI 管理零售客户的存货。供应商访问客户销售终端系统来监控库存，并自动在存货降到最低存有量以下时补足存货。

外观检查（visual inspection） 利用目测观察数据，检查是否存在问题。

凭证包（voucher package） 用来授权向供应商支付的一系列文件，包括采购订单、验收报告和采购发票。

凭证系统（voucher system） 处理应付账款的一种方法。该方法编制付款凭证，而不是直接将发票过入应付账款明细账。付款凭证指明供应商，列示出未支付的发票，显示扣除折扣和折让之后的净支付金额。区别于非凭证系统。

W

穿行（walk-throughs） 逐步复核流程或程序逻辑以发现不正确的逻辑、错误、遗漏或其他问题。

X

可扩展商业报告语言（XBRL） 可扩展标记语言
（XML）的派生，为财务数据的披露而专门设计。
它给每个数据项创建标签（看起来非常类似 HTML
所使用的标签）。

Z

零余额检查（zero-balance test） 一种流程控制，用
于验证所有的分录过账后控制账户余额是否为 0。

图书在版编目（CIP）数据

会计信息系统：第 15 版／（美）马歇尔·罗姆尼等
著；张瑞君，程玲莎译. --北京：中国人民大学出版
社，2022.6
（工商管理经典译丛．会计与财务系列）
ISBN 978-7-300-30395-6

Ⅰ.①会… Ⅱ.①马…②张…③程… Ⅲ.①会计信
息-财务管理系统-教材 Ⅳ.①F232

中国版本图书馆 CIP 数据核字（2022）第 039601 号

工商管理经典译丛·会计与财务系列
会计信息系统（第 15 版）
马歇尔·罗姆尼
［美］ 保罗·约翰·施泰因巴特
斯科特·萨默斯 　　　　　著
戴维·伍德
张瑞君　程玲莎　译
Kuaiji Xinxi Xitong

出版发行	中国人民大学出版社		
社　　址	北京中关村大街 31 号	邮政编码	100080
电　　话	010－62511242（总编室）	010－62511770（质管部）	
	010－82501766（邮购部）	010－62514148（门市部）	
	010－62515195（发行公司）	010－62515275（盗版举报）	
网　　址	http://www.crup.com.cn		
经　　销	新华书店		
印　　刷	北京七色印务有限公司		
规　　格	215 mm×275 mm　16 开本	版　　次	2022 年 6 月第 1 版
印　　张	19.75 插页 2	印　　次	2022 年 6 月第 1 次印刷
字　　数	562 000	定　　价	85.00 元

Pearson

尊敬的老师：

您好！

为了确保您及时有效地申请培生整体教学资源，请您务必完整填写如下表格，加盖学院的公章后传真给我们，我们将会在 2～3 个工作日内为您处理。

请填写所需教辅的开课信息：

采用教材				□ 中文版　□ 英文版　□ 双语版	
作　者			出版社		
版　次			ISBN		
课程时间	始于　　年　月　日		学生人数		
	止于　　年　月　日		学生年级	□ 专科　　　　□ 本科 1/2 年级 □ 研究生　　　□ 本科 3/4 年级	

请填写您的个人信息：

学　校			
院系/专业			
姓　名		职　称	□ 助教 □ 讲师 □ 副教授 □ 教授
通信地址/邮编			
手　机		电　话	
传　真			
official email（必填） （eg：×××@ruc.edu.cn）		email （eg：×××@163.com）	
是否愿意接受我们定期的新书讯息通知：　　□ 是　　□ 否			

系/院主任：_____（签字）

（系／院办公室章）

____年____月____日

资源介绍：

——教材、常规教辅（PPT、教师手册、题库等）资源：请访问 www.pearsonhighered.com/educator。　　（免费）

——MyLabs/Mastering 系列在线平台：适合老师和学生共同使用；访问需要 Access Code。　　（付费）

100013　　北京市东城区北三环东路 36 号环球贸易中心 D 座 1208 室

电话：（8610）57355003　　　传真：（8610）58257961

Please send this form to：elt.copub @ pearson.com

Website：www.pearson.com

教师教学服务说明

中国人民大学出版社财会出版分社以出版经典、高品质的会计、财务管理、审计等领域各层次教材为宗旨。

为了更好地为一线教师服务，近年来财会出版分社着力建设了一批数字化、立体化的网络教学资源。教师可以通过以下方式获得免费下载教学资源的权限：

在中国人民大学出版社网站 www.crup.com.cn 进行注册，注册后进入"会员中心"，在左侧点击"我的教师认证"，填写相关信息，提交后等待审核。我们将在一个工作日内为您开通相关资源的下载权限。

如您急需教学资源或需要其他帮助，请在工作时间与我们联络：

中国人民大学出版社　财会出版分社

联系电话：010-62515987，62511076

电子邮箱：ckcbfs@ crup. com. cn

通讯地址：北京市海淀区中关村大街甲 59 号文化大厦 1501 室（100872）

人大社财会